**Mosaik**
bei GOLDMANN

*Buch*

Immer mehr Sparer legen ihr Geld in Aktien an. So hat die vielumworbene Telekom-Aktie viele Börsen-Laien auf den Geschmack gebracht, und im Frühjahr 2000 gab es beim Börsengang der Siemens-Tochter Infineon ein regelrechtes Aktienfieber. Wertpapiere bieten vor allem auch bei der Altersvorsorge zusätzliche Sicherheit. Schließlich werden Aktien immer häufiger auch im Zeichen des Euros gekauft, denn im Dschungel währungspolitischer Unwägbarkeiten scheinen nur Sachwerte echte Stabilität zu garantieren und außerdem: Euroland lockt. Dieser kompetente Ratgeber greift aktuelle Fragen auf, von der europäischen Einheitswährung bis hin zu den Einzelheiten des Steuersenkungsgesetzes 2000, erläutert die Hintergründe und spricht Empfehlungen aus. Leicht verständlich beschreibt Willi H. Grün die vielfältigen Gewinnchancen mit Aktien und erklärt dabei auch die wichtigsten Begriffe aus dem »kleinen Börseneinmaleins«. Er informiert umfassend, worauf Sie beim Kauf von Wertpapieren achten sollten, warnt vor speziellen Risiken und gibt dazu in einem zweiten Teil wertvolle Tips für die steuerliche Optimierung Ihrer Kapitalanlage. Ein Schwerpunkt darin ist das Kapitel über die Strategien gegen die Halbierung des Sparerfreibetrags.

*Autor*

Willi H. Grün, Diplom-Finanzwirt, ist Autor von insgesamt dreizehn Büchern. Er war jahrelang Steuerkolumnist bei den Illustrierten »Quick« und »Funk Uhr« und im Hauptberuf stellvertretender Leiter eines Finanzamts.
Neben seinen schriftstellerischen Arbeiten schreibt er als Aktien- und Steuerkolumnist für die »Rhein-Zeitung«, Börse Online und andere Publikationen. Außerdem ist er freier Mitarbeiter beim Südwestrundfunk.

# WILLI H. GRÜN

# Top-Gewinne mit Aktien

Wertvolle Tips für Privatanleger

Mit Specials:
Die neue Dividendenbesteuerung
Strategien gegen Halbierung des
Sparerfreibetrags

**Mosaik**
bei GOLDMANN

Originalausgabe

*Umwelthinweis:*
Alle bedruckten Materialien dieses Taschenbuches
sind chlorfrei und umweltschonend.

Originalausgabe November 1997
für die 6. Auflage aktualisiert und erweitert
© 1997, 1998, 1999, 2000 Wilhelm Goldmann Verlag, München
in der Verlagsgruppe Bertelsmann GmbH
Umschlaggestaltung: Design Team München
unter Verwendung folgender Fotos:
Umschlag: Bavaria/Masterfile
Umschlaginnenseiten: Tony Stone Bilderwelten/Tucker
Satz: Barbara Rabus, Sonthofen
Druck: Presse-Druck, Augsburg
Verlagsnummer: 14129
Herstellung: Max Widmaier
Made in Germany
ISBN 3-442-14129-X
www.goldmann-verlag.de

7 9 10 8 6

# Inhalt

## Teil II  Aktionär und neue Steuern

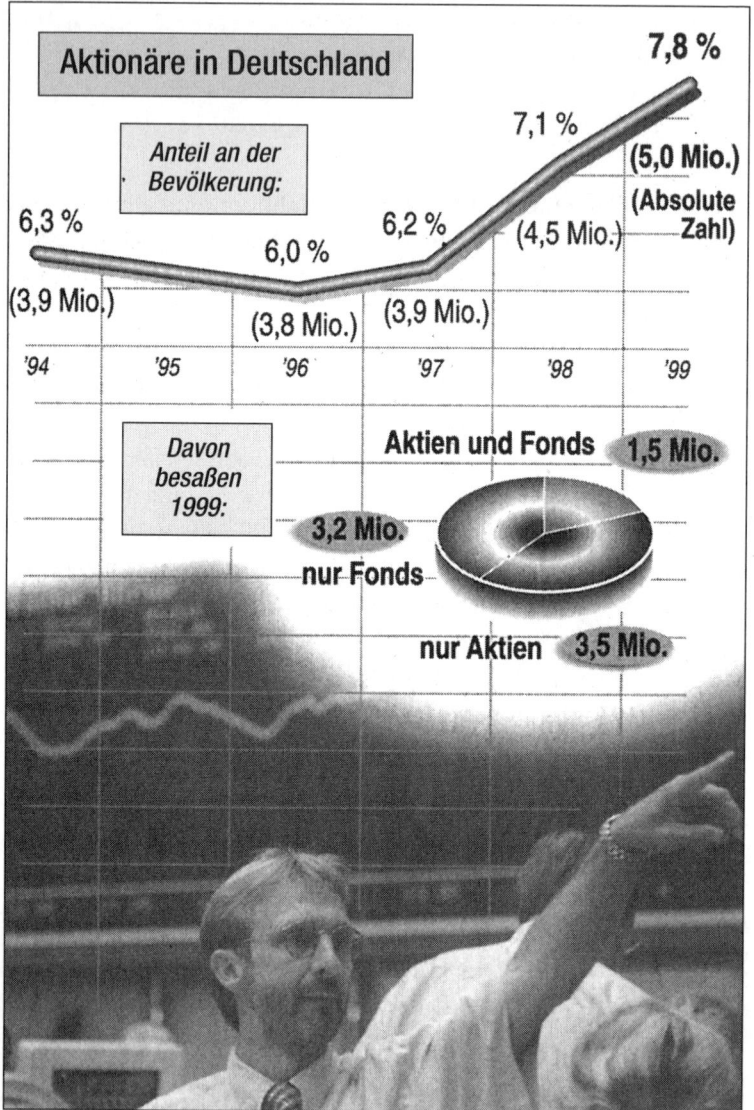

**Aktionäre in Deutschland**

*Anteil an der Bevölkerung:*

7,8 %

7,1 %

6,3 %

6,2 %

6,0 %

(5,0 Mio.)
(Absolute Zahl)

(3,9 Mio.)

(4,5 Mio.)

(3,8 Mio.)

(3,9 Mio.)

'94   '95   '96   '97   '98   '99

*Davon besaßen 1999:*

**Aktien und Fonds** 1,5 Mio.

3,2 Mio.
**nur Fonds**

**nur Aktien** 3,5 Mio.

Quelle: Deutsches Aktieninstitut

Aktien sind hervorragende Sachwerte. Immer mehr Anleger haben dies erkannt.

# Aktien sind »in« – Vorwort

Das Jahr 2000 begann mit einem Börsenboom ohnegleichen, mit wirklichen Wahnsinnskursen, als der Deutsche Aktienindex (DAX) die Grenze von 7000 und Anfang März sogar 8000 Punkten übersprang. Aber schon die Vorstellung der Telekom-Aktie (1. Tranche) war ein Medienereignis ersten Ranges gewesen. Mit 100 Millionen Werbeaufwand und der sonoren Stimme des Schauspielers Manfred Krug wurde die »Geburt der T-Aktie« öffentlich gemacht. Ein Werbefeldzug sondergleichen auch für die Welt der Aktie! Waren Sie unter den Zeichnern? Wenn ja, konnten Sie mit 5 Mark Gewinn pro Papier mit einem Federstrich leicht einen Tausender verdienen. Gelernt haben Sie: An der Börse kann man wirklich Geld verdienen. Bei der Verlosung der Infineon-Aktie gab es dann ein regelrechtes Aktienfieber.

Viele Anleger haben erkannt, daß unsere Renten »so sicher«, wie Politiker gebetsmühlengleich erklärten, nun doch nicht sind. Sie tun etwas für ihre Altersvorsorge.

Aktien sind dafür ein probates Mittel. Sie sind, trotz mehrerer Kurszusammenbrüche (»Crashs«), auf lange Sicht gesehen die beste Vermögensanlage überhaupt. Anleihen können dabei nicht mithalten und erst recht nicht das »gute alte Sparbuch«. Nach Abzug von Inflationsrate und Steuern bleibt von den Zinsen wenig übrig.

An den Euro haben sich die Börsianer schon gewöhnt. Dennoch flüchten manche Anleger in die Sachwerte. Aktien aber sind hervorragende Sachwerte. Immer mehr Anleger haben dies begriffen und außer Dividenden in den letzten Jahren auch tolle Kursgewinne eingefahren.

Aktien sind wirklich »in«. »Aktienkurse … Das neue Wirtschaftswunder«, »Das 1 x 1 der Börse«. Sogar die Nachrichtenmagazine haben die Börse als Top-Thema entdeckt.

»Top-Gewinne mit Aktien« ist das Motto dieses Buches. Unredlich wäre aber zu verschweigen, daß die Börse keine Einbahnstraße ist, die schnurstracks nur nach oben führt. Sie haben es im Herbst 1998 erlebt. Anleger im Neuen Markt vielleicht erst im Frühsommer 2000. Manche Aktien, die heute noch Sterne am Börsenhimmel sind, verkommen morgen zu Kellerkindern. Doch hiergegen gibt es Absicherungsstrategien.

Lernen Sie, den Trend zu erkennen. Dieses Buch wird Ihnen dabei helfen. Und noch etwas: Fast jeden Monat eine Meldung über eine Fahndungsprüfung bei Großbanken! Immer mehr Anleger zappeln im Raster der Finanzämter. Das muß nicht sein. Es gibt legale Steuerstrategien für Aktionäre und Kapitalanleger – die Sie erst recht brauchen, nachdem die rotgrüne Steuerreform den Sparerfreibetrag halbiert, die Spekulationsfrist auf ein Jahr verlängert und eine neue Dividendenbesteuerung eingeführt hat. Ein Special informiert Sie im einzelnen.

Ziehen Sie also doppelten Nutzen aus diesem Buch: Börsentaktik plus Steuertaktik. Der doppelte Gewinn für Sie.

# Teil I
# Aktien muß man einfach haben

## 1 Ich werde Aktionär

»Mehr als drei Prozent bei Festgeld sind nicht drin«, sagt Ihr Anlageberater und läßt Sie etwas hilflos am Bankschalter zurück. Da fassen Sie den Entschluß: Ich könnte es ja mal mit Aktien versuchen.

### 1.1 Ist Aktienspekulation unmoralisch? –
### Gedanken eines Einsteigers

Sie wollen also Spekulant werden? Igittigitt, durchfährt es Sie. Sie denken an das Schlagwort von »Spekulanten und Schiebern«, das in den »Goldenen Zwanzigern« die Runde machte. Über vier Millionen Arbeitslose, und ich gehe an die Börse und hoffe auf Kursgewinne, fährt es Ihnen durch den Kopf. Sind Sie jetzt ein häßlicher Kapitalist ohne jegliches soziale Mitgefühl?

Nun will ich nicht sagen, daß die Börse ein nobles Schweizer Höhere-Töchter-Internat mit hehrem moralischem Bildungsstreben ist. Das Wort »Ethik« wird dort nicht allzu groß geschrieben. Als Fakt sollten Sie sich aber vor Augen halten, daß erst durch die Finanzmärkte Kapital für Innovationen und Investitionen, also für neue, rentable Arbeitsplätze, aufgebracht wird. Kein Unternehmen kann es sich leisten, unrentable Arbeitsplätze auf Dauer zu erhalten. So gesehen ist es Jacke wie Hose, ob Sie Ihrem Kreditinstitut für wenig Zinsen Spargeld überlassen, das es weiterverleiht, oder Kapital an die Börse geben. Es gelangt immer dorthin, wo Häuser gebaut, Maschinen angeschafft und Dienstleistungsarbeitsplätze eingerichtet werden.

Es ist deshalb Ihr gutes Recht, außer auf Dividenden, also die jährlichen Gewinnausschüttungen, auch auf steigende Kurse zu spekulieren. Schließlich haben Sie mit Aktien den schmalen Grat zwischen Profit und Pleite beschritten. Ihr bisheriges Sparbuchguthaben ist zu Risikokapital geworden. Sie selbst sind Mitunternehmer mit allen Risiken. Auch dies darf nicht verschwiegen werden. Die Börse besorgt das Öl, das unseren Wirtschaftsmotor schmiert. Fabriken und Werkstätten brauchen langfristige Kredite. Sie müssen mit sicherem Kapital und sicheren Zinsen kalkulieren können. Als Aktionär aber können Sie jederzeit und rasch wieder über Ihr Geld verfügen. Ein anderer Aktionär tritt dann an Ihre Stelle. Das Börsenrisiko geht jeder freiwillig ein. Der Verlierer bezahlt die Kursgewinne des Erfolgreichen. Der Gewinner freut sich, und der Verlierer hat keinen Grund zu lamentieren.

Schon Sir Isaac Newton, Physiker, Mathematiker und Astronom, entdeckte nicht nur das Gravitationsgesetz. Er hatte auch interessante Einsichten über die Börse: Die Sternenbahnen könne er auf Zentimeter und Sekunden berechnen, nicht aber, wohin eine verrückte Menge von Anlegern die Börsenkurse treibe. Das deutsche Mathematikgenie Carl Friedrich Gauß hat den theoretischen Börsen-Exkurs seines englischen Kollegen »in praxi« nachvollzogen. Er spekulierte, um sein Professorengehalt aufzubessern – aber er verlor alles.

**1.2  Sind Sie risikobereit? –**
**Spekulieren nur mit entbehrlichem Geld**

Sie haben also beschlossen, »Börsianer« zu werden. Das ist gut so. Es gab mal einen, der »beschloß, Politiker zu werden«. Das wäre uns besser erspart geblieben. Dennoch sollten Sie sich fragen, ob

Ihr Nervenkostüm die Berg- und Talfahrt der Aktien aushält. Es gibt »finanzielle Hallodris«, die auf die schnelle Mark aus sind und auch einen derben Verlust-Nasenstüber vertragen können. Für die meisten Menschen jedoch ist die Geldbörse das empfindlichste Organ. Schlimmer noch: Börsenverluste werden von ihnen als persönliche Niederlage empfunden, als Versagen oder sogar als Mangel an Intelligenz.

> *Wer den Verlust fürchtet, der kann keine Gewinne machen.*
> George Soros, Finanz-Akrobat aus Budapest

Ein Freund von mir hat sich nach entscheidungsschweren Wochen für den Kauf von ganzen 10 BASF-Aktien entschieden. Ob deren Kurse am Vortag gestiegen oder gefallen sind, ja, dafür braucht seine Frau nicht die Morgenzeitung. Sie sieht es seinem Gesicht am Frühstückstisch an. Heiter oder mürrisch fährt er in sein Büro. Ein grundsolider, ehrlicher Mann mit einigen Dutzend Mitarbeitern und einem Spitzengehalt – völlig belanglos für seine Einkommens- und Vermögenssituation, ob BASF am Vortag um 2 Euro geklettert oder gefallen ist. Meinem Freund fehlt aber ein kleiner Schuß »Spielernatur«. Für ihn als Techniker muß alles genau vorhersehbar und berechenbar sein. Jede Woche nervt er seinen Bankberater mit der stereotypen Frage, ob er denn nun seine 10 BASF-Aktien verkaufen oder durchhalten soll. In meinen Aktienbüchern vermißt er einen Anhang. Darin soll auf der linken Seite der Kauf der von mir vorgeschlagenen Aktien mit Kaufkurs und Kaufdatum stehen. Auch die Anzahl darf nicht fehlen. Die rechte Seite ist die Verkaufsseite. Natürlich auch hier mit Verkaufstag und Verkaufskurs. Wie froh bin ich, daß er wenigstens bereit ist, die Spalte ganz rechts, in der die Gewinne ausgewiesen werden, selbst auszufüllen.

Für die Nerven meines Freundes wäre der Rat von Altmeister Kostolany, »Aktien kaufen und sich schlafen legen«, die richtige Therapie. Er würde beim Aufwachen nach einigen Jahren garantiert erkleckliche Kursgewinne vorfinden, mal ganz zu schweigen von den Dividenden. So sitzt er noch immer drauf und kann sich nicht entscheiden.

Eine Kapitalanlage ist immer die Quadratur des Kreises, denn gute Rendite, Risikolosigkeit und sofortige Verfügbarkeit des Kapitaleinsatzes sollen auf einen Nenner gebracht werden. Das hätten auch die eingangs genannten Mathematiker Newton und Gauß mit ihren genialen Denkerhirnen nicht zuwege gebracht.

Aktien sind eine »flüssige Anlage«. Jeden Tag können Sie sie an der Börse kaufen und auch wieder verkaufen. Sie sind zugleich eine hochrentierliche Anlage – zumindest auf Dauer gesehen. Doch gerade hochrentierliche Anlagen haben die Tücke, kurzfristig kippen zu können. Eine risikolose Anlage sind Aktien ganz sicher nicht. Der ehemalige Paradewert AEG war an der Börse nicht »aus Erfahrung gut«. Er ist vom Kurszettel verschwunden. Die mit Abermillionen Mark geförderte Bremer Vulkan-Werft dümpelt nach dem Konkurs mit einem minimalen Erinnerungswert im seichten Börsengewässer. Auch die von der hohen Politik zu einem guten Ende gebrachte Holzmann-Misere ist Ihnen noch in unguter Erinnerung. Fragen Sie sich also vor Ihrem ersten Aktienkauf, welche Risiken Sie eingehen wollen. Bei diesen Überlegungen spielt nicht nur Ihr vorhandenes Vermögen eine Rolle, sondern auch der Geldbedarf für Sie und Ihre Familie in den nächsten Jahren.

Nehmen wir an, die Baufirma, die Ihre »eigenen vier Wände« hochziehen soll, ist bereits mit Kran und Förderband angerückt. Auf Ihrem Konto liegen 200 000 Mark Eigenkapital für den Hausbau bereit, und die erste Abschlagszahlung wird erst in acht Wochen fällig sein. Es könnte schiefgehen, wenn Sie mit diesem

Kapital in nur zwei Monaten »die schnelle Mark« an der Börse machen wollen. Das Börsenloch könnte tiefer sein als die Baugrube, die der Bagger soeben aushebt.

Auch Ihre Steuersituation ist überlegenswert. Dazu ein kleines Beispiel: Sie leben in sehr guten Einkommensverhältnissen und wollen nächstes oder übernächstes Jahr bauen. In diesen beiden Jahren wird Ihr Einkommen – zusammengerechnet – so um die 320 000 Mark betragen. Das ist just die neue tückische Einkommensgrenze, die Sie nicht übersteigen dürfen. Pro Kind kommen übrigens 20 000 Mark dazu. Sonst wäre Ihre Eigenheimzulage für Häuslebauer verloren. Ein schönes Stück Geld, denn sie beträgt 5000 Mark jährlich und das acht Jahre lang. Macht 40 000 Mark. Hinzu kommen, bei angenommen zwei Kindern, 3000 Mark (2 x 1500) Kinderzulage. Wären noch mal 24 000 Mark in acht Jahren. Summa summarum würden Sie buchstäblich 64 000 Mark verschenken, wenn Ihr Einkommen, im Fertigstellungsjahr und Vorjahr zusammengerechnet, die genannten 320 000 Mark übersteigen würde. Nun liegen 500 000 Mark als Festgeld oder in Anleihen auf der hohen Kante. Sie bringen Ihnen Kapitaleinkünfte von jährlich 25 000 Mark. Ausgerechnet diese 50 000 Mark für zwei Jahre könnten Sie in den beiden Jahren, auf die es ankommt, über die Einkommensgrenze von 320 000 Mark für Verheiratete hieven.

Legen Sie, weil Sie extrem risikobereit sind und überdies gerade eine Börsen-Baisse herrscht, das Geld jedoch vorübergehend in Aktien an, wären mögliche Kursgewinne nach einem Jahr vollkommen steuerfrei. Die niedrige Aktienrendite würde Sie beim steuerlichen Einkommen kaum stören. Sie bliebe wahrscheinlich unter dem Sparerfreibetrag von 6000/3000 Mark (Verheiratete/ Ledige). 64 000 Mark Eigenheimzulage mit Kinderzulage wären gerettet. Ein Wahnsinnsbetrag, der ein Börsenrisiko abfedern könnte.

Sie sehen, ein Investment in Aktien ist ein diffiziles Geschäft. Nicht nur die Kompetenz Ihres Wertpapierexperten bei der Bank ist gefragt. Auch der Rat Ihres Steuerberaters kann unverzichtbar sein. Aber mit Steuern und ihrer legalen Vermeidung werden wir uns noch in einem späteren Teil des Buches eingehend beschäftigen.

Fassen wir zusammen: Für eine Aktienanlage sollte eine gewisse Risikobereitschaft vorhanden sein. Kurzfristig spekulieren sollten Sie grundsätzlich nur mit für längere Zeit entbehrlichem Kapital. Aber kein Grundsatz ohne Ausnahme. Sie haben es an unserem kleinen Steuerbeispiel gesehen.

### 1.3 Rechnen Sie sich nicht zu schnell reich – Gebühren schmälern Ihren Gewinn

Sie haben das allererste Mal in Ihrem Leben Aktien gekauft. Der grundsolide Wert von Siemens hatte es Ihnen angetan, und Sie erstanden gleich 30 Stück davon zum Kurs von damals 120 Euro. Welche Freude bei Ihnen als Newcomer, daß Siemens schon am nächsten Tag mit 124 Euro notierte. Bei 30 Stück ein schnelles Taschengeld von 120 Euro bzw. rund 240 Mark, und die kassiere ich mal gleich, dachten Sie und verkauften spornstreichs.

Es war wohl eine Milchmädchenrechnung. Die Makler-Courtage und die Provision Ihres Kreditinstituts haben Sie bei dem »Schnelle-Mark-Denken« glatt übersehen. Die Abrechnung ist deshalb so ernüchternd, weil Ihre Bank gleich je 50 Mark Mindestgebühr beim Kauf und auch noch beim Verkauf einbehalten hat. Ihr Wertpapierberater erklärt Ihnen ungerührt, sein Institut habe mal gerechnet und sei auf runde 70 Mark Unkosten pro ausgeführtem Wertpapierauftrag gekommen. Wenn dies stimmt – und Sie können es nicht nachprüfen –, hätten Ihre Banker Ihren Wertpapierauftrag glatt mit 20 Mark subventioniert.

Nun halten Sie Ausschau bei anderen Kreditinstituten, vergleichen Kleingedrucktes und Gebührentabellen. Tatsächlich! Es gibt einige, die tun's für eine Mindestgebühr von nur 30 Mark. Auch die Gebührentabellen verraten Ihnen Unterschiedliches. Allmählich werden Sie zum Gebührenspezialisten.

Eine kleine Erklärung: Aktienkurse werden seit 4.1.1999 in Euro notiert. Nach einem für immer fixen Umtauschsatz gibt es für einen Euro exakt 1,95583 Deutschmark.

### 1.3.1 Die Mindestsätze der Kreditinstitute – Ihre Bank gewinnt immer

Die nachfolgenden Beispiele werden Ihnen eindrucksvoll zeigen, wie schnell aus einem Kursanstieg dennoch ein Verlustgeschäft werden kann. Bei einer Mindestprovision von 50 Mark müßte Ihr Kauf- oder Verkaufsauftrag schon zu einem Gesamtkurswert von 5000 Mark (= 2556 Euro) oder mehr erfolgen. Erst ab dieser Grenze normalisiert sich die Bankprovision, die grundsätzlich 1 Prozent des Kurswerts beträgt. Somit ist erst bei 5000 Mark (= 2556 Euro) die Mindestgebühr von 50 Mark abgefangen. Bei einer Mindestgebühr von 30 Mark müßte sich Ihr Auftrag in einer Größenordnung von 3000 Mark (= 1539 Euro) bewegen.

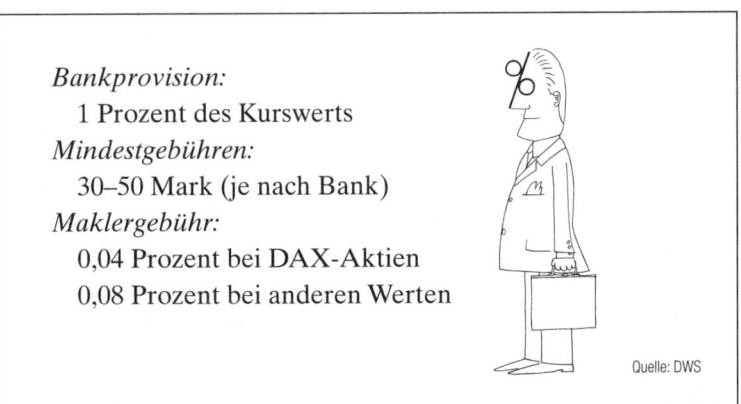

*Bankprovision:*
   1 Prozent des Kurswerts
*Mindestgebühren:*
   30–50 Mark (je nach Bank)
*Maklergebühr:*
   0,04 Prozent bei DAX-Aktien
   0,08 Prozent bei anderen Werten

Quelle: DWS

Die alljährlichen Börsenspiele der Kreditinstitute haben mehr als 100 000 Teilnehmer. Es sind meist Schüler und Studenten, deren Kasse knapp ist. 3000 Mark oder 5000 Mark für ein erstes reales Börsengeschäft – nach dem Sandkastenspiel – können nur wenige locker machen. Auch manchem, der schon im Beruf steht und die ersten Börsenschritte wagen möchte, wird es ähnlich ergehen.

Da hilft kein Lamentieren, daß viele Deutsche nach wie vor um Aktien einen großen Bogen machen. Vielleicht werden sie ihnen nicht attraktiv genug serviert? Schließlich ist jeder zweite Amerikaner nach einer neuesten Erhebung schon Aktionär. Das private Geldvermögen in den USA wird auf 8,9 Billionen Dollar geschätzt. Deutschland kann mit einem privaten Geldvermögen von 4,7 Billionen Mark da nicht ganz mithalten, aber die Einwohnerzahl Deutschlands ist auch nur etwa halb so groß wie die der Vereinigten Staaten. Jährlich fließen 380 Milliarden Mark Zinsen auf private deutsche Konten. Nur: Sie werden kaum in Aktien angelegt, obgleich eine steigende Tendenz zu beobachten ist. So gesehen sind die Deutschen noch immer Aktienmuffel. Sogar in Europa rangieren sie hinter Schweden, Großbritannien und Frankreich auf einem der hinteren Plätze.

**Beispiel 1**

| | Kenn-Nr. | Wert-papier- | Stück | Kurs Euro | Kurs Mark | Gesamt Mark | Clearing-gebühr | Makler gebühr | Betrag Mark |
|---|---|---|---|---|---|---|---|---|---|
| Kauf | 723610 | Siemens | 10 | 120 | 234,70 | 2347 | 4,50 | 9,39 | 2360,89 |
| Verkauf | 723610 | Siemens | 10 | 124 | 242,52 | 2425 | 4,50 | 9,70 | 2410,80 |

Gewinn = 49,91

**Beispiel 2**

| | Kenn-Nr. | Wert-papier- | Stück | Kurs Euro | Kurs Mark | Gesamt Mark | Clearing-gebühr | Makler gebühr | Betrag Mark |
|---|---|---|---|---|---|---|---|---|---|
| Kauf | 723610 | Siemens | 100 | 120 | 234,70 | 23 470 | 4,50 | 93,90 | 23 568,40 |
| Verkauf | 723610 | Siemens | 100 | 124 | 242,52 | 24 252 | 4,50 | 97,00 | 24 150,50 |

Gewinn = 582,10

Fazit: Der Kursgewinn je Aktie ist in beiden Fällen mit 4 Euro gleich hoch. In Beispiel 1 führt er zu einem Gewinn von nur 49,91 Mark, in Beispiel 2 aber bringt er einen Gewinn von 582,10 Mark, was für 10 Aktien, wie in Beispiel 1 vergleichsweise 58,21 Mark entspricht. Die wichtigste Ursache hierfür ist die Mindestgebühr des Kreditinstituts von 50 Mark. Eine Anregung für die Kreditinstitute: weniger genereller Werbeaufwand für Aktien, aber dafür niedrige, attraktive Gebühren im Wertpapierhandel!

### 1.3.2 Direktbanken locken –
### fehlende Beratung als Anfänger-Handicap

Als Konkurrenz zu den traditionellen Bankfilialen entdeckten 1994 Direktbanken und Discount-Broker ihre Chance auf Marktanteile. Vorreiter waren die Direkt Anlage Bank in München und ConSors in Nürnberg. Erstmals wurden Wertpapiergeschäfte per Telefon, Computer oder Telefax ohne Beratung des Kunden durchgeführt und dies zu günstigeren Konditionen als bei den konventionellen Kreditinstituten. Bald gesellten sich weitere Institute hinzu, wie die beiden Sparda-Banken in Mainz und Frankfurt, die Bank 24, die comdirect Bank und die Advance Bank.

Hauptzielgruppe der Discount-Broker und Direktbanken, die sich meistens als Ableger von Großbanken bilden, sind wertpapiererfahrene und oft international ausgerichtete Kunden. Die Gebührensätze sind in der Regel nach dem Auftragsvolumen gestaffelt und sehen gewisse Mindestanlagen vor. Bei telefonischer Auftragsübermittlung wird der Faktor Sicherheit großgeschrieben. Arbeiten Sie mit einem Discount-Broker zusammen, erhalten Sie ein persönliches Geheimwort, mit dem Sie sich außer mit der Angabe von Namen und Kontonummer legitimieren müssen. Bei größeren Beträgen (zum Beispiel ab 15 000 Mark) ist durch eine Zufallsabfrage eine weitere Sicherheitsschleuse eingebaut.

Prospekte der Discount-Broker finden Sie öfters in Ihrem Briefkasten. Studieren Sie die Gebührentabellen! So fallen bei An- oder Verkäufen mit einem Wert von über 100 000 Mark manchmal nur 0,1 Prozent vom Kurswert an. Auch Investmentanteile sind bei den Discount-Brokern wohlfeil. Lassen Sie sich insbesondere bei sogenannten »No-Load-Fonds« nicht von den ersparten Ausgabeaufschlägen blenden, was auch für traditionelle Kreditinstitute gilt. Die fehlenden Ausgabeaufschläge werden durch höhere Verwaltungskosten wettgemacht. Für kurzfristig ausgerichtete Anleger aber kann es durchaus attraktiv sein, sich für einen »No-Load-Fonds« zu entscheiden.

*Ein Beispiel für Gebührenabrechnung:*

| Ordergröße für Aktien und Optionsscheine, z. B. | Provision bei telefonischer Order oder Fax | Provision bei Online-Order |
|---|---|---|
| 5000 | 24,50 | 22,05 |
| 10 000 | 49,00 | 44,10 |
| 50 000 | 120,00 | 108,00 |

Quelle: comdirect bank

Als Newcomer oder leicht Fortgeschrittener werden Sie auf den Rat Ihres Wertpapierberaters bei Ihrer Hausbank oder Sparkasse nicht verzichten wollen, auch wenn dies etwas teurer ist. Wer jedoch ein ausgebuffter Börsianer ist und sechs- oder siebenstellige Beträge anlegt, weiß die Provisionsersparnisse bei Discount-Brokern zu schätzen.

*Einige Telefonnummer von Direktbanken:*

Advance Bank . . . . . . . . . . . . . . . . . . . . . . . . . 0 18 03 / 33 00 11

Augsburger Aktienbank . . . . . . . . . . . . . . . . . . 08 21 / 50 15-0

Bank 24 . . . . . . . . . . . . . . . . . . . . . . . . . . . . . . 0 18 03 / 24 00 24

Direkt Anlage Bank . . . . . . . . . . . . . . . . . . . . . 0 18 02 / 25 45 00

Comdirect Bank . . . . . . . . . . . . . . . . . . . . . . . . 0 18 03 / 33 63 63

ConSors . . . . . . . . . . . . . . . . . . . . . . . . . . . . . . 0 18 03 / 25 25 11

## 2 Vorsicht, Falle – stolpern Sie nicht in den »grauen Kapitalmarkt«

Geld macht gierig. Arglos ist schon mancher unerfahrene Kapitalanleger von den scharfen Zähnen der Geldhaie gepackt worden. Nehmen wir an, Sie waren auf der internationalen Anlegermesse in Düsseldorf oder einem sonstigen Aktionärstreffen. Wie so viele, warfen Sie Ihre ausgefüllte Glückskarte in den Schlitz einer Firmen-Lostrommel. Die Fragen waren schließlich nicht allzu schwer. Seien Sie nicht erstaunt, wenn in den nächsten Monaten Ihr Briefkasten überquillt. Allzu viele wollen Sie reich oder zumindest finanziell unabhängig machen. Es dämmert Ihnen: Bei der Verlosung gab es zwar einige Preise, im wesentlichen aber war es ein Einsammeln von Adressen, die dann für Werbekampagnen weiterverhökert wurden. Die weitaus meisten Werbebroschüren werfen Sie am besten gleich in den Papierkorb. Bei Telefonanrufen legen Sie einfach auf. Das ist der sichere Weg, einem beredten Anlagebetrüger mit netter, freundlicher Stimme, dem Sie auf Dauer nicht gewachsen sind, zu entgehen.

Anlagebetrüger haben in den letzten Jahren gutgläubigen Bundesbürgern jährlich rund 80 Milliarden Mark abgeluchst. Diesen Betrag schätzt das Institut für Finanzdienstleistungen. Nach Mitteilung der Gesellschaft für Bankpublizität stieg allein in den letzten Jahren die Zahl der Betrugsfälle um 5000 auf 25 000 an. Die Masche ist immer die gleiche: Einem einleitenden, mehr unverbindlichen Telefongespräch folgen mehrere mit direkter Aufforderung zu einer zweifelhaften Investition. Dabei wird ein einmalig günstiges Aktiengeschäft vorgegaukelt und der Gesprächsteilnehmer unter Zeitdruck gesetzt.

Das Ablaufschema ist vorgezeichnet, wenn der Kapitalanleger fürs erste einen kleinen Betrag gezeichnet hat. Schon nach kurzer

Zeit erhält er die Nachricht von einem für den Anfang bemerkenswerten Kursgewinn. Sie ist mit der Aufforderung verbunden, jetzt einen größeren Betrag zur Verfügung zu stellen. Glück hat, wer jetzt noch aussteigt, nachdem er vergeblich die Auszahlung des Gewinns auf die erste Minimaleinlage verlangt hat. Ist erst eine größere (Fehl)Investition erfolgt – nicht selten aus Schwarzgeld –, wartet der Anleger vergeblich auf Zinsen und Kapitalrückzahlung. Sein Gesprächspartner ist telefonisch nicht mehr erreichbar.

## 2.1 Der unangemeldete Besuch –
### Steuerfahnder im Haus

Aktienanlagen und Kapitalinvestments überhaupt sind von zahlreichen Risiken bedroht. Es gibt ein Länderrisiko, ein Konjunkturrisiko, ein Inflationsrisiko, ein Währungsrisiko – und ein Steuerrisiko. Ich meine diesmal nicht die bei Auslandsanlagen manchmal auftretende Gefahr, daß Erträge mangels Doppelbesteuerungsabkommen wirklich doppelt besteuert werden. Ich meine vielmehr den unangemeldeten Besuch der Steuerfahndung.

Aus meiner Berufspraxis kenne ich den Fall einer Frankfurter Anlagebetrügerfirma. Die Initiatoren hatten sich rechtzeitig ins Ausland abgesetzt und vorher schnell die prallvollen Konten geräumt. War es Boshaftigkeit, war es Nachlässigkeit oder Eile, weil sie Wind vom bevorstehenden Besuch des Staatsanwalts bekamen? Jedenfalls ließen sie eine lange Liste mit Anlegeradressen zurück. Staatsanwaltschaft und Finanzbehörden kooperieren. Gar nicht überraschend war die Feststellung, daß die Einlagen zum großen Teil aus Schwarzgeld vorgenommen sein mußten. Die Welle der daraufhin eingeleiteten Steuerfahndungsprüfungen schwappte von einem Ende der Republik bis zum anderen: Kontrollmitteilungen der fleißigen Fahnder nach Konstanz, Kontrollmitteilungen nach Hamburg und Flensburg und natürlich auch zu den Finanzämtern in den vielen Städten dazwischen.

Ein kurzer Blick in die Bilanz eines Unternehmens, einer Einzelfirma zum Beispiel. Wie hoch waren die Entnahmen des Anlegers in den vergangenen Jahren? Ach ja, durchschnittlich nur 50 000 Mark! Die braucht er/sie für den Lebensunterhalt. Und wie hoch war die Zeichnung bei der Betrügerfirma? Sind es 500 000 Mark gewesen, ist es im Zweifelsfall Schwarzgeld. In den nächsten Monaten steht die Steuerfahndung ins Haus. Sie kommt meist zu früher Stunde und immer unangemeldet. Noch nicht mal ein Durchsuchungsbefehl ist erforderlich bei Gefahr im Verzug. Das Ende vom Lied: verlorene 500 000 Mark, die für eine »Aktienanlage mit wirklich einmaligen Gewinnchancen« gedacht waren; eine Steuernachzahlung für 10 Jahre, weil Hinterziehung erst in 10 Jahren verjährt; Hinterziehungszinsen, die bei diesem langen Zeitraum die Hälfte der Steuerschuld ausmachen; eine empfindliche Steuerstrafe. Im günstigsten Fall ist es ein Strafbefehl mit abschreckender Wirkung. Er hat wenigstens den Vorteil, daß keine öffentliche Verhandlung stattfindet und neidische Nachbarn und die wachsame Konkurrenz keinen Wind von der üblen Geschichte bekommen. Bei der genannten Größenordnung droht aber schon Freiheitsstrafe. Ist die Weste des Betroffenen noch blütenweiß, kann er bei bis zu 18 Monaten Haftstrafe mit Bewährung davonkommen.

## 2.2 Angebliche Verbraucherschützer als Geldhaie – ein Adelssproß muß für fünf Jahre »nach Schweden verreisen«

Es gibt genug Fälle, in denen sich Anlagebetrüger scheinbar reumütig zu einer Schieflage bekannten, aber gleichzeitig gegen »Nachschuß« bei der Beschaffung des verlorenen Kapitals behilflich sein wollen. Fallen Sie nicht darauf herein. Es handelt sich immer um einen zusätzlichen Betrug. Auch die nachgeschossenen

Beträge sind endgültig verloren. Was also lag näher, als unter dem Wimpel des Verbraucherschutzes einen grauen Kapitalmarkt aufzuziehen und Anleger zu locken?

Die »Wirtschaftswoche« berichtete über eine solche Masche von vermeintlichem Verbraucherschutz, die auch schon bei den echten Verbraucherschützern, der staatlich geförderten Arbeitsgemeinschaft der Verbraucherverbände in Bonn, aktenkundig war. Ein Freiherr von L. – verschweigen wir diskret seinen ganzen Namen – sammelte unter dem Deckmantel des Verbraucherschutzes von 2000 Anlegern Geld ein. Nach zwei Jahren war alles verschwunden und die Konten negativ. Der »umtriebige Adelssproß« hatte alles verspekuliert und veruntreut. Er mußte für fünf Jahre und acht Monate hinter schwedische Gardinen.

## 2.3 Keine ausgelassene Stimmung –
## die Partys des Konkursrichters

Als Börsenkolumnist einer großen Tageszeitung werde ich immer wieder hilfesuchend angerufen, wenn ein Leser einem Aktienhai ins Netz gegangen ist. Ich kann manchmal nur staunen, wenn Leser mir erzählen, daß sie eine große Firma besitzen oder leiten und sich selbst nicht mehr erklären können, wie sie derartig hereinfallen konnten. Um wieviel größer muß die Gefahr erst bei einem Kleinanleger oder Börsen-Greenhorn sein! Das ist auch der Grund, weshalb ich dieser Warnung gleich zu Beginn des Buches den gebührenden Raum einräume. Manche schwarzen Schafe sind bereits bei den Verbraucherzentralen registriert. Aber bis ein Aktienhai auffällig wird und in die »Schwarze Liste« kommt, hat er schon oft zugebissen.

In diese Sparte gehörte auch der European Kings Club. Er hatte ohne dessen Wissen mit dem sowjetischen Ex-Präsidenten Gorbatschow geworben. »Es geht um keine Kleinigkeit«, erklärte die Sprecherin der Staatsanwaltschaft. Die Manager der Schwin-

delfirma waren bei dem Versuch, mehrere Millionen Mark abzu-
heben, verhaftet worden. Sie hatten mit dem Versprechen von
nicht weniger als 71 Prozent Rendite jährlich rund 70 000 Anleger
geködert. Diese 70 000 waren sicher nur zu einem kleinen Teil
Dummköpfe, obgleich ein Dukatenesel, der angeblich 71 Prozent
Rendite pro Jahr auswerfen soll, eine Nachfrage zumindest bei
der Hausbank wert ist.

Nach dem Motto »Die Dummen werden nicht alle« werben zur
Zeit weit über 150 verschiedene Anbieter für dubiose Aktien und
windige Steuersparmodelle in den Tageszeitungen. Außer an die
genannte Wiesbadener Adresse können Sie Anfragen auch an die
Verbraucherzentrale Berlin richten, die eine »Schwarze Liste«
mit dubiosen Anbietern führt (Bayreuther Straße 40, 10787 Berlin, Telefon 030/219070). Auch das Praxishandbuch »Geldanlage«,
ein Loseblattwerk aus dem WRS-Verlag (Haufe-Gruppe, Frei-
burg/Breisgau) warnt vor »schwarzen Schafen«.

Als der European Kings Club endlich aufflog, und 1997 auch die
nicht eben geständnisfreudige Chefin für runde acht Jahre ein-
rücken mußte, gab es trotz der vielen Gläubiger keinen Riesen-
andrang beim Konkursrichter. Nur ein Dutzend geprellte Anleger machte Forderungen persönlich geltend. Schriftlich waren es
immerhin mehr als 3000 täglich gewesen. Ja, man sieht sich nicht
gern bei Partys des Konkursrichters.

Ach, was sind wir mittlerweile so abgeklärt im Umgang mit
Schwindelfirmen! Wieder eine Pleite, wieder Millionen Anleger-
gelder veruntreut, aus, das war's. Meist gibt es nur eine kurze
Meldung in der Tagespresse. Kapitalismus ist in anderen Ländern
noch eine schwere Disziplin. In Albanien tobten die Massen. Sie
waren gleich bei der ersten Berührung mit dem Kapitalismus
dubiosen Geldhändlern aufgesessen. Die Regierung mußte es
büßen.

*Informationen über Anlagebetrüger – wichtige Adressen:*

- Bundesaufsichtsamt für den Wertpapierhandel (kostenlos)
  Lurgiallee 12, 60439 Frankfurt/M.
  Tel.: 069/95952-176, Fax: 069/95952-123
  eMail: mail@bawe.de, Internet: www.bawe.de
- Finanzplatz e.V. (kostenlos)
  Börsenplatz 7–11, 60313 Frankfurt/M.
  Tel.: 069/9793-8700, Fax: 069/9793-4470
  eMail: Info@finanzplatz.de, Internet: www.finanzplatz.de
- Deutsches Finanzdienstleistungs-Informationszentrum GmbH
  Stuttgarter Straße 25, 60329 Frankfurt/M.
  Tel.: 069/242639-40, Fax: 069/242639-60
  eMail: tina.spengler@bertelsmann.de
  Internet: www.dfi-report.de
  Recherche: 95 Mark per Scheck (bei Erfolg)
- Kapital-Markt Intern
  Grafenberger Allee 30, 40237 Düsseldorf
  Tel.: 0211/6698-164, Fax: 0211/6912440
  eMail: marktintern@t-online.de
  Recherche: 50 Mark (bei Erfolg, Anfragen per Fax erbeten)
- Bundesaufsichtsamt für das Kreditwesen
  Gardeschützweg 71–101, 12203 Berlin
  Tel.: 030/84360, Fax: 030/8436-1550
  Internet: www.bakred.de
  Auskunft über die Registrierung eines Finanzdienstleisters,
  Hinweise auf unseriöse Praktiken (Anfragen schriftlich oder
  per Fax erbeten)

*Verbraucherzentralen:*

- Verbraucherzentrale Berlin e.V.
  Bayreuther Straße 40, 10787 Berlin
  Tel.: 030/214850, Fax: 030/2117201

eMail: mail@verbraucherZentrale-Berlin.de
Internet: www.verbraucherZentrale-berlin.de
Telefonische Spar- und Anlageberatung Dienstag bis
Donnerstag von 14 bis 16 Uhr, am Freitag von 10 bis 12 Uhr
unter Tel.: 0190/887712 (3,63 Mark/Minute)
Persönliche Anlageberatung: 30 Mark (Anmeldung unter
Tel.: 030/21485-260

- Verbraucherzentrale Baden-Württemberg
  Paulinenstraße 47, 70178 Stuttgart
  Tel.: 0711/6691-0
  Für die telefonische Beratung in ganz Baden-Württemberg
  (Dienstag bis Donnerstag 10 bis 18 Uhr) gibt es Service-
  nummern (2,42 Mark/Minute)
- Verbraucherzentrale Bayern
  Mozartstraße 9, 80336 München, Tel.: 089/539870
- Verbraucherzentrale Hessen
  Reuterweg 51–53, 60323 Frankfurt/M., Tel.: 069/972010
  Berliner Straße 27, 60301 Frankfurt/M., Tel.: 069/280701
- Verbraucherzentrale Nordrhein-Westfalen
  Mintropstraße 27, 40215 Düsseldorf, Tel.: 0211/3809-0
- Verbraucherzentrale Rheinland-Pfalz
  Große Langgasse 16, 55116 Mainz, Tel.: 06131/2848-0
- Verbraucherzentrale Saarland
  Hohenzollernstraße 11, 66117 Saarbrücken
  Tel.: 0681/50089-0
- Euro-Info-Verbraucher e.V.
  (für Frankreich und Deutschland)
  Kinzigstraße 5, 77694 Kehl
  Tel.: 07851/99148-0, Fax: 07851/99148-11

Quellen: O-ton SWR 4, Handelsblatt und DM

## 2.4  Keine Anlage-Perlen –
## die Penny Stocks im US-Ramschhandel

Vor mir liegt die hausgemachte Postille einer Vertriebsfirma. Sie
enthält angeblich Anlagetips für Professionelle und residiert
außerhalb der Grenzen Deutschlands. Ein Heidengeld kostet sie
auch noch im Abo. Um den Eindruck absoluter Seriosität zu wahren, werden grundsolide Werte, wie Schering, RWE, Metro, Coca-
Cola und McDonald's vorgestellt. Als ob ein Profi auf solche
»Feld-Wald-Wiesen-Empfehlungen« angewiesen wäre! Solcher-
maßen in Seriosität eingelullt, übersieht der Leser vielleicht
unkritisch, daß ihm am Schluß der sogenannten Expertise mehr
oder weniger wertlose Penny Stocks untergejubelt werden. Es
sind wirklich »Pfennig-Aktien«. Mal kosten sie 0,37 Dollar, 0,75
Dollar oder auch 0,80 Dollar. Dann ist tatsächlich mal eine Aktie
für 2 oder 3 Dollar dabei.

Penny Stocks sind Aktien, deren Firmen so unbedeutend und
dubios sind, daß sie null Chance haben, bei den New Yorker Börsen Stock Exchange und NASDAQ zum Handel zugelassen zu
werden. Deshalb notieren sie außerhalb des normalen Handels
im sogenannten Freiverkehr. In den USA und Kanada geschieht
dies durch speziell hierfür zugelassene Broker. Das Schlimme:
Manchmal drucken auch obskure Vertriebsfirmen wunderschöne
Aktien von Firmen mit seriös klingendem Namen, aber diese Firmen existieren nur auf dem buntbedruckten Papier. Die Kurse
werden hausgemacht, mal so, mal so, wie es gerade in die Ver-
triebssituation paßt. Ein Handel mit nachvollziehbarem Angebot
und Nachfrage findet weder an Börsen noch bei den Freiver-
kehrs-Brokern statt.

Nachdem Sie dies alles gelesen haben und die vielen unseriösen
Anbieter sich wieder mal über mich geärgert haben, dürften Sie
gegen die Anfechtungen des grauen Kapitalmarktes gefeit sein.
Dennoch ein paar eiserne Regeln, die Ihnen helfen können, bei

Aktienkäufen »auf der sicheren Seite« zu sein. Zuvor jedoch noch eine kleine Geschichte. Manchmal schaffen es Aktienhaie sogar mit Gerüchten, die Börse kurzzeitig zu beeinflussen. Vor einigen Jahren gelangte per Fax aus Berlin das Gerücht von einer Brauereiübernahme an die Münchener Börse. Angeblich wollte die Paulaner-Brauerei die Aktien-Brauerei Kaufbeuren übernehmen. Daraufhin stieg der Kurs der Kaufbeurer Bierbrauer innerhalb kurzer Zeit rasant von 640 auf 1400 Mark in der Spitze. Paulaner dementierte sofort, und die Berliner Staatsanwaltschaft begab sich auf die Suche nach dem Täter.

## 2.5  Dukatenesel gibt es nicht –
### worauf Sie beim Aktienkauf achten sollten

- Kaufen Sie nicht bei unbekannten Anbietern. Seriöse Investments kann Ihnen Ihre Hausbank oder Sparkasse genauso gut besorgen. Aber auch dabei gibt es faule Eier, wie die Konkurse von Bremer Vulkan und Escom und die Schieflagen von KHD (jetzt Deutz) und Holzmann beweisen.

- Zugesandte Prospekte sollten Sie vernichten, wenn der Absender auf den britischen Kanalinseln oder in exotischen mittelamerikanischen Staaten residiert.

- Lassen Sie sich nur auf Geldgeschäfte ein, die Sie restlos verstehen und durchschauen. Zu Zeiten hoher Börsenkurse ist auch der Kauf von (Kauf-)Optionsscheinen sehr gefährlich. Dabei ist die beratende Kompetenz Ihres Bankfachmanns nützlich.

- Spekulieren Sie nur mit »überflüssigem« Geld, das Sie auf lange Zeit entbehren können.

- Vermeiden Sie unbedingt die Aufnahme von Krediten für Aktienkäufe, insbesondere aber für die Käufe von Optionsscheinen und Optionen.

- Information ist alles. Im Zweifelsfall ist Ihre Kapitalanlage höher als der Kaufpreis eines Autos, und beim Autokauf prüfen Sie doch auch sorgfältig.

- Schwarzes Geld ist heißes Geld. Sie setzen sich der Gefahr der Erpressung und spätestens im Konkursfall der Gefahr der Aufdeckung durch Staatsanwaltschaft und Steuerfahndung aus.
- Reagieren Sie grundsätzlich nicht bei telefonischen Angeboten. Sofort auflegen ist der sicherste Schutz vor Vermögensverlusten.

# 3 Das kleine Börseneinmaleins –
## ein paar Begriffe auf die Schnelle

Keine Angst! Ich werde Sie nicht von A wie Arbitrage bis Z wie Zusatzaktie ein ganzes Alphabet hindurch mit trockenen Begriffen langweilen. Ein paar Begriffe jedoch müssen Sie kennen, bevor Sie Ihre ersten Börsenschritte tun. Schließlich gibt es Regeln und Usancen auf dem glatten Parkett, an die sich die Marktteilnehmer halten müssen.

Beginnen wir mit einem ganz einfachen Einstieg, einer simplen Frage, über die Sie als Einsteiger schon stolpern könnten. Einsteiger gibt es nämlich immer mehr, nachdem die Telekom-Reklame das Interesse an Aktien sprunghaft wachsen ließ und sogar schon junge Menschen Aktien in ihre Überlegungen zur Alterssicherung einbeziehen.

### 3.1 Nennwert und Kurswert sind zwei Paar Schuhe

Vor Ihnen liegt der Kursteil einer Zeitung. Auf den ersten Blick ein für Anfänger unüberwindliches Chaos von Zahlen. Sie indessen haben schon eine kleine Vorstellung, welche Aktien Sie kaufen wollen. Nur grundsolide deutsche Standardwerte kommen in Frage, und so ist Ihre Wahl auf Siemens gefallen. Der Kurszettel verrät Ihnen, daß Sie eine Siemens-Aktie schon zu einem Schlußkurs von 113,30 Euro erstehen konnten.

Die 113,30 Euro, die Sie gelesen haben, stellen den Kurswert dar, mit dem Siemens am betreffenden Tag an der Börse gehandelt wurde. Einen zweiten Begriff müssen Sie in diesem Zusammenhang kennenlernen, und das ist der Nennwert der Aktie. Er ist der Anteil am Eigenkapital der Gesellschaft. Als Aktionär sind Sie Miteigentümer eines winzigen Bruchteils dieses Kapitals. Bei deutschen Aktien betrug der Nennwert früher im allgemeinen

# DAX-30 FRANKFURTER KURSE (ANGABEN IN EURO)

| 6.1.2000 / 17.30 Uhr | WPKN | Letzte Div. | Div.-Sch. für 1999 | Börsenkap. in Mill.Euro | Anfang | Tages H/T | Kassa | Schluss | +/- | Xetra (E) | Tages H/T | Xetra (S) | 52 Wochen Hoch | 52 Wochen Tief | Ergebnis 1998 | Ergebnis 1999s | Ergebnis 2000s | KGV 1999 | KGV 2000 | Div. Rend. |
|---|---|---|---|---|---|---|---|---|---|---|---|---|---|---|---|---|---|---|---|---|
| Adidas-Salomon(o.N.) | 500340 | 0,84 | 0,84 | 3310,5 | 71,20 b | 73,20 / 71,00 | 71,40 b | 73,00 b | +2,95 | 71,69 | 73,69 / 70,60 | 73,00 | 106,00 | 66,35 | -3,63 | 5,06 | 4,68 | 14,1 | 15,3 | 1,2 |
| Allianz NA vink.(o.N.)[1] | 840400 | 1,12 | 1,12 | 80693,8 | 325,50 b | 329,00 / 322,00 | 328,50 b | 330,80 b | +7,30 | 325,00 | 32,50 / 20,50 | 329,00 | 354,50 | 235,50 | 8,32 | 8,32 | 9,11 | 39,5 | 36,1 | 0,5 |
| BASF (o.N.)[1] | 515100 | 1,12 | 1,12 | 30211,9 | 46,95 b | 48,10 / 46,50 | 47,15 b | 48,10 b | +0,90 | 46,78 | 48,35 / 46,28 | 48,03 | 53,00 | 30,01 | 2,72 | 2,12 | 3,00 | 15,7 | 15,7 | 3,4 |
| ◆ Bayer (o.N.)[1] | 575200 | 1,02 | 1,02 | 32244,6 | 43,00 b | 44,70 / 42,70 | 44,30 b | 44,70 b | +1,60 | 42,93 | 44,80 / 42,68 | 44,15 | 49,30 | 29,80 | 2,21 | 2,24 | 2,37 | 19,8 | 18,7 | 3,3 |
| BMW StA (1 ) | 519000 | 0,39 | 0,39 | 18502,4 | 27,80 b | 28,20 / 27,03 | 27,20 b | 28,20 b | +0,50 | 27,27 | 28,40 / 27,00 | 27,65 | 32,70 | 22,58 | 1,08 | 0,80 | 1,39 | 34,1 | 19,5 | 2,1 |
| Commerzbank (o.N.) | 803200 | 0,77 | 0,82 | 18502,1 | 35,20 b | 35,35 / 35,35 | 35,00 b | 35,35 b | +0,45 | 34,55 | 35,47 / 34,55 | 35,40 | 37,75 | 24,10 | 1,03 | 1,86 | 2,30 | 18,8 | 15,2 | 3,3 |
| DaimlerChr.NA(o.N.)[1] | 710000 | 2,35 | 2,35 | 72279,2 | 72,50 b | 72,50 / 71,05 | 71,30 b | 71,60 b | -0,40 | 72,10 | 72,85 / 70,90 | 71,30 | 95,80 | 63,20 | 5,57 | 6,38 | 6,47 | 11,2 | 11,0 | 4,7 |
| Degussa-Hüls (o.N.) | 542500 |  | 0,82 | 5933,3 | 38,00 b | 38,60 / 37,00 | 37,50 b | 38,60 b | -0,60 | 37,11 | 38,65 / 37,01 | 38,00 | 45,00 | 30,60 | 2,85 | 2,12 | 2,58 | 17,7 | 14,5 | 2,2 |
| Deutsche Bank NA (o.N.)[1] | 514000 | 1,12 | k.A. | 50683,3 | 80,00 b | 82,75 / 80,00 | 81,50 b | 82,40 b | +1,90 | 80,24 | 82,89 / 79,90 | 82,50 | 90,30 | 45,02 | k.A. | k.A. | k.A. | k.A. | k.A. | k.A. |
| Dt. Telekom(o.N.)[1] | 555700 | 0,61 | 0,61 | 184805,9 | 64,40 b | 64,40 / 60,70 | 61,85 b | 61,45 b | -3,55 | 64,15 | 64,25 / 60,62 | 61,00 | 74,10 | 26,00 | 0,82s | 0,86 | 1,06 | 71,9 | 58,4 | 1,4 |
| Dresdner Bank NA(o.N.)[1] | 535000 | 0,79 | 0,79 | 29711,7 | 53,60 b | 54,95 / 52,30 | 54,00 b | 54,50 b | +1,50 | 53,50 | 55,09 / 52,10 | 54,34 | 56,50 | 30,05 | 1,71 | 1,71 | 2,25 | 31,5 | 24,1 | 2,1 |
| Fres.Med.Care StA (5) | 578580 | 0,59 | 0,64 | 6005,8 | 77,75 bG | 78,00 / 75,40 | 76,80 b | 77,50 b | +0,50 | 77,75 | 78,00 / 75,75 | 76,00 | 90,00 | 44,50 | -1,86 | k.A. | 3,40 | k.A. | 22,6 | 0,8 |
| Henkel VA (o.N.) | 604843 | 0,84 | 0,82 | 9001,1 | 62,50 b | 62,50 / 60,80 | 60,80 bG | 62,26 b | +0,70 | 60,55 | 62,71 / 60,55 | 61,65 | 80,50 | 57,50 | 2,88 | 2,88 | 3,31 | 21,1 | 18,4 | 1,9 |
| ◆ Hypo-Vereinsbk. (o.N.)[1] | 802200 | 0,82 | 0,85 | 27222,4 | 68,00 b | 69,00 / 67,20 | 68,20 b | 68,80 b | +1,70 | 67,50 | 69,19 / 67,60 | 69,00 | 73,00 | 47,60 | 1,47s | 2,10 | 2,69 | 32,5 | 25,4 | 1,8 |
| Karstadt Quelle(o.N.) | 627500 | 0,56 | 0,56 | 2998,8 | 34,75 b | 36,00 / 34,10 | 34,20 b | 35,65 b | +1,55 | 34,35 | 36,10 / 34,02 | 35,70 | 48,70 | 30,55 | 0,84 | 1,68 | 2,07 | 20,3 | 16,5 | 2,4 |
| Linde (o.N.) | 648300 | 1,12 | 1,06 | 6499,8 | 53,00 b | 55,40 / 52,30 | 52,70 b | 55,40 b | +1,90 | 53,00 | 55,15 / 52,10 | 54,50 | 64,03 | 40,59 | 2,72 | 2,83 | 3,11 | 18,6 | 16,9 | 2,9 |
| Lufthansa NA vink.(o.N.) | 823212 | 0,56 | 0,56 | 9093,5 | 22,50 b | 23,95 / 22,30 | 23,45 b | 23,80 b | +1,35 | 22,50 | 24,00 / 22,00 | 23,83 | 24,85 | 16,10 | 1,66 | 0,79 | 1,19 | 29,7 | 19,7 | 3,4 |
| MAN StA (o.N.) | 593700 | 0,92 | 0,61 | 5720,8 | 36,00 b | 37,30 / 35,90 | 36,20 b | 37,20 b | +1,10 | 35,85 | 37,39 / 35,73 | 37,10 | 38,60 | 20,60 | 2,23 | 2,31 | 2,12 | 15,7 | 17,1 | 2,5 |
| ◆ Mannesmann NA (o.N.)[1] | 656030 | 0,63 | 0,61 | 104301,5 | 221,20 b | 221,20 / 209,45 | 212,70 b | 209,45 b | -7,25 | 220,50 | 221,70 / 208,75 | 210,10 | 244,80 | 95,36 | 1,90 | 1,84 | 3,66 | k.A. | 58,1 | 0,4 |
| Metro StA (o.N.)[1] | 725750 | 1,02 | 1,02 | 16058,3 | 50,80 b | 50,80 / 49,10 | 49,10 b | 49,50 b | -0,75 | 50,03 | 50,30 / 49,00 | 49,14 | 78,30 | 47,80 | 1,69 | 1,83 | 1,98 | 26,8 | 24,8 | 2,1 |
| ◆ Münchener R. v. NA(o.N.)[1] | 843002 | 0,92 | 0,92 | 47858,6 | 258,00 b | 267,00 / 258,00 | 260,80 bG | 265,30 b | +12,30 | 259,00 | 270,00 / 255,50 | 266,00 | 267,50 | 158,00 | 2,53 | 2,87 | 3,36 | 90,9 | 77,6 | 0,5 |
| Preussag (o.N.) | 695200 | 0,77 | 0,77 | 10184,1 | 53,20 b | 54,50 / 52,70 | 54,15 b | 53,80 b | +0,80 | 52,55 | 54,50 / 52,45 | 53,02 | 60,50 | 37,84 | 1,88 | 2,39 | 2,59 | 22,7 | 20,9 | 2,0 |
| ◆ RWE StA (o.N.)[1] | 703700 | 0,51 | 1,00 | 21262,5 | 38,00 b | 38,50 / 37,40 | 37,90 b | 38,50 b | +0,20 | 37,50 | 38,50 / 37,31 | 38,29 | 52,00 | 35,30 | 2,08 | 2,15 | 2,31 | 17,6 | 16,4 | 3,8 |
| ◆ SAP VA (o.N.) | 716463 | 1,60 | 1,60 | 56835,0 | 520,00 b | 542,50 / 520,00 | 522,00 b | 542,50 b | +22,50 | 517,70 | 543,50 / 516,50 | 540,00 | 633,00 | 257,00 | 5,23s | 4,64 | 6,39 | k.A. | 81,6 | 0,4 |
| Schering (o.N.) | 717200 | 1,35 | 1,35 | 7808,6 | 113,20 b | 114,70 / 113,05 | 113,25 b | 114,30 b | +0,80 | 113,00 | 114,94 / 114,22 | 114,59 | 128,50 | 95,60 | 4,22 | 4,81 | 5,36 | 23,5 | 21,1 | 1,7 |
| Siemens NA (o.N.)[1] | 723610 | 0,77 | 0,77 | 67276,5 | 114,00 b | 114,70 / 112,80 | 112,80 b | 113,30 b | -1,20 | 113,60 | 114,89 / 111,20 | 113,10 | 130,30 | 53,45 | 2,24 | 3,25 | 3,32 | 34,7 | 34,0 | 1,0 |
| Thyssen Krupp (o.N.) | 750000 |  | 0,82 | 17235,4 | 33,70 b | 34,30 / 33,00 | 33,35 b | 33,30 b | -0,10 | 33,80 | 34,45 / 33,05 | 33,50 | 34,30 | 17,25 | 2,38 | 1,12 | 1,20 | 29,7 | 27,9 | 3,5 |
| ◆ Veba (o.N.)[1] | 761440 | 1,07 | 1,07 | 24465,1 | 48,10 b | 49,30 / 48,10 | 49,10 b | 49,00 b | +1,00 | 48,40 | 49,40 / 48,06 | 48,66 | 63,00 | 41,50 | 2,44 | 2,53 | 2,76 | 19,4 | 17,8 | 3,1 |
| Viag (o.N.) | 762620 | 0,32 | 0,31 | 12940,1 | 18,40 b | 19,13 / 18,40 | 19,00 b | 18,75 b | +0,15 | 18,40 | 19,30 / 18,40 | 18,70 | 22,30 | 14,82 | 0,89 | 0,73 | 0,80 | 25,9 | 23,8 | 2,4 |
| VW StA (o.N.) | 766400 | 0,77 | 0,77 | 21692,1 | 52,10 b | 52,20 / 51,40 | 51,65 b | 52,10 b | +0,30 | 52,09 | 52,20 / 51,25 | 52,00 | 79,80 | 45,70 | 4,85 | 3,36 | 3,63 | 15,4 | 14,2 | 2,1 |

Kurse dienen Demozwecken und sind nicht aktuell.

50 Mark. Dann wurde er in vielen Fällen auf nur 5 Mark oder gar 1 Euro (= 1,95583 Mark) herabgesetzt. Nun sehen Sie aber bei den 30 DAX-Aktien, daß nur noch eine einzige Aktie, nämlich Fresenius Med. Care (Stammaktie), überhaupt noch einen Nennwert von 5 Mark hat. Die anderen 29 Aktien notieren ohne Nennwert (o.N.). Wer sie besitzt, ist zu einem bestimmten Bruchteil am Grundkapital der betreffenden Aktiengesellschaft beteiligt. Vielleicht ist es ein Millionstel Anteil, vielleicht auch nur fünf Millionstel – wer weiß? Es ist von Fall zu Fall verschieden.

### 3.1.1 Mini-Aktien: einst groß in Mode – jetzt schon »out«

Das Börsenrecht ist schnellebig. Vor wenigen Jahren noch wurden die Mini-Aktien mit einem Nennwert von 5 Mark als Neuerung begrüßt, aber mit der Einführung des Euro an der Börse (1.1.1999) war der Trend vorbei (vgl. Kapitel 13).

Aktien mit einem Nennwert von 5 Mark wurden, wie gesagt, auch Mini-Aktien oder Baby-Aktien genannt. Es gibt sie in Deutschland erst seit 1995. Den Start mit Mini-Aktien machten die vier Gesellschaften Continental, Daimler, Dyckerhoff und Schering. Sie stellten ihre zuvor auf 50 Mark lautenden Nennwerte auf 5 Mark um. Logischerweise notierte auch ihr Kurswert fortan nur mit einem Zehntel des bisherigen Kurswerts. Immer mehr Aktiengesellschaften folgten dem Beispiel. Neuemissionen, wie man neu an die Börse gekommene Aktien nennt, wurden anfangs grundsätzlich mit einem Nennwert von 5 Mark begeben. Im Handelsblatt ist übrigens beim Nennwert 5 Mark eine »(5)« hinter der Aktienbezeichnung angegeben. Die sogenannten »nennwertlosen Stückaktien« sind mit »(o.N.)« gekennzeichnet. Schlagen Sie das Börsensegment »Neuer Markt« in einer Zeitung auf, werden Sie auch bei den Neuemissionen kaum noch Nennwerte von 5 Mark finden. Es handelt sich auch hier fast ausnahmslos um nennwertlose Stückaktien.

Die vielbeschworene Attraktivität der Mini-Aktien für Kleinanleger hat natürlich ihre Grenzen. Sie haben in Kapitel 1.3 gesehen, daß es bei Mindestgebühren von 30 bis 50 Mark ziemlich
gleichgültig ist, ob man »billige« 5-Mark-Mini-Aktien, nennwertlose Stückaktien oder »teure« 50-Mark-Aktien kauft. Schließlich
muß ein Auftrag über 3000 bzw. 5000 Mark lauten, um die Mindestgebühren abzufangen. Erst danach senkt sich die Bankprovision auf das übliche 1 Prozent.

Es mußte also einen weiteren Vorteil der Mini-Aktien geben,
und der lag anfangs im erleichterten Zugang zum Variablen Handel an der Börse (siehe dazu Kapitel 3.2). Die Mindeststückzahl
für dieses Handelssegment lag früher bei Aktien mit einem
Nennwert von 50 Mark bei 50 Stück und bei den neuen Mini-
Aktien bei 100 Stück. Da die Kurse bei den Mini-Aktien deutlich
niedriger waren, konnte der Anleger trotz der Stückzahl 100
meist mit weit weniger Kapitaleinsatz den Zugang zum Variablen
Handel schaffen. Aber auch hier ist die (Börsen-)Zeit vorange-
schritten. Seit einiger Zeit kommt der Anleger mit einem Auftrag
von nur einer einzigen Aktie – wenn er es wünscht – in den Variablen Handel. Dieser Trend begann an den Regionalbörsen. Man
hatte der Frankfurter Sogwirkung einiges entgegenzusetzen. Und
Frankfurt zog nach.

Bei kleineren Tageszeitungen werden Sie nicht immer Unter-
scheidungsmerkmale zwischen einem Nennwert von 5 Mark und
den nennwertlosen Stückaktien finden. Fragen Sie dann ganz einfach Ihren Wertpapierberater beim Kreditinstitut. Der guten
Ordnung halber: Die nennwertlosen Stückaktien sind absolut
dominierend. Früher gab es außer den Nennwerten von 50 Mark
auch noch andere Größenordnungen, wie zum Beispiel 100 oder
1000 Mark.

### 3.1.2 Wie kommt der Kurswert zustande?

Besuchen Sie einmal eine der acht deutschen Wertpapierbörsen in Frankfurt, München, Stuttgart, Düsseldorf, Hamburg, Bremen, Berlin oder Hannover. Sie werden irritiert sein von dem scheinbar wilden Durcheinander, das Börsenmakler, Bankenvertreter und die eiligen Telefonboten dort veranstalten. Sie gestikulieren nicht nur wild, sondern schreien sich bei hektischen Kursbewegungen für Sie unverständliche Zahlen und Begriffe zu. Trotzdem ist das scheinbare Chaos wohlgeordnet. Wenn der Börsenmakler »an dich« gerufen hat und dabei auf einen Bankenvertreter zeigt, ist manchmal ein Millionengeschäft rechtsgültig besiegelt. Hier gilt noch »Ein Mann/eine Frau – ein Wort«!

Geben Sie einen Kaufauftrag »ohne Limit« über Ihr Kreditinstitut an die Börse, ohne daß Sie einen bestimmten Kaufkurs nennen, der nicht überschritten sein darf, wird er »billigst«, nämlich zu dem nach Marktlage günstigsten Kurs für Sie ausgeführt. Ein Verkaufsauftrag »ohne Limit« würde »bestens« vorgenommen, also zum maximal nach Marktlage für Sie bestens erzielbaren Kurs. Wenn Sie nicht in den Variablen Handel gehen möchten, wird Ihr Auftrag zum Kassakurs ausgeführt. Er wird ungefähr um 12 Uhr festgestellt.

Ihren Kauf- oder Verkaufsauftrag können Sie nicht selbst und unmittelbar an die Börse geben. Nur Kreditinstitute sind zum Handel zugelassen. So wird denn Ihr Auftrag meistens über ein elektronisches System, das sich BOSS (Börsen-Order-System) nennt, von Ihrem Kreditinstitut gleich in das elektronische Orderbuch des Maklers »gefunkt«. Er sammelt und vergleicht die Aufträge, so wie sie bei ihm als Käufe und Verkäufe einlaufen.

Dann macht der Kursmakler einen Kursvorschlag. Es ist nicht eine einzige Zahl, sondern eine kleine Kursspanne. Sagen wir mal, bei Siemens mit einem Schlußkurs von 113,30 Euro, wie in unserem Beispiel, könnte es eine Spanne von 112 bis 114 Euro

| Nachfrage (Kaufaufträge) | | | Angebot (Verkaufsaufträge) | | |
| --- | --- | --- | --- | --- | --- |
| 36 Stück | billigst | | 48 Stück | bestens | ( 48 Stück) |
| — | zu Euro 277,– | ( 36 Stück) | — | zu Euro 270,– | ( 48 Stück) |
| 6 Stück | zu Euro 276,– | ( 42 Stück) | — | zu Euro 271,– | ( 48 Stück) |
| 30 Stück | zu Euro 275,– | ( 72 Stück) | 16 Stück | zu Euro 272,– | ( 64 Stück) |
| 18 Stück | zu Euro 274,– | ( 90 Stück) | 66 Stück | zu Euro 273,– | (130 Stück) |
| 30 Stück | zu Euro 273,– | (120 Stück) | 14 Stück | zu Euro 274,– | (144 Stück) |
| 20 Stück | zu Euro 272,– | (140 Stück) | 12 Stück | zu Euro 275,– | (156 Stück) |
| — | zu Euro 271,– | (140 Stück) | — | zu Euro 276,– | (156 Stück) |
| 12 Stück | zu Euro 270,– | (152 Stück) | 2 Stück | zu Euro 277,– | (158 Stück) |

sein. Dabei wären dann 112 Euro der höchste Kurs, für den noch ein Nachfrageüberschuß besteht und 114 Euro der niedrigste Kurs mit einem Angebotsüberschuß. Der Makler schaltet nun seinen Computer vorübergehend ab und versucht durch Ausruf einen Marktausgleich zwischen beiden Kursen zu erzielen. Schafft er es, so ist ein Handel zustande gekommen und die Zahlen werden sofort veröffentlicht.

Noch ist es in vielen Fällen Aufgabe eines Menschen, nämlich des Maklers, zwischen Angebot und Nachfrage computergestützt so zu vermitteln, daß möglichst viele Börsenkunden ihre Aktien kaufen oder verkaufen können. Wie das vor sich geht, sehen wir uns an einem fiktiven Beispiel an, das einer Publikation der Frankfurter Wertpapierbörse entnommen und auf Euro abgewandelt ist. Aber die Zeit der Makler als Alleinherrscher scheint zugunsten des Computers zu Ende zu gehen.

Im Beispiel oben wollen Käufer für 36 Aktien einer bestimmten Gesellschaft 277 Euro bezahlen. Wenn die Aktien für 276 Euro zu haben wären, würden sechs Aktien mehr nachgefragt, also zusammen schon 42, usw. Wäre die Aktie für nur 270 Euro zu erwerben, würden sich schon Käufer für insgesamt 152 Stück finden. Anders sieht es auf der Verkäuferseite aus. Natürlich wird hier die Zahl der Verkäufer nicht mit fallendem, sondern mit ansteigendem

| Nachfrage (Kaufaufträge) | | | Angebot (Verkaufsaufträge) | | |
|---|---|---|---|---|---|
| 36 Stück | billigst | | 48 Stück | bestens | |
| — | zu Euro 277,– | ( 36 Stück) | — | zu Euro 270,– | ( 48 Stück) |
| 6 Stück | zu Euro 276,– | ( 42 Stück) | — | zu Euro 271,– | ( 48 Stück) |
| 30 Stück | zu Euro 275,– | ( 72 Stück) | 16 Stück | zu Euro 272,– | ( 64 Stück) |
| 18 Stück | zu Euro 274,– | ( 90 Stück) | **66 Stück** | **zu Euro 273,–** | **(130 Stück)** |
| **40 Stück** | **zu Euro 273,–** | **(130 Stück)** | 14 Stück | zu Euro 274,– | (144 Stück) |
| 20 Stück | zu Euro 272,– | (150 Stück) | 12 Stück | zu Euro 275,– | (156 Stück) |
| — | zu Euro 271,– | (150 Stück) | — | zu Euro 276,– | (156 Stück) |
| 12 Stück | zu Euro 270,– | (162 Stück) | 2 Stück | zu Euro 277,– | (158 Stück) |

Kurs größer. Schließlich will jeder möglichst viel für die Aktien erlösen, die er besitzt. Für 277 Euro wären alle Verkäufer bereit, sich von insgesamt 158 Aktien zu trennen.

Ein Blick auf den Bildschirm hat dem Kursmakler gezeigt, daß er 130 Aktien zu einem Kurs von 273 Euro verkaufen könnte. Fatal für ihn ist, daß bei diesem Kurs nur Interesse für 120 Stück besteht. Aber so ist das Tagesgeschäft. Er braucht also noch einen Käufer für 10 weitere Stück, um die 130 Stück vollzumachen. Er ruft den Kurs laut aus und tatsächlich, da findet sich jemand. So wird die maximale Zahl von Käufern und Verkäufern bei einem Kurs von 273 Euro zusammengeführt.

Abends werden Sie im Videotext oder im Computer und tags darauf in der Zeitung lesen können, daß die genannte Aktie im Kassakurs zu 273 Euro gehandelt wurde.

### 3.2 Variabler Handel oder Kassakurs –
### die unterschiedlichen Handelsarten der Börse
Nun habe ich im Kapitel über Mini-Aktien (3.1.1) schon über den »Variablen Handel« gesprochen und bin Ihnen eine Erklärung schuldig, um was es dabei geht. Die Aktien großer und bedeutender Gesellschaften, die sich im »Amtlichen Handel« befinden, werden nicht nur zum Kassakurs, sondern auch variabel gehan-

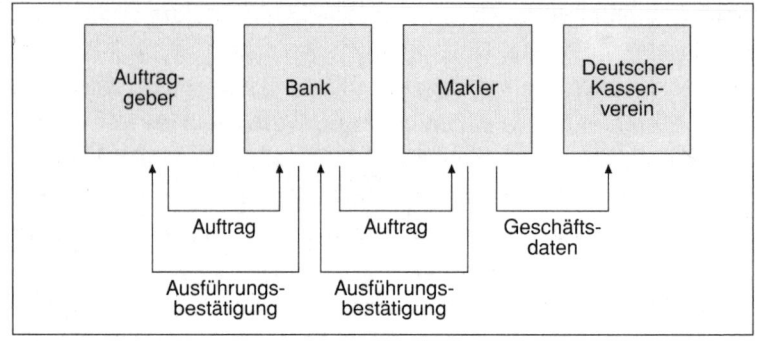

Der Weg Ihres Börsenauftrags. Er geht nur über das Kreditinstitut. Die Aktien selbst werden beim Deutschen Kassenverein (DKV) aufbewahrt, siehe dazu Kapitel 3.12.1. Quelle: »Galerie« Deutsche Börse AG

delt. Es sind die deutschen Standardwerte, von denen Sie bereits Siemens kennengelernt haben. Jeden Tag lassen sie eine hohe Zahl von Käufen und Verkäufen und einen entsprechenden Börsenumsatz erwarten. Deshalb werden ihre Kurse fortlaufend, nämlich variabel, festgestellt, so wie Schwankungen von Angebot und Nachfrage dies rechtfertigen.

Die Handelseinheit war früher standardisiert: 50 Stück oder – Sie haben es bereits gelesen – 100 Stück bei den Mini-Aktien mit einem Nennwert von 5 Mark, oder ein Vielfaches davon. Jetzt kann schon ab 1 Stück gekauft oder verkauft werden. Praktisch wird jede Order zu einem eigenen Kurs abgewickelt. Während der Kassakurs für die kleineren Werte ungefähr um die Mittagszeit kurz nach 12 Uhr ermittelt wird, können Sie Ihre Aufträge seit 2. Juni 2000 im Variablen Handel während der ganzen verlängerten Börsenzeit zwischen 9.00 Uhr und 20.00 Uhr über Ihr Kreditinstitut durchgeben.

Sind Sie seinerzeit bei Telekom mit 120 Aktien bedacht worden und wollen sie alle auf einmal verkaufen, so kamen früher davon 100 als Handelseinheit in den Variablen Handel und 20 wurden zum Kassakurs verkauft. Jetzt entscheiden Sie ganz einfach, ob Sie alle 120 Stück zum Kassakurs in den Markt geben. Dann vermerken Sie auf Ihrem Verkaufsauftrag ausdrücklich schriftlich »Kassakurs!« oder Sie geben es Ihrem Wertpapierberater telefonisch durch. Oder Sie machen Ihren »deal« im Variablen Handel.

Schauen Sie noch einmal in unseren Kurszettel in Kapitel 3.1. Der Kassakurs für Siemens betrug 112,80 Euro. Daß es an dem Börsentag auch noch andere Kurse gegeben hat, nämlich im Variablen Handel, sehen Sie an der Spalte »Tages H/T«; das sind die Höchst- und Tiefkurse.

Wer das Kurs-Laufband des Fernsehsenders »n-tv« oder den Videotext während des Tages verfolgt oder ins Internet schaut (www.exchange.de), kann eine günstige Gelegenheit nutzen, zu einem guten Kurs seine Papiere in den Markt zu geben oder auch günstig zu kaufen, auch wenn er keine 50 oder 100 Stück besitzt. Schon vor dem 12. Oktober 1998 nahmen, wie bereits gesagt, fast alle Provinzbörsen Aufträge über weniger als 50 Stück – theoretisch ein Stück – entgegen. Nur Frankfurt bestand zunächst noch auf den Mindestgrößen 50 oder 100. Dies hat sich alsbald geändert. Im nächsten Kapitel lesen Sie, was der Gund dafür war.

### 3.3 Mit XETRA sind Sie elektronischer Marktteilnehmer

Sie kennen jetzt schon den Kassahandel und den Variablen Handel. Als weiteres kommt der Wertpapierhandel per Börsen-Computer hinzu. Nicht »Neckermann macht's möglich«, sondern das »Exchange Electronic Trading« mit der Abkürzung »XETRA«.

XETRA ist schon jetzt für die Börsianer zu einem Begriff geworden, erlaubt es doch seit 12. Oktober 1998 ohne Mindeststückzahlen den Handel mit allen in Frankfurt notierten Aktien und dies parallel zu der Präsenzbörse (9.00 bis 20.00 Uhr). Es wurde am 28. November 1997 eingeführt. Mit XETRA geht alles durch den »Kollegen Computer«. Wohlgemerkt: Nicht mit Ihrem eigenen Computer, sondern mit dem zwischen den Kreditinstituten und der Börse installierten System. XETRA hat IBIS und MATIS, die ursprünglichen Handelssysteme der Börsenmakler, verdrängt. Von dem neuen System verspricht man sich eine bessere Handelsüberwachung und noch mehr Marktteilnehmer und Liquidität. Trotz der weiteren Elektronisierung war man aber schon damals sicher, daß der Parketthandel, der Handel unter Menschen auf dem Parkett des Börsengebäudes, zumindest noch das Jahr 2000 erleben würde.

Auch als Kleinanleger können Sie sich des XETRA-Systems bedienen, immer vorausgesetzt, Ihr Wertpapierberater ist noch an seinem Bank-Arbeitsplatz. Schließlich läuft das XETRA-System von 8.30 bis 17.00 Uhr. XETRA diente früher fast ausschließlich den Kreditinstituten, den Wertpapierhäusern und den Maklern. Schon bei IBIS, dem Vorgänger, entfiel nur ein Prozent der Umsätze auf Privatanleger. Zunächst wurden nur die 109 umsatzstärksten deutschen Aktien (30 DAX-Werte, 70 MDAX-Werte, Vorzugsaktien der DAX-Werte und Pro-Sieben-Aktie) mit XETRA gehandelt. Im Oktober 1998 folgten dann die restlichen Titel der Frankfurter Börse und die Rentenwerte.

Eine Mindestauftragsgröße war früher generell noch erforderlich. Sie lag pro Geschäft zwischen 50 und 1000 Stück. Dabei spielte es überhaupt keine Rolle, ob eine Aktie damals nun einen Nennwert von 5 oder 50 Mark hatte. Heute werden bei den DAX-Werten Aufträge von 100 Stück oder einem Vielfachen davon per XETRA sofort gehandelt. Kleinere Orders gehen in die vier Auktionstermine um 9.00, 13.00, 17.30 und 20.00 Uhr. Aktien des Neuen Marktes, SMAX-Aktien und ein paar weitere Nebenwerte sowie ausländische Titel handelt XETRA direkt nach Eingang, und dies schon ab einem

| Eröffnungsauktion | 9.00 Uhr |
| 1. untertägige Auktion | 13.00 Uhr |
| 2. untertägige Auktion | 17.30 Uhr |
| Schlußauktion | 20.00 Uhr |

Stück. Auch wenn Sie in diesen Fällen schon eine einzelne Aktie über XETRA handeln können, müssen Sie dennoch mit den Mindestspesen Ihrer Bank kalkulieren.

### 3.3.1 News zu XETRA

Schon seit Juni 1998 gab es beim XETRA-Handel reduzierte Mindest-Order-Größen. Wie gesagt, seit dem 12.10.1998 kann jede gewünschte Stückzahl mit XETRA gehandelt werden. Dabei hat die Börse für die weniger liquiden Aktien des Midcap- und des Smallcap-Index sogenannte Betreuer eingesetzt. Ordergrößen, die nicht dem Mindestschluß im Parketthandel entsprechen, werden als sogenannte Auktionen abgewickelt. Und jetzt die Einzelheiten in der Zusammenfassung:

- Auch Privatanleger können durch XETRA in Frankfurt die kleineren Stückzahlen kaufen oder verkaufen.
- Aufträge am Neuen Markt, SMAX-Aktien und einige andere Nebenwerte sowie ausländische Titel werden ab einem Stück direkt nach dem Eingang ausgeführt.
- Bei den DAX-Werten werden nur Aufträge von 100 Stück oder einem Vielfachen davon sofort ausgeführt. Orders mit einer geringeren Stückzahl werden angenommen und bei der nächsten Auktion ausgeführt. Die Auktionen finden um 9.00, 13.00, 17.30 und 20.00 Uhr statt.
- Im XETRA-System besteht auch die Möglichkeit, sogenannte Stop-Orders für eine Aktie einzugeben. Sie lösen automatisch Verkäufe aus und können Verluste begrenzen.
- 2000 Händler handeln mit XETRA.
- Fast 70 Prozent aller Börsenumsätze laufen über XETRA. Bei den DAX-Werten sind es sogar 80 Prozent.
- Alle 2000 Aktien der Frankfurter Börse sind in XETRA handelbar. Davon werden 900 fortlaufend notiert und 1100 kommen in die Auktionen.

- Teilaufträge werden bei XETRA nicht besonders berechnet. Bei einem Auftrag über beispielsweise 161 DAX-Aktien gelangen 100 über XETRA in den fortlaufenden Handel und 61 gehen ohne Mehrkosten in die nächste Auktion.
- Durch XETRA ist die Maklercourtage von 0,4 oder 0,8 Promille des Auftragswerts entfallen.
- Für die Banken ist der XETRA-Handel preiswerter. Die Kostenersparnis ist meines Wissens bisher nicht an die Kunden weitergegeben worden.
- Makler beklagen die hohen Kursspannen beim XETRA-Handel, die manchmal zu nicht marktgerechten Kursen führen können. Die Deutsche Börse hält dagegen, nur bei einem Prozent aller Geschäfte käme es zu Preissprüngen, und diese fast nur bei marktengen Werten.
- Auch die im Dow Jones Euro STOXX 50 enthaltenen Werte werden in XETRA gehandelt.
- Der Kurs illiquider Aktien (marktenger Werte) wird nur noch einmal täglich in einer Auktion festgestellt. Ursache für diese Anfang 1999 getroffene Regelung war eine Kursschwankung der marktengen Balaton-Aktie von 13 Prozent innerhalb von nur fünf Minuten. Diese Schwankung ließ den Verdacht aufkommen, daß ein Profi abgezockt hatte. Es ist daher empfehlenswert, marktenge Nebenwerte nur im Parketthandel zu kaufen oder verkaufen.
- Die XETRA-Betreuer sollen Liquidität für die Nicht-DAX-Werte schaffen, wenn beispielsweise einem Käufer kein Verkäufer gegenübersteht oder umgekehrt. XETRA-Betreuer treten also quasi an die Stelle der Makler, die im Parketthandel bei einer »fehlenden Seite« in ein Geschäft eintreten.
- Seit 21. Juni 1999 berechnet die Deutsche Börse AG die Indizes DAX und MDAX nur noch aus den Kursen, die sich aus dem Computerhandelssystem XETRA ergeben. Damit ist der Par-

kett-DAX entfallen. Kritik entzündet sich daran, daß 60 Prozent der MDAX-Werte auf dem Parkett gehandelt werden. Trotzdem wird auch der MDAX-Index nach XETRA ermittelt.

- Privatanlegern ist zu empfehlen, bei Nutzung des XETRA-Systems keine »bestens«- und »billigst«-Orders zu geben. Solche Orders sind im sogenannten »offenen Orderbuch« der Börse leicht erkennbar und können andere Marktteilnehmer dazu reizen, sofort elektronisch zu einem unrealistischen Höchstkurs zu verkaufen oder Tiefstkurs zu kaufen. Diese Gepflogenheit war in den ersten Wochen des XETRA-Systems deutlich aufgefallen.

- Bei XETRA sind Teilausführungen möglich. Deshalb kann es zu mehreren Abrechnungen zu unterschiedlichen Kursen kommen. Spitzenausgleiche wie im Parketthandel gibt es bei XETRA nicht. Wer Teilausführungen vermeiden will, muß seinen Auftrag mit dem Zusatz »Fill-or-Kill« kennzeichnen, was bedeutet: »Auftrag als Ganzes ausführen oder streichen«. Ferner besteht die Möglichkeit, durch die Bezeichnung »Immidiate-or-Cancel« die Ausführung der höchsterreichbaren Stückzahl und die Löschung des Restauftrags zu erlangen.

### 3.4 Die sechs Handelssegmente der Börse

Seit April 1999 gibt es an der Börse sechs Handelssegmente. Schauen wir sie uns nach ihrer Bedeutung an.

### 3.4.1 Amtlicher Handel

Der »Amtliche Handel« ist den großen Publikumsgesellschaften, wie Bayer, BASF, Schering, BMW, Siemens, Volkswagen usw. vorbehalten. Es gelten hier strenge Formvorschriften, die in § 36 Börsengesetz niedergelegt sind. So müssen z. B. alle Zwischenberichte und Bilanzen dieser Aktiengesellschaften in einem Börsenpflichtblatt veröffentlicht werden. Der Amtliche Handel wird von amt-

| 52 Wochen Hoch | Tief | Markt-segment | | 28.7. Schluß/Kassa | 31.7. Kassa | Tages Hoch | Tief | 31.7. 18.23 Uhr | Veränd. Prozent | Div. |
|---|---|---|---|---|---|---|---|---|---|---|
| | | | **A** | | | | | | | |
| 10,2 | 4,6 | F/FN | A.A.A. Anlageverw.** | 7,50 | 7,00 -T | 7 | 7 | 7,00 | -6,66 | |
| 235,0 | 195,0 | D/FN | Aach. Strb.° | 198,00 -T | 198,00 TG | | | 198,00 -T | ±0 | 4,00 |
| 348,0 | 250,0 | D/FN | Aach. u. Mü. Leben | 270,00 G | 270,00 G | 270 | 270 | 270,00 G | ±0 | 18,00 |
| 270,0 | 190,0 | F/KK | Aach. u. Mü. Vers. | 215,00 bB | 215,00 bB | | | | ±0 | 23,00 |
| 137,5 | 84,5 | F/FN | ABB Ltd. (CH) | 127,00 -T | 126,50 -T | 127 | 126,50 | 127,00 | ±0 | 3,00 |
| 26,6 | 19,0 | F/FN | ABN Amro Hold. (NL) | 26,05 | 26,10 | 26,20 | 26 | 26,20 | +0,57 | 0,50 |
| 17,2 | 9,8 | D/GM | Actium Beteil. | 10,40 -T | 10,40 -T | | | 10,40 -T | ±0 | |
| 15,6 | 7,5 | F/FN/Sx | AdCapital StA* | 14,78 | 14,60 | 14,70 | 14,20 | 14,20 | -3,72 | |
| 13,2 | 6,1 | F/FN/Sx | AdCapital Vz* | 13,15 | 13,10 | 13,20 | 12,95 | 13,20 | ±0 | |
| 30,5 | 11,0 | F/GM | Aditron | 15,20 G | 15,20 G | 15,20 | 15,20 | 15,20 G | ±0 | 0,37 |
| 330,0 | 144,0 | F/KK | Adler Real Estate** | 170,00 G | 170,00 G | | | | ±0 | 12,00 |
| 26,0 | 5,9 | F/GM | adv.orga StA | 24,00 TB | 23,00 TB | | | 23,00 TB | -4,16 | 0,15 |
| 48,9 | 33,2 | F/FN | Aegon (NL) | 41,00 | 41,10 | 41,40 | 40,80 | 41,00 | ±0 | 0,69 |
| 22,4 | 8,2 | F/GM | AGFB* | 9,80 bG | 9,90 bB | 9,90 | 9,80 | 9,80 bG | ±0 | |
| 26,3 | 16,7 | F/FN | Agfa (B) | 25,52 bG | 25,80 | 25,88 | 25,25 | 25,75 | +0,90 | 0,33 |
| 859,0 | 272,0 | M/FN | Agrob StA° | 350,00 B | 345,00 B | 349 | 336 | 336,00 | -3,72 | |
| 848,0 | 261,0 | M/FN | Agrob VA° | 330,00 G | 325,00 G | 330 | 325 | 325,00 | +1,56 | |
| 28,0 | 13,5 | F/GM | AFWAG | 27,50 TB | 27,50 TB | | | 27,50 TB | ±0 | |
| 42,4 | 23,3 | F/GM/Sx | AHAG | 24,50 bG | 24,00 | 24,30 | 24 | 24,00 | -2,04 | 2,50 |
| 19,2 | 11,4 | F/FN/Sx | Ahlers, Adolf StA | 12,90 B | 12,95 bB | 12,95 | 12,90 | 12,95 bB | +0,38 | 1,60 |
| 22,0 | 11,0 | F/FN/Sx | Ahlers, Adolf Vz | 13,10 B | 13,20 B | 13,20 | 13,10 | 13,20 B | +0,76 | 1,70 |
| 175,0 | 90,0 | M/KK | Aigner, Etienne** | 172,00 B | 167,00 | | | | -2,90 | |
| 320,0 | 201,0 | M/KK | Akt.-Br.Kaufb.** | 225,00 B | 225,00 B | | | | ±0 | 5,00 |
| 51,0 | 36,3 | F/FN | Akzo Nobel N.V. (NL) | 48,00 G | 48,10 | 48,10 | 47,65 | 48,00 | ±0 | 0,70 |
| 760,0 | 655,0 | H/FN | Albingia StA** | 706,00 G | 705,00 G | 705 | 705 | 705,00 G | -0,14 | 78,00 |
| 760,0 | 634,0 | H/FN | Albingia Vz** | 706,00 G | 706,00 G | 706 | 706 | 706,00 G | ±0 | 79,00 |
| 22,0 | 7,1 | F/KK | Albis-Leasing | 13,49 B | 13,49 B | | | | ±0 | |
| 44,0 | 27,6 | F/FN | Alcan Aluminium (USA) | 34,00 -T | 34,00 -T | | | 34,00 -T | ±0 | 0,15 |
| 83,2 | 24,9 | F/FN | Alcatel (F) | 78,00 | 78,20 | 79,50 | 77,20 | 79,50 | +1,92 | 2,20 |
| 211,0 | 140,0 | F/FN | Alcatel SEL | 196,00 bB | 202,00 -T | 205 | 199 | 205,00 bB | +4,59 | 10,60 |
| 42,2 | 27,0 | F/FN | Alcoa (USA) | 33,00 G | 33,00 bB | 33 | 32,55 | 32,55 | -1,36 | 0,25 |
| 45,0 | 28,0 | D/FN~ | Alexanderwerk | 35,00 TG | 35,00 TG | | | 35,00 TG | ±0 | |

Amtlicher Handel und Geregelter Markt. Kurse in Euro.

lichen Kursmaklern vorgenommen, die vom zuständigen Länder-wirtschaftsminister bestellt und vereidigt werden.

Sie haben bereits den Kassamarkt und den Variablen Handel als Bestandteile des Amtlichen Handels kennengelernt.

Wesentlich ist noch, daß Ihre unlimitiert erteilten Aufträge im Amtlichen Handel einen Anspruch auf Ausführung haben.

### 3.4.2 Geregelter Markt

Als weiteres Marktsegment wurde im Mai 1987 der »Geregelte Markt« eingeführt. Die hier gehandelten Aktien sind keinesfalls von minderer Qualität, aber die Anforderungen an den Börsen-einführungsprospekt sind geringer, es gibt keine Pflichtveröffentlichungen von Bilanzen u. ä.; die Auslage an den Bankschaltern reicht aus. Der Geregelte Markt wird von mittleren Gesellschaften wahrgenommen, die sich die hohen Kosten des Amtlichen Handels ersparen wollen. Auch bei den im Geregelten Markt gehandelten Aktien haben Sie einen Anspruch auf Ausführung Ihrer Aufträge.

### 3.4.3 Geregelter Freiverkehr

Das dritte Marktsegment der Börse ist der »Geregelte Freiverkehr«. Es handelt sich um einen Teilmarkt ebenfalls für mittlere Gesellschaften mit noch geringeren Anforderungen für die Börsenzulassung einer Aktie. So reicht beispielsweise schon die Vorlage von Unternehmensberichten beim Freiverkehrsausschuß. Als Teilnehmer am Geregelten Freiverkehr haben Sie allerdings keinen Anspruch auf eine Ausführung Ihrer Aufträge.

| 52 Wochen | | | | 28.7. | 31.7. | Veränd. |
|---|---|---|---|---|---|---|
| Hoch | Tief | | | Schluß | 18.20 Uhr | Proz. |
| 38,0 | 17,0 | Lockheed Ma. (USA) | F | 28,60 | 29,00 | +1,39 |
| 13,5 | 8,0 | Lonmin (GB) | F | 13,00 | 12,50 G | -3,84 |
| 750,0 | 550,0 | Löwenbräu | M | 670,00 | 670,00 -T | ±0 |
| 83,0 | 48,95 | Lucent Tech. (USA) | F | 49,70 | 49,00 | -1,40 |
| 70,1 | 23,5 | Lukoil H.ADR (RUS) | F | 57,50 | 59,40 | +3,30 |
| 26,4 | 3,95 | Lukoil Vz (RUS) | F | 22,20 | 23,30 | +4,95 |
| 96,2 | 52,0 | LVMH (F) | F | 92,00 | 93,50 | +1,63 |
| 92,0 | 26,8 | Lycos (USA) | F | 61,80 | 63,00 | +1,94 |
| **M** | | | | | | |
| 248,0 | 153,0 | Maag Holding (S) | F | 160,00 | 160,00 B | ±0 |
| 37,0 | 6,45 | Macronix Int.ADR (T) | F | 23,00 | 23,80 | +3,47 |
| 4,9 | 1,83 | Maddox Uhren | F | 2,00 | 2,00 bG | ±0 |
| 11,95 | 5,9 | Malacca F. (CAY) | Bn | 6,50 | 6,50 G | ±0 |
| 7,5 | 2,65 | Manche.United (GB) | Bn | 5,40 | 5,30 G | -1,85 |
| 68,0 | 8,65 | Manugis.Group (USA) | Bn | 56,50 | 54,00 G | -4,42 |
| 19,0 | 13,0 | Mapfre (E) | F | 15,50 | 15,50 -T | ±0 |
| 18,3 | 11,0 | Marconi (GB) | S | 16,80 | 17,00 G | +1,19 |
| 79,3 | 14,0 | Marchfirst Inc. (USA) | Bn | 22,50 | 22,80 | +1,33 |
| 2,4 | 1,0 | Marine Shuttle (N) | Bn | | a | |
| 6,5 | 3,5 | Marks&Spencer (GB) | F | 3,60 | 3,55 | -1,38 |
| 0,16 | 0,03 | Marshall Pain. (TR) | M | 0,10 | 0,10 G | ±0 |
| 9,4 | 6,8 | Marzotto (I) | D | 8,90 | 8,90 B | ±0 |
| 900,0 | 688,0 | Maschin.Fa.Fahr° | F | 900,00 | 900,00 TG | ±0 |
| 10,7 | 4,72 | Matav (H) | M | 7,00 | 7,00 | ±0 |
| 22,2 | 3,05 | MatrixPharm. (USA) | S | 14,60 | 14,30 B | -2,05 |
| 24,5 | 9,3 | Mattel (USA) | F | 12,00 | 12,20 | +1,66 |
| 5,4 | 2,57 | Mazda Motors (J) | F | 2,60 | 2,60 G | ±0 |
| 203,0 | 3,9 | Medarex Inc. (USA) | M | 86,00 | 81,30 | -5,46 |
| 88,0 | 24,2 | Medimmune (USA) | F | 67,05 | 64,50 | -3,80 |
| 11,1 | 8,3 | Mediobanca (I) | F | 10,40 | 10,35 G | -0,48 |
| 63,0 | 30,1 | Medtronic (USA) | F | 57,50 | 57,20 | -0,52 |
| 869,2 | 810,4 | Meinecke° | Hn | 1120,00 | 1120,00 -T | ±0 |
| 24,0 | 6,9 | MEMC Electr. (USA) | F | 17,50 | 17,30 B | -1,14 |
| 82,3 | 56,5 | Merck & Co. (USA) | F | 78,20 | 76,00 | -2,81 |
| 1,9 | 0,9 | Merko Ehituse (EW) | F | 1,75 | 1,75 G | ±0 |

Geregelter Freiverkehr. Kurse in Euro.
Quelle: F.A.Z.

### 3.4.4 Telefonmarkt

Das vierte Marktsegment ist der »Ungeregelte Freiverkehr« oder »Telefonmarkt«. Zulassungsvorschriften für Aktien sind hier nicht vorgesehen und Makler nicht erforderlich. Auch Bilanzen und Unternehmensberichte brauchen nicht veröffentlicht zu werden. Der Handel ist zwanglos, meist auf telefonischer Grundlage und findet auch außerhalb der Börsenzeit statt, da Makler hierfür nicht eingeschaltet sein müssen, aber außer den Geschäftsbanken oft beteiligt sind.

Im »Handelsblatt« konnten Sie früher noch eine Tabelle mit Aktien des Telefonhandels finden. Ich habe sie wegen einiger Besonderheiten hier stehenlassen, obwohl sie in der genannten Zeitung nicht mehr gesondert ausgedruckt wird.

Hinter der Aktie ist die Abkürzung des Börsenplatzes angegeben, an dem ein beteiligter Freimakler den Handel vermittelt.

| Name | Platz | 8.2.99 | 5.2.99 | 52H | 52T |
|---|---|---|---|---|---|
| AG f.chem.Ind.StA | S | 33,00rG | 33,00TG | 34,3 | 22,5 |
| AG f.chem.Ind.VA | S | 40,00G | 40,00G | 40,0 | 28,1 |
| AG f.chem.Ind.VA junge | S | 33,15G | 33,15G | 33,2 | 25,6 |
| Bicycles Räder | S | 58,65B | 58,65B | 58,7 | 35,8 |
| Bicycles Verwaltung | S | 49,00G | 49,00G | 53,7 | 32,2 |
| Bürger & Engelbräu | M | 1400,00T | 1400,00T | 1400,0 | 588,0 |
| DLB StA | S | 35,00rB | 35,00rB | 43,0 | 10,0 |
| DLB VA | S | | 21,00G | 41,4 | 32,7 |
| Dorint (o.N.) | O | 146,00G | 150,00bG | 191,7 | 135,0 |
| Dr.Beyer Verm.V. | S | 10,00G | 10,00G | 12,78 | 9,7 |
| Ettag | S | 4,75TB | 4,75TB | 5,16 | 3,1 |
| Ettag PS | S | 7,80G | 7,80B | 7,8 | 3,1 |
| Einkaufs AG Inh.StA | M | 1400,00T | 1400,00T | 1400,0 | 690,0 |
| Einkaufs AG NA StA | M | 1400,00T | 1400,00T | 1400,0 | 690,0 |
| Fivat | D | 6,00T | 6,00T | 6,0 | 6,0 |
| Geiling | M | 12,25T | 12,25T | 12,8 | 12,2 |
| Hold.Che.Ind.Inh.(Schw.) | S | 12,00TB | 12,00B | 16,9 | 10,7 |
| Hotel 3 Mohren | M | 480,00T | 480,00T | 480,0 | 245,4 |
| Ibörsa StA (Liecht.) | S | 34,00TB | 34,00rB | 34,0 | 7,9 |
| Ibörsa PS (Liecht.) | S | 4,10G | 4,10G | 6,1 | 1,2 |
| Ilka Hold. | S | 27,50TB | 27,50TB | 35,6 | 16,9 |
| Karwendelbahn (100) | M | 155,00T | 155,00T | 161,0 | 76,7 |
| Kunstm.Aichach | M | 731,00T | 731,00T | 731,0 | 731,0 |
| Löwenbr.Stockb. | S | 500,00T | 500,00T | 562,0 | 49,0 |
| Mangfall Kraft | M | 165,00T | 165,00T | 165,0 | 89,5 |
| Mech.Bayreuth | M | 133,00T | 133,00T | 133,0 | 16,4 |

Telefonhandel. Kurse in Euro.
Quelle: Handelsblatt

vermittelt. Angaben über Dividendenzahlungen finden Sie nicht, jedoch die jeweiligen Jahreshöchst- und Tiefstkurse. Wenn Sie in die Tabelle oben schauen, fallen Ihnen im Telefonhandel die häufigen Zusätze »B« (Brief = Angebot) und »G« (Geld = Nachfrage) und öfter auch »T« (Taxkurs = geschätzter Kurs) auf – all dies bedeutet, daß keine Aktie den Besitzer wechselte. Daraus erkennen Sie, daß oft überhaupt keine Umsätze zustandekommen und manche Aktien wochenlang bewegungslos wie Blei liegen, weil keine Käufe und Verkäufe stattfinden.

Begeben Sie sich als Kleinanleger in den sehr spekulativen und auch umstrittenen Telefonhandel, könnten Sie leicht über den Tisch gezogen werden. Es ist daher empfehlenswert, nie ohne ein Limit (einen Höchstpreis beim Kauf oder Mindestpreis beim Verkauf) zu kaufen.

### 3.4.5 Neuer Markt

»Innovative Unternehmen in ganz Europa brauchen Wachstumskapital«, wirbt die Deutsche Börse um Kapital für junge Unternehmen. Sie startete deshalb im März 1997 den »Neuen Markt« als weiteres Handelssegment. Im Frühjahr 2000 wurden rund 240 Aktien im Neuen Markt gehandelt. Auch sind schon eigene Indexe geschaffen. Sie heißen NEMAX 50 und NEMAX All Share.

Der Neue Markt ist das Sammelbecken für Aktien kleinerer und mittlerer Unternehmen, die innovativ und international ausgerichtet sind. Sie müssen vierteljährlich auf deutsch und englisch über ihre Geschäftsentwicklung berichten. Als weiteres Novum kommt hinzu, daß ihre Bilanzen nicht nur nach dem Handelsgesetzbuch, sondern auch nach einem internationalen Standard (IAS oder GAAP) erstellt werden. Als sogenannter Betreuer fungiert eine Bank. Meist ist es die, die auch die Emission an die Börse gebracht hat.

Obwohl das Marktsegment Neuer Markt eigentlich nach dem Vorbild der amerikanischen Elektronikbörse NASDAQ geschaf-

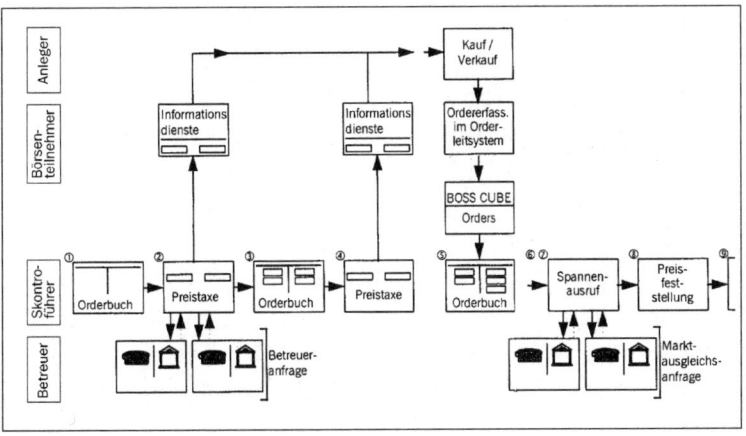

Prototypischer Handelsablauf im Neuen Markt.      Quelle: Deutsche Börse AG

# NEUER MARKT – NEMAX-50    FRANKFURTER KURSE *)    (ANGABEN IN EURO)

| 27.7.2000 | WPKN | Letzte Dhv. | Börsenkap. in Mill.Euro | Anfang | Tages H/T | | Kassa | Schluss | +/- | Xetra (E) | Tages H/T | | Xetra (S) | 52 Wochen Hoch | 52 Wochen Tief | Ergebnis je Aktie 1999 | 2000s | 2001s | KGV 2000 | 2001 |
|---|---|---|---|---|---|---|---|---|---|---|---|---|---|---|---|---|---|---|---|---|
| ADWA Optical Net. (o.N.) | 510300 | | 4054,0 | 135,50 b | 135,50 | 115,50 | 133,50 b | 131,00 b | -4,50 | 135,94 | 136,09 | 115,80 | 130,00 | 155,83 | 9,83 | 0,07 | 0,05 | 0,22 | 2620,0 | 595,5 |
| Aixtron (o.N.) ◆ | 506620 | 0,17 | 5272,3 | 168,80 b | 171,50 | 166,00 | 169,80 b | 169,00 b | ±0 | 168,80 | 171,30 | 166,00 | 170,20 | 173,50 | 39,25 | 0,34 | 0,46 | 0,68 | 367,4 | 248,5 |
| BB Biotech DZ1/T10/Schw.◆ | 910468 | | 2643,6 | 107,00 b | 107,90 | 106,00 | 107,20 b | 107,90 b | +1,20 | 107,00 | 108,50 | 106,50 | 108,50 | 154,50 | 40,95 | k.A. | k.A. | k.A. | k.A. | k.A. |
| Biodata (o.N.) | 542270 | | 1468,8 | 272,00 b | 275,00 | 270,00 | 273,50 b | 272,00 b | -3,00 | 274,00 | 275,00 | 270,00 | 270,11 | 420,00 | 207,00 | 0,40 | -0,03 | 0,79 | k.A. | 344,3 |
| BroadVision Inc.(USA) | 901599 | | 1817,4 | 40,10 b | 41,25 | 37,50 | 40,80 b | 38,45 b | -1,25 | 40,00 | 41,30 | 37,50 | 37,64 | 96,00 | 6,56 | 0,22 | -0,59 | -0,73 | k.A. | k.A. |
| Brokat Infosystems (o.N.) | 522190 | | 2917,7 | 105,00 b | 109,00 | 105,00 | 109,00 b | 108,50 b | +2,50 | 104,50 | 109,95 | 104,50 | 105,31 | 205,00 | 32,67 | -0,62 | -1,50 | -0,80 | k.A. | k.A. |
| Carrier 1 Intern.(Lux.) | 932485 | | 2503,2 | 62,50 b | 63,00 | 60,00 | 62,70 b | 60,00 b | -3,00 | 63,22 | 63,93 | 59,00 | 59,00 | 174,00 | 52,00 | 0,48 | 0,78 | 1,15 | 76,9 | 52,2 |
| ce Consumer Electro.(o.N.) | 508220 | 0,15 | 1034,2 | 138,00 b | 142,00 | 136,00 | 142,00 b | 136,10 b | -0,90 | 138,00 | 143,02 | 135,50 | 136,13 | 271,88 | 59,06 | 0,26 | 0,71 | 1,48 | 191,7 | 92,0 |
| ConSors Disc.-Broker (o.N.) | 542700 | | 4809,9 | 114,10 b | 114,50 | 106,50 | 113,00 b | 107,10 b | -7,50 | 113,36 | 115,00 | 106,50 | 106,91 | 163,50 | 43,10 | 0,37 | 0,66 | 1,15 | 162,3 | 93,1 |
| Constantin Film(o.N.) | 580080 | | 625,9 | 49,50 b | 50,50 | 49,00 | 49,50 b | 49,50 b | +0,50 | 49,31 | 50,55 | 49,31 | 50,00 | 80,00 | 33,20 | -0,23 | -0,07 | 0,92 | k.A. | 53,8 |
| Cybernet Int. Serv. (o.N.) | 906623 | | 99,4 | 5,30 b | 5,65 | 5,20 | 5,50 b | 5,30 b | -0,05 | 5,40 | 5,50 | 5,20 | 5,25 | 19,48 | 3,50 | -2,59 | -1,52 | -1,19 | k.A. | k.A. |
| Direkt Anlage Bk.(o.N.) | 507230 | | 2446,5 | 42,50 b | 44,00 | 42,50 | 43,80 b | 43,30 b | +0,80 | 42,90 | 44,10 | 42,39 | 43,00 | 61,50 | 14,10 | 0,39 | 0,05 | 0,26 | 866,0 | 166,5 |
| Edel Music (o.N.) | 564950 | | 370,2 | 17,50 b | 17,50 | 16,90 | 17,20 b | 16,98 b | -0,72 | 17,60 | 17,60 | 16,60 | 16,60 | 81,00 | 15,10 | -0,23s | 1,18 | 1,60 | 14,4 | 10,6 |
| EM TV & Merch. (o.N.) | 568480 | 0,02 | 8238,7 | 64,10 b | 64,10 | 63,05 | 63,40 b | 63,65 b | -0,45 | 64,50 | 64,50 | 63,02 | 63,50 | 119,50 | 35,81 | 0,22 | 1,09 | 1,51 | 58,4 | 42,2 |
| Evotec BioSyst.(o.N.) | 566480 | | 1037,0 | 90,00 b | 92,00 | 90,00 | 90,80 b | 90,70 b | +0,20 | 91,00 | 92,30 | 89,50 | 90,50 | 205,00 | 25,25 | -1,23 | -1,09 | -0,65 | k.A. | k.A. |
| Fantastic Cp.(Schw.) | 925476 | | 1139,1 | 11,20 b | 11,20 | 10,10 | 10,20 b | 10,30 b | -0,90 | 11,10 | 11,17 | 10,01 | 10,01 | 68,75 | 6,25 | -0,20 | -0,19 | 0,03 | k.A. | 343,3 |
| FortuneCity.com (USA) | 919383 | | 149,6 | 5,30 b | 5,30 | 5,00 | 5,20 b | 5,14 b | -0,20 | 5,30 | 5,35 | 5,10 | 5,10 | 18,90 | 4,65 | 0,97 | -0,63 | -0,04 | k.A. | k.A. |
| Gauss Interprise (o.N.) ◆ | 507460 | | 423,9 | 16,20 b | 16,20 | 14,60 | 15,60 b | 15,00 b | -1,20 | 16,20 | 16,32 | 14,70 | 15,10 | 42,50 | 9,75 | -0,18 | -0,22 | k.A. | k.A. | k.A. |
| Heyde (o.N.) | 602670 | | 1219,1 | 169,80 b | 170,50 | 168,00 | 168,00 b | 170,00 b | +0,20 | 170,00 | 171,95 | 168,05 | 169,50 | 215,00 | 39,60 | 0,92 | 1,59 | 2,17 | 106,9 | 78,3 |
| Highlight Comm.(Schw.) | 920305 | | 1239,2 | 29,95 b | 30,20 | 29,10 | 29,95 b | 29,10 b | -0,80 | 30,00 | 31,20 | 29,05 | 29,05 | 48,10 | 12,80 | 0,21s | 0,53 | 0,74 | 54,9 | 39,3 |
| IDS Scheer (o.N.) | 625700 | 0,06 | 650,9 | 20,20 b | 21,00 | 20,20 | 20,80 b | 20,50 b | +0,50 | 20,29 | 21,12 | 20,29 | 20,31 | 28,50 | 10,55 | 0,42 | 0,36 | 0,51 | 56,9 | 40,2 |
| Infomatec Int.Inf.Sys. (o.N.) | 622200 | | 273,4 | 12,20 b | 12,50 | 11,30 | 12,20 b | 11,45 b | -0,75 | 12,20 | 12,45 | 11,11 | 11,40 | 52,50 | 11,01 | -0,48s | -0,31 | 0,04 | k.A. | 286,3 |
| Infor Business Sol(o.N.) ◆ | 622540 | | 193,5 | 21,90 b | 22,00 | 21,40 | 21,90 b | 21,50 b | -0,05 | 21,99 | 22,00 | 21,15 | 21,55 | 65,00 | 15,00 | 0,05 | 0,90 | 1,32 | 23,9 | 16,3 |
| Intershop Comm.(o.N.) | 622700 | | 7821,2 | 465,00 b | 453,00 | 453,00 | 464,50 b | 465,00 b | +10,00 | 450,10 | 467,00 | 450,10 | 463,00 | 695,00 | 73,67 | -0,90 | 0,11 | 1,19 | 4227,3 | 390,8 |
| Intertainment (o.N.) | 622360 | | 637,8 | 67,80 b | 67,90 | 64,00 | 67,50 b | 64,50 b | -3,00 | 68,50 | 68,50 | 62,00 | 66,45 | 130,50 | 54,00 | 0,62 | 2,13 | 3,38 | 30,3 | 19,1 |

*) Gewinnschätzungen beruhen auf IBES-Daten

Quelle: Handelsblatt

fen wurde, werden alle Titel des Neuen Marktes zunächst auch im Präsenzhandel der Frankfurter und anderen Wertpapierbörsen gehandelt. Sie können also Ihre Aufträge per Kassakurs oder im Variablen Handel erledigen lassen. Dies klappt jetzt auch in Frankfurt schon ab einem Stück und zwar sowohl bei der Präsenzbörse (Kassakurs oder Variabler Handel) als auch im XETRA-Handelssystem.

Der Neue Markt startete im März 1997. Ein regelrechter Run auf die neuen Aktien führte oft zu weit überhöhten Ersttagskursen und zu Verlusten bei Anlegern. Deshalb Vorsicht nicht nur bei Nachkäufen, wenn Sie bei der Zuteilung nicht zum Zug kommen.

### 3.4.5.1 Ist der Neue Markt ein Reichmacher ohne Ende?

Fast alle im Neuen Markt herausgebrachten Aktien schreiben fulminante Erfolgsstorys, und dabei helfen viele Firmenchefs auch später noch durch geschönte Ad-hoc-Mitteilungen gehörig nach. Manchmal erscheinen die grundsoliden DAX-Werte wie »schwere Pötte« in der rauhen Börsensee, die nicht vom Fleck kommen, während die Schnellboote des Neuen Marktes von einem Kursrekord zum anderen eilen.

Die Gewinne sind wirklich schwindelerregend. Börsenliebling EM.TV wurde am 30. 10. 1997 in den Neuen Markt zu einem Kurs von 34 Mark eingeführt. Im Februar 1999 lag der Kurs bei 885 Euro, was 1731 Mark und einem Kursgewinn von 8750 Prozent (!) entsprach. Die Erfolgsgeschichte von EM.TV geht weiter und ist so phantastisch, daß ich Sie im nächsten Kapitel besonders dargestellt habe. Kaum zu glauben: Durch kostenlose Zusatzaktien und einem Aktiensplit verbilligte sich der ursprüngliche Ausgabepreis von 34 Mark (= 17,38 Euro) auf nur noch 0,35 Euro je Aktie.

Der höchste Kurs von EM.TV betrug bisher nach Durchführung eines Splits 114,90 Euro. Wer ursprünglich nur eine einzige Aktie hatte und durchhielt, besaß infolge von Split- und Zusatzaktien

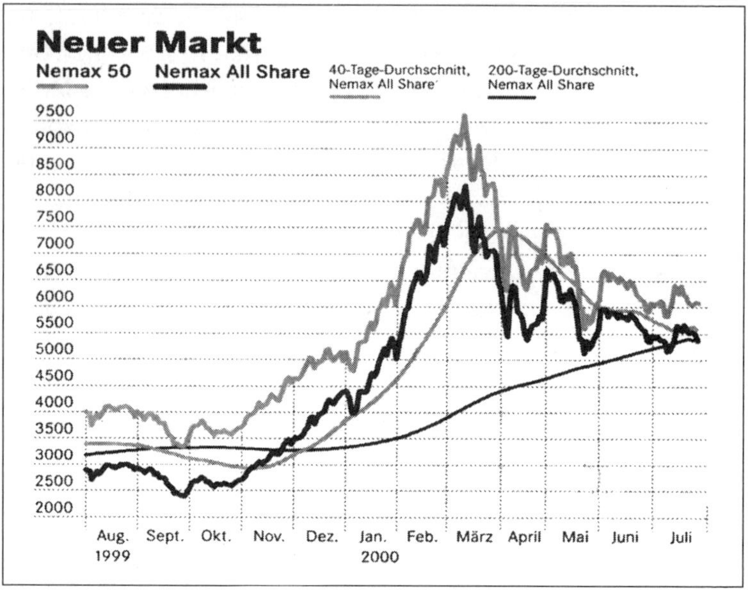

Neuer Markt
Nemax 50
Nemax All Share
40-Tage-Durchschnitt, Nemax All Share
200-Tage-Durchschnitt, Nemax All Share
9500
9000
8500
8000
7500
7000
6500
6000
5500
5000
4500
4000
3500
3000
2500
2000
Aug. 1999
Sept.
Okt.
Nov.
Dez.
Jan. 2000
Feb.
März
April
Mai
Juni
Juli


Handelsblatt-Grafik, Quelle: Datastream

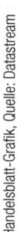

schließlich 50 Stück ohne eigenes Zutun. Er könnte sich – hätte er zum Höchstkurs verkauft – über 11 202 Mark (!) Kursgewinn je Aktie freuen. Ähnliche Erfolgsgeschichten gibt es bei Aixtron mit über 500 Prozent, Brokat und Singulus mit über 300 Prozent Kursgewinn.

»Niemand weiß, wie weit es noch geht mit der Seifenblase des Neuen Marktes und wann die für deutsche Verhältnisse exorbitant hohen Kurs-Gewinn-Verhältnisse zusammenbrechen. Es ist wirklich die ›schnelle Mark‹. Aber auch ein rapider Verlust ist denkbar. Jede Aktie der Hochtechnologie, deren Zukunftserwartungen mit Superkursen bezahlt werden, knickt ein, sobald die erste Gewinnwarnung öffentlich wird.« So schrieb ich in der letzten Auflage. Wenn Sie auf die Grafik schauen, sehen Sie, daß genau dies im März 2000 eingetreten ist und sich dann im April und Mai verstärkt fortsetzte. Schon zum Jahrhundertwechsel mußte festgestellt werden, daß knapp die Hälfte der 168 Neu-emissionen aus dem Jahr 1999 unter dem Ausgabepreis notierten.

Die SAP-Aktie gehört zwar nicht zum Neuen Markt, aber auch in die Kategorie der Hochtechnologie. Als Anfang 1999 publik wurde, daß das Jahr 1998 nicht mit 35 Prozent Gewinnanstieg, son-dern »nur« mit 15 Prozent abgeschlossen werden konnte, verlor auch diese Aktie binnen Tagen deutlich an Boden. Erst nach Überwindung des Millenniums nahm sie wieder kräftig Fahrt auf.

Bedenken Sie, daß an der US-Computerbörse NASDAQ 15 Jah-re vergehen mußten, bis der Index NASDAQ Composite sich vervierfacht hatte, beim Neuen Markt in Deutschland diese Ver-vierfachung schon nach 15 Monaten eintrat. Rendite und Risiko liegen hier eng beieinander. Die Anleger sind gegenüber den Neue-Markt-Aktien kritisch geworden, zumal wenn für die Ge-sellschaften in 2001 noch immer keine Gewinne prognostiziert werden. Auch bei Neuemissionen muß die vielzitierte »Story« stimmen.

Deutliche Worte fand auch die Schutzgemeinschaft der Klein-aktionäre über den Neuen Markt: Kursverluste von 50 Prozent und mehr bei den Neuemissionen 2000, falsche Ergebnisprogno-sen, geschönte Zahlen beim Börsengang und untaugliche Ge-schäftsmodelle. Manchmal bestehe der Eindruck, nicht das opera-tive Geschäft, sondern der Börsengang sei das Geschäftsmodell.

### 3.4.5.2 *Ein Highflyer des Neuen Marktes: EM.TV*

- *1. Schritt:* EM-TV – Oktober 1997
  Ausgabekurs 1 Stück 34 Mark = 17,38 Euro
- *2. Schritt:* Zusatzaktien 1:1 – August 1998
  2 Stück je 8,69 Euro
- *3. Schritt:* Aktiensplit 1:25 – August 1999
  50 Stück je 0,35 Euro

Vorläufiger Höchstkurs: 114,90 Euro

*Möglicher Gewinn*

| | |
|---|---:|
| Höchstkurs .............................. | 114,90 Euro |
| minus Einstandspreis ..................... | 0,35 Euro |
| Wertzuwachs je Aktie .................... | 114,55 Euro |
| mal 50 Aktien ........................... | 5727,50 Euro |
| Gewinn je Aktie ......................... | 11 202,02 Mark |

### 3.4.6 SMAX für mittelständische Aktien

Das sechste Marktsegment der Frankfurter Börse wurde im April 1999 eingeführt. Die Bezeichnung »SMAX« steht für Small Caps Exchange. Die im Mittelstandsbereich anzusiedelnden Werte müssen für den Amtlichen Handel oder Geregelten Markt zuge-lassen sein. Sie rangieren unterhalb des DAX und des MDAX und selbstverständlich außerhalb des Neuen Marktes.

Auch die SMAX-Titel können Sie über das elektronische Han-delssegment XETRA kaufen und verkaufen. Mittlerweile wer-den über hundert SMAX-Werte notiert, so daß außer dem All-Share-Index, in dem sämtliche Titel des SMAX-Segments enthal-ten sind, eine weiterer Index, der SDAX, für die hundert größten deutschen SMAX-Werte eingeführt wurde. Fakt ist, daß die Aktien aus der »dritten Reihe«, wie man die Small Caps auch nennt, gegen die übermächtigen DAX-Titel, die MDAX-Aktien und die Papiere des Neuen Marktes nicht ankommen. Ihr Anteil am Gesamtumsatz der Börse beträgt nur zwei Prozent. Wo wenig Nachfrage ist, bleiben auch die Kurse zurück. So haben viele Small Caps nur ein einstelliges Kurs-Gewinn-Verhältnis.

Neu ist seit 1. 1. 2000, daß bei Börsengängen von Small Caps die alten Aktionäre ihre Aktien, genauso wie beim Neuen Markt, innerhalb einer Sperrfrist nicht verkaufen dürfen (Lockup-Frist). Während sie beim Neuen Markt von Fall zu Fall festgelegt wird, beträgt sie bei den Small Caps grundsätzlich sechs Monate nach dem Börsengang.

# SMAX FRANKFURTER KURSE (ANGABEN IN EURO)

| 27.7.2000 | WPKN | Letzte Div. | Börsenkap. in Mill. Euro | Anfang | Tages-Hoch (Xetra) | Tief (Xetra) | Auktion (Xetra) | Schluss | +/- | Präsenzbörse Schluss | 52 Wochen Hoch | 52 Wochen Tief | KGV 2000 | Div. Rend. |
|---|---|---|---|---|---|---|---|---|---|---|---|---|---|---|
| AdCapital StA (5) [1] | 521450 | | 267,69 | 14,85 | 14,85 | 14,85 | | 14,85 | -0,17 | 14,80 b | 15,60 | 7,50 | k.A. | 3,2 |
| AdCapital VA (5) | 521453 | | 64,74 | | | | | | | 13,10 b | 13,15 | 6,11 | 8,2 | 3,9 |
| AHAG Wertpapierhandelsb.(o.N.) | 501330 | 1,28 | 111,83 | 25,00 | 25,00 | 25,00 | | 25,00 | +0,02 | 25,50 G | 42,40 | 23,30 | k.A. | 3,9 |
| Ahlers Adolf StA (o.N.) | 500970 | 0,82 | 177,11 | 12,26 | 12,40 | 12,26 | | 12,40 | -0,09 | 12,30 G | 19,26 | 11,40 | 7,2 | 6,7 |
| Ahlers Adolf VA (o.N.) | 500973 | 0,87 | 54,00 | | | | | | | 12,76 G | 22,00 | 11,00 | 7,5 | 6,8 |
| Allbecon (o.N.) [1] | 508600 | 0,18 | 231,84 | 33,00 | 33,00 | 32,60 | | 32,60 | +0,70 | 32,20 -T | 35,00 | 15,51 | 54,5 | 0,6 |
| Amadeus (o.N.) [1] | 509310 | 0,26 | 132,60 | 26,35 | 26,95 | 26,10 | | 26,95 | | 26,00 -T | 30,50 | 10,20 | 52,0 | 1,0 |
| Apcoa Parking (5) [1] | 505550 | 0,10 | 160,51 | | | | | | | 85,00 G | 88,00 | 62,50 | 23,2 | 2,2 |
| Arndt (o.N.) | 526910 | | 18,17 | | | | | | | 7,00 G | 9,80 | 6,60 | k.A. | 0,0 |
| A.S.Creation Tapeten (o.N.) [1] | 507990 | 0,66 | 39,00 | | | | | | | 13,00 G | 15,80 | 12,30 | 10,3 | 4,3 |
| Bausch (5) | 517590 | 0,66 | 219,77 | | | | | | | 27,00 B | 30,50 | 23,01 | 13,4 | 2,4 |
| Bausch+Linnemann (o.N.) [1] | 517690 | 0,66 | | | | | | | | 26,50 G. | 30,40 | 20,00 | k.A. | 2,5 |
| Banver.Hbg.(o.N.) [1] | 517900 | 0,36 | 100,80 | 14,40 | 14,40 | 14,40 | | 14,40 | ±0 | 14,40 G | 17,49 | 12,80 | 9,6 | 2,5 |
| Beratzen Gr.VA (o.N.) [1] | 520163 | 0,20 | 26,69 | | | | | | | 5,56 -T | 8,80 | 5,51 | 11,8 | 2,3 |
| Beru (o.N.) [1] | 507210 | 0,51 | 325,00 | 32,61 | 33,50 | 32,60 | | 33,50 | +0,70 | 32,50 G | 36,00 | 17,00 | k.A. | 1,6 |
| Bien-Haus (o.N.) [1] | 522810 | 1,02 | 34,46 | 13,90 | 13,90 | 13,90 | | 13,90 | -0,10 | 14,01 G | 19,90 | 12,50 | 6,2 | 7,3 |
| Biotest StA (o.N.) | 522720 | 0,20 | 93,20 | 21,35 | 21,35 | 21,35 | | 21,35 | -0,39 | 21,11 G | 31,80 | 11,95 | 25,7 | 1,0 |
| Biotest VA (o.N.) [1] | 522723 | 0,26 | 100,80 | 17,71 | 18,35 | 17,71 | | 18,35 | +0,86 | 18,00 b | 22,30 | 8,45 | 21,9 | 1,4 |
| bmp (o.N.) [1] | 523540 | | 326,96 | 6,79 | 6,79 | 6,19 | | 6,48 | -0,32 | 6,70 b | 9,50 | 2,13 | k.A. | 0,0 |
| Böwe Systec (o.N.) [1] | 523970 | 0,89 | 144,00 | 24,95 | 24,95 | 24,64 | | 24,64 | -0,46 | 24,00 G | 29,10 | 22,00 | 9,2 | 3,7 |
| Bonifatius Hosp.&Sen.(o.N.) | 524070 | 0,17 | 11,85 | 3,55 | 3,55 | 3,44 | | 3,44 | +0,04 | 3,59 b | 9,60 | 3,01 | k.A. | 2,5 |
| Br.Mannesmann (o.N.) | 527550 | 0,51 | 17,25 | | | | | | | 5,75 G | 10,50 | 4,50 | k.A. | 2,6 |
| Brau u.Brunnen(o.N.) [1] | 555030 | | 168,34 | 38,16 | 38,16 | 38,16 | | 38,16 | +0,68 | 37,50 -T | 64,50 | 32,40 | 13,3 | k.A. |
| Burgbad VA (o.N.) | 530213 | 0,56 | 14,96 | 7,76 | 7,90 | 7,76 | | 7,80 | -0,22 | 7,80 G | 15,05 | 7,00 | 6,5 | 7,2 |
| BUS Berz. StA (o.N.) [1] | 528570 | 0,51 | 262,32 | 11,79 | 11,85 | 11,65 | | 11,80 | +0,25 | 11,75 b | 13,95 | 8,41 | 11,1 | 4,3 |

Kurse @ www.handelsblatt.com

Quelle: Handelsblatt

»Der Schatten des Neuen Marktes bleibt groß«, schrieb das »Handelsblatt« über den SMAX und nannte ihn den »verkannten Bruder« des Neuen Marktes. »Nichts los, wenig Moos«, werden Sie vielleicht volkstümlich sagen, wenn Sie sich die Börsentabelle des SMAX ansehen. Manche Aktien sind so illiquide, daß keine Kurse zustande kommen, und die Tabelle an den entsprechenden Stellen weiß bleibt. Sie können sich davon selbst durch einen Blick auf die Tabelle auf Seite 63 überzeugen.

### 3.5 In der Kürze liegt die Würze – Börsenkürzel

Im Kapitel über den Telefonhandel (vgl. 3.4.4) haben Sie mit den Kurszusätzen »B«, »G« und »T« Bekanntschaft gemacht. Sie finden sie im Kurszettel der Zeitung jeweils hinter dem Kurs einer Aktie. Der Kurszettel sagt Ihnen etwas über den Kursverlauf des Vortages. »G« bedeutet beispielsweise »Geld«, also Nachfrage nach weiteren Aktien, die aber nicht mehr am Markt verfügbar waren, weil es an entsprechenden Verkäufern fehlte. Das Kürzel »G« legt demnach die Annahme nahe, daß die am Vortag nicht befriedigte Nachfrage auch am laufenden Börsentag noch vorhanden sein wird und die Kurse der betreffenden Aktie anziehen.

Umgekehrt dürfen Sie bei dem Kürzel »B« (Brief = Angebot) mit einiger Sicherheit annehmen, daß das Überangebot vom Vortag noch auf die Kurse des laufenden Tages durchschlagen wird und die Aktie im Kurs nachgeben könnte, es sei denn, der gesamte Börsentrend dreht nach oben oder eine positive Nachricht speziell für die fragliche Aktie gibt einen deutlichen »push« in die positive Richtung.

Taxkurse (Kürzel »T«), die auf reiner Schätzung beruhen, werden Sie bei den großen deutschen Standardwerten nicht finden, weil sie eine enorme Marktbreite haben und ständig verkauft und nachgefragt werden. In Nebenmärkten, wie dem eingangs angesprochenen Telefonmarkt, ist dies jedoch häufiger üblich.

# BÖRSENKÜRZEL

**G = Geld:** Zu diesem Preis bestand nur Nachfrage.

**B = Brief:** Zu diesem Preis bestand nur Angebot.

**b oder Kurs ohne Zusatz = bezahlt:** Alle Aufträge sind ausgeführt.

**bG oder bezG = beahlt Geld:** Die zum festgestellten Kurs limitierten Kaufaufträge müssen nicht vollständig ausgeführt sein; es bestand weitere Nachfrage.

**bB oder bezB = bezahlt Brief:** Die zum festgestellten Kurs limitierten Verkaufsaufträge müssen nicht vollständig ausgeführt sein; es bestand weiteres Angebot.

**ebG = etwas bezahlt Geld:** Die zum festgestellten Kurs limitierten Kaufaufträge konnten nur zu einem geringen Teil ausgeführt werden.

**ebB = etwas bezahlt Brief:** Die zum festgestellten Kurs limitierten Verkaufsaufträge konnten nur zu einem geringen Teil ausgeführt werden.

**ratG = rationiert Geld:** Die zum Kurs und darüber limitierten sowie die unlimitierten Kaufaufträge konnten nur beschränkt ausgeführt werden.

**ratB = rationiert Brief:** Die zum Kurs und niedriger limitierten sowie die unlimitierten Verkaufsaufträge konnten nur beschränkt ausgeführt werden.

**\* = Sternchen:** Kleine Beträge konnten nicht gehandelt werden.

**–G = gestrichen Geld:** Nur Nachfrage; evtl. kleines Angebot ermöglichte auch auf höherer Basis keine bezahlt-Notiz oder keine vertretbare Rationierung.

**–B = gestrichen Brief:** Nur Angebot; evtl. kleine Nachfrage ermöglichte auch auf niedriger Basis keine bezahlt-Notiz oder keine vertretbare Rationierung.

**–T = gestrichen Taxe:** Ein Kurs konnte nicht festgestellt werden; der Preis ist geschätzt. Eine »gestrichene Taxe-Notiz« muß immer im Rückblick auf die Vortragsnotiz gesehen werden. Ist die Taxe höher als der Vortagskurs, drückt sie starke Nachfrage ohne nennenswertes Angebot aus. Ist die Taxe niedriger, bringt sie ein starkes Angebot ohne nennenswerte Nachfrage zum Ausdruck.

**exD = ohne Dividende:** Erste Notiz nach Abschlag der Dividende.

**exBR = ohne Bezugsrecht:** Erste Notiz nach Abschlag eines Bezugsrechts.

**exBA = ohne Berichtigungsaktien:** Erste Notiz nach Umstellung des Kurses auf das aus Gesellschaftsmitteln berichtigte Aktienkapital.

**–Z = gestrichen Ziehung:** In Rentenwerten ist die Notiz an den beiden dem Ziehungstag vorangegangenen Börsentagen auszusetzen. Am zweiten Börsentag nach dem Ziehungstag wird die Kursnotierung mit dem Zusatz exZ wieder aufgenommen.

**C = Kompensationsgeschäft:** Zu diesem Kurs wurden ausschließlich Aufträge ausgeführt, bei denen Käufer und Verkäufer identisch waren.

Quelle: Frankfurter Wertpapierbörse

### 3.6 Legen Sie ein Limit – der Schutz vor Überraschungen

Nehmen wir an, Sie wollen eine Aktie, die im Telefonverkehr gehandelt wird, kaufen. Sie notierte zuletzt zu einem angenommenen Kurs von 80 Euro. Ihr Kaufauftrag lautet über 40 Stück. Ihren Auftrag haben Sie nicht limitiert, d. h., Sie sind bereit, jeden Kurs zu zahlen. Wundern Sie sich nicht, wenn Sie dabei über den Tisch gezogen werden und am Ende Ihre Telefonverkehrsaktien wesentlich zu teuer bezahlen. Vielleicht werden Ihrem Konto sogar 90 Euro belastet, obgleich am nächsten Tag der Kurs schon wieder auf 80 Euro zurückgefallen ist. Um das zu vermeiden, hätten Sie auf 80 oder 81 Euro limitieren müssen. Dann wäre Ihr Auftrag nur zu diesen Kursen ausgeführt worden oder aber das Geschäft wäre überhaupt nicht zustande gekommen. Auch bei Verkaufsaufträgen sollten Sie stets ein Limit legen, also einen Kurs angeben, zu dem Sie bereit sind, sich von Ihrer Aktie zu trennen. Kaufaufträge ohne Limit werden »billigst« ausgeführt. Verkaufsaufträge rechnet der Makler »bestens« ab.

»Billigst« oder »bestens«, das ist bei den großen Standardwerten der Kurs im Variablen Handel, wenn Sie sich dafür entschieden haben, sonst ist es der Kassakurs. Auch im Variablen Handel sind selbst bei den großen Standardwerten ziemliche Kursschwankungen möglich. Bei den genannten im Telefonverkehr gehandelten Aktien (ungeregelter Freiverkehr) sind Unwägbarkeiten bei der Kursbildung manchmal Tür und Tor geöffnet. Wer vor Überraschungen sicher sein will, legt hier immer ein Limit.

Das Limit gilt übrigens, wenn der Auftrag nicht zustande kam, bis zum Ende des Monats. Verfällt es, ohne daß Sie zum Zuge kamen, ist meist eine Gebühr in unterschiedlicher Höhe (z. B. 10 Mark) fällig. Manche Kreditinstitute nehmen in den letzten fünf Börsentagen eines Monats Limits bis zum Ende des Folgemonats an. Sollte der Auftrag im laufenden Monat nicht mehr erledigt werden, fällt dann für den laufenden Monat keine Limitgebühr an. Bestimmte Computerprogramme orientieren ihre Limits manchmal am Kurs einer Aktie. Steigt sie, wird ein Verkaufslimit automatisch nach oben angepaßt. Bei fallenden Kursen lösen die am Höchststand einer Aktie orientierten Verkaufslimits dann den tatsächlichen Verkauf aus. Größere Kursverluste werden hierdurch vermieden, wobei allerdings in Kauf genommen werden muß, daß sich nicht die Spitzenkurse realisieren lassen, was aber ohnehin selten möglich ist.

In den USA haben diese automatischen Verkaufslimits beim Börsencrash 1987 zu einer unheilvollen Kettenreaktion geführt, die die Kurse abgrundtief stürzen ließ. Daraufhin hat die Börsenkommission Vorkehrungen getroffen. So kann z. B. der Handel zeitweise ausgesetzt werden, um dem kursdrückenden Automatismus entgegenzuwirken.

### 3.7 Die nicht berauschende Rendite – wieviel Dividende für Ihre Aktien?

Die Deutsche Bank zahlte zuletzt 1,15 Euro Dividende. Sie wird nicht mehr, wie früher, in Prozent, sondern in Euro ausgewiesen. Natürlich sind 1,15 Euro Dividende bei der Deutschen Bank keine realen 1,15 Prozent. Nach unserem Kurszettel mußten Sie nämlich 97,60 Euro Kassakurs für eine Deutschbanker-Aktie aufwenden. Interessant ist für Sie die Dividendenrendite. Sie errechnet sich nach einer einfachen Formel:

$$\text{Dividendenrendite} = \frac{\text{Dividende pro Aktie}}{\text{Kurs der Aktie}} \times 100$$

So hat die Deutsche Bank eine Dividendenrendite von exakt 1,18 Prozent (1,15 : 97,60 x 100 = 1,178). Tatsächlich muß man sich anstrengen, wenn man auf dem deutschen Kurszettel Aktien mit einer Dividende von mehr als drei bis vier Prozent ausmachen will.

# DAX-30 FRANKFURTER KURSE (ANGABEN IN EURO)

| 27.7.2000 | WPKN | Letzte Div. | Div.-Sch. für 2000 | Börsenkap. in Mill.Euro | Anfang | Tages H/T | | Kassa | Schluss | +/- |
|---|---|---|---|---|---|---|---|---|---|---|
| Adidas-Salomon(o.N.) | 500340 | 0,92 | 0,92 | 2591,3 | 58,00 b | 58,20 | 57,15 | 57,80 b | 57,15 b | -0,85 |
| Allianz NA vink.(o.N.)ⁿ | 840400 | 1,25 | 1,25 | 100094,4 | 407,00 b | 12,00 | 05,00 | 408,00 b | 407,00 b | -0,50 |
| BASF (o.N.)ⁿ | 515100 | 1,13 | 1,13 | 27834,2 | 44,60 b | 44,95 | 44,20 | 44,75 b | 44,35 b | -0,15 |
| Bayer (o.N.)ⁿ | 575200 | 1,30 | 1,30 | 32135,0 | 44,65 b | 44,75 | 43,70 | 44,40 b | 44,00 b | -0,70 |
| BMW StA (1€) | 519000 | 0,40 | 0,40 | 24658,8 | 36,60 b | 36,90 | 36,10 | 36,50 b | 36,60 G | -0,30 |
| Commerzbank (o.N.) | 803200 | 0,80 | 0,92 | 19488,5 | 37,00 b | 37,50 | 36,80 | 37,05 b | 37,20 b | +0,10 |
| DaimlerChr.NA(o.N.)ⁿ | 710000 | 2,35 | 2,35 | 56924,2 | 56,60 b | 57,10 | 55,40 | 56,60 b | 56,20 b | -0,40 |
| Degussa-Hüls (o.N.)ⁿ | 542500 | 1,15 | 1,60 | 4746,6 | 30,70 b | 30,95 | 30,05 | 30,70 b | 30,30 b | -0,60 |
| Deutsche Bank NA (o.N.)ⁿ | 514000 | | k. A. | 59609,7 | 97,00 b | 97,90 | 96,00 | 97,60 b | 97,00 G | -0,30 |
| Dt. Telekom NA(o.N.)ⁿ | 555750 | | 0,62 | 158980,7 | 50,40 b | 51,80 | 49,35 | 51,45 b | 49,60 b | -1,20 |
| Dresdner Bank NA(o.N.)ⁿ | 535000 | 0,90 | 0,90 | 25599,9 | 46,10 b | 47,10 | 45,90 | 45,90 b | 47,10 b | +0,70 |
| E.ON (o.N.)ⁿ | 761440 | 1,25 | 1,13 | 42934,1 | 56,55 b | 56,60 | 56,35 | 57,40 b | 57,10 b | ±0 |
| Epcos NA (o.N.) | 512800 | | k. A. | 6762,5 | 113,50 b | 14,00 | 00,00 | 108,50 b | 104,00 b | -10,00 |
| Fres.Med.Care StA (5) | 578580 | 0,69 | 0,70 | 7545,3 | 89,00 b | 89,80 | 87,80 | 89,00 B | 89,20 G | -0,50 |
| Henkel VA (o.N.) | 604843 | 0,93 | 0,90 | 9797,1 | 67,80 b | 68,00 | 66,00 | 67,50 b | 67,00 b | -0,50 |
| Hypo-Vereinsbk. (o.N.)ⁿ | 802200 | 0,85 | 0,85 | 26904,2 | 63,80 b | 64,50 | 63,20 | 63,20 b | 64,50 b | +0,90 |
| Infineon Tech. NA (o.N.) | 623100 | | k. A. | 46684,2 | 77,40 b | 80,20 | 75,02 | 79,70 b | 75,30 b | -1,60 |
| Karstadt Quelle(o.N.) | 627500 | 0,62 | 0,62 | 3568,8 | 31,90 b | 31,90 | 29,90 | 31,70 b | 30,20 b | -1,60 |
| Linde (o.N.) | 648300 | 1,13 | 1,12 | 5577,9 | 48,95 b | 48,95 | 46,05 | 48,00 b | 46,45 b | -2,35 |
| Lufthansa NA vink.(o.N.) | 823212 | 0,56 | 0,56 | 10322,3 | 27,00 b | 27,20 | 26,75 | 26,80 b | 27,05 b | +0,05 |
| MAN StA (o.N.) | 593700 | 0,92 | 0,97 | 5060,8 | 34,40 b | 34,40 | 33,00 | 34,30 b | 33,00 b | -1,25 |
| Metro StA (o.N.)ⁿ | 725750 | 1,02 | 1,10 | 14259,9 | 44,60 b | 44,70 | 43,20 | 44,20 b | 43,60 b | -1,00 |
| Münchener R. v. NA(o.N.)ⁿ | 843002 | 0,95 | 1,80 | 63088,8 | 347,00 b | 56,00 | 47,00 | 355,00 B | 353,00 b | +3,00 |
| Preussag (o.N.) | 695200 | 1,53 | 0,77 | 5857,1 | 30,75 b | 31,20 | 30,20 | 31,05 b | 30,60 b | -0,20 |
| RWE StA (o.N.)ⁿ | 703700 | 1,00 | 1,10 | 20946,0 | 37,80 b | 37,90 | 37,60 | 37,80 b | 37,70 b | -0,20 |
| SAP VA (o.N.) | 716463 | 0,53 | 0,53 | 74990,6 | 236,50 b | 47,00 | 34,10 | 244,50 b | 238,50 b | -1,50 |
| Schering (o.N.) | 717200 | 0,50 | 0,28 | 12573,3 | 64,10 b | 64,30 | 61,80 | 64,20 b | 63,00 b | -1,00 |
| Siemens NA (o.N.)ⁿ | 723610 | 1,00 | 1,00 | 99457,4 | 171,80 b | 75,50 | 67,00 | 174,80 b | 167,40 b | -3,30 |
| Thyssen Krupp (o.N.) | 750000 | 0,72 | 0,72 | 9307,1 | 18,55 b | 18,68 | 17,75 | 18,25 b | 18,00 b | -0,45 |
| VW StA (o.N.) | 766400 | 0,77 | 0,77 | 18918,1 | 45,60 b | 46,10 | 45,00 | 45,40 b | 45,00 G | -0,60 |

Quelle: Handelsblatt

Aber es gibt für Sie als Anleger noch ein »Obendrauf«. Zu der im Kurszettel ausgewiesenen Netto-Dividende kommt ein Steuerguthaben von drei Siebtel der Dividenden hinzu. Es besteht aus der Körperschaftssteuer, die das Unternehmen unmittelbar an das Finanzamt abgeführt hat und die Ihnen als Aktionär bei Ihrer Veranlagung zur Einkommensteuer gutgeschrieben wird. Werden Sie nicht veranlagt (»Nichtveranlagungsfall«) oder bleibt Ihre Dividende unterhalb des Sparerfreibetrags (»Freistellungsauftrag«), so wird Ihnen das Körperschaftsteuerguthaben zusammen mit der Dividende ausbezahlt.

Schauen Sie bei Ihrer Entscheidung für einen Aktienkauf nicht nur auf die Dividende einschließlich Steuerguthaben. Sie müssen, langfristig gesehen, die Kursgewinne hinzurechnen. Erst dann

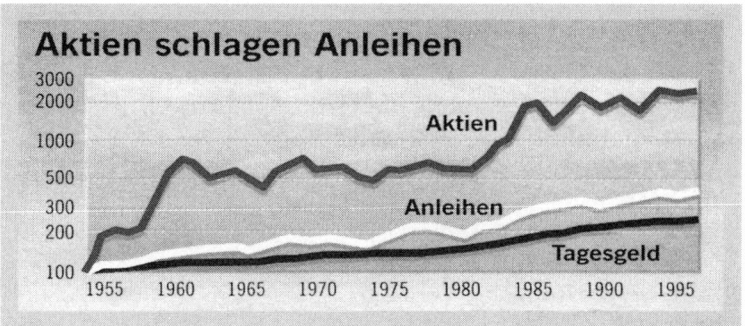

Quelle: DM

**Aktien schlagen Anleihen**

Aktien

Anleihen

Tagesgeld

3000
2000
1000
500
300
200
100

1955    1960    1965    1970    1975    1980    1985    1990    1995

haben Sie den gesamten Ertrag. Sie werden feststellen: Aktien schlagen Anleihen haushoch. Eine Graphik von 40 Jahren beweist es eindrucksvoll. In den letzten Jahren war das Verhältnis wegen der niedrigen Zinsen und hohen Aktienkurse noch ausgeprägter.

### 3.8 Bulle und Bär – Börsensymbole

Aus dem angelsächsischen Raum sind Bulle und Bär als Symbole für ansteigende und fallende Kurse übernommen. Darum sagt man auch, jemand ist »bullish«, wenn er auf eine Hausse oder zumindest den Kursanstieg einer einzelnen Aktie setzt. Bären stehen in der Börsianersprache für Pessimisten. Sie drücken mit ihren Tatzen die Kurse nach unten, und wer von den Börsianern »bearish« ist, wird seine im Kurs gestiegenen Aktien schnell verkaufen, weil er mit einer Flaute oder Baisse rechnet. Auch wird er in Erwägung ziehen, sein Depot wegen des erwarteten Kursrückgangs mit Verkaufsoptionen (Puts) abzusichern.

### 3.9 Ihre Gesellschaft braucht mehr Geld –
### Kapitalerhöhungen und Bezugsrechte

Keinesfalls mißgestimmt werden Sie als Aktionär sein, wenn Ihre Aktiengesellschaft expandiert und dafür neues Geld braucht. Sie nimmt eine Kapitalerhöhung vor. Klar, daß Sie sich als Aktionär

Die Börsensymbole Bulle und Bär, in Erz gegossen, stehen auf dem Vorplatz der Frankfurter Börse. Die stolze Kopfhöhe des Bullen mit seinen spitzen Hörnern, die die Kurse nach oben stoßen sollen, beträgt 2,20 Meter. Foto: Willi H. Grün

in einem vorher festgelegten Verhältnis zur Anzahl der Aktien, die Sie besitzen, daran beteiligen können. Sie dürfen ein Bezugsrecht auf junge Aktien ausüben, müssen es aber nicht, denn das Bezugsrecht können Sie auch verkaufen.

Rechnet man nun die Anzahl der Altaktien und der durch die Kapitalerhöhung ausgegebenen neuen Aktien zusammen, kommt man zu einer höheren Stückzahl von Aktien. Hierdurch fällt der Aktienkurs zurück, aber dies scheint nur optisch so. Schließlich haben Sie bei Ausübung des Bezugsrechts zusätzliche Aktien bekommen, mit denen Sie am Grundkapital Ihrer Gesellschaft beteiligt sind. Unterstellen wir, diese hat ein Grundkapital von 5 Millionen, das sie durch die Ausgabe neuer Aktien auf 6 Millionen erhöhen will. Das Bezugsverhältnis wäre dann 5 zu 1. Besitzen Sie als Altaktionär fünf Aktien, bekommen Sie eine neue Aktie hinzu. Haben Sie jedoch weniger als fünf Aktien, können Sie Bezugsrechte zukaufen. Damit ist auch Ihnen dann die Möglichkeit gegeben, junge Aktien zu den alten in Ihr Portefeuille zu legen.

Der Ausgabekurs der jungen Aktien liegt im allgemeinen unter dem aktuellen Börsenkurs der alten Aktien. Aus dem

> **Bezugsrechte** (Konditionen und Kurse im alphabetischen Aktienkursteil): Biotest, Deutsche Bank Lübeck, Hutschenreuther, Nürnberger Hypothekenbank, Oldenburger Landesbank.
>
> Genauso wie Aktien werden auch Bezugsrechte an der Börse gehandelt.
>
> Quelle: F.A.Z.

Unterschied ergibt sich der rechnerische Wert des Bezugsrechts. Da innerhalb der Bezugsfrist jedoch ein regelrechter Handel nicht nur mit Aktien, sondern auch mit Bezugsrechten stattfindet, kann der tatsächlich erzielbare oder zu zahlende Preis für ein Bezugsrecht vom rechnerischen Wert abweichen. Sie wollen wissen, wie sich der rechnerische Bezugsrechtswert ermittelt? Die einfache Formel ist:

> Rechnerischer Bezugswert =
>
> $$\frac{\text{Kurs alte Aktie ./. Emissionskurs junge Aktie}}{\text{Bezugsverhältnis} + 1}$$

Wenn der Bezugsrechtshandel abgeschlossen ist, werden auch die jungen Aktien an der Börse notiert.

Immer wieder höre ich Klagen von Kleinaktionären, daß beim Verkauf von Bezugsrechten kaum etwas übrig bleibt, weil die Banken die üblichen Mindestgebühren von 30 bis 50 Mark pro Auftrag berechnen. Einige Institute haben jedoch in solchen Fällen eine erfreuliche Reduzierung der Mindestgebühren vorgenommen. Wenn das noch nicht geschehen ist, sollten Sie mit Ihrem Wertpapierberater sprechen.

### 3.10 Viel reden, aber wenig zu bestellen – Aktionäre auf der Hauptversammlung

Der Direktor des renommierten Wertpapierhauses »Nomura« in Tokio hatte unerwünschten Besuch. Ermittler der Finanzbehör-

500 Aktionäe im Maritim – Hauptversammlung der IVG.

den filzten die Firma und auch sein Privathaus. Der Vorwurf: Es seien 500 000 Mark (umgerechnet) Erpressungsgelder an einen Clan des organisierten Verbrechens gezahlt worden. Dessen Spezialität seien Drohungen, zweifelhafte Geschäftspraktiken von Firmen publik zu machen und die Aktionärsversammlungen der Aktiengesellschaften zu stören. Gegen Zahlung von Schutzgeldern haben die Paten in Tokio jedoch ein Einsehen. So war ich denn nicht schlecht erstaunt, als ich las, daß am 21. Juni eines Jahres gleich 1300 Hauptversammlungen in Japan an einem einzigen Tag stattfanden. Die Mafia konnte dadurch nicht gegen ein kleines Entgelt »für einen harmonischen Ablauf« sorgen. 1300 Versammlungen gleich an einem Tag, da mußten auch die Paten passen. Schließlich waren es 80 Prozent aller an der Tokioter Börse notierten Gesellschaften, und so viele Störer an einem Tag konnte selbst Japans Mafia nicht auf die Beine stellen. Die geballte Ansammlung von Aktionärstreffen fanden angeblich auch ohne Schutzgeldzahlungen störungsfrei statt.

### 3.10.1 Depotstimmrecht oder selbst reisen? – Banken dominieren die Hauptversammlungen

Friedlicher geht es auf deutschen Hauptversammlungen zu, auch wenn die Kleinanleger und ihre Sprecher aus Sicht der Vorstände immer aufmüpfiger werden. Nur eine einzige Aktie einer Gesellschaft brauchen Sie, um zur Teilnahme an einer Hauptversammlung berechtigt zu sein. Steuerlich dürfen Sie Ihre Fahrtkosten sogar als Werbungskosten bei den Kapitaleinkünften absetzen, wobei Sie bei Benutzung des eigenen Pkw 0,52 Mark je Fahrkilometer abrechnen. Die Verpflegungspauschale ist mit 10 Mark bei über achtstündiger Abwesenheit mehr als bescheiden. Meist jedoch fahren die Aktionäre nicht selbst zu ihrer Hauptversammlung, sondern übertragen ihr Stimmrecht an das Kreditinstitut, das ihr Aktiendepot verwaltet. Manche Großbanken sind stark hinter den Depotstimmrechten her, weil sie es ihnen erlauben, eigene Vertreter in die Aufsichtsräte zu schicken.

Einladung zur Hauptversammlung der Daimler Benz AG. Eintrittskarten gibt es über Ihr Kreditinstitut.

Bei dieser Gelegenheit ein Wort zu den Organen der Aktiengesellschaften. Der Vorstand leitet das Unternehmen, der Aufsichtsrat kontrolliert den Vorstand – was bekanntlich selten klappt, siehe Fall Holzmann –, und die Hauptversammlung der Aktionäre
kontrolliert eigentlich Vorstand und Aufsichtsrat, was sie aber de
facto kaum kann.

### 3.10.2 Wie man Gewinne versteckt –
### Bilanztaktiken

Das Zahlenwerk einer Aktiengesellschaft ist ein für die Aktionäre undurchdringliches und meist auch unverständliches Verwirr-
spiel mit Hunderttausenden von Einzelposten. Selbst wenn die
Hauptversammlung bis Mitternacht dauert, was gar nicht selten
ist, können die Aktionäre und ihre Vertreter nur mehr oder weniger allgemeine Fragen stellen. Sie dürfen Dampf ablassen, wenn
ihnen die Dividende zu niedrig erscheint und Fusionen oder Teilverkäufe zur Entscheidung anstehen. Manchmal wird auch eine
Erweiterung der Tagesordnung erzwungen.

Das deutsche Bilanzrecht erlaubt es, die tatsächlichen Gewinne
im Rahmen legaler Grenzen zu manipulieren oder zu ver-
schleiern. Es gilt das Niederstwertprinzip, was soviel bedeutet wie
»bloß keine zu hohen Wertansätze«, damit kein Gläubiger im Fall
des Falles geschädigt werden kann. Mittlerweile notieren einige
deutsche Aktiengesellschaften an amerikanischen Börsen. Sie
erstellen ihre Bilanzen nach US-Bilanzgepflogenheiten, und hier
müssen mehr Gewinne ausgewiesen werden. Dem Versteckspiel
in Rückstellungen und Rücklagen sind gesetzliche Grenzen vorgegeben.

Die Taktik deutscher Gesellschaften geht eher dahin, stille
Reserven in guten Zeiten in der Bilanz zurückzustellen und von
diesem Speckpolster, so wie es schon der biblische Josef in Ägyp-
ten machte, in nachfolgenden mageren Jahren zu zehren. Das

Hauptversammlung

Steuerrecht und das Handelsrecht lassen Rückstellungen für Garantieverpflichtungen auf neue Produkte genauso zu wie Rückstellungen für drohende Prozesse.

Ein weites Feld ist die Bewertung der Forderungen und Warenbestände. Wie sicher ist die Forderung gegen die Abnehmerfirma X? Darf man sie mit 80 Prozent ansetzen oder sind es nur 40 Prozent? Soll man geringwertige Wirtschaftsgüter mit Anschaffungskosten von 800 Mark bilanzieren oder gleich über die Gewinn- und Verlustrechnung nehmen? Was steckt alles in den »Sonstigen Erträgen« und »Sonstigen Aufwendungen« drin? Sogar ein Wirtschaftsprüfungsunternehmen braucht Monate, um die Bilanz einer großen Aktiengesellschaft zu durchforsten. So sind auch Ihre Möglichkeiten als Aktionär auf der Hauptversammlung sehr beschränkt.

### 3.10.3 Ene mene muh, Aufsichtsrat wirst du – Postenkungeleien

Zwischen Banken und großen Aktiengesellschaften bestehen mannigfaltige Kapital- und Personalverflechtungen. Der Würzburger Wirtschaftsprofessor Wenger bringt es auf den Punkt: »Zwei bis drei Dutzend Leute an der Spitze der Großbanken und einiger Konzerne beherrschen die Wirtschaft.«

So ist die Allianz an der Deutschen Bank, an der Dresdner Bank und auch noch an der früheren Bayerischen Hypobank beteiligt. Siemens schließlich gehören wieder Anteile an der Allianz. Natürlich besitzt die Allianz ihrerseits auch Aktien von Siemens. Ferner mischt die Deutsche Bank noch bei Karstadt, Linde, AMB, Holzmann, KHD und Metallgesellschaft mit. Dies hat ganz sicher auch positive Seiten. Klöckner-Humboldt-Deutz (KHD), das sich jetzt »Deutz« nennt, wäre den Bach hinuntergegangen, wenn die Deutschbanker nicht mit Finanzspritzen über den Berg geholfen hätten. Arbeitsplätze sind erhalten geblieben – das Ver-

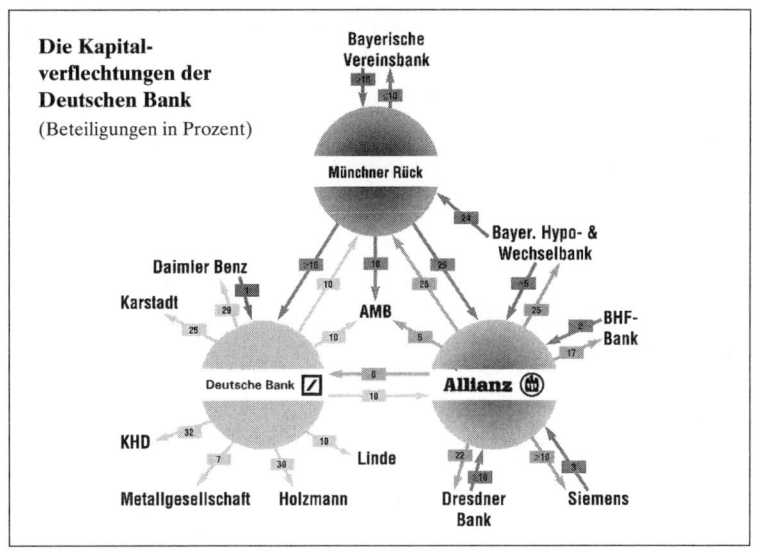

Quelle: Broker Börsenmagazin

**Die Kapitalverflechtungen der Deutschen Bank**
(Beteiligungen in Prozent)

Bayerische Vereinsbank

Münchner Rück

Daimler Benz

Karstadt

AMB

Bayer. Hypo- & Wechselbank

BHF-Bank

Deutsche Bank

Allianz

KHD

Linde

Metallgesellschaft

Holzmann

Dresdner Bank

Siemens

dienst einer ob ihrer Marktführerschaft und Kreditpolitik vielgerügten Großbank.

Ihnen als Aktionär verschafft die Hauptversammlung garantiert keinen Durchblick. Manchmal merken sogar die Konzernspitzen nicht, was sich bei ihren Töchtern tut. Das soll Eltern ja öfters passieren. In der Kölner KHD-Zentrale beispielsweise wußte man nichts vom Treiben der Anlagebau-Tochter Wedag. Ihre 15 Manager hatten jahrelang Arabien-Verluste beim Bau von Zementanlagen durch geschönte Zahlen an die Konzernmutter in Köln vertuscht. Irgendwann platzte bei diesen Scheingeschäften die gigantische Seifenblase und die Deutschbanker mußten, wie oben beschrieben, eingreifen.

Bei seinem Abschied als Vorstandsvorsitzender von Daimler-Benz stellte Edzard Reuter noch im Mai 1995 einen Konzerngewinn von mehr als einer Milliarde Mark für das laufende Geschäftsjahr in Aussicht. Das war ein guter Abgang. Schon drei

Monate später jedoch überraschte sein Nachfolger Jürgen E. Schrempp mit einer Verlustprognose von einer Milliarde Mark. Am Ende waren es, wie die Medien fast genüßlich berichteten, Verluste in der horrenden Höhe von 5,3 Milliarden Mark. Nehmen wir an, Sie hatten als Kleinanleger im Vertrauen auf Reuters Aussage Daimler-Aktien gekauft. Regelrecht angeschmiert mußten Sie sich vorkommen, wenn auch ein gewisses Verständnis mitschwingt, daß ein Manager sein Lebenswerk lieber mit einem Milliardengewinn als mit Verlust zu Ende führt.

Auch Holzmann-Aktionäre waren nicht glücklich, als plötzlich der Pleitegeier kreiste, und erst durch des Kanzlers Eingreifen verscheucht wurde. Die »Holzmänner« hatten für Dumpingpreise gebaut. Irgendwann knirschte es dann im Firmengetriebe.

### 3.10.4 »Kreuzzug gegen Konzernfilz« –
### ein »furchtloser Ritter« verläßt unfreiwillig den Turnierplatz

Manchmal sind es die beiden großen Aktionärsgemeinschaften »Deutsche Schutzvereinigung für Wertpapierbesitz« (DSW) und »Schutzgemeinschaft der Kleinaktionäre« (SdK), die für die Rechte der Kleinaktionäre streiten. Dann werden auf der Hauptversammlung Gegenanträge gestellt. Etwa, ob man die KHD-Konzernspitze wegen der Manipulationen bei Wedag zur Rechenschaft ziehen kann, oder ob dem Vorstand von AEG bei der stillen Liquidation ihrer Gesellschaft Untätigkeit vorzuwerfen ist.

Spektakulärer sind allemal die Auftritte des von Vorstandsvorsitzenden gefürchteten Würzburger Wirtschaftsprofessors Ekkehard Wenger. »Kreuzzug gegen Konzernfilz« titelte einst der »Stern« und berichtete über die Hauptversammlung bei Daimler-Benz. »Der Sozialismus ist tot. Aber die Feinde der Marktwirtschaft sind mitten unter uns«, hatte der Würzburger Professor postuliert und die Zornesader auf der Stirn des Aufsichtsrats-

Vorsitzenden Hilmar Kopper von der Deutschen Bank (Schöpfer der zum Unwort des Jahres gekürten »peanuts«) anschwellen lassen. Der streitbare Professor, der durch scharfsinnige Bilanzanalysen schon öfters glänzte, mußte das Feld räumen, sozusagen den Turnierplatz. Bei seinem Abgang waren ihm die Bodyguards vom Aufsichtsratschef behilflich. Sie trugen den in die Knie gegangenen Wissenschaftler kurzerhand aus dem Saal. Der professorale Vorstandsschreck Wenger soll sich dennoch alsbald wieder mit der Frage zu Wort gemeldet haben: »Haben Sie Ihre Gorillas wieder aufgestellt?«

### 3.10.5  20 000 heiße Würstchen –
### die Naturaldividende der Aktionäre

Was kostet wohl eine Hauptversammlung? Das richtet sich, wie bei einem Firmenjubiläum oder schon bei einem Kindergeburtstag, nach der Zahl der Teilnehmer. Daimler-Benz muß für durchweg 9000 anreisende Aktionäre drei Millionen Mark hinblättern. Dazu gehört auch der Aufwand für rund 20 000 heiße Würstchen. Im Schwabenland gibt es übrigens bei Hauptversammlungen schon mal kulinarische Kostbarkeiten des Landes. Sie sind in dem kulinarischen Hauptversammlungskalender einer schwäbischen Bank »Schwäbische Aktien – zom Fressa' gern« aufgelistet.

Gemütliche Kölsche Lebensart erleben die Aktionäre der Schokoladenfirma Stollwerck auf ihrer Hauptversammlung. Sie gleiche eher einer Karnevalssitzung, wird berichtet, und Büttenredner sei der Chef persönlich. Ich konnte mich davon überzeugen. Der Chef ist Dr. h. c. Hans Imhoff, der im Kölnischen Dialekt die Sitzungen leitet und dies so originell und witzig, daß die Aktionäre sich vor Lachen kringeln. So beispielsweise, wenn der Chef erzählt, daß er vor der Versammlung noch schnell mal »für kleine Jungs ob däm WC« war und versehentlich von einem »altgedienten« Aktionär angepinkelt wurde. Nach dem Rußland-Geschäft

| Unternehmen | Termin | Uhrzeit | Ort |
|---|---|---|---|
| **APRIL** | | | |
| Asea Brown Boveri | 30. 04. | 10.00 | Mannheim |
| Bayer | 30. 04. | 10.00 | Köln |
| Bayer. Handelsbank | 18. 04. | 10.30 | München |
| Bertrand | 22. 04. | 11.00 | Ludwigsburg |
| Brauerei Moninger | 02. 04. | 11.00 | Karlsruhe |
| Computer 2000 | 30. 04. | 10.00 | München |
| Deutsche Hypo FF | 25. 04. | 11.00 | Frankfurt |
| Gardena | 15. 04. | 10.30 | Ulm |
| Henkel | 28. 04. | 10.00 | Düsseldorf |
| Hucke | 10. 04. | 11.00 | Düsseldorf |
| Hypo Hamburg | 18. 04. | 11,00 | Hamburg |
| Macroton | 28. 04. | 10.00 | München |
| Massa | 23. 04. | 11.00 | Alzey |
| Meinecke, H. | 29. 04. | 11.00 | Laatzen-R. |
| Monachia | 11. 04. | 11.00 | München |
| Nürnberger Hypo | 16. 04. | 10.30 | Nürnberg |
| Puma | 24. 04. | 13.00 | Herzogenaurach |
| Reichelbräu | 16. 04. | 14.30 | Kulmbach |
| Schering | 30. 04. | 10.00 | Berlin |
| Schwälbchen Molk. | 25. 04. | 10.00 | Bad Schwalbach |
| SGL CARBON | 21. 04. | 10.00 | Wiesbaden |
| Sinner | 02. 04. | 12.30 | Karlsruhe |
| Stuttgarter Hofbräu | 25. 04. | 11.00 | Stuttgart |
| Süddr. Bodencredit | 14. 04. | 10.30 | München |
| Tarkett | 29. 04. | 10.30 | Frankfurt |
| Weber Gerry | 28. 04. | 10.30 | Gütersloh |
| **MAI** | | | |
| adidas | 28. 05. | 10.00 | Nürnberg |
| Allianz Leben | 26. 05. | 11.00 | Stuttgart |
| ALTANA | 07. 05. | 10.00 | Bad Homburg |
| AM Leben | 05. 05. | 14.00 | Aachen |
| Apoca Parking | 06. 05. | 14.00 | Stuttgart |
| BASF | 15. 05. | 10.00 | Ludwigshafen |
| Beta Systems | 07. 05. | 17.00 | Berlin |
| BHF-Bank | 13. 05. | 10.00 | Frankfurt |
| BMW | 15. 05. | 10.00 | München |
| Boss, Hugo | 27. 05. | 11.00 | Stuttgart |
| Böwe Systec | 22. 05. | 11.00 | Augsburg |
| BW-Bank | 06. 05. | 16.00 | Stuttgart |
| Colonia Leben | 28. 05. | 10.00 | Köln |
| Commerzbank | 30. 05. | 10.00 | Frankfurt |
| Daimler Benz | 28. 05. | 10.00 | Stuttgart |
| Deutsche Bank | 20. 05. | | Frankfurt |
| Deutsche Hypo H. | 07. 05. | 11.00 | Hannover |
| Didier | 21. 05. | 11.00 | Wiesbaden |
| Dresdner Bank | 23. 05. | 10.00 | Frankfurt |
| Einbecker Brau | 15. 05. | 11.00 | Einbeck |
| ESCADA | 07. 05. | 10.00 | München |
| FPB Holding | 27. 05. | 10.00 | Düsseldorf*) |
| Frankfurter Hypo | 15. 05. | 14.30 | Frankfurt |
| Germania Epe | 26. 05. | 10.00 | Gronau |
| Gladbacher Bank | 07. 05. | 16.00 | Mönchengladb. |
| Göttinger Bräu | 15. 05. | 09.30 | Einbeck |
| Grünzw.+Hartm. | 15. 04. | 11.30 | Ludwigshafen |
| Hapag-Lloyd | 28. 05. | 11.00 | Hamburg |
| Heinrich Industrie | 28. 05. | 12.00 | Essen |
| Henninger Bräu | 22. 05. | 11.00 | Frankfurt |
| Hoechst | 06. 05. | 10.00 | Frankfurt |
| Hypo Bank | 27. 05. | 10.00 | München |
| IVG Holding | 28. 05. | 10.00 | Bonn |
| KKK | 06. 05. | 11.00 | Frankenthal |
| Linde | 13. 05. | 10.00 | München |
| Linotype-Hell | 26. 05. | 11.00 | Frankfurt*) |
| National-Bank | 07. 05. | 10.00 | Essen |
| Niedermayr | 27. 05. | 10.00 | Rosenheim |
| Nordhypo | 29. 05. | 11.00 | Hamburg |
| Nordstern Leben | 28. 05. | 14.00 | Köln |
| Nordstern Vers. | 26. 05. | 10.00 | Köln |
| OLB | 27. 05. | 10.00 | Hamburg |
| Plettac | 27. 05. | 10.00 | Düsseldorf |
| PWA | 21. 05. | 10.30 | München |
| PWO | 14. 05. | 15.00 | Oberkirch |
| Ravensberger Bau | 30. 05. | 11.00 | München |
| Reichelt, Otto | 07. 05. | | Berlin |
| Rheinboden Hypo | 07. 05. | 11.00 | Köln |
| Rheinhyp | 07. 05. | 10.30 | Frankfurt |
| Rütgers | 21. 05 | 10.00 | Essen |
| SAP | 07. 05. | 10.00 | Mannheim |
| Schwarz Pharma | 28. 05. | 10.00 | Düsseldorf |
| Scor Deutschland | 21. 05. | 14.00 | Hannover |
| Stelcon | 27. 05 | 16.00 | Essen |
| Stollwerck | 23. 05. | 10.30 | Köln |
| Tiptel | 12. 05. | 15.30 | Duisburg |
| VARTA | 15. 05. | 10.00 | Hannover |
| VEBA | 22. 05. | 10.00 | Essen |
| Vereinsbank | 07. 05. | 10.00 | München |
| Württemb. Hypo | 05. 05. | 11.00 | Stuttgart |

In Deutschland finden zwar keine 1300 Hauptversammlungen an einem Tag statt, wie in Japan, üblicherweise gibt es aber im Vorsommer ein ziemliches Gedränge. Die Aufstellung dient Demonstrationszwecken und ist nicht aktuell.

| Unternehmen | Termin | Uhrzeit | Ort |
| --- | --- | --- | --- |
| **JUNI** | | | |
| AGIV | 30. 06. | | Frankfurt |
| Allweiler | 20. 06. | 10.30 | Radolfzell |
| AM Versicherung | 03. 06. | 14.00 | Aachen |
| Audi | 25. 06. | 10.00 | Ingolstadt |
| Bahnhofplatzges. | 27. 06. | 11.00 | Stuttgart |
| Bankges. Berlin | 06. 06. | | Berlin |
| Barmag | 16. 06. | | Remscheid |
| Baywa | 19. 06. | 10.00 | München |
| BBS | 30. 06. | 11.00 | Freiburg |
| Behrens, Joh. Fr. | 25. 06. | 11.00 | Hamburg |
| Beiersdorf | 30. 06. | 10.30 | Hamburg |
| Benz, Rolf | 27. 06. | 10.00 | Stuttgart |
| Berentzen | 25. 06. | 11.00 | Haselünne |
| Berliner Elektro | 25. 06. | | Berlin |
| Berliner Kindl | 25. 06. | 11.00 | Berlin |
| BKM Bauspark. M. | 24. 06. | | Mainz |
| BLG Bremer Lager | 26. 06. | 11.00 | Bremen |
| Brilliant | 10. 06. | 10.00 | Bremen |
| Buckau-Walter | 20. 06. | 11.00 | Köln |
| Burgbad | 16. 06. | 15.30 | Bad Fredeburg |
| BWK Bremer Wolle | 25. 06. | 10.00 | Bremen |
| Ceag | 18. 06. | 15.00 | B. Lauterberg |
| Cewe Color | 12. 06. | 11.00 | Bremen |
| CKAG | 10. 06. | 10.00 | Köln |
| CONTIGAS | 06. 06. | 10.00 | München |
| Continental | 04. 06. | 10.00 | Hannover |
| Creaton | 20. 06. | 11.00 | München |
| DAB | 19. 06. | 10.30 | Dortmund |
| DBS Dt. Bauspark. | 30. 06. | 10.00 | Darmstadt |
| DBV-Winterthur | 25. 06. | 10.00 | Wiesbaden |
| DePfa-Bank | 25. 06. | 10.30 | Wiesbaden |
| Dt. Ärztevers. | 04. 06. | 10.00 | Köln |
| Deutsche Telekom | 26. 06. | | Frankfurt |
| Deutz | 26. 06. | 10.00 | Köln |
| Douglas | 25. 06. | 10.30 | Hagen |
| Drägerwerk | 27. 06. | 11.00 | Lübeck |
| Dt. Ring Leben | 25. 06. | 14.00 | Hamburg |
| Dürrkopp Adler | 26. 06. | 10.30 | Bielefeld |
| DVB | 13. 06. | 10.00 | Frankfurt |
| Dyckerhoff | 27. 06. | 11.00 | Wiesbaden |
| Ehlebracht | 10. 06. | 11.00 | Bielefeld |
| Eurokai | 25. 06. | 15.30 | Hamburg |
| Ex-Cell-O | 26. 06. | 10.00 | Stuttgart |
| FAG Kugelfischer | 12. 06. | | Schweinfurt |
| Felten & Guill. | 11. 06. | 10.00 | Köln |
| FMC | 05. 06. | 10.00 | Frankfurt |
| Friatec | 23. 06. | 11.00 | Mannheim |
| Gea | 26. 06. | 10.30 | Bochum |
| GEHE | 11. 06. | 11.00 | Stuttgart |
| Gelsenwasser | 03. 06. | 10.30 | Gelsenkirchen |
| Gerresheimer Glas | 20. 06. | 10.00 | Düsseldorf |
| Goldschmidt, Th. | 27. 06. | 10.00 | Essen |
| Hamborner | 12. 06. | 11.00 | Duisburg |
| Haus + Heim | 06. 06. | 10.00 | Berlin*) |
| Heidelberger Zem. | 12. 06. | 10.30 | Leimen |
| Hermes Kreditvers. | 26. 06. | 10.00 | Hamburg*) |
| HEW | 19. 06. | 10.00 | Hamburg |
| Hirsch | 04. 06. | 11.00 | Düsseldorf |
| HIT | 18. 06. | 10.00 | München |
| Hochtief | 26. 06. | 10.30 | Essen |
| Honsel | 19. 06. | 11.00 | Meschede |
| Industriehof | 24. 06. | 11.00 | Stuttgart |
| Jagenberg | 26. 06. | 11.00 | Düsseldorf |
| Jungheinrich | 30. 06. | 10.00 | Hamburg |
| Kampa-Haus | 19. 06. | 11.00 | Minden |
| Kiekert | 19. 06. | 11.00 | Düsseldorf |
| KM Europa Metal | 12. 06. | 10.00 | Osnabrück |
| Knürr | 26. 06. | 10.00 | München |
| Kolb & Schüle | 27. 06. | 15.00 | Kirchheim |
| Krupp | 27. 06. | 10.00 | Essen |
| KSB | 26. 06. | 15.00 | Frankenthal |
| Leonische Drahtw. | 24. 06. | 10.00 | Nürnberg |
| Lewag | 27. 06. | 11.00 | Berlin |
| Lufthansa | 26. 06. | 10.00 | Köln |
| Mainzer Aktien-Br. | 24. 06. | 11.00 | Frankfurt |
| Mannesmann | 13. 06. | 10.00 | Düsseldorf |
| Mannheimer Vers. | 19. 06. | 14.00 | Mannheim |
| MD Bau | 30. 06. | 10.30 | München |
| Merck | 19. 06. | 10.00 | Frankfurt |
| MVS | 26. 06. | 10.30 | Berlin |
| Neue Baumwollsp. | 26. 06. | | Hof |
| Norddt. Steingut | 24. 06. | 11.00 | Bremen |
| O & K | 23. 06. | | Berlin |
| Obag | 09. 06. | 10.30 | Regensburg |
| Oberland Glas | 20. 06. | 11.00 | Bad Wurzach |
| Oppermann Vers. | 11. 06. | 11.00 | Neumünster*) |
| Pascale Jean | 18. 06. | | Hamburg |
| Phoenix | 25. 06. | 11.00 | |
| Quante | 27. 06. | 11.00 | Wuppertal |
| Rhenag | 16. 06. | 10.30 | Köln |
| Rieter | 27. 06. | 10.30 | Ingolstadt |
| Ruberoid | 25. 06. | 11.00 | Hamburg |
| Salamander | 20. 06. | 15.30 | Kornwestheim |

*) voraussichtlicher Termin

Quelle: Das Wertpapier

befragt, antwortet der populäre Aufsichtsratsvorsitzende – welcher Banker würde dies wagen – ebenfalls auf Kölsch:»Erst muß det Jeld do sin, dann wird et nachjezählt. Dann gucken mer, ob et auch net falsch es. Und dann kriegt der Lkw sing Schokolade. So mache mer dat Jeschäf!«

Auch so geht es zu in deutschen Hauptversammlungssälen. Wie wäre es, wenn Sie einmal hinfahren? .

### 3.11 Wie viele Aktien gehören ins Depot? – Behalten Sie den Überblick

»Monokultur läßt den Acker veröden«, sagte der Heiratsschwindler, bevor ihn der Richter verknackte. So ist es auch bei Aktien. Selbst scheinbar grundsolide Standardaktien bieten Ihnen nicht die Gewähr dauerhafter Kurssteigerungen und kontinuierlicher Dividendenausschüttung. Also brauchen Sie Aktien von verschiedenen Gesellschaften.

Der Motorenbauer KHD, jetzt Deutz, ist nicht nur bei Landwirten seit Jahrzehnten ein Begriff im guten technischen Sinn. Dennoch: Hätten Sie Ihr gesamtes Kapital auf diese Aktie oder auf Holzmann gesetzt, wären Sie böse hereingefallen. Haarscharf am Konkurs vorbei!

In Turbulenzen kam die stolze Lufthansa-Aktie. Früher war es kaum zu glauben, daß sie einmal weniger als 100 Mark kosten würde. Im Frühjahr 1999 war der Kranich im Tiefflug auf unter 20 Euro. Auch in 2000 wollte zumindest im Frühjahr kein Aufwind aufkommen.

Und erst der Konkurs bei der früher renommierten Werft Bremer Vulkan! Auch hier erschien noch vor 10 Jahren ein Leck im Unternehmensrumpf undenkbar.

AEG-Elektrogeräte, bekanntlich »aus Erfahrung gut«, kaufen heute noch viele. Als Aktionär aber wäre Ihnen die schmerzliche Erfahrung nicht erspart geblieben, daß die Traditionsfirma des

Walther Rathenau in Einzelteile zerlegt und vom Kurszettel ganz verschwinden würde.

Wer hätte schon bei IBM geglaubt, daß eines Tages ein Nobody mit Namen Bill Gates dem Computerbauer den Rang ablaufen würde? Microsoft und Intuit sind geradezu ein Synonym für den stürmischen Aufstieg der Chipbranche in den USA, genauso wie der tolle Start, den SAP, Walldorf, in Deutschland hinlegte und auch weiter »programmgemäß« erfolgreich war.

Ihr Motto bei der Aktienanlage sollte also sein: »Gehen nicht Äppel, gehen Birnen«! Setzen Sie nicht ausschließlich auf Chemie und nicht nur auf die Autobranche. Auch nicht nur auf deutsche Aktien. Der deutsche Markt kann ausgereizt sein, während in Tokio wegen rapiden Kursverfalls Aufholchancen winken.

Eine schwierige Frage ist, wie viele verschiedene Aktien Sie in Ihr Depot nehmen sollten. Sie müssen schließlich alle anderen im Auge behalten. Fachzeitschriften raten meistens, bei kleineren Depots bis zu fünf verschiedene Aktien zu nehmen und bei Depots ab 100 000 Mark in bis zu einem Dutzend Aktien zu investieren. Meine persönliche Erfahrung ist, daß es ruhig ein paar mehr sein können. Allerdings sollten Sie dann schon etwas geübt sein und sich mit einem schnellen Blick über die Wirtschaftsseite Ihrer Zeitung oder kurzem Einschalten von n-tv oder Videotext ein Bild über Tendenz und Stimmung machen können. Vielleicht fehlt Ihnen Zeit oder Interesse zur Beobachtung einzelner Aktien; Sie möchten aber am Wachstum der Wirtschaft partizipieren. Eine Anlage in Investmentanteilen ist dann erwägenswert. Bei größeren Kapitalien könnte auch eine Vermögensverwaltung durch einen professionellen Verwalter oder ein Kreditinstitut in Frage kommen. Lesen Sie hierzu die entsprechenden Kapitel.

### 3.12 Mal eine Aktie in der Hand halten –
### Stammaktien, Vorzugsaktien und Namensaktien

Sie werden es kaum glauben: Obgleich ich schon viele Jahre über Aktien schreibe und auch eine Menge davon besessen habe oder noch besitze, in der Hand gehalten habe ich nie eine noch gültige Aktie.

### *3.12.1 Hinter den Stahltüren der Kassenvereine –*
### *Verwahrung von Aktien*

Es wird den meisten Aktionären so gehen, denn ihre Papiere liegen wohlverwahrt weder in ihrem Safe noch bei ihrer Bank, sondern beim Kassenverein im tiefen Keller, drittes Untergeschoß, am Frankfurter Börsenplatz. Vielleicht auch bei einem anderen Zweig-Kassenverein einer Wertpapiersammelbank. Die Kassen-

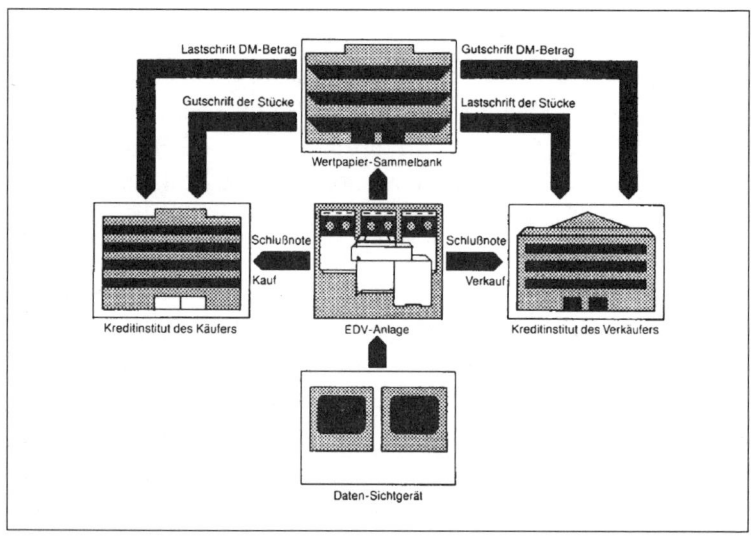

Aktienkauf und -verkauf ohne Bargeld und ohne Originalurkunde. Ihr Kreditinstitut rechnet unmittelbar mit der Wertpapiersammelbank ab. Der Börsencomputer erledigt alles in Windeseile. Quelle: Planspiel Börse; Deutscher Sparkassenverlag

Dividendenscheine der ehemaligen Friedr. Krupp Hüttenwerke AG, die mit der Hoesch AG zur Fr.-Krupp-Hoesch-AG fusionierte.

vereine haben sich zur Deutschen Kassenverein AG zusammengeschlossen.

Es ist schon imponierend, daß allein die in Frankfurt verwahrten Aktien, einmal aufeinandergestapelt, einen Turm ergeben würden, der den neuen Frankfurter Messeturm bei weitem überragt. Schließlich handelt es sich um 235 Millionen Aktien. Der Turm ginge bis in kaum glaubliche 30 Kilometer Höhe. Da kann auch das höchste Gebäude der Welt im Stadtstaat Singapur bei weitem nicht mithalten.

Aber halt! Hat wirklich kein Aktionär Original-Aktien im eigenen Safe oder im gemieteten Bankschließfach? Doch, es gibt welche. Manche davon sind emsige »Steuersparer«, um das Wort vom anrüchigen »Steuerhinterzieher« nicht zu gebrauchen. Sie schnei-

den ihre Dividendenscheine, von denen meist 20 zu einer Aktie gehören, nach der Hauptversammlung ab und machen sogenannte Tafelgeschäfte. Dabei gibt es »cash«. Motto: »Gibst du mir den Dividendenschein, gebe ich dir Bares.« Es ist dann ins Ermessen des Anlegers gestellt, ob er seine Dividenden auch steuerlich deklariert, oder es (verbotenerweise) bleiben läßt. Sind die 20 Dividendenscheine verbraucht, kann sich der Aktionär mit einem sogenannten Erneuerungsschein neue Dividendenscheine (Gewinnanteilscheine) besorgen.

Noch unerfahrene Banker suchten früher im Kurszettel oft unter »K« wie »Krupp«, wenn ein Anleger nach dem Kurs der Aktie fragte. Sie wussten nicht, daß das »Fr.« wie »Friedrich« dem Gesellschaftsnamen vorangestellt ist. Nachfolgend finden Sie auch die Aktien der beiden alten Gesellschaften abgebildet. Es sind historische Aktien, die heute nicht mehr gelten. Irgendwie haben sie dennoch einen aktuellen Bezug, weil die Nachfolgefirma Fr. Krupp-Hoesch 1997 eine vielbeachtete, viel gescholtene und kurstreibende »feindliche Übernahme« der Thyssen AG plante, aber gewerkschaftlich und politisch abgeschmettert wurde. Und dennoch sind sie zusammen gekommen, firmieren jetzt unter Thyssen Krupp, und den beiden Firmenchefs wird eine unter Vorständen nicht immer übliche Harmonie nachgesagt.

Noch ein Wort zu den Tafelgeschäften. Sie sind in ihrem Umfang mehr als deutlich zurückgegangen, nachdem die von den Aktiengesellschaften abgeführte Körperschaftssteuer seinerzeit

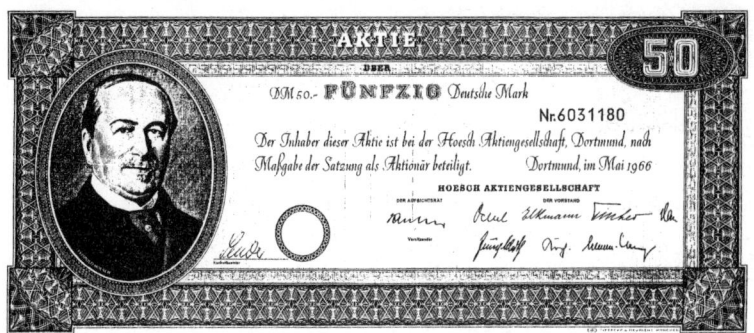

durch eine Gesetzesänderung bei der Veranlagung des Aktionärs wie eine Steuervorauszahlung angerechnet wird. Ihre Höhe beträgt übrigens 42,86 Prozent ($^3/_7$) der Bardividende. Das weitere hierzu können Sie ausführlich in Teil II dieses Buches nachlesen. Und noch etwas: Es wäre falsch anzunehmen, daß alle Aktionäre, die sogenannte Tafelgeschäfte machen, etwas »lässig« im Umgang mit dem Finanzamt sind. Es gibt auch noch andere Gründe für diskrete Tafelgeschäfte. Auch soviel wieder vorneweg: Tafelgeschäfte unterliegen einer Zinsabschlagsteuer von 35 Prozent gegenüber 30 Prozent Zinsabschlag im Normalfall und 25 Prozent Kapitalertragssteuer bei Aktien.

Es kann ziemlich teuer werden, wenn Sie sich einmal eine Originalaktie aus dem Safe der Deutsche Kassenverein AG schicken lassen, wie das bisweilen bei wertlos gewordenen Aktien in Konkursfällen oder abgelaufenen Optionsscheinen geschieht. Wer beispielsweise darauf spekuliert, sich die zuletzt um zwei Mark notierenden Aktien des Pleitekandidaten Bremer Vulkan aushändigen zu lassen, um sie möglicherweise für 10 Mark als historische Wertpapiere zu verhökern, wird feststellen, daß dies wegen der anfallenden Gebühren nicht lohnt. Ich wollte mir einmal 20 Stück eines abgelaufenen Optionsscheins in der Erwartung schicken lassen, 20 einzelne Exemplare mit Sammlerwert zu erhalten. Pustekuchen! Ich erhielt ein einziges Exemplar mit dem Aufdruck »Zwanzig Stück«. Natürlich gegen entsprechende Gebühr.

Doch noch einmal zurück zu unseren Aktienabbildungen. Im nüchternen Börsendeutsch ist eine schön gedruckte bunte Aktie nur ein »Mantel«. Der dazugehörige »Bogen« sind die Dividendenscheine. Die meisten Aktien sind Inhaber-Stammaktien. Inhaberaktien deshalb, weil sie sehr leicht, nämlich ohne Namensnennung, auf andere Aktionäre übertragen werden können. Außerdem gibt es noch Namensaktien, bei denen Name und Beruf des Aktionärs auf der Rückseite der Aktie verzeichnet sind. Hierbei geht es nicht nach dem Grundsatz: »Wer hat, der hat«, denn Namensaktien gehören dem namentlich Genannten. Schließlich ist er als Eigentümer im Aktienbuch der Gesellschaft eingetragen.

Eine Besonderheit sind vinkulierte Namensaktien. Hierbei muß die Eintragung im Aktienbuch von der Gesellschaft genehmigt sein, sozusagen als Schutz gegen unerwünschte Gesellschafter oder »feindliche Übernahmen«. In der Versicherungswirtschaft sind vinkulierte Namensaktien häufiger anzutreffen. Auch der DAX-Wert Allianz Holding AG hat vinkulierte Namensaktien. Das gleiche gilt für den Medienkonzern Springer. Der Deutsche Kassenverein plant Vereinfachungen bei dem bisher sehr umständlichen Handel mit vinkulierten Namensaktien. Sie sollen, genauso wie die anderen Aktien, »girosammelfähig« werden, also statt in einem Einzeldepot in einem kostengünstigeren Sammeldepot aufbewahrt werden können.

Viele Gesellschaften haben inzwischen auf Namensaktien umgestellt oder dieses Vorhaben in der Hauptversammlung absegnen lassen. Dazu gehören DaimlerChrysler, Telekom, Siemens, Dresdner Bank, Lufthansa und Mannesmann. Das elektronische Aktienbuch läßt die früher umständliche Umstellung problemlos werden. Wer Bedenken hat, als gläserner Aktionär allzuviel von sich als Namensaktionär zu offenbaren, kann seine Depotbank

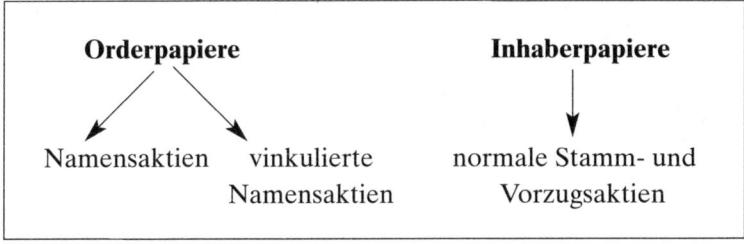

| Orderpapiere | Inhaberpapiere |
|---|---|
| Namensaktien    vinkulierte Namensaktien | normale Stamm- und Vorzugsaktien |

als »Platzhalter« beauftragen und registrieren lassen. Aber stellen Sie sich einmal vor: Das Aktienbuch von DaimlerChrysler hat 1,6 Millionen Seiten. Da können neugierige Nachbarn und Finanzamt lange suchen. Im übrigen: Nur wer selbst Aktionär ist, darf ins Aktienbuch schauen.

Aktienurkunden zum »Anfassen« gibt es immer seltener. An ihre Stelle tritt eine *Globalurkunde*. Ein kleiner Passus in der Satzung genügt, und leibhaftige Aktienurkunden mit Wasserzeichen, Guillochen und Namenszug brauchen nicht mehr gedruckt zu werden.

### 3.12.2 Mehr Dividenden für Vorzugsaktionäre

Vorzugsaktien heißen so, weil sie dem Aktionär eine feste Vorweg-Dividende bescheren. Dafür darf er meistens dann auf der Hauptversammlung, die, wie Sie gelesen haben, recht lustig sein kann, nicht abstimmen. Das Stimmrecht ist nämlich bei Vorzugsaktien oft ausgeschlossen, weil es eine Mehrdividende gegenüber den Stammaktien gibt. Der Besuch der Hauptversammlung ist jedoch dem Vorzugsaktionär nicht versagt. Auch er darf Auskünfte verlangen und von seinem Rederecht Gebrauch machen. Der Stimmrechtsausschluß wird zusätzlich mit einer Nachzahlungsverpflichtung für dividendenlose Jahre versüßt. Die garantierte Dividende für Vorzugsaktien darf nach einem Jahr mit Dividendenausfall in einem späteren Gewinnjahr nachgezahlt werden.

| Aktie | Dividende | Kurs 20.01.2000 |
|---|---|---|
| VW-Stämme | 0,77 | 49,80 |
| VW-Vorzüge | 0,82 | 29,80 |

VW-Stammaktionäre erhielten zuletzt 0,77 Euro Dividende, Vorzugsaktionäre mit 0,82 Euro etwas mehr.

Als Besonderheit tritt hinzu, daß Sie bei zweimaligem Dividendenausfall in Folge auch als Vorzugsaktionär im dritten Jahr ein Stimmrecht auf der Hauptversammlung haben.

Welche Aktien bringen Ihnen als Aktionär nun mehr Ertrag? Sind es die Stammaktien oder die Vorzugsaktien? Die Bayerische Landesbank hat einmal eine Berechnung durchgeführt und dabei Dividenden und Körperschaftssteuer und natürlich auch Kursgewinne einbezogen. Bei den Stammaktien kam sie in dem Vergleichszeitraum auf 14,35 Prozent, während die Vorzugsaktien mit nur 13,83 Prozent etwas schlechter wegkamen. Es gibt jedoch noch andere Berechnungsmethoden, nach denen die Renditen der genannten Aktienarten fast identisch sind.

### 3.13 Wie viele deutsche Aktiengesellschaften sind börsennotiert? – Kein großer Andrang

In Deutschland gibt es knapp 5000 Aktiengesellschaften. Wie viele davon haben sich wohl ihr Kapital über die Börse besorgt? In verschiedenen Publikationen fand ich dazu stark voneinander abweichende Zahlen. Ich halte mich daher an das »Fact Book« 1997 der Deutschen Börse vom Frühjahr 1998. Es ist das letzte mit einer Tabelle notierter Aktien. Im »Fact Book« 1999 fehlt diese. Danach wurden damals an den acht deutschen Börsen insgesamt 817 Aktien inländischer und 2186 Aktien ausländischer Gesellschaften gehandelt. Mithin haben sich nur 19 Prozent der deutschen Aktiengesellschaften über die Börse finanziert. Ganz exakt ist dies auch nicht, weil manchmal die Papiere eines Emittenten an mehreren Börsen notiert sind. Tatsache ist, daß das im Frühjahr 1997 neugeschaffene Marktsegment Neuer Markt für innovative Hochtechnologie-Unternehmen mehr deutsche Aktiengesellschaften an die Börse führen wird. Schon nach nur drei Jahren seines Bestehens gab es über 200 Neuzugänge.

Wie sieht es überhaupt mit der Börsenkultur in Deutschland aus, wenn schon nicht allzu viele Aktiengesellschaften börsennotiert sind? »Weltmeister« sind die Schweden, bei denen die Aktienanlage mit 66 Prozent der Bevölkerung ein reiner Volkssport ist. Eigentlich erstaunlich, wo doch der schwedische Fiskus auf Aktiengewinne grundsätzlich 30 Prozent Steuern kassiert und es auf die Behaltedauer überhaupt nicht ankommt.

Anzahl der an deutschen Börsen notierten Wertpapiere nach Börsenplätzen

| | Frankfurt | Düsseldorf | München | Hamburg | Stuttgart | Berlin | Hannover | Bremen | alle Börsen[1] |
|---|---|---|---|---|---|---|---|---|---|
| Aktien insgesamt | 1.648 | 689 | 1.024 | 645 | 829 | 1.182 | 163 | 170 | 3.003 |
| inländische | 535 | 429 | 354 | 319 | 323 | 365 | 152 | 164 | 817 |
| ausländische | 1.113 | 260 | 670 | 326 | 506 | 817 | 11 | 6 | 2.186 |
| Festverz.Wertpapiere insgesamt | 8.603 | 4.473 | 3.922 | 3.963 | 2.703 | 2.287 | 1.584 | 828 | 24.129 |
| inländische | 7.592 | 4.369 | 3.866 | 3.936 | 2.639 | 2.147 | 1.571 | 826 | 23.054 |
| ausländische | 1.011 | 104 | 56 | 27 | 64 | 140 | 13 | 2 | 1.075 |
| Optionsscheine insgesamt | 5.749 | 5.092 | 262 | 518 | 1.769 | 719 | 61 | 15 | 5.787 |
| inländische | 5.293 | 4.788 | 260 | 514 | 1.693 | 717 | 60 | 14 | 5.326 |
| ausländische | 456 | 304 | 2 | 4 | 76 | 2 | 1 | 1 | 461 |
| Total | 16.000 | 10.254 | 5.208 | 5.126 | 5.301 | 4.188 | 1.808 | 1.013 | 32.919 |

1) Eine Summierung der für alle Börsen angegebenen Werte zur Ermittlung des Bundeswertes ist nicht möglich, da die Papiere eines Emittenten an mehr als einer Börse notiert werden können. Stand: Ende 1997.

Anzahl der an deutschen Börsen notierten Wertpapiere nach Marktsegmenten

| | Amtlicher Handel | Geregelter Markt | Freiverkehr | Neuer Markt | Total[1] 1997 | Total 1996 |
|---|---|---|---|---|---|---|
| Aktien insgesamt | 716 | 250 | 2.462 | 17 | 3.003 | 2.187 |
| inländische | 502 | 196 | 449 | 13 | 817 | 802 |
| ausländische | 214 | 54 | 2.013 | 4 | 2.186 | 1.385 |
| Festverz.Wertpapiere insgesamt | 16.668 | 7.195 | 419 | - | 24.129 | 23.242 |
| inländische | 15.705 | 7.157 | 233 | - | 23.054 | 22.233 |
| ausländische | 963 | 38 | 186 | - | 1.075 | 1.009 |
| Optionsscheine insgesamt | 198 | 100 | 5.741 | - | 5.787 | 5.306 |
| inländische | 181 | 100 | 5.297 | - | 5.326 | 4.974 |
| ausländische | 17 | 0 | 444 | - | 461 | 332 |
| Total | 17.582 | 7.545 | 8.622 | 17 | 32.919 | 30.735 |

1) Eine Summierung der für alle Marktsegmente angegebenen Werte zur Ermittlung des Bundeswertes ist nicht möglich, da die Papiere an den Börsen in unterschiedlichen Marktsegmenten notiert werden können.

Quelle: Deutsche Börse AG, Fact Book 1997

**Aktionärsstruktur in Deutschland**

Übrige Welt
*15,7 %*

Direkter Aktienbesitz der privaten HH
*15,0 %*

Investmentsfonds
*12,9 %*

Versicherungen
*13,7 %*

Unternehmen
*30,5 %*

Banken/Bausparkassen
*10,3 %*

Öffentliche Haushalte
*1,9 %*

Handelsblatt-Grafik, Quelle: Deutsche Bundesbank

In Deutschland werden nur 15 Prozent der Aktien von privaten Haushalten gehalten. Bei Deutschlands Aktionären sind Frauen mit einem Anteil von 39 Prozent gegenüber Männern mit 61 Prozent eher unterrepräsentiert.

Vergleicht man einzelne Einkommensgruppen, liegen Gutverdiener mit über 8000 Mark monatlichem Nettoeinkommen und je Haushalt mit 21,3 Prozent im Aktienbesitz vorne. Ein deutliches Absinken beginnt mit 5000 Mark Monatseinkommen (12,3 Prozent) bis hinunter unter 1500 Mark Einkommen (0,7 Prozent).

### 3.14 »Aktien gut behauptet, Renten freundlich« – Börsensprachliches

Die Börsenkürzel des Kurszettels haben Sie bereits in Kapitel 3.5 kennengelernt. Nun ist noch ein kleiner Sprachkurs über die Börsenberichte in Wirtschaftszeitungen fällig. Denken Sie einmal an die Sprachidiome der Jäger! Wüßten Sie auf Anhieb, was ein »Geräuschsack« ist? Kennen Sie den Unterschied zwischen »Rotte« und »Rudel«? Erst gar nicht zu reden von Brunftkugeln! Der Rehbock hat sie, die Ricke nicht. Alles klar? Im »Geräuschsack« verstaut der Jäger die Innereien des erlegten Wildes. Etwa einer Sau aus der »Rotte« oder eines Rehes aus dem »Rudel«. Es wäre doch gelacht, wenn wir an der Börse nicht auch unsere eigenen Termini hätten.

Hausse und Baisse sind mittlerweile sprachliches Allgemeingut geworden. Bei einer Hausse handelt es sich um einen dauerhaften Kursanstieg, wobei sehr starke Kurssteigerungen von 10 Prozent des Kurswerts oder gar mehr auftreten können. Ist die Börse an einzelnen Tagen fest, dürfen Sie sich als Börsianer über Gewinne von 2 bis 5 Prozent der Kurswerte freuen. Eine freundliche Börse beschert Ihnen Gewinne bis zu zwei Prozent. Auch die Formulierung anziehend nach einer Zeit des Hin-und-her-Dümpelns weist auf Gewinn in dieser Größenordnung hin. Die Börse zieht oft an, nachdem sie sich von einem Rückschlag erholt hat.

## Gerüchte über Yuan-Abwertung senken Dax

Am deutschen Aktienmarkt sind die Kurse gestern gesunken. Am Vormittag war es durch die Spekulationen um eine Abwertung der chinesischen Währung Yuan und den hohen Kursverlusten an den asiatischen Börsen auch in Deutschland zu Kursrückgängen gekommen. Der Deutsche Aktienindex Dax erreichte sein Tagestief auf dem Parkett bei 4900,68 Punkten, etwa 2,4 Prozent tiefer als am Freitag. Am Nachmittag konnte das deutsche Börsenbarometer einen Teil seiner Verluste aufholen und beendete den Handelstag mit 4982,45 Punkten. Das sind 0,73 Prozent weniger als am Freitag. Der Xetra-Dax stand bei Handelsschluß auf 4988,59 Punkten. Der M-Dax, Index der mittelhoch kapitalisierten Unternehmen, gab um 0,68 Prozent auf 3731,56 Punkte nach.

Unter Druck standen vor allem die Aktien von Degussa, die wegen enttäuschender Geschäftszahlen im Parketthandel um 6,75 Prozent auf 38,70 Euro verloren. Henkel-Aktien verloren im Gefolge von Degussa 4,12 Prozent auf 62,80 Euro. SAP, das am Dienstag detaillierte Zahlen zur enttäuschenden Entwicklung im vierten Quartal 1998 vorlegt, konnten gegen den Trend um 4,06 Prozent auf 331 Euro zulegen. Wenn die Marke von 300 Euro weiter hält, könnte die Aktie bald auf über 400 Euro steigen, sagte ein Händler. Nach dem Aktiensplit notierten die Aktien von Münchner Rück bei 222,50 Euro. Beim Aktienkurs von Porsche, der am Montag 2005 Euro betrug, muß ein Dividendenabschlag von 12,79 Euro berücksichtigt werden.

An den deutschen Regionalbörsen haben die Kurse am Montag zur Kasse meist etwas nachgegeben. In München verloren Leonische Draht 13 auf 240 Euro und Hasen-Bräu 5 auf 545 Euro. Etienne Aigner konnten sich um 3 auf 172 Euro verbessern. In Hamburg legten Ölmühle 2 auf 146 Euro zu. Holsten gaben 2,50 auf 179,50 Euro und New-York Hamburger Gummi Stämme büßten 1,50 auf 33 Euro ein. Hapag-lloyd ermäßigten sich um 3 auf 462 Euro. In Hannover schwächten sich KWS um 18 auf 632 Euro ab. Varta legten 3 auf 130 Euro zu, Gilde wurden um 5 auf 391 Euro heraufgesetzt. In Düsseldorf verloren Jagenberg Vorzugsaktien 2,10 auf 48 Euro. Bei Gold-Zack betrug der Kursverlust 14 auf 171 Euro. Keramag rückten um 15 auf 485 Euro vor. In Berlin stiegen Telex um 4,20 auf 219

Der Börsenbericht – das »Bulletin« über den Zustand der Börse.

### UMSÄTZE DER DEUTSCHEN BÖRSE — Orderbuchstatistik

| Titel | Xetra | | | | Anteil in Prozent | | alle Börsenplätze | | | |
|---|---|---|---|---|---|---|---|---|---|---|
| | Anzahl/Nennwert Stück in 1000 | | Kurswert in Mio. Euro | | Xetra | Parkett | Anzahl/Nennwert Stück in 1000 | | Kurswert in Mio. Euro | |
| | 22.01. | 25.01. | 22.01. | 25.01. | | Ffm | 22.01. | 25.01. | 22.01. | 25.01. |
| **Gesamtumsatz Aktien** | 27595 | 22402 | 1834 | 1462 | 58,1 | 24,5 | 69889 | 64274 | 3033 | 2517 |
| Deutsche Aktien | 27314 | 22163 | 1823 | 1453 | 64,9 | 22,1 | 51634 | 44803 | 2701 | 2240 |
| Ausländische Aktien | 280 | 238 | 11 | 8 | 3 | 44,6 | 18255 | 19470 | 332 | 277 |
| **Gesamtums.Opt.Scheine** | 20 | 21 | 0 | 0 | 0,7 | 46,6 | 51541 | 44779 | 76 | 61 |
| Deutsche Opt.Scheine | 20 | 21 | 0 | 0 | 0,7 | 45,4 | 48432 | 42057 | 72 | 58 |
| Ausl. Opt.Scheine | 0 | | 0 | | | 72,5 | 3108 | 2722 | 3 | 2 |
| **Gesamtumsatz Renten** | 91007 | 85139 | 92 | 86 | 4,9 | 70,4 | 2014719 | 1656429 | 2171 | 1766 |
| Deutsche Renten | 91007 | 85139 | 92 | 86 | 5 | 70,3 | 1969177 | 1612448 | 2150 | 1744 |
| Anl. Bund, Bahn, Post | 91007 | 85139 | 92 | 86 | 5,1 | 70,7 | 1916731 | 1552754 | 2111 | 1699 |
| Sonst. öffentl. Anleihen | | | | | | 45,6 | 1722 | 1071 | 1 | 1 |
| Pf/KO/Bankschuldversch. | | | | | | 60 | 43106 | 51478 | 32 | 39 |

Quelle: F.A.Z.

Quelle: DWS

Nicht sehr optimistisch schauen Börsianer in die Zukunft, wenn
sie im Börsenbericht das Wort gehalten finden. Dann war aller-
hand Angebot am Markt, die Käufer machten sich rar, und die
Kurse gingen manchmal ein klein wenig zurück. Sie waren aber
noch nicht abbröckelnd. Dies hätte insgesamt auf leichte Kursverluste hingedeutet. Eine leichtere oder nachgebende Börse hat
den Anlegern Verluste bis zu einem Prozent des Kurswertes
gebracht, und bei einer schwächeren Börse können sie immerhin
schon bis zu zwei Prozent betragen.

# 4 Sekt oder Selters –
## die Börsenindizes zeigen es an

Sie wären aus dem Beschwipstsein nicht hinausgekommen, die Kursmakler, Bankenvertreter und Aktionäre, genauso wie die Broker in New York, hätten sie 1998 jeden neuen Kursrekord mit einem Gläschen Schampus begossen. Im Herbst allerdings, beim Crash, hätten sie dann Wermut getrunken.

Börsenindizes sind Ihre schnelle Orientierungshilfe, wenn Sie abends, nach getaner Arbeit, in ARD oder ZDF die Videotexttafeln aufrufen und sich vielleicht ärgern, daß sie sich wieder einmal geändert haben. Sie sehen aber mit etwas Glück auf einen Blick, ob der Börsentag gut oder schlecht war, ob die Kurse der Aktien trendmäßig gestiegen oder gefallen sind.

### 4.1 »Er hält sich vorzugsweise in den Börsenteilen der Zeitungen auf« – der DAX ...

Geheimnisvoll beginnt ein PR-Text des Bundesverbandes Deutscher Banken:»In der Welt der Aktien und Börsen begegnet Ihnen regelmäßig ein Wesen, das wir an dieser Stelle einmal gebührend vorstellen möchten: der DAX. Er hält sich vorzugsweise in den Börsenteilen der Zeitungen auf ... Wer seine Fährte verfolgt, stößt auf besonders rentable und steuerlich günstige Anlagechancen.«

Der DAX ist Deutschlands Dow Jones. Die 30 größten und bekanntesten Aktiengesellschaften Deutschlands bestimmen mit ihren Kursen den täglichen Stand des Deutschen Aktienindexes DAX. Und schon muß ich mich verbessern: Sogar alle 15 Sekunden während der 8½-stündigen Börsenzeit in Frankfurt wird der DAX neu berechnet. Die Kurve, die Sie im Frankfurter Börsensaal an der großen elektronischen Anzeigetafel oder auch bei

Ein fast historisches Foto des Frankfurter Börsensaales. Sie sehen es am DAX, der noch um 1790 pendelt. 1998 eilte er bis auf 6217 Punkte von Rekord zu Rekord.

Mit freundlicher Genehmigung der Frankfurter Wertpapierbörse

wichtigen Börsenereignissen abends im Fernsehen sehen, hat sich also im Laufe des Tages aus 2040 kleinen DAX-Schrittchen zusammengesetzt.

Die im DAX vereinigten Aktien der größten deutschen Gesellschaften, die auch breit gehandelt werden, sind weit gefächert. Den Spitzenreiter stellt die Telekom, gefolgt von Siemens, Allianz und SAP. Am Ende rangiert, vom Börsenkapital her gesehen, Karstadt Quelle. Die Titel sind entsprechend der Höhe ihres an der Börse zugelassenen Kapitals gewichtet. In 2000 wurde außerdem der Anteil eines einzelnen Wertes im DAX auf 15 Prozent begrenzt. Betroffen davon war die Aktie der Deutschen Telekom. Im MDAX, NEMAX 50 und SDAX erfolgte eine Begrenzung auf jeweils 10 Prozent. Ab Juni 2002 soll der DAX nur noch nach im Streubesitz befindlichen Aktien (Freefloat) gewichtet werden.

# DIE 30 DAX-WERTE

| | Börsen-kapital Mrd. Euro | Gewinn je Aktie 1999 | Gewinn je Aktie 2000 | Gewinn je Aktie 2001 | KGV 2000 | KGV 2001 | WPKN | Div. | Div.-Rendite |
|---|---|---|---|---|---|---|---|---|---|
| Adidas-Salomon | 2,61 | 4,93 | 4,01 | 4,49 | 14,2 | 12,7 | 500340 | 0,92 | 1,61 |
| Allianz vink NA | 99,15 | 9,45 | 9,80 | 11,87 | 40,1 | 33,1 | 840400 | 1,25 | 0,32 |
| BASF | 28,18 | 2,00 | 2,44 | 3,34 | 18,1 | 13,3 | 515100 | 1,13 | 2,55 |
| Bayer | 33,22 | 2,74 | 2,39 | 2,71 | 18,9 | 16,6 | 575200 | 1,30 | 2,88 |
| HypoVereinsb. | 26,57 | 0,90 | 2,81 | 3,85 | 22,5 | 16,4 | 802200 | 0,85 | 1,34 |
| BMW StA | 25,04 | 1,01 | 1,64 | 1,88 | 23,1 | 20,1 | 519000 | 0,40 | 1,06 |
| Commerzbank | 19,98 | 1,83 | 2,07 | 2,26 | 18,3 | 16,8 | 803200 | 0,80 | 2,11 |
| DaimlerChrysler | 57,92 | 6,15 | 6,39 | 6,60 | 9,0 | 8,7 | 710000 | 2,35 | 4,09 |
| Degussa-Hüls | 4,82 | 1,32 | 2,17 | 2,67 | 13,9 | 11,3 | 542500 | 1,15 | 3,82 |
| Deutsche Bank | 59,37 | 3,21 | 3,46 | 4,65 | 27,4 | 20,4 | 514000 | 1,15 | 1,22 |
| Dt. Telekom | 151,66 | 0,51 | 0,87 | 1,05 | 54,7 | 45,3 | 555750 | 0,62 | 1,30 |
| Dresdner Bank | 27,50 | 2,04 | 1,86 | 2,36 | 25,8 | 20,3 | 535000 | 0,90 | 1,88 |
| E.ON | 45,27 | 1,16 | 3,16 | 3,82 | 18,5 | 15,3 | 761440 | 1,25 | 2,14 |
| Epcos | 6,39 | 5,95 | 2,81 | 3,08 | 35,1 | 32,0 | 512800 | 0,00 | 0,00 |
| Fres.Med.C.StA | 7,48 | –3,15 | 2,54 | 3,11 | 34,7 | 28,3 | 578580 | 0,69 | 0,78 |
| Henkel Vz | 9,83 | 2,53 | 3,07 | 3,24 | 21,7 | 20,5 | 604843 | 0,93 | 1,40 |
| Infineon | 45,11 | 0,10 | 1,14 | 1,77 | 64,7 | 41,7 | 623100 | 0,00 | 0,00 |
| Karstadt Quelle | 3,80 | 1,59 | 1,82 | 2,34 | 17,1 | 13,3 | 627500 | 0,62 | 1,99 |
| Linde | 5,66 | 2,59 | 2,17 | 2,88 | 21,8 | 16,4 | 648300 | 1,13 | 2,39 |
| Lufth. vink NA | 10,23 | 1,06 | 1,37 | 1,79 | 19,5 | 14,9 | 823212 | 0,56 | 2,11 |
| MAN StA | 5,22 | 2,48 | 2,71 | 2,91 | 12,2 | 11,4 | 593700 | 0,92 | 2,78 |
| Metro StA | 14,71 | 0,86 | 0,91 | 1,16 | 49,7 | 39,0 | 725750 | 1,02 | 2,26 |
| Mün.R.vink NA | 64,23 | 6,40 | 7,40 | 9,80 | 47,0 | 35,5 | 843002 | 0,95 | 0,27 |
| Preussag | 6,16 | 1,78 | 2,11 | 2,36 | 15,1 | 13,5 | 695200 | 0,77 | 2,40 |
| RWE StA | 21,40 | 2,07 | 5,13 | 2,10 | 7,4 | 18,0 | 703700 | 1,00 | 2,65 |
| SAP Vz | 75,84 | 1,92 | 2,22 | 3,05 | 107,0 | 77,9 | 716463 | 0,53 | 0,22 |
| Schering | 12,81 | 1,36 | 1,57 | 1,86 | 40,1 | 33,8 | 717200 | 1,28 | 3,97 |
| Siemens | 99,52 | 2,63 | 4,16 | 5,17 | 40,1 | 32,2 | 723610 | 1,00 | 0,60 |
| Thyssen Krupp | 9,52 | 0,55 | 1,38 | 2,20 | 13,4 | 8,4 | 750000 | 0,72 | 3,88 |
| VW StA | 19,75 | 2,94 | 3,89 | 4,35 | 11,9 | 10,6 | 766400 | 0,77 | 1,67 |

## DEUTSCHER AKTIENINDEX (Stand: 03. 03. 2000)
Ultimo 1987 = 1000; rückwärts verknüpft mit der Zeitreihe des Index Börsen-Zeitung

|      | Tiefst  | (am)       | Höchst  | (am)       | Ultimo    |
|------|---------|------------|---------|------------|-----------|
| 1959 |         |            | 417,79  | (31. 12.)  | 417,79    |
| 1960 | 391,83  | (11. 03.)  | 603,79  | (06. 09.)  | 534,09    |
| 1961 | 455,98  | (06. 09.)  | 592,14  | (06. 06.)  | 489,79    |
| 1962 | 316,62  | (24. 10.)  | 495,70  | (02. 01.)  | 386,32    |
| 1963 | 344,18  | (26. 02.)  | 464,35  | (09. 09.)  | 438,95    |
| 1964 | 441,14  | (02. 01.)  | 527,39  | (02. 09.)  | 477,89    |
| 1965 | 419,83  | (29. 06.)  | 492,73  | (08. 01.)  | 422,36    |
| 1966 | 324,92  | (22. 11.)  | 453,60  | (21. 02.)  | 333,36    |
| 1967 | 319,30  | (18. 01.)  | 503,22  | (29. 12.)  | 503,22    |
| 1968 | 507,49  | (04. 01.)  | 603,23  | (16. 08.)  | 555,62    |
| 1969 | 548,41  | (14. 07.)  | 659,39  | (17. 11.)  | 622,38    |
| 1970 | 441,89  | (27. 05.)  | 630,71  | (05. 01.)  | 443,86    |
| 1971 | 422,62  | (08. 11.)  | 544,95  | (02. 04.)  | 473,46    |
| 1972 | 470,49  | (10. 01.)  | 599,06  | (10. 08.)  | 536,36    |
| 1973 | 385,58  | (14. 12.)  | 581,99  | (23. 03.)  | 396,25    |
| 1974 | 371,37  | (07. 10.)  | 436,83  | (18. 01.)  | 401,79    |
| 1975 | 408,45  | (02. 01.)  | 567,00  | (29. 12.)  | 563,25    |
| 1976 | 486,22  | (29. 10.)  | 594,86  | (17. 03.)  | 509,02    |
| 1977 | 491,35  | (10. 03.)  | 568,27  | (17. 11.)  | 549,34    |
| 1978 | 525,01  | (16. 05.)  | 611,87  | (19. 10.)  | 575,15    |
| 1979 | 490,87  | (07.11.)   | 593,71  | (16. 01.)  | 497,79    |
| 1980 | 473,69  | (28. 03.)  | 537,40  | (25. 02.)  | 480,92    |
| 1981 | 467,70  | (28. 01.)  | 551,31  | (20. 08.)  | 490,39    |
| 1982 | 475,99  | (17. 08.)  | 555,29  | (28. 12.)  | 552,77    |
| 1983 | 529,51  | (24. 01.)  | 776,99  | (28. 12.)  | 773,95    |
| 1984 | 692,68  | (25. 07.)  | 823,19  | (28. 12.)  | 820,91    |
| 1985 | 820,36  | (04. 02.)  | 1367,20 | (30. 12.)  | 1366,23   |
| 1986 | 1244,28 | (22. 07.)  | 1594,56 | (17. 04.)  | 1432,25   |
| 1987 | 942,50  | (10. 11.)  | 1571,09 | (17. 08.)  | 1000,00*) |
| 1988 | 931,18  | (28. 01.)  | 1343,82 | (27. 12.)  | 1327,98   |
| 1989 | 1268,69 | (27. 02.)  | 1805,01 | (28. 12.)  | 1790,37   |
| 1990 | 1320,43 | (28. 09.)  | 1976,43 | (30. 03.)  | 1398,23   |
| 1991 | 1311,82 | (16. 01.)  | 1728,32 | (06. 06.)  | 1577,98   |
| 1992 | 1420,30 | (06. 10.)  | 1811,57 | (25. 05.)  | 1545,05   |
| 1993 | 1514,31 | (13. 01.)  | 2284,56 | (28. 12.)  | 2266,68   |
| 1994 | 1953,23 | (06. 10.)  | 2282,60 | (16. 05.)  | 2106,58   |
| 1995 | 1893,63 | (29. 03.)  | 2217,42 | (13. 07.)  | 2253,88   |
| 1996 | 2271,40 | (02. 01.)  | 2909,91 | (05. 12.)  | 2888,69   |
| 1997 | 2833,78 | (02. 01.)  | 4459,89 | (31. 07.)  | 4249,49   |
| 1998 | 4069,65 | (12. 01.)  | 6217,83 | (21. 07.)  | 5002,39   |
| 1999 | 4601,07 | (04. 03.)  | 6992,92 | (27. 12.)  | 6958,14   |
| 2000 | 6388,91 | (05. 01.)  | 8022,48 | (03. 03.)  |           |
| 2001 |         |            |         |            |           |

*) vor Ultimo war der Index ungewichtet.　　　　　　　　　Quelle: Handelsblatt mit Ergänzungen des Autors

Der DAX ist keine Dauereinrichtung. Im Jahr 2000 änderte er schon zweimal sein Gesicht. Die Siemenstochter Epcos kam hinzu. Der freie Platz entstand durch den Zusammenschluß von Mannesmann und Vodafone. Dann verschmolzen Viag und Veba zu E.ON. Wieder war ein Platz frei. Infineon stieg ein.

**4.2 ... und seine Geschwister – die DAX-Familie**
Zur größeren DAX-Familie gehört auch noch der Midcap-DAX (MDAX) für 70 mittelgroße und kleinere Aktiengesellschaften, der DAX 100 für 100 Aktien (30 Blue Chips des DAX + 70 Midcaps) und der Composite DAX (CDAX). Der Composite DAX enthält die größte Anzahl Aktien, nämlich alle deutschen Aktien, die an der Frankfurter Wertpapierbörse notiert werden.

Fast hätte ich jetzt einen DAX unterschlagen, nämlich den XETRA-DAX. Er war früher, als die Börse noch um 13.30 Uhr schloß, etwas näher am Markt. Nachdem die Präsenzbörse jetzt auch erst um 20.00 Uhr aus dem Markt geht, überlappen sich die Indizes von Präsenzbörse und XETRA-Handel.

Die Basis, auf die die einzelnen DAXE zurückbezogen wurden,

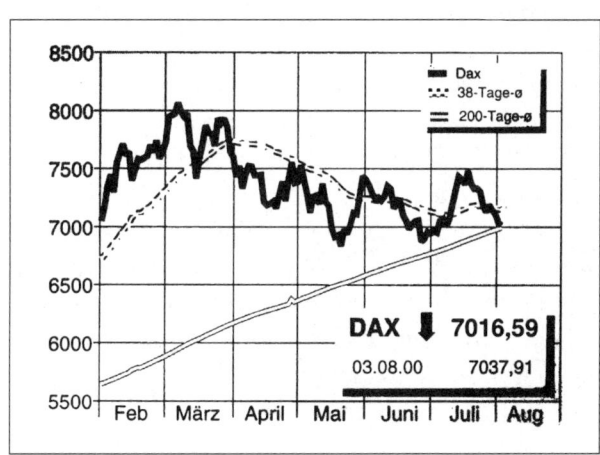

Deutscher
Aktienindex
(DAX)
Quelle: Rhein-Zeitung

99

## DIE DAX-FAMILIE

| Index | Marktsegment | Basis | Einführungsdatum |
|---|---|---|---|
| DAX (Parkett) | 30 Blue Chips | 30. 12. 1987: 1000 | 01. 07. 1988 |
| MDAX | 70 mittelgroße Gesell-schaften | 30. 12. 1987: 1000 | 19. 01. 1996 |
| DAX 100 | die 100 größten und liquidesten Gesellschaften | 30. 12. 1987:  500 | 11. 04. 1994 |
| CDAX | alle in Frankfurt gehan-delten Werte | 30. 12. 1987:  100 | 22. 04. 1993 |
| XETRA-DAX | elektronisch in Frankfurt gehandelte Aktien | 30. 12. 1987: 1000 | 12. 10. 1998 |
| V-DAX | Renditeschwankungen der DAX-Aktien | Jahreszeitraum | 1998 |
| S-DAX | 100 stärkste Werte des neuen Börsensegments »SMAX« für kleine Unter-nehmen (small caps) | zusammen mit dem Segment SMAX im Juni 1999 eingeführt | |

Quelle: IVG Perspektiven mit Ergänzungen des Autors

ist jeweils der 30. 12. 1987. Basispreis sind dabei für den DAX und den MDAX 1000 Punkte, für den DAX 100 500 Punkte und für den CDAX 100 Punkte. Den Unterschied in der Basisgröße erkennen Sie leicht, wenn Sie einen Blick in die Tabelle der Aktien-Indizes auf der folgenden Seite werfen.

Ein Wort noch zum V-DAX, dem Volatilitäts-DAX. Sie kennen wahrscheinlich das Wort »volare« aus dem Lateinischen oder Italienischen, das »fliegen« oder »flattern« bedeutet. Auch Aktien ist es eigentümlich, daß sie ziemlichen Renditeschwankungen unterworfen sind. Man bezeichnet dies als Volatilität.

Eine Aktie mit geringer Börsenkapitalisierung kann schon durch wenige Käufe oder Verkäufe in ziemliche Turbulenzen versetzt werden, während es bei den kapitalschweren Aktien doch schon größerer Handelsaufträge bedarf, um den Kurs nach oben oder unten zu bewegen. Diese Kurs-schwankungen werden durch die Volatilität ausgedrückt. Die Volatilität einer einzelnen Aktie sagt aus, um wie viele Prozent der Kurs speziell zu diesem Tag, aber rückbezogen auf einen Jahres-zeitraum, schwankt. Diese Schwankung kann positiv oder negativ sein. Hat beispielsweise BMW eine Volatilität von 25, so ist der Kurs des Autoherstellers im Verlauf des letzten Jahres 25 Prozent um den Kurs des speziellen Tages ge-schwankt, und zwar entweder positiv oder negativ.

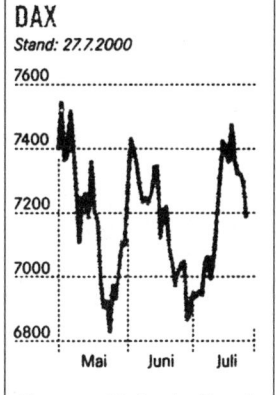

**DAX**
*Stand: 27.7.2000*

Europas Aktien im Trend
Deutscher Aktienindex
(XETRA-DAX)

Handelsblatt-Grafik, Quelle: Datastream

## AKTIEN-INDIZES

| 52 Wochen Hoch | Tief | | 27.7. Schluß | 28.7. Schluß | 31.7. 18.30 Uhr | Veränd. in % 28.7. | 30.12.99 | 30.12.98 Schluß | 30.12.99 Schluß |
|---|---|---|---|---|---|---|---|---|---|
| 2509,19 | 1597,67 | F.A.Z. | 2190,96 | 2160,15 | 2142,87 | -0,8 | -1,0 | 1593,88 | 2163,50 |
| 452,72 | 289,47 | F.A.Z. Performance | 397,60 | 393,22 | 396,44 | +0,8 | +1,6 | 286,44 | 390,01 |
| 211,11 | 135,61 | F.A.Z. Euro | 201,81 | 196,48 | 197,22 | +0,4 | +4,7 | 131,62 | 188,43 |
| 8136,16 | 4948,08 | Dax | 7183,44 | 7128,30 | 7230,57 | +1,4 | +3,9 | 5002,39 | 6958,14 |
| 4742,74 | 3938,08 | M - Dax | 4641,21 | 4666,48 | 4722,69 | +1,2 | +15,1 | 3923,99 | 4103,82 |
| 682,64 | 428,24 | C - Dax | 590,81 | 585,22 | 591,80 | +1,1 | +4,8 | 428,66 | 564,44 |
| 32,72 | 17,71 | V - Dax | 19,75 | 19,55 | 19,90 | +1,8 | -31,2 | 33,42 | 28,94 |
| 332,01 | 264,44 | SMAX (Perf.) | 325,35 | 323,72 | 325,35 | +0,5 | +18,1 | 261,05 | 275,58 |
| 8583,34 | 2651,36 | Nemax-All-Share | 5385,51 | 5224,60 | 5226,11 | +0,0 | +14,3 | 2744,45 | 4572,18 |
| 9694,07 | 3281,12 | Nemax 50 | 6072,11 | 5831,98 | 5852,07 | +0,3 | +15,0 | 3249,51 | 5089,76 |
| 8206,03 | 2274,93 | Euro NM (Perf.) | 4855,32 | 4722,72 | 4739,46 | +0,4 | +15,0 | 2343,68 | 4121,62 |
| 5522,42 | 3494,01 | DJ Euro Stoxx 50 (Preis) | 5097,41 | 5061,83 | 5131,16 | +1,4 | +4,6 | 3342,32 | 4904,46 |
| 5219,96 | 3480,20 | DJ Stoxx 50 (Preis) | 4848,32 | 4823,74 | 4880,17 | +1,2 | +2,9 | 3320,25 | 4742,42 |
| 469,25 | 301,66 | DJ Euro Stoxx (Preis) | 426,24 | 421,84 | 426,87 | +1,2 | +2,6 | 298,37 | 416,23 |
| 407,56 | 291,11 | DJ Stoxx (Preis) | 381,95 | 379,86 | 382,83 | +0,8 | +0,9 | 279,20 | 379,49 |
| 11750,28 | 9731,81 | Dow Jones | 10586,13 | 10511,17 | 10597,80 | +0,8 | -7,7 | 9181,43 | 11484,66 |
| 1553,11 | 1233,70 | S & P 500 | 1449,62 | 1419,89 | 1435,90 | +1,1 | -1,9 | 1229,23 | 1463,46 |
| 5132,52 | 2329,87 | Nasdaq Com. (Nasd.) | 3842,25 | 3663,00 | 3738,70 | +2,1 | -7,5 | 2192,68 | 4041,46 |
| 6806,51 | 5820,18 | FT 100 (London) | 6352,10 | 6335,70 | 6365,30 | +0,5 | -8,2 | 5882,58 | 6930,20 |
| 1614,24 | 1150,88 | FT Euro Top (London) | 1606,60 | 1602,14 | 1612,89 | +0,7 | +1,9 | 1182,74 | 1583,55 |
| 1351,57 | 701,58 | FT Gold (London) (Vtg) | 735,55 | 736,90 | 737,29 | +0,1 | -21,7 | 932,94 | 941,39 |
| 8033,40 | 6616,70 | SMI (Zürich) | 7992,60 | 7997,80 | 8023,20 | +0,3 | +6,0 | 7160,70 | 7570,10 |
| 6673,52 | 4223,64 | CAC 40 (Paris) | 6511,53 | 6415,72 | 6542,49 | +2,0 | +9,8 | 3942,65 | 5958,32 |
| 20833,21 | 13898,08 | Nikkei 225 (Tokio) | 16182,01 | 15838,57 | 15727,49 | -0,7 | -16,4 | 13842,16 | 18810,58 |
| 18301,69 | 12299,08 | Hang-Seng (Hongk.) | 17450,09 | 17183,93 | 16840,98 | -2,0 | -0,7 | 10048,58 | 16962,10 |
| **Dax:** Eröffnung: 7135,39; Tageshoch/tief: 7251,88/7112,94; **DJ Euro Stoxx 50:** Eröffnung: 5059,91; Tageshoch/tief: 5135,37/5049,07 | | | | | | | | | |

Quelle: F.A.Z.

Der »Sippenjüngste« der DAXe wurde 1999 aus der Taufe gehoben. Es ist der S-DAX, wobei »S« für small caps steht. Das sind kleinere Aktien, von denen 100 in den S-DAX hineingekommen sind.

Seit 21. Juni 1999 wird der DAX nur noch auf der Basis des elektronischen XETRA-Handels berechnet. Den DAX der Präsenzbörse gibt es seither nicht mehr.

### 4.2.1 Wann überschritt der DAX die Tausenderschwellen?

| 1985 | .................................... | über 1000 |
|------|---------------------------------------|-----------|
| 1993 | .................................... | über 2000 |
| 1997 | .................................... | über 3000 |
| 1997 | .................................... | über 4000 |
| 1998 | .................................... | über 5000 |
| 1998 | .................................... | über 6000 |
| 2000 | .................................... | über 7000 |
| 2000 | .................................... | über 8000 |

Von 1000 bis 2000 Punkte brauchte der DAX 8 Jahre. Den Sprung von 2000 bis 3000 schaffte er in nur vier Jahren. So fragten sich die Börsianer im Frühjahr 1998, ob und wann er wohl die 6000 erreichen würde. Es ging ganz schnell, aber im Frühjahr 1999 mußte man wieder um einen Indexstand von 5000 bangen, bis dann im Januar 2000 die 7000 und schon im März die 8000 überschritten wurden.

DAXE sind eine noch junge Familie. Schließlich wurde Stammvater DAX erst am 1. 7. 1988 eingeführt. Trotzdem gibt es eine weiter zurückgehende Jahreszusammenstellung der DAXE, wie Sie auf Seite 98 gesehen haben. Man hat die weiter zurückliegenden Jahre entsprechend dem zum 31. 12. 1987 mit 1000 Punkten

# DAX-INDIZES XETRA

| 27.7.2000 | Anfang | Settlement | Tages-Hoch | Tages-Tief | Schluss | Vortag | Hoch (am) | Tief (am) |
|---|---|---|---|---|---|---|---|---|
| | | | | | | **Performance-Index** | | |
| Dax | 7291,14 | 7293,22 | 7333,02 | 7170,81 | 7171,85 | 7302,12 | 8064,97 (08.03.00) | 931,18 (28.01.88) |
| MDax | 4646,88 | 4653,53 | 4648,00 | 4623,28 | 4640,19 | 4652,01 | 4877,78 (20.07.98) | 914,47 (29.01.88) |
| Dax 100 | 3426,03 | 3400,48 | 3459,67 | 3392,58 | 3392,99 | 3448,48 | 3806,28 (08.03.00) | 464,95 (28.01.88) |
| Automobil | 1938,06 | 1921,74 | 1938,86 | 1904,88 | 1920,42 | 1946,50 | 2972,77 (08.07.98) | 466,95 (04.01.88) |
| Bau | 1312,02 | 1322,74 | 1329,87 | 1312,02 | 1321,40 | 1311,44 | 2310,25 (31.07.90) | 457,33 (20.01.88) |
| Chemie | 2773,50 | 2767,63 | 2777,73 | 2739,94 | 2746,59 | 2783,11 | 2720,59 (10.05.00) | 456,08 (29.01.88) |
| Elektro | 7912,77 | 8139,01 | 8206,73 | 7775,26 | 7807,64 | 8045,60 | 10360,52 (13.03.00) | 448,97 (28.01.88) |
| Banken | 3006,75 | 3007,54 | 3029,68 | 2994,72 | 3022,88 | 3027,08 | 3042,90 (09.03.00) | 457,70 (28.01.88) |
| Maschinenbau | 5451,14 | 5300,70 | 5458,88 | 5287,11 | 5314,71 | 5431,35 | 6724,20 (07.01.00) | 471,68 (04.01.88) |
| Versorger | 4056,65 | 4079,39 | 4101,71 | 3975,73 | 3975,73 | 4080,24 | 6565,69 (07.03.00) | 472,41 (11.05.88) |
| Versicherung | 4835,19 | 4880,09 | 4910,90 | 4818,66 | 4854,49 | 4884,23 | 5047,61 (05.04.00) | 441,27 (04.01.88) |
| Konsum | 1286,19 | 1272,30 | 1293,10 | 1267,14 | 1271,47 | 1292,34 | 1706,17 (10.06.98) | 421,64 (28.01.88) |
| CDax | 596,51 | 591,97 | 600,89 | 590,14 | 590,14 | 599,41 | 678,11 (08.03.00) | 94,02 (29.01.88) |
| Nemax-All-Share | 5471,03 | 5477,00 | 5495,65 | 5371,80 | 5379,82 | 5475,40 | 8559,32 (13.03.00) | 485,59 (13.03.97) |
| Nemax 50 | 6172,98 | 6187,44 | 6214,04 | 6053,96 | 6070,64 | 6188,10 | 9631,53 (13.03.00) | 952,13 (12.01.98) |
| SDAX | 3366,97 | 3384,27 | 3385,23 | 3366,81 | 3372,78 | 3379,38 | 3463,85 (09.05.00) | 949,24 (27.01.88) |
| Smax All Share | 324,16 | 325,38 | 325,51 | 324,08 | 324,78 | 325,20 | 333,44 (22.05.98) | 94,44 (27.01.88) |
| VDax (% p.a.) | 19,55 | | 19,96 | 19,10 | 19,80 | 19,49 | 56,31 (02.10.98) | 9,36 (29.06.92) |
| Jex*) | 108,1182 | | 108,1753 | 107,9909 | 108,1578 | 108,1984 | 118,3000 (25.01.99) | 108,8000 (22.10.97) |
| Pex*) | | 108,0558 | | | 108,0558 | 108,0542 | | |
| Rex*) | 109,7706 | | 109,9797 | 109,5156 | 109,6903 | 109,7030 | 119,5900 (25.01.99) | 93,1157 (28.09.90) |

Quelle: Handelsblatt; *) Jex, Pex, Rex sind Kursindizes

festgelegten DAX ganz einfach in einer Zeitreihe mit dem Index der Börsen-Zeitung rückwärts verknüpft. So beginnen denn unsere DAXE schon Ultimo 1959 mit 417,79 Punkten und haben sich bis Ultimo 1996 mit 2888,69 Punkten prächtig entwickelt, ganz zu schweigen vom Jahr 2000, als es bis über 8000 in luftige Höhen ging.

### 4.3 Gradmesser für Anlageerfolg in Euroland: der Euro Stoxx 50

Hat der DAX einen Nachfolger gefunden? Ganz sicher nicht. Aber einen Konkurrenten, der ihn wohl bald überflügeln wird. Dem nationalen Index DAX wird genauso wie den anderen nationalen Indizes CAC 40 (Frankreich), MIBTEL (Italien), ATC (Österreich), IBEX (Spanien) und EOE (Niederlande) allmählich das Wasser abgegraben.

Die 50 Top-Werte des Dow Jones Euro Stoxx 50 sind das neue Börsenbarometer in Euroland. Erst in 1998 eingeführt und abgeleitet vom Dow Jones Europe mit seinen 665 Aktien aus 16 europäischen Ländern, hat man vier neue Indizes kreiert:

| Index | Anzahl der Aktien | Region |
|---|---|---|
| Dow Jones Stoxx | 665 Titel | Europäische Union |
| Dow Jones Stoxx 50 | 50 Titel | Europäische Union |
| Dow Jones Euro Stoxx | 326 Titel | Europäische Währungsunion |
| Dow Jones Euro Stoxx 50 | 50 Titel | Europäische Währungsunion |

Väter der neuen STOXXE (STOXX = »Stock Exchange Index«) sind die Deutsche Börse, die Bourse de Paris, die Schweizer Börse und Dow Jones. Im Dow Jones Stoxx 50 und Dow Jones Euro Stoxx 50 enthaltene Aktien können über XETRA (vgl. Kapitel 3.3) gehandelt werden.

Fachleute sind der Meinung, daß die neuen europäischen Aktien-Indizes die Kursentwicklung an den Europa-Börsen gut abbilden. Durch geschickte Auswahl der Einzelwerte werden 80 Prozent der Aktienmärkte der beteiligten Länder und Branchen abgedeckt. Aus Sicht mancher deutschen Aktiengesellschaft (z. B. SAP) wurde es als bedauerlich empfunden, daß in dem Euro STOXX 50 zunächst nur 11 deutsche Werte enthalten waren.

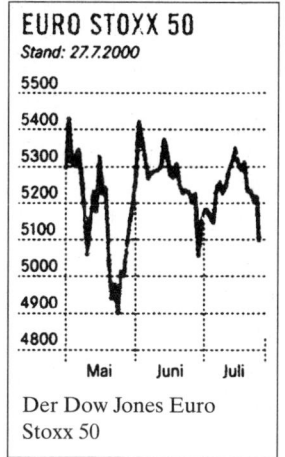

Der Dow Jones Euro Stoxx 50

Der Dow Jones Stoxx enthält 665 Akien aus ganz Europa einschließlich Dänemark, Griechenland, Großbritannien usw.

Im Dow Jones Stoxx 50 sind 50 Blue Chips aus Europa mit Schwergewicht Großbritannien und Schweiz enthalten. Darunter befinden sich neun deutsche Werte.

Auch die neuen Indizes sind nicht für alle Zeit fest. So wird beispielsweise der Euro Stoxx 50 jedes Jahr am dritten Freitag im September daraufhin überprüft, welche Kandidaten herausfallen und welche neu in den Index aufgenommen werden. Namen werden vorher schon mal geflüstert, obwohl die Prozedur »top secret« ist.

### 4.4 Der große Bruder jenseits des Atlantik – der Dow Jones

Aber kommen wir zum amerikanischen Dow Jones, dem bekanntesten US-Index, altehrwürdig und fast mit einem Rauschebart wie Abraham Lincoln. Schon seit 1884 wird der Dow Jones, der wohl bekannteste Aktienindex der Welt, berechnet. Das Verlagshaus Dow Jones & Co. führte ihn ein.

## Der Euro Stoxx 50 in der ursprünglichen Gewichtung

| Branche/Land | Benelux | Deutschland | Frankreich | Italien | Spanien | Sonstige |
|---|---|---|---|---|---|---|
| Chemie/Pharma | Akzo Nobel | Bayer | Air Liquide Rhône Poulenc | | | |
| Automobile | | DaimlerChrysler | | Fiat | | |
| Einzelhandel | | Metro | Carrefour | | | |
| Nahrung | Unilever | | LVMH | | | |
| Energie | Petrofina Royal Dutch | | Elf-Aquitane | ENI | Repsol | |
| Banken | ABN Amro | Deutsche Bank | Société Générale | Credito Italiano | BBV | Allied Irish Banks |
| Versicherungen | Aegon Fortis | Allianz | AXA-UAP | Ass. Generali | | |
| Finanzdienstleistung | ING | | Paribas | | | |
| Bau | | | Saint Gobain | | | |
| Maschinenbau | | Mannesmann | Schneider | | | |
| Technologie | Philips | Siemens | Alcatel | | | Nokia (Finnland) |
| Telekommunikation | KPN | Dt. Telekom | France Telekom | Telecom Italia | Telefonica | Portugal Telecom |
| Versorger | Electrabel | RWE | Générale des Eaux | Endesa | | |
| Sonstige | Elsevier Ahold | Dt. Lufthansa VEBA | L'Oreal | | | |

Quelle: Anlage Management

# Die Gewichtung der einzelnen Aktien im Dow Jones Euro Stoxx 50

| Name | Land | Branche | Börsenwert in Mrd. Euro | Gewicht im Euro Stoxx 50 (Prozent) |
|---|---|---|---|---|
| ABN-Amro | NL | Bank | 33,65 | 1,30 |
| Aegon | NL | Versicherung | 60,99 | 2,35 |
| Ahold | NL | Nicht-zykl. Konsumg. | 18,51 | 0,71 |
| Air Liquide | F | Chemie | 14,13 | 0,54 |
| Alcatel | F | Technologie | 43,90 | 1,69 |
| Allianz | D | Versicherung | 83,39 | 3,21 |
| Assicurazioni Gen. | I | Versicherung | 31,60 | 1,22 |
| Axa Uap | F | Versicherung | 47,09 | 1,81 |
| Aventis | F | Pharma | 46,21 | 1,78 |
| Banco Bilbao Viz. | E | Bank | 28,70 | 1,11 |
| Banco Santander | E | Bank | 41,67 | 1,60 |
| BASF | D | Chemie | 31,58 | 1,22 |
| Bayer | D | Chemie | 34,23 | 1,32 |
| HypoVereinsbank | D | Bank | 28,29 | 1,09 |
| BNP Paribas | F | Bank | 39,59 | 1,52 |
| Carrefour | F | Einzelhandel | 56,34 | 2,17 |
| Unicredito Italiano | I | Bank | 22,74 | 0,88 |
| DaimlerChrysler | D | Automobile | 77,15 | 2,97 |
| Deutsche Bank | D | Bank | 51,57 | 1,99 |
| Deutsche Telekom | D | Telekommunikation | 201,77 | 7,77 |
| Dresdner Bank | D | Bank | 31,17 | 1,20 |
| Electrabel | B | Versorger | 16,45 | 0,63 |
| Endesa | E | Versorger | 20,34 | 0,78 |
| Eni | I | Energie | 42,41 | 1,63 |
| Fortis | B | Finanzdienstleister | 24,09 | 0,93 |
| France Télécom | F | Telekommunikation | 124,18 | 4,78 |

| Name | Land | Branche | Börsenwert in Mrd. Euro | Gewicht im Euro Stoxx 50 (Prozent) |
|---|---|---|---|---|
| ING Groep | NL | Finanzdienstleister | 58,63 | 2,26 |
| Kon. PTT Nederland | NL | Telekommunikation | 42,00 | 1,62 |
| L'Oreal | F | Nicht-zykl. Konsumg. | 52,12 | 2,01 |
| LVMH Moët Hennessy | F | Konglomerate | 40,03 | 1,54 |
| Mannesmann | D | Telekommunikation | 115,92 | 4,46 |
| Metro | D | Einzelhandel | 15,13 | 0,58 |
| Münchner Rück | D | Versicherung | 50,56 | 1,95 |
| Nokia | FIN | Technologie | 208,64 | 8,03 |
| Philips Electronics | NL | Technologie | 46,22 | 1,78 |
| Pinault-Printemps | F | Einzelhandel | 27,36 | 1,05 |
| Repsol | E | Energie | 25,97 | 1,00 |
| Royal Dutch Petrol. | NL | Energie | 131,45 | 5,06 |
| RWE | D | Versorger | 17,67 | 0,68 |
| Saint-Gobain | F | Bau | 16,14 | 0,62 |
| Sanofi-Synthelabo | F | Pharma | 30,08 | 1,16 |
| Siemens | D | Technologie | 73,11 | 2,82 |
| Société Générale | F | Bank | 23,08 | 0,89 |
| Suez Lyonn.d.Eaux | F | Versorger | 30,35 | 1,17 |
| Telecom Italia | I | Telekommunikation | 68,32 | 2,63 |
| Telefónica de España | E | Telekommunikation | 76,64 | 2,95 |
| Total-Fina | F | Energie | 88,63 | 3,41 |
| Unilever | NL | Nahrungsmittel | 32,55 | 1,25 |
| Veba | D | Konglomerate | 24,44 | 0,94 |
| Vivendi | F | Versorger | 50,22 | 1,93 |
| **Dow Jones Euro Stoxx 50 (Preisindex)** | | | 2596,97 | 100,00 |
| **Dow Jones Euro Stoxx 50 (Performanceindex)** | | | 2596,97 | 100,00 |

Quelle: F.A.Z.

Am Anfang waren nur 11 Aktien im Dow-Jones-Index enthalten. Erst 1928 erhöhte sich die Zahl auf 30 Standardwerte, die auch »Blue Chips« genannt werden. Bei dem Maximum von 30 Aktien ist es bisher geblieben, obgleich sich die Zusammensetzung im Laufe der Zeit über 40mal geändert hat. An der New York Stock Exchange (NYSE) sind fast 3000 Aktien notiert. Dennoch ergeben die nur 30 Aktien des Dow Jones eine auf den ersten Blick nicht erwartete Basisbreite, weil sie ungefähr ein Viertel des Börsenwerts aller an der NYSE gehandelten Aktien darstellen. Gleichwohl wurde der Dow am 1. 11. 1999 »entstaubt«, und mit Intel und Microsoft wurden zwei »technische Flaggschiffe« hineingenommen.

Was ist nun der Unterschied zwischen dem amerikanischen Dow Jones und dem deutschen DAX? In der DAX-Tabelle konn-

## DIE 30 AKTIEN DES DOW JONES

| Name | Branche | WPKN | Name | Branche | WPKN |
|------|---------|------|------|---------|------|
| Alcoa | Aluminium | 850206 | Honeywell Int. | Anlagenbau | 870153 |
| American Expr. | Finanzdienstl. | 850226 | IBM | Computer | 851399 |
| AT & T | Telekommunik. | 868400 | Intel | Computerchips | 855681 |
| Boeing | Flugzeugbau | 850471 | Internat. Paper | Papier | 851413 |
| Caterpillar | Baumaschinen | 850598 | Johns. & Johns. | Pharma/Gesundh. | 853260 |
| Citigroup | Allfinanz | 871904 | J. P. Morgan | Investmentbank | 858029 |
| Coca-Cola | Softdrinks | 850663 | McDonald's | Fastfood | 856958 |
| Disney | Vergnügungsp. | 855686 | Merck & Co. | Pharma | 851719 |
| DuPont | Chemie | 852046 | Microsoft | Software | 870747 |
| Eastman Kodak | Fotoprodukte | 850937 | Minnes.M.&M.(3M) | Mischkonzern | 851745 |
| Exxon Mobil | Öl | 852549 | Philip Morris | Tabak, Nahrung | 851777 |
| General Electric | Mischkonzern | 851144 | Procter & Gamble | Haushaltwaren | 852062 |
| General Motors | Automobile | 850000 | SBC Communic. | Telekommunik. | 868406 |
| Hewlett Packard | Computer | 851301 | United Technolog. | Elektrotechnik | 852759 |
| Home Depot | Baumarkt | 866953 | Wal-Mart Stores | Einzelhandel | 860853 |

Quelle: Börse Online

ten Sie feststellen, daß die Aktien mit unterschiedlicher Gewichtung in den Index eingegangen sind. Das ist beim Dow Jones nicht der Fall. Beim amerikanischen Index kommt es ganz allein auf den Kurs der einzelnen Aktie an. Der Index ist der arithmetische Mittelwert der Kurse. Durch einen Korrekturfaktor werden Aktien-Splits und auch der Austausch von Gesellschaften im Index berücksichtigt. Deshalb sind die in der Tabelle angegebenen Gewichtsanteile Zirka-Werte.

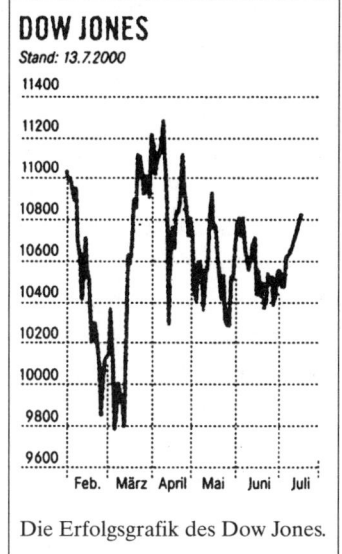

Die Erfolgsgrafik des Dow Jones.

Ein weiterer Unterschied zum DAX besteht darin, daß Dividendenzahlungen beim Dow außer Betracht bleiben. Dividenden werden in den USA meist vierteljährlich gezahlt. Diese ständigen Veränderungen hat man sich erspart.

Auch der Dow wird, genauso wie der DAX, fortlaufend während der Börsenzeit festgestellt. Seit dem großen Crash von 1987 ist eine Unterbrechung des Börsenhandels an der New York Stock Exchange vorgesehen, wenn der Dow Jones allzu große Sprünge, sei es nach unten oder nach oben, unternimmt. Diese Maßnahme soll eine Kettenreaktion wie 1987 vermeiden, die seinerzeit dadurch automatisch ausgelöst wurden, daß Computer Verkaufsprogramme beim Unterschreiten bestimmter Limits in Gang setzten.

1972 überstieg der damals fast hundertjährige Dow-Jones-Index zum erstenmal in seiner Geschichte 1000 Punkte. Im Januar 1987 hatte er sich auf 2000 verdoppelt, und im Januar 2000 erreichte er

sogar runde 11 700 Punkte. Das hat sicher niemand von den Bör-
sen-Veteranen ahnen können, die ihn bei der Weltwirtschaftskrise am »Schwarzen Freitag«, dem 24. Oktober 1929, unter 200
Punkte fallen sahen.

### 4.5  Die ganze Welt ist »verindext«

Schauen Sie in den Wirtschaftsteil einer großen Tageszeitung!
Geradezu exotische Namen springen Ihnen in der Sparte der
Börsenindizes entgegen. Da gibt es den noch einigermaßen
bekannten Nikkei in Tokio, den Amex als Index der zweiten New
Yorker Wertpapierbörse American Stock Exchange sowie den
breiter angelegten Standard & Poor's 500, den Hang Seng aus
Hongkong, den Index der Financial Times aus London, den CAC-
40 aus Paris, den Ibex aus Madrid, den Mibtel aus Mailand, den
Affärsvärlden aus Stockholm, den All-Ordinaries aus Sydney, und wie sie alle
heißen.

| Land | Index |
|------|-------|
| Australien | All Ordinaries |
| Brasilien | Bovespa |
| Europa | Euro Stoxx 50 |
| Finnland | General |
| Frankreich | CAC 40 |
| Großbrit. | FTSE 100 |
| Hongkong | Hang Seng |
| Italien | MIBTEL |
| Japan | Nikkei 225 |
| Kanada | TSE 300 |
| Mexiko | IPC General |
| Niederl. | EOE |
| Norwegen | Total |
| Österreich | ATX |
| Rußland | RTX |
| Schweden | General |
| Schweiz | SMI |
| Spanien | IBEX |
| Ungarn | SE |
| USA | Dow Jones |

In Deutschland hat fast jede größere
Bank ihren eigenen Index (z. B. Com-
merzbank-Index und West LB-Aktien-
index), und auch überregionale Tageszeitungen üben sich im »indexen«. Wer
wissen will, wie gut es den einzelnen
Branchen wirtschaftlich geht, schaut in
den deutschen CDAX, denn er ist in 16
Branchen von Automobil über Elektro,
Maschinenbau, Papier, Textil bis hin zu
Versicherungen unterteilt. Auch die
Inhaber von Brauereien, die meist in
Form von Kommanditgesellschaften
als Familiengesellschaften geführt werden, können sich auf die Schnelle infor-

# ▌MSCI-INDIZES DER WELT-AKTIENMÄRKTE

| Märkte | Tages-Index auf Euro-Basis | Euro-Basis | | | Lokale-Währungs-Basis | | | $-Basis | | |
|---|---|---|---|---|---|---|---|---|---|---|
| | | gegenüb. Vortag | gegenüb. M.-Beginn | gegenüb. Beginn 99 | gegenüb. Vortag | gegenüb. M.-Beginn | gegenüb. Beginn 99 | gegenüb. Vortag | gegenüb. M.-Beginn | gegenüb. Beginn 99 |
| **Regionen/Länder** | 19.1.00 | | | | | | | | | |
| Welt | 140,2 | −0,3 | −3,2 | 40,2 | −0,3 | −2,3 | 23,3 | −0,4 | −2,4 | 20,5 |
| Welt (F) * | 140,0 | −0,3 | −3,2 | 40,0 | −0,3 | −2,3 | 23,2 | −0,4 | −2,4 | 20,4 |
| EAFE | 139,8 | −0,9 | −4,8 | 39,8 | −0,9 | −3,8 | 26,7 | −1,0 | −4,0 | 20,2 |
| EAFE + Kan. | 141,2 | −0,8 | −4,5 | 41,2 | −0,8 | −3,6 | 27,4 | −0,9 | −3,8 | 21,4 |
| EAFE (F) * | 139,5 | −0,9 | −4,8 | 39,5 | −0,9 | −3,8 | 26,4 | −1,0 | −4,0 | 20,0 |
| Europa 14 | 129,1 | −0,3 | −3,4 | 29,1 | −0,4 | −3,6 | 23,3 | −0,4 | −2,7 | 11,1 |
| Eur. ex BRD | 126,9 | −0,4 | −4,4 | 26,9 | −0,4 | −4,6 | 20,2 | −0,4 | −3,7 | 9,1 |
| EMU | 134,1 | −0,1 | −2,5 | 34,1 | −0,1 | −2,5 | 34,1 | −0,2 | −1,7 | 15,3 |
| Nordamerika | 140,5 | 0,3 | −1,7 | 40,5 | 0,2 | −0,9 | 20,5 | 0,2 | −0,9 | 20,8 |
| Nord. Länder | 216,2 | −0,6 | −0,3 | 116,2 | −0,6 | −0,2 | 104,4 | −0,7 | 0,5 | 85,9 |
| Pazifik | 169,3 | −2,1 | −7,4 | 69,3 | −2,0 | −4,3 | 37,1 | −2,2 | −6,7 | 45,6 |
| Ferner Osten | 173,6 | −2,2 | −8,0 | 73,6 | −2,0 | −4,6 | 41,0 | −2,3 | −7,3 | 49,3 |
| Australien | 134,8 | −1,6 | −0,1 | 34,8 | −1,6 | −0,8 | 7,2 | −1,7 | 0,6 | 15,9 |
| Belgien | 87,6 | 0,3 | −11,2 | −12,4 | 0,3 | −11,2 | −12,4 | 0,2 | −10,6 | −24,7 |
| Dänemark | 127,7 | −0,1 | −1,7 | 27,7 | −0,1 | −1,7 | 27,2 | −0,2 | −1,0 | 9,8 |
| Deutschland | 141,6 | 0,1 | 1,8 | 41,6 | 0,1 | 1,8 | 41,6 | 0 | 2,6 | 21,8 |
| Finnland * | 287,4 | −1,5 | −2,2 | 187,4 | −1,5 | −2,2 | 187,4 | −1,6 | −1,4 | 147,1 |
| Frankreich | 142,7 | −0,1 | −4,8 | 42,7 | −0,1 | −4,8 | 42,7 | −0,2 | −4,1 | 22,8 |
| Großbritannien | 120,6 | −0,6 | −6,2 | 20,6 | −0,8 | −7,1 | 5,2 | −0,7 | −5,5 | 3,8 |
| Hongkong | 163,4 | −3,2 | −9,9 | 63,4 | −3,2 | −9,2 | 41,1 | −3,2 | −9,2 | 40,5 |
| Irland * | 100,4 | −2,3 | −0,4 | 0,4 | −2,3 | −0,4 | 0,4 | −2,4 | 0,4 | −13,7 |
| Italien | 111,9 | 0,7 | −3,0 | 11,9 | 0,7 | −3,0 | 11,9 | 0,6 | −2,3 | −3,7 |
| Japan | 173,5 | −2,1 | −7,8 | 73,5 | −1,9 | −4,0 | 39,9 | −2,2 | −7,1 | 49,2 |
| Kanada | 179,5 | 0,5 | 1,0 | 79,5 | 0,5 | 1,7 | 45,9 | 0,4 | 1,7 | 54,4 |
| Neuseeland * | 119,2 | −1,0 | −7,2 | 19,2 | −0,6 | −5,3 | 5,2 | −1,1 | −6,5 | 2,5 |
| Niederlande | 117,8 | −0,5 | −4,4 | 17,8 | −0,5 | −4,4 | 17,8 | −0,6 | −3,7 | 1,3 |
| Norwegen | 150,1 | 0,1 | −1,1 | 50,1 | −0,2 | −0,8 | 35,5 | 0 | −0,4 | 29,1 |
| Portugal | 106,8 | −1,4 | 2,3 | 6,8 | −1,4 | 2,3 | 6,8 | −1,5 | 3,1 | −8,1 |
| Österreich | 101,6 | 0,4 | −3,1 | 1,6 | 0,4 | −3,1 | 1,6 | 0,3 | −2,4 | −12,6 |
| Schweden | 213,0 | 0,1 | 2,3 | 113,0 | 0,2 | 2,5 | 91,9 | 0 | 3,1 | 83,2 |
| Schweiz | 104,3 | −0,7 | −3,4 | 4,3 | −0,7 | −2,8 | 4,4 | −0,8 | −2,7 | −10,3 |
| Singapur | 206,1 | −2,7 | −10,7 | 106,1 | −2,5 | −9,5 | 80,1 | −2,8 | −10,1 | 77,2 |
| Spanien | 116,2 | 0,8 | −4,2 | 16,2 | 0,8 | −4,2 | 16,2 | 0,7 | −3,5 | −0,1 |
| USA | 139,1 | 0,2 | −1,8 | 39,1 | 0,2 | −1,0 | 19,6 | 0,2 | −1,0 | 19,6 |
| **Schwellen-Märkte** | 19.1.00 | | | | | | | | | |
| Märkte insges. (F) | 198,9 | −2,0 | 3,7 | 98,9 | −2,0 | 4,0 | 81,4 | −2,1 | 4,5 | 71,1 |
| Argentinien | 163,5 | 0,4 | 7,3 | 63,5 | 0,3 | 8,1 | 40,7 | 0,3 | 8,1 | 40,6 |
| Ägypten | 238,9 | 2,8 | 13,2 | 138,9 | 2,7 | 14,3 | 106,5 | 2,7 | 14,1 | 105,5 |
| Brasilien | 190,7 | −2,3 | 0,7 | 90,7 | −2,5 | 0,7 | 143,1 | −2,4 | 1,5 | 64,0 |
| Chile | 173,6 | −0,3 | 8,6 | 73,6 | −0,2 | 6,7 | 63,0 | −0,4 | 9,4 | 49,3 |
| China | 124,6 | −0,1 | −3,3 | 24,6 | −0,2 | −2,5 | 7,5 | −0,2 | −2,6 | 7,1 |
| Griechenland | 160,7 | −3,1 | −7,0 | 60,7 | −3,2 | −6,9 | 61,6 | −3,2 | −6,3 | 38,2 |
| Indien * | 233,0 | 0,3 | 7,7 | 133,0 | 0,2 | 8,6 | 105,4 | 0,2 | 8,5 | 100,4 |
| Indonesien | 203,7 | −6,0 | −9,5 | 103,7 | −5,4 | −5,1 | 61,6 | −6,1 | −8,8 | 75,1 |
| Indonesien (F) | 203,7 | −6,0 | −9,5 | 103,7 | −5,4 | −5,1 | 61,6 | −6,1 | −8,8 | 75,1 |
| Israel | 198,5 | −0,7 | 8,4 | 98,5 | −0,5 | 8,1 | 69,6 | −0,8 | 9,2 | 70,7 |
| Jordanien | 113,0 | 0,2 | −5,5 | 13,0 | 0,1 | −4,8 | −3,1 | 0,1 | −4,8 | −2,8 |
| Kolumbien * | 100,1 | −2,0 | 6,5 | 0,1 | −1,8 | 11,2 | 7,6 | −2,1 | 7,3 | −13,9 |
| Korea | 221,4 | −4,7 | −0,6 | 121,4 | −4,2 | 0,2 | 79,5 | −4,8 | 0,1 | 90,4 |
| Malaysia | 280,4 | −1,6 | 15,5 | 180,4 | −1,7 | 16,4 | 68,8 | −1,7 | 16,4 | 141,1 |
| Malaysia (F) | 287,4 | −1,8 | 15,9 | 187,4 | −1,9 | 16,8 | 73,0 | −1,9 | 16,8 | 147,2 |
| Marokko | 99,8 | 0,2 | −1,0 | −0,2 | 0,2 | −0,3 | −6,7 | 0,1 | −0,2 | −14,2 |
| Mexiko (F) | 207,7 | −1,7 | −0,7 | 107,7 | −1,8 | −0,8 | 69,6 | −1,8 | 0 | 78,6 |
| Pakistan * | 203,0 | −0,6 | 21,8 | 103,0 | −0,7 | 22,7 | 84,7 | −0,7 | 22,7 | 74,6 |
| Peru | 153,9 | 0,2 | 12,9 | 53,9 | 0,4 | 13,6 | 44,7 | 0,1 | 13,8 | 32,4 |
| Philippinen | 118,0 | −1,4 | −6,4 | 18,0 | −1,0 | −4,8 | 6,2 | −1,5 | −5,7 | 1,5 |
| Philippinen (F) | 111,1 | −1,5 | −7,3 | 11,1 | −1,1 | −5,7 | 0 | −1,6 | −6,6 | −4,4 |
| Polen | 168,5 | −2,6 | 10,2 | 68,5 | −2,9 | 9,4 | 68,5 | −2,7 | 11,0 | 44,9 |
| Russland | 399,3 | −5,5 | −1,6 | 299,3 | −5,6 | −0,8 | 243,4 | −5,6 | −0,8 | 243,4 |
| Südafrika | 196,9 | −1,1 | 9,6 | 96,9 | −0,9 | 9,5 | 75,8 | −1,2 | 10,4 | 69,4 |
| Sri Lanka | 96,7 | −0,7 | −8,6 | −3,3 | −0,7 | −5,7 | −11,5 | −0,8 | −7,9 | −16,9 |
| Taiwan ** | 191,3 | −1,0 | 7,8 | 91,3 | −1,1 | 6,8 | 57,5 | −1,1 | 8,6 | 64,5 |
| Thailand | 165,8 | 0,3 | 0,7 | 65,8 | 0,4 | 1,1 | 46,8 | 0,2 | 1,5 | 42,6 |

Die ganze Welt ist »verindext«

Quelle: Handelsblatt

mieren, wie es den Mitbewerbern in Form einer Aktiengesellschaft an der Börse ergangen ist. Ein kurzer Blick auf den »CDAX-Brauerei« genügt.

Den Maschinenbauwerten sagt man eine bessere Performance voraus. Der entsprechende CDAX wird es uns zeigen.

## 5 Börsenstrategien gibt's viele –
## Garantien gibt's keine

Der Geldbeutel ist bekanntlich das empfindlichste Organ des Menschen. Kein Wunder, daß Börsianer Bücher über Börsenstrategien – und davon gibt's viele – geradezu verschlingen. Am Ende müssen sie aber einsehen, daß es auch für die beste Strategie keine Garantie gibt. Andererseits: Sie werden dennoch wahrscheinlich im Laufe der Zeit ein gewisses »feeling« für Kursbewegungen bekommen, das Ihnen – nach manchen Fehlern, und auch dann bleibt natürlich noch das erwähnte Risiko – Kursgewinne sozusagen garantiert.

Ich habe es selbst erlebt, während ich mich jahrzehntelang durch »learning by doing« in die Börsenmaterie einarbeitete. Anfangs gab es noch ziemliche Mißerfolge, die Geld kosteten. Dann begannen die Gewinnphasen. Aber es waren keine Börsengewinne in ununterbrochener Folge. Vorübergehende Rückschläge, insbesondere in Zeiten von Crashs und Baissen, sind unvermeidlich. Bloß nicht in der Baisse Panik aufkommen lassen! Sind die Kurse erst ganz unten, muß man stur durchhalten. Vor der Morgendämmerung ist die Nacht bekanntlich am schwärzesten. Auch die Nacht der Börsen-Baisse, bevor sich die Morgennebel lichten! Mein Motto ist das Wort, daß kein Tal so tief ist, daß es nicht einen Weg nach oben gäbe und ein weiteres: Die Schäfchen werden im Herbst gezählt.

Der im Herbst 1999 verstorbene Börsenspezialist Kostolany hat einmal gesagt, daß er sich 49mal in seinen Prognosen irrte und 51mal recht behielt und von der Differenz prima gelebt hat. Die hohe Fehlrate halte ich für übertrieben. Die meisten Börsianer, die ich kenne, mich selbst nicht ausgenommen, haben weit bessere Ergebnisse erzielt. Den vielen unvermeidlichen Niederlagen standen noch mehr kühl kalkulierte Gewinne gegenüber. Im Herbst, oder wenn man will, am Ende des Jahres, ist der Saldo positiv.

Ganz bemerkenswert ist, daß der Crash von 1987, der Mini-Crash von 1989 und die »Flurbereinigung« vom Oktober 1997 schon nach wenigen Monaten verdaut und die alten Kursstände teils wieder erreicht waren. 1984 fiel der amerikanische Aktien-index Dow Jones einmal von 1300 auf 1100, also um 15 Prozent. Aber schon nach drei Monaten war der Verlust wieder aufgeholt. Der Super-Crash von 1987 brachte einen Kursrückgang von 2500 auf 1800. Selbst diese 28 Prozent Riesenverlust konnten schon nach 18 Monaten wieder wettgemacht werden. Wer eine vernünftige Mischung solider Aktien hat, kann auf lange Sicht nur gewinnen.

### 5.1 Lady Börse ist eine launische Diva

Die Chartisten zeichnen Kurven über die Vergangenheit einer Aktie und schließen auf die Zukunft. Leider oft daneben! Die Fundamentalisten lassen Kosten- und Auftragsentwicklung der Gesamtwirtschaft, dann einer bestimmten Branche und schließlich der speziellen Aktien Revue passieren. Dennoch kommt es, was die zukünftige Kursentwicklung anbetrifft, oft anders. Lady Börse ist eben launisch und läßt sich kurzfristig nur schwer in die Karten schauen. Langfristig aber ist sie ziemlich berechenbar.

So hat ein Forscher an der Universität Augsburg den Zeitraum von 1954 bis 1988 untersucht. Als Ergebnis seiner Fleißarbeit fand er heraus, daß Aktien im Jahr eine Brutto-Rendite von 12,1 Prozent abwarfen. Das war im genannten Zeitraum viermal so viel wie die Renditen von festverzinslichen Wertpapieren.

### 5.2 »Timing« als sicherstes Erfolgsrezept

»The trend ist your friend« (der Trend ist dein Freund), sagt eine alte Börsenweisheit. Ich kenne eine ältere Dame, die sich über ein

*Wer zu spät kommt, den bestraft die Börse*

*Zum Ein- und Aussteigen wird nicht geklingelt*

Quelle: DWS

Aktiendepot von mehr als einer halben Million Mark freuen darf. Sie hält ihre Papiere ohne Umschichtung und Verkäufe eisern durch und erzielt auf lange Sicht eine vorzügliche und allen anderen Anlagearten überlegene Rendite. Meinen Rat, doch zu Zeiten einer Hausse einmal zu verkaufen, Bargeld als Festgeld zu horten, und bei sinkenden Kursen wieder einzusteigen, hat sie mehrfach in den Wind geschlagen. So verliert sie denn jedesmal einen sechsstelligen Betrag, wenn die Börse wieder mal von dem Wellengipfel, der sich Hausse nennt, in das tiefe Baisse-Tal schwappt. Außer ihren prima Dividendenrenditen, die sie sowieso hat, würde sie dann auch noch beachtliche Kursgewinne zusätzlich einheimsen. Die »trendy people« von heute mit Handy und Halskettchen tun sich da bestimmt leichter als unsere konservative Dame. Sie gehen flexibel mit dem Trend um, wenn es gilt, an der Börse einen Kursgewinn von 10 oder 20 Prozent zu realisieren und die »schnelle Mark« zu machen.

Können Sie sich von Ihren Aktien in Hausse-Zeiten nur schwer trennen, weil bekanntlich die Hausse die Hausse nährt, gibt es heute zahlreiche Absicherungsinstrumente gegen Kursverfall. Dies können Verkaufsoptionen (Puts) auf eine bestimmte Aktie sein, die vielleicht schwerpunktmäßig in Ihrem Depot liegt. Die Optionsgebühr ist dann die Versicherungsprämie für eventuelle Kursrückgänge. Auch hat fast jedes Kreditinstitut Optionsscheine (Puts) in seinem Finanz-Sortiment. Damit spekulieren Sie auf fallende Kurse, um damit zu gewinnen, oder aber Sie sichern Ihren eigenen hohen Aktienbestand gegen Kursrückgänge ab.

Vergessen wir nicht die DAX-Direkt-Index-Zertifikate. Sie betreffen die 30 Aktien des Deutschen Aktienindexes (DAX). Mit den Zertifikaten können Sie in beide Richtungen, also nach oben und unten, entweder spekulieren oder Ihren Bestand absichern. Sie haben dann nicht die Mühe und Qual der Auswahl, sich auf einzelne Aktienwerte festlegen zu müssen. Achten Sie beim Kauf von derlei Finanzinstrumenten darauf, daß die Laufzeit nicht zu kurz ist. Oft wird Ihnen die Zeit sonst unter den Fingern zerrinnen und Ihr Einsatz verloren sein. Solche Absicherungs- bzw. Spekulationsinstrumente gibt es nicht nur für die 30 Aktien des DAX, sondern auch die im Midcap-DAX (MDAX) versammelten 70 Nebenwerte.

Timing – die Vorausahnung und das Erkennen, in welche Richtung die Gesamtbörse laufen wird, und darauf die Dispositionen abstellen – ist ein sicheres Rezept. Sie verdienen am Trend oder vermeiden Verluste, ohne sich auf eine einzelne Aktie festlegen zu müssen. Es gibt nämlich immer nur wenige Aktien, die sich dem Trend entziehen können und gegen den Strom schwimmen.

## 5.3 Die schwer vorhersehbare Zeitdauer –
## Börsenzyklen

Das Augenmerk eines Anfängers wird vielleicht fürs erste auf den Haupttrend (Major-Trend) gerichtet sein. Er dauert meist länger als ein Jahr. Dabei können sich die Aktien in ihrem Wert um 20 Prozent oder mehr verändern.

Ein feineres Feeling braucht schon, wer den Untertrend (Secondary-Trend) erkennen will, der von drei Wochen bis zu drei Monaten gehen kann. Vielleicht ist der Untertrend für Sie auch gar nicht so wesentlich, weil Sie Aktien als Langfrist-Anlage gekauft haben, um Ihre Altersversorgung zu sichern. Sie sind mehr Investor als Spekulant.

Als extremer Spekulant könnten Sie sogar am Verlauf der kurzfristigen Trends (Minor-Trend) Interesse finden. Sie wären dann schon ein hartgesottener Spekulant, den man auch »Trader« oder »Day trader« nennen dürfte. Als Kleinanleger standen früher Ihre Chancen, vom täglichen Auf und Ab des Kurses einer bestimmten Aktie zu profitieren, ziemlich schlecht. Sie saßen nicht an den Schaltstellen der Kreditinstitute, und die Telefonnachrichten über aktuelle Kursverläufe waren eher spärlich. Als Computerbesitzer, dem die Kurse laufend online oder mit nur Minutenverzögerung zugespielt werden, oder auch als Fernsehzuschauer von n-tv können Sie sich heute vom heimischen Schreibtisch aus sehr schnell ein Bild der Kursentwicklung machen und sofort Aufträge geben. Eine gewisse Auftragssumme gehört allerdings bei manchen Aktien-Käufen im XETRA-System schon dazu, während Sie im Variablen Handel schon mit einem Stück mit von der Partie sein können.

Kommen wir aber noch einmal auf den Major-Trend, den langfristigen Trend, zurück. Die Entwicklung von Konjunktur und Zinsen, so zeigen es langfristige Beobachtungen, steht in Korrelation zum Börsentrend. Dabei eilt der Börsentrend voraus, der

Zinstrend hinkt hinterher und der Konjunkturtrend liegt dazwischen. Befindet sich die Konjunktur ziemlich am Boden und hat der Zinssatz der Europäischen Zentralbank sich ebenfalls in der Talsohle angesiedelt, dürfen Sie bei der Börse, die vorausgeht, schon jetzt mit freundlicheren, ja mit festen Kursen rechnen, die schließlich in eine Hausse wie 1999 und 2000 einmünden. Tritt dann die EZB auf die Zinsbremse und macht Geld durch steigende Referenzzinssätze teurer, werden die Aktienkurse alsbald abbröckeln und endgültig in die Tiefe stürzen, wenn sich ein Konjunkturboom abzeichnet.

Nicht selten vermischt sich das geschilderte klassische Muster zu Zwischenformen. Es wird Sie nicht erleichtern, lesen zu müssen, daß manchmal sogar langfristige Börsenzyklen schwer vorhersehbar sind. Schon im Herbst 1996 war zunehmend in den Börsendiensten von einer »Fahnenstange« der Aktienkurse zu lesen, die binnen kurzem wegbrechen müsse. Auch habe der Boom an der Wallstreet schon so lang angehalten, wie nie zuvor. Eine Baisse oder gar ein Crash, seien unausweichlich. Meist aber geht es viel länger, als die Fachwelt erwartet. Sie haben es Ende 1999, ja sogar bis zum Frühjahr 2000 – soweit reicht unser Blick – gesehen.

### 5.4 Gegen den Strom schwimmen – die Put/Call-Ratio als Börsenindikator

Gegen den Strom schwimmen erfordert Mut. Man wird leicht abgetrieben. Nicht selten sagen die Börsenanalysten bei einem ihrer Treffen unisono, daß das laufende oder kommende Jahr ein schlechtes oder gutes Jahr für die Aktie werden wird. Prompt kommt es genau umgekehrt.

So war es beispielsweise bei einem Eppsteiner Anlagegespräch. 81 Prozent der anwesenden Experten tippten auf steigende Aktienkurse. Ich schrieb damals in der Börsenkolumne der

Rhein-Zeitung: »Wenn die Profis bullish sind, neige ich zur Vorsicht. Nach den Supergewinnen 1993 bleibt der Weg der Börse 1994 steinig«. Trotz damals moderater Tarifabschlüsse und dem Fernbleiben der Rechtsextremen aus den Parlamenten nach den Wahlen kam es so. Hatte sich 1993 der Deutsche Aktienindex von 1545 Punkten zu Jahresbeginn auf erstaunliche 2267 Punkte zu Ultimo hochgehangelt, gab es 1994 einen Dämpfer. Der DAX stand 1994 bei nur noch 2106, und der Tiefstkurs 1994 lag mit 1953 Punkten sogar unter 2000. Bei meiner Gegenprognose wurde ich durch das für deutsche Verhältnisse mit 24 extrem hohe Kurs-Gewinn-Verhältnis (KGV, siehe Kapitel 5.5) stutzig. Lange Jahre hatte sich das KGV unter 15 bewegt.

Natürlich wäre es unfair zu verschweigen, daß ich später – im Frühjahr 2000 – nicht mit dem fulminanten Kursanstieg gerechnet hatte. Dem Vernehmen nach ist es auch den meisten Fonds-Managern so ergangen.

Der Reiz der Börse liegt auch darin, daß Sie als Kleinanleger und Individualist durchaus Ihre Chance gegen das Heer der Profi-Analysten der Großbanken, der Brokerhäuser und der Fachredaktionen von Börsenbriefen haben. Machen Sie nicht den Fehler, alles auf eine Karte zu setzen und vielleicht noch Kredite für Aktienkäufe aufzunehmen! Auf spekulative Pfade sollten Sie sich immer nur mit längerfristig entbehrlichem Kapital begeben. Und da wir gerade bei »Pfaden« sind, wie sagte einst Marcel Proust: »Zwei Wege boten sich mir dar, ich ging den, der weniger betreten war.« Auch ein erfolgreicher Aktionär meidet die Trampelpfade der Börsenherde. Wer für das Alter vernünftige Vorsorge betreibt, wird ohnehin längerfristig in Aktien investieren. Dennoch rate ich auch hier – im Gegensatz zu Kostolany –, sich nicht auf einem Aktienbündel schlafenzulegen, sondern in Hausse-Zeiten schon einmal Kasse zu machen und in der Baisse zu gedrückten Kursen einzusteigen.

## Optionen an der Deutschen Terminbörse

Stand: Schluß 3.7.

| | | |
|---|---|---|
| **ALLIANZ HOLD.** (368.50) | V1 48-0.2/0.2/0.2/11 | 80-1.6/0.8/1.8/185 |
| K1 360-0/0/20.7/0 | 50-0.9/0.8/0.7/40 | K2 75-5.5/4.8/6.6/28 |
| 370-14.0/6.8/12.9/50 | 52.50-0/0/2.4/0 | 77.50-4.1/3.2/4.9/659 |
| 380-7.0/3.0/7.0/78 | V2 48-0.7/0.7/0.6/2 | 80-2.6/2.1/3.3/18 |
| K2 360-0/0/24.9/0 | 50-1.5/1.3/1.3/17 | K3 75-7.5/5.3/7.3/18 |
| 370-13.0/12.7/18.4/26 | 52.50-0/0/2.8/0 | 80-3.6/3.0/4.4/84 |
| 380-13.0/8.8/13.4/262 | V3 48-1.1/1.0/1.0/86 | 85-2.4/1.5/2.4/115 |
| K3 360-0/0/29.0/0 | 50-2.0/1.6/1.8/61 | K4 75-0/0/9.6/0 |
| 370-18.7/18.0/22.9/10 | 55-0/0/5.0/0 | 80-5.5/5.4/6.7/13 |
| 380-16.8/12.5/18.3/23 | V4 48-1.7/1.7/1.8/2 | 85-4.2/3.3/4.6/51 |
| K4 360-0/0/37.9/0 | 50-2.6/2.5/2.7/4 | K5 75-0/0/11.2/0 |
| 370-0/0/32.4/0 | 55-0/0/5.8/0 | 80-7.5/7.5/8.5/2 |
| 380-26.0/26.0/27.2/2 | V5 48-2.4/2.4/2.4/5 | 85-0/0/6.3/0 |
| K5 360-0/0/45.4/0 | 50-0/0/3.4/0 | V1 75-0.5/0.2/0.2/93 |
| 370-0/0/39.9/0 | 55-0/0/6.4/0 | 77.50-1.5/0.8/0.6/171 |
| 380-0/0/34.7/0 | **DAIMLER BENZ** (145.30) | 80-3.0/2.3/1.4/65 |
| V1 360-5.0/5.0/1.9/2 | K1 140-7.2/6.3/6.8/97 | V2 75-1.7/1.2/1.0/78 |
| 370-9.5/8.5/4.4/402 | 145-3.6/3.0/3.4/346 | 77.50-2.6/2.5/1.8/24 |
| 380-0/0/9.2/0 | 150-1.6/1.3/1.5/325 | 80-0/0/2.8/0 |
| V2 360-0/0/5.7/0 | K2 140-9.0/8.7/8.8/2 | V3 75-2.5/2.5/1.7/10 |
| 370-14.7/14.7/9.2/20 | 145-6.1/5.4/5.8/29 | 80-0/0/3.6/0 |
| 380-19.7/19.7/14.4/27 | 150-3.8/3.2/3.4/112 | 85-0/0/5.6/0 |
| V3 360-0/0/9.7/0 | K3 140-11.0/10.4/10.7/169 | V4 75-3.5/3.5/3.2/2 |
| 370-0/0/13.3/0 | 145-7.8/7.7/7.8/14 | 80-0/0/5.4/0 |
| 380-0/0/17.7/0 | 150-5.7/5.1/5.5/78 | 85-0/0/8.2/0 |
| V4 360-0/0/16.1/0 | K4 140-14.9/14.1/14.5/24 | V5 75-0/0/4.3/0 |
| 370-0/0/20.5/0 | 145-11.5/11.5/11.6/1 | 80-0/0/6.6/0 |
| 380-0/0/25.3/0 | 150-10.0/8.9/9.2/37 | 85-0/0/9.4/0 |
| V5 360-0/0/19.9/0 | K5 140-18.1/17.1/17.6/11 | **KARSTADT** (639.00) |
| 370-0/0/24.3/0 | 145-0/0/14.8/0 | K1 625-0/0/25.7/0 |
| 380-0/0/29.1/0 | 150-12.3/12.2/12.5/6 | 650-0/0/13.6/0 |
| **BASF** (65.95) | V1 140-1.1/0.8/0.8/247 | 675-0/0/7.1/0 |
| K1 62.50-4.2/3.7/4.3/27 | 145-2.5/2.2/2.4/29 | K2 625-0/0/34.4/0 |
| 65-2.6/2.0/2.4/524 | 150-5.6/5.6/5.5/11 | 650-0/0/23.0/0 |
| 67.50-1.3/0.8/1.1/547 | V2 140-2.7/2.5/2.4/30 | 675-0/0/15.2/0 |
| K2 62.50-0/0/5.0/0 | 145-4.7/4.7/4.4/30 | K3 600-0/0/56.5/0 |
| 65-3.4/3.1/3.4/89 | 150-7.5/7.0/7.1/3 | 650-0/0/33.2/0 |
| 67.50-2.3/2.0/2.3/102 | V3 140-4.1/3.9/4.0/15 | 700-0/0/18.4/0 |
| K3 60-7.7/7.0/7.7/26 | 145-0/0/6.1/0 | K4 600-0/0/72.0/0 |
| 65-4.5/4.0/4.3/35 | 150-0/0/8.8/0 | 650-0/0/50.2/0 |
| 70-2.2/1.9/2.1/131 | V4 140-0/0/6.7/0 | 700-0/0/33.3/0 |
| K4 60-9.0/9.0/9.3/1C | 145-0/0/8.9/0 | |
| 65-6.5/4.2/6.3/114 | 150-0/0/11.4/0 | **Umsätze Aktienoptionen:** |
| 70-4.2/3.9/3.9/87 | V5 140-0/0/8.8/0 | **Call = 34727, Put = 10191,** |
| | 145-11.4/11.0/11.0/16 | **Put-Call-Relation = 0,29.** |
| | 150-0/0/13.7/0 | |

Im – natürlich nicht aktuellen – Beispiel stehen 34727 Optimisten mit Calls nur 10191 Pessimisten mit ihren Puts gegenüber. Die Put/Call-Relation ist mit 0,29 an einer gefährlichen Grenze angelangt.

Wann schwimmt man gegen den Strom? Einen Anhaltspunkt geben Put/Call-Ratios am Optionsmarkt. Dies ist das Verhältnis der Pessimisten, die auf fallende Kurse setzen (Puts) und der Optimisten, die mit steigenden Kursen rechnen (Calls). Börsianer sagen: Es ist das Verhältnis zwischen Kauf- und Verkaufsoptionen. Sind mehr Anleger optimistisch, werden natürlich mehr Kaufoptionen gezeichnet. Die Crux dabei: Die Optimisten sind in der Überzahl, weil sie bereits Aktien gekauft haben, denn deshalb sind ja die Kurse gestiegen. Wo bleiben bei dieser Konstellation noch weitere Käufer, die den Kursen weiteren »drive« nach oben geben könnten? Die Börse ist jetzt hypersensibel. Nur ein Räuspern von Herrn Duisenberg aus der EZB über die ausufernde Geldmenge oder eine vage Andeutung, daß eine leichte Anhebung des Referenzzinses mittelfristig nicht mehr ausgeschlossen werden könne, oder sogar ein Zinssignal und Arbeitsmarktdaten aus den USA genügen schon, um die Kurse zu kippen.

Nehmen wir an, die Put/Call-Ratio beträgt 0,80. Dann sind vier Börsianer »bearish«, also Pessimisten, und fünf »bullish«, weil sie an steigende Kurse glauben. Hat sich die Zahl der Pessimisten auf ebenfalls fünf erhöht, haben wir ein Put/Call-Verhältnis von 1,0. Optimisten und Pessimisten stehen sich demnach in gleicher Zahl gegenüber. Spätestens jetzt darf man wieder an ein Einsteigen an der Börse denken. Höchste Vorsicht aber ist angesagt, wenn Put/Call-Ratios unter 0,60 fallen. Bei zu vielen Optimisten fehlen, wie schon gesagt, die Käufer. Das hindert die Kurse am Steigen. Die tägliche Put/Call-Ratio finden Sie übrigens in der »F.A.Z.« in der Sparte »Optionen an der Deutschen Terminbörse«. Die »Capital Depesche«, die Abonnenten von »Capital« wöchentlich zugesandt wird, enthält ebenfalls den aktuellen Stand der Put/Call-Ratio.

Hier gilt eine Put/Call-Ratio von 0,80 als Einstiegssignal.

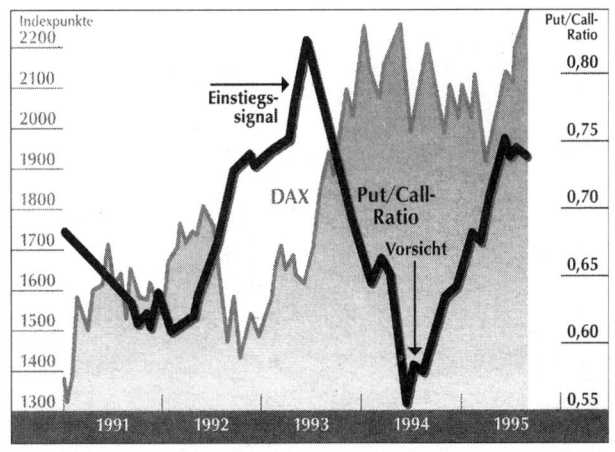

121

**5.5 Wie teuer darf eine Aktie sein? –**
**Das Kurs-Gewinn-Verhältnis als Anhaltspunkt**

Was ist eine Aktie wert? Ist sie mit dem gegenwärtig notierten Kurs überbewertet oder besteht noch Spielraum nach oben? Für die Beantwortung solcher Fragen wird ein bei Börsianern stark beachtetes Bewertungskriterium herangezogen. Es heißt Kurs-Gewinn-Verhältnis (KGV).

Das KGV betrifft jedoch Erwartungen an die Zukunft und bezieht sich auf den für das nächste oder manchmal sogar schon übernächste Geschäftsjahr erwarteten Gewinn. Schätzungen des künftigen KGV findet man in Börsenbriefen, Fachzeitschriften und den zahlreichen Publikationen der Kreditinstitute. Sieht man es für jede Aktie isoliert, hat es nicht allzuviel Aussagekraft. Erst der allgemeine Vergleich zum Gesamtmarkt und der spezielle Vergleich zu den Aktien der Branche läßt weitergehende Schlüsse zu. Sie können dann sagen, diese oder jene Aktie ist, gemessen am Branchen-KGV, teuer oder billig. Die populäre Bedeutung des KGV ergibt sich auch aus der einfachen Formel, mit der es errechnet wird:

$$KGV = \frac{\text{Aktienkurs}}{\text{Gewinn pro Aktie und Jahr}}$$

Notiert beispielsweise Siemens, wenn Sie dies lesen, mit einem Kurs von 160 Euro, und wird für 2000 ein Gewinn pro Aktie von 4,00 Euro erwartet, hätte Siemens ein KGV von 40 (160 : 4 = 40). Würde für 2001 bei Siemens ein Gewinn von 4,20 Euro geschätzt, und stände der Kurs immer noch bei 160, ergäbe sich nur noch ein KGV von 38,1 (160 : 4,20 = 38,1). Sie sehen die Unwägbarkeiten bei der Festlegung des KGV. Sie mußten 2000 schon Rückschlüsse auf den Gewinn des vor Ihnen liegenden Jahres 2001 ziehen, um Ihre Aussage über die Höhe des KGV zu machen. Was bedeutet nun aber ein KGV von 48? Die betreffende Gesellschaft müßte 48 Jahre lang den gleichen Gewinn erwirtschaften, um den Preis der Aktie zu verdienen.

Merken wir uns als Grundregel: Je niedriger das KGV, desto günstiger ist die Aktie bewertet und je höher das KGV, desto teurer ist sie. Daraus dürfte man eigentlich dann getrost die Zuversicht beziehen, nur Aktien mit einem möglichst niedrigen KGV zu kaufen. Doch kaum hat eine Theorie an der Börse Fuß gefaßt, gibt es schon eine Gegentheorie. Diese wurde in den USA aufgestellt und bezeichnet den Glauben an ein niedriges KGV als weitverbreiteten Irrtum.

In den Vereinigten Staaten untersuchte man die letzten 40 Jahre Aktien mit niedrigem KGV und kam zum Schluß, wer sich in der Vergangenheit nur auf solche Aktien spezialisierte, hätte am Ende doch nicht allzuviel verdient. Das Argument: Die Branchen Stahl und Maschinenbau haben meistens ein niedriges KGV. Sie erscheinen vordergründig kaufenswert. Konsumwerte wie Coca-Cola und Gillette sind jedoch für ihr hohes KGV bekannt. Anhänger der KGV-Theorie würden also Coca-Cola und Gillette meiden und sich auf Stahl- und Maschinenbauaktien stürzen. Pech gehabt! Der Kursgewinn der Stahlkocher und Maschinenbauer ist in den letzten Jahren im Vergleich zu Coca-Cola und Gillette eher dürftig.

Für das deutsche Wort »Kurs-Gewinn-Verhältnis« (KGV) ist in den USA übrigens der Begriff »Price/Earnings-Ratio« (P/E) üblich. Er wird öfters auch in deutschen Börsenbriefen verwendet. Deshalb sollten Sie ihn kennen. Betrifft das P/E die Gewinne der zurückliegenden 12 Monate, wird es als »Trailing P/E« bezeichnet. Müssen die Finanzanalysten die Gewinne für die Zukunft schätzen, was meist üblich ist, so wird ein auf dieser Grundlage ermitteltes P/E-Verhältnis »Forward P/E« genannt.

### 5.5.1 Das Markt-KGV als allgemeiner Indikator

Bei unserem Beispiel Siemens haben wir das KGV einer einzelnen Aktie untersucht. Daneben aber gibt es noch das sogenannte »Markt-KGV«. Es ist das durchschnittliche KGV einer bestimmten Aktiengruppe. So kann man beispielsweise die 30 DAX-Titel in einem Gesamt-KGV (Markt-KGV) zusammenfassen und Vergleiche anstellen, ob die einzelnen Titel zur Zeit besonders teuer oder preiswert sind. Das Markt-KGV für die DAX-Aktien wurde von »Börse Online« Anfang August 2000 auf 26,8 (2000) und 25,3 (2001) errechnet.

Ganz anders sieht es in Japan aus, wo ein durchschnittliches KGV japanischer Aktien zwischen 40 und 70 noch als normal empfunden wird. Im Crash-Monat Oktober 1987 hatte Tokio nur ein Markt-KGV von 58,5 und die Vereinigten Staaten ein solches von 19,7. Gleichwohl war dies kein Garantieschein gegen den Crash. Wenn Sie dies lesen, können diese Zahlen selbstverständlich längst überholt sein. So könnten beispielsweise die Gewinne 2000 nicht wie erwartet steigen, und schon wäre ein höheres Markt-KGV angezeigt, es sei denn, auch die Kurse sind zurückgegangen. Im vorausgeschätzten KGV sind meist die »windfall profits«, die den Exportfirmen bei höherem Dollarkurs automatisch zufallen, nicht enthalten. Das KGV der DAX-Aktien wurde in 1999 für das Jahr 2000 auf knapp über 20 getaxt. Diese Schätzung war, wie sich bald zeigte, entschieden zu niedrig.

### 5.5.2 Das Renten-KGV als Vergleichswert

Die Börse ist unberechenbar. Deshalb ziehen die Börsianer alles an Land, was irgendwie rational für eine vernünftige Prognose geeignet erscheint. Dabei muß auch das Renten-KGV herhalten. Es ermittelt sich nach der Formel »100 : Rendite«. Beträgt die Umlaufrendite der Rentenwerte beispielsweise 4,5 Prozent, ergäbe sich ein Renten-KGV von 22,2 (100 : 4,5). Beträgt nun im Vergleichszeitpunkt das Markt-KGV der Aktien zum Beispiel 28, so wären die Rentenwerte billiger als Aktien oder umgekehrt die Aktien teurer als die Rentenwerte. Manche nehmen nun dies als Grundlage ihrer Entscheidung zum Kauf oder Verkauf von Aktien.

### 5.5.3 *Wie berechnet sich der Gewinn? – Die DVFA-Formel*

Trotz der entgegenstehenden Ergebnisse einer amerikanischen Untersuchung: Es ist schon etwas dran an der Erkenntnis, daß bei einem allzu hohen KGV des Gesamtmarktes Aktien nicht unbedingt die optimale Anlage sind. Anfang 1994 befanden ausländische Analysten, deutsche Aktien seien viel zu teuer. Sie hatten für die hundert Werte des F.A.Z.-Aktienindexes ein KGV von 26,5 errechnet. Tatsächlich! Es war schon damals ein für deutsche Verhältnisse extrem hoher Wert, der weit über dem langfristigen Durchschnitts-KGV des deutschen Aktienmarktes lag. Schließlich war es in den letzten zwanzig Jahren noch nicht einmal halb so hoch gewesen. Wenn Sie den deutschen Aktienindex DAX in Kapitel 4.1 verfolgen (Tabelle), können Sie leicht feststellen, daß 1994 und 1995 wirklich mit deutschen Aktien kaum Geld zu verdienen war. Erst nachdem sich die Gewinnaussichten für 1996 und 1997 sprunghaft verbesserten und sich infolgedessen das KGV normalisierte, ging es auch wieder aufwärts in Frankfurt und den anderen sieben deutschen Börsenplätzen. Überraschend kam dann der Kursanstieg im Herbst 1999, der das KGV wieder nach oben trieb.

Wie aber erhält man den möglichst exakten Gewinn einer Aktiengesellschaft? Schließlich sind die Geschäftsjahre recht unterschiedlich. Mal wird ein Teilbetrieb abgestoßen, mal einer zugekauft, mal trennt man sich von überflüssigem Grundbesitz, dann wieder muß man eine Rückstellung wegen Prozeßrisikos machen, wie möglicherweise manche Industriefirmen und Banken wegen der Entschädigung jüdischer NS-Opfer. Es gibt also eine Reihe von Gründen, die den Gewinn einer Gesellschaft positiv oder negativ berühren und mit der eigentlichen Produktion oder Dienstleistung nicht das geringste zu tun haben.

So muß denn eine Formel her, die für das Gesamtergebnis einer Gesellschaft diese außergewöhnlichen Geschäftsereignisse eliminiert. Diese Formel heißt DVFA-Formel. Sie wurde von der **D**eutschen **V**ereinigung für **F**inanzanalyse und **A**nlageberatung (DVFA) entwickelt. Es ist die Vereinigung deutscher Analysten, die mit ihrer Formel die periodenfremden Erträge und Aufwendungen fernhalten. Allerdings muß gesagt werden, daß das deutsche Handelsrecht nach dem Prinzip des Gläubigerschutzes aufgebaut ist und manche Bewertungen äußerst vorsichtig vorgenommen werden. Der Gewinn nach der DVFA-Formel ist daher, genauso wie die dem Finanzamt präsentierten Unternehmensgewinne, wegen der auftretenden Unterbewertungen etwas zu niedrig. Die DVFA-Formel:

| Jahresüberschuß | |
| --- | --- |
| – | außerordentliche und aperiodische Erträge |
| + | außerordentliche und aperiodische Aufwendungen |
| +/– | sonstige zu bereinigende Posten |
| = | Ergebnis nach DVFA |

Haben Sie die Absicht, als fortgeschrittener Börsianer eine persönliche Mitgliedschaft im DVFA e.V. zu erwerben, steht dem einiges im Wege. Dabei meine ich nicht die einmalige Aufnahmegebühr von 500 Mark und den jährlichen Mitgliedsbeitrag von ebenfalls 500 Mark, sondern die für die Aufnahme erforderliche mindestens zweijährige einschlägige Berufspraxis, die Verpflichtung zur Mitarbeit im DVFA e.V. und die Benennung von zwei

DVFA-Mitgliedern als Bürgen. Nach Überwindung dieser Hürden hätten Sie das Recht zur Teilnahme an Veranstaltungen des Vereins. Die Workshops für die Aus- und Weiterbildung sind äußerst anspruchsvoll. Sie umfassen Volkswirtschaft, Finanzmathematik, Statistik, Rechnungslegung, Bond-Management, Aktien-Management, Optionen, Futures und Derivate, Recht, Ethik, Standesregeln, Jahresabschlußanalysen, Unternehmensfinanzierung und Portfoliomanagement. Was aber zu unserer DVFA-Formel noch nachzutragen wäre (um sie mit dem KGV vergleichbar zu machen, das sich ebenfalls auf die einzelne Aktie bezieht), ist eine weitere Formel für das Ergebnis je Aktie.

$$\text{Ergebnis je Aktie} = \frac{\text{Ergebnis nach DVFA}}{\text{Anzahl der dividendenberechtigten Aktien}}$$

Nehmen wir an, eine Aktiengesellschaft hat ein Grundkapital von einer Million Mark, und der einzelnen Aktie ist ein Nennwert von 50 Mark zugewiesen. Dann sind 20 000 Aktien in Umlauf. Sind auf der Grundlage der DVFA-Formel 400 000 Mark Gewinn ermittelt worden, stellt sich das Ergebnis je Aktie auf 20 Mark.

### 5.6 Garant für überdurchschnittliche Kursgewinne? – Modewort »Shareholder-Value«

Noch vor wenigen Jahren hätten selbst gestandene Aktionäre verständnislos mit der Schulter gezuckt. »Shareholder-Value« war noch kein Begriff. 1996 wurde »Shareholder-Value« dann fast das wirtschaftliche Modewort des Jahres. Was versteht man darunter?

Wörtlich bedeutet es »Wert für den Aktionär«. Sozusagen eine Umkehr dessen, was einst der Bankier Carl Fürstenberg über Aktionäre sagte: Sie seien dumm und unverschämt. Dumm, weil sie ihm, dem Bankier, das Geld überließen, unverschämt, weil sie auch noch Dividenden dafür haben wollten.

Den Gedanken »Mehr Cash für die Aktionäre« hatte in den USA ein Mann, der selbst keine Aktien besitzt und lieber in Fonds investiert. Ausgerechnet dieser Wirtschaftswissenschaftler Alfred Rappaport, der, wie gesagt, selbst keine Aktie anpackt und beim Kauf und Verkauf den Fonds-Fachleuten vertraut, dachte über die Profitmaximierung für Aktionäre nach. Die noch nicht einmal neuen, aber von ihm auf den Punkt gebrachten Gedanken legte er in seinem schon 1986 erschienenen Buch »Shareholder-Value – Wertsteigerung als Maßstab für die Unternehmensführung« nieder. Neu waren diese Gedanken deshalb nicht, weil man schon vor mehr als 200 Jahren auf die Idee kam, die von vielen Kleinanlegern aufgebrachten Beträge für die Durchführung von großen Vorhaben zu bündeln, um so dem einzelnen einen maximalen Gewinn zukommen zu lassen; dies ist das Wesen der Aktie. Wenn ein Aktionär schon Risikokapital zur Verfügung stellt, muß er auch für eben dieses Risiko eine Prämie einsacken dürfen, das heißt einen Zins, der im Ertrag höher sein sollte als die risikolose Sparbucheinlage.

Einzug in zunächst englische und dann auch deutsche Vorstandsetagen hielt der Gedanke des Shareholder-Value im engeren Sinne jedoch erst rund zehn Jahre nach dem Erscheinen von Rappaports Buch. Wie erzielt man mehr Ertrag für den Aktionär, wie bedient man seine Kapitalanlage besser, wie erreicht man eine Wertsteigerung der Aktien?

### 5.6.1  Was tun deutsche Gesellschaften für den Shareholder-Value?

Wer mehr Dividenden ausschütten will, muß sie erst verdienen. Mehr Profit läßt sich aber nicht nur durch den bedauernswerten Abbau von Arbeitsplätzen erreichen. Auch die Besinnung auf das

Kerngeschäft trägt dazu bei. So hat sich DaimlerChrysler schon vor dem Zusammenschluß von den Verlustbringern AEG und Fokker genauso getrennt, wie BASF die Produktion von Tonbändern abstieß, die jahrelang die Bilanzen belastet hatte. In der knochenharten Branche der Autobauer kam VW vor einigen Jahren ins Gerede. Die verzweifelte Suche nach noch mehr Einsparmöglichkeiten brachte Europas Autobauer Nummer eins auf den Gedanken, eine eigene Zeitarbeitsfirma zu gründen, um vom günstigen Metall-Flächentarif zu profitieren. Dieser Tarif war den VW-Oberen genehmer, als der teure VW-Haustarif. Natürlich witterten die Gewerkschaften eine Mogelpackung auf den Schultern der Arbeitnehmer. Sie sprachen von »Kapitalismus pur« und »dem Weg in eine andere Republik«.

Alle Spareffekte, die langfristig erst die Arbeitsplätze am Standort Deutschland sichern, sind anfangs mit sozialen Härten verbunden. Auch die Manager werden unter einen enormen Erfolgsdruck gestellt. Manchmal sind ihre Bezüge an die Entwicklung des Aktienkurses geknüpft. Schon der Leiter einer Unterabteilung im Konzern erhält konkrete Ertragsvorhaben für ein bestimmtes Jahr. Erreicht er sie nicht, könnte über seine Verwendung an anderer Stelle nachgedacht werden.

Der stellvertretende Chefredakteur einer großen Illustrierten sagte einmal zu mir: »In unserem Konzern hat mancher einen Zeitvertrag über zwei Jahre Dauer. Wird ihm nach eineinhalb Jahren keine Vertragsverlängerung angeboten, muß er sich ganz schnell auf die Socken machen und was Neues suchen. Das unschöne Wort ›Kündigung‹ ist bei uns nicht üblich. Ein von vornherein befristeter Vertrag läuft einfach aus. Unser leitender Journalist oder Manager darf dann darüber nachdenken, wo seine Leistungsdefizite liegen.«

In einem anderen mir bekannten Fall wurde eine selbständige Abteilung aus einem Konzern ausgegliedert und in Form einer

GmbH weitergeführt. Die Abteilung war vorher defizitär. Die neue Rechtsform erlaubte es, den Arbeitnehmern schlechtere Tarife als die bisherigen Konzerntarife anzubieten. Vor die Alternative gestellt, zuzustimmen oder den Arbeitsplatz zu verlieren, stimmten alle zu. Und siehe da: Die GmbH schrieb schwarze Zahlen. Niemand verlor seinen Arbeitsplatz, weil alle vom Geschäftsführer bis zum Lehrling begriffen hatten, daß die definierten Ertragszielgrößen erreicht werden mußten, um einen dauerhaften Arbeitsplatz zu haben.

Schließlich ist für die Steigerung des Shareholder-Value auch mehr Öffentlichkeitsarbeit angesagt. Immer mehr deutsche Aktiengesellschaften richten sich in ihren Zwischenberichten, insbesondere aber auf den Hauptversammlungen, danach. Eine offene Informationspolitik schafft Vertrauen für die Anlage von Risikokapital. Die Ertragslage muß für den Anleger durchsichtig sein.

Schlechte Beispiele für die deutsche Aktienkultur sind die Konkurse von Bremer Vulkan, Escom und die Fast-Pleite von KHD und Holzmann. Es wurde »geduckt« bis auf den letzten Drücker und nichts über die Schieflagen »gemuckt«, bis nichts mehr zu vertuschen war. Der Bremer Schiffsbauer saß auf dem Trockenen, Escom, zweitgrößter Computer-Distributor Deutschlands, war »abgestürzt« und Holzmann wurde erst durch die Politik gerettet.

### 5.6.2 Mehr Gewinn »ins Schaufenster« durch Bilanzen nach internationalem Standard

Schon mehrfach erwähnte ich, daß das deutsche Handelsrecht auf Gläubigerschutz ausgerichtet ist (Niederstwertprinzip, also eine vorsichtige Bewertung der Vermögenswerte), während der Fiskus aus verständlichen Gründen als Bewertungskonkurrenz das Mindestwertprinzip dagegengestellt hat. In den Bilanzen aber wird manches versteckt, wie Sie schon in Kapitel 3.10.2 lesen konnten. So werden Maschinen schneller abgeschrieben, als sich ihr Wert wirklich verzehrt. Sonderabschreibungen machen's möglich. Auch im Immobilienbereich liegen massenhaft stille Reserven. Denken Sie beispielsweise an die Sonderabschreibungen bis zu fünfzig Prozent, von denen Investoren in den neuen Bundesländern bis Ende 1996 profitieren konnten. Natürlich hat ein für zehn Millionen Mark errichtetes Betriebsgebäude, nach einem Jahr abgeschrieben auf fünf Millionen Mark, noch einen Zeitwert von deutlich über fünf Millionen, wenn man für Betriebsgebäude, je nach Nutzungsart, eine Nutzungsdauer von dreißig bis fünfzig Jahren zugrunde legt.

Deutsche Firmen, die an der New Yorker Börse notiert werden, müssen allerdings Bilanzen nach internationalem Standard (International Accounting Standard – IAS) erstellen. Dabei muß mehr ins Schaufenster, als bisher in den Regalen versteckt wurde. Daimler war – nolens volens – Pionier, als die Aktie an der New York Stock Exchange eingeführt wurde. Ohne die neuen Bilanzierungsvorschriften mit mehr Gewinn für die Aktionäre wäre nichts gegangen.

»Shareholder-Value« ist die neue Zauberformel. Modeworte werden oft überstrapaziert. Auch mit Shareholder-Value ist pfleglich umzugehen. Zu viele stille Reserven »ins Schaufenster gestellt« wecken fiskalische Begehrlichkeiten. Was weggesteuert ist, kann nicht an Aktionäre ausgeschüttet werden, obgleich es später diesen wieder bei der Veranlagung gutgebracht wird.

Bis zu solchen Extremen ist noch ein weiter Weg. Die deutschen »Aktienmuffel« erzielen mit den 30 DAX-Werten eine Eigenkapitalrendite von nur 12,09 Prozent. Bei den 30 amerikanischen Dow-Werten sind es dagegen 22,6 Prozent (Quelle: Bloomberg in Börsen News). Der schon zitierte Würzburger Wirtschaftsprofessor Wenger fürchtet indessen, daß deutsche Manager beim Shareholder-Value zuviel des Guten tun könnten. Er hält eine Kapitalrendite von 15 Prozent für zu hoch.

### 5.6.3 »Nur was in der Kasse ist, ist Fakt« –
### Cash-flow ist nicht manipulierbar

Kommen wir zum Schluß noch einmal auf Alfred Rappaport und seine Thesen zurück. Sehr griffig ist seine Formulierung, Gewinn sei Meinung, das, was in der Kasse ist, aber sei Fakt. Er meint letztlich die schon mehrfach angesprochene Tatsache, daß Gewinne wirklich manipuliert werden können, ohne gegen steuerstrafrechtliche Vorschriften zu verstoßen. Rappaport orientiert sich deshalb weniger am Gewinn, den jeder Buchhalter »frisieren« kann, sondern am Cash-flow, der realen Größe des »Kassenzuflusses«. Der »Zahlungsstrom« in die Firmenkasse muß größer sein als die Auszahlungen. Dies sieht Rappaport als den »entscheidenden Faktor« an.

---

*Cash-flow*

Jahresüberschuß (für Dividenden und Rücklagenzuführungen) bzw. Jahresverlust

| | |
|---|---|
| + | Abschreibungen und Wertberichtigungen auf Sach- und Finanzanlagen |
| + ./. | Veränderungen der langfristigen Rückstellungen |
| + | außerordentliche und periodenfremde Aufwendungen |
| ./. | periodenfremde Erträge |

---

Der Cash-flow ist das, was von den Umsatzerlösen eines Unternehmens übrigbleibt, wenn die Kosten für Material, Löhne und Gehälter, sowie Steuern und Zinsen abgegangen sind. Der Rest ist für die Finanzierung der Anschaffungen, für die Schuldentilgung sowie für Dividendenzahlungen.

### 5.6.4 Wer gehört zu den Top Ten beim deutschen Shareholder-Value?

Welche der 30 Aktien des deutschen Aktienindexes hat wohl den besten Shareholder-Value, also den größten Wertzuwachs für die Aktionäre gebracht? Die SGZ-Bank nahm die 30 deutschen Blue Chips aus dem DAX unter die Lupe. Sie vergab dabei Punkte für die Wertsteigerung, aber auch für die Unternehmenstransparenz und die Kommunikation mit den Aktionären. Spitzenreiter

**Die 10 Besten beim Shareholder-Value**

| Unternehmen | Punktzahl |
| --- | --- |
| 1. VEBA | 80 |
| 2. Hoechst | 73 |
| 3. Bayer | 77 |
| 4. SAP | 72 |
| 5. RWE | 68 |
| 6. DaimlerChrysler | 67 |
| 7. BASF | 66 |
| 8. Mannesmann | 66 |
| 9. Commerzbank | 63 |
| 10. Dresdner Bank | 63 |

Quelle: SGZ-Bank

wurde VEBA mit 80 von 100 Maximal-Punkten. Die beiden Farbenwerke Hoechst und Bayer folgten auf dem Fuß, und auch zwei Banken konnten sich unter den ersten 10 qualifizieren.

### 5.7 Was die Medien melden –
### Wirtschaftskrimis machen Börsenkurse

»Wir leben in einer Zeit, in der einem das Wort im Munde veraltet«, sagte unlängst ein bayerischer Politiker. Auch Zeitungen und Zeitschriften sind eine »leicht verderbliche Ware«. Die Top-Nachricht von gestern, mehrfach in der Medienlandschaft gebracht und im Fernsehen in schneller Talkrunde kommentiert, kann heute schon abgegriffen und gähnend langweilig sein. Nachhaltigere Wirkung zeigen Wirtschaftsnachrichten. Selbst wenn sie nur als Gerücht kolportiert werden, können sie Börsenkurse treiben oder drücken. Der Stoff, aus dem Wirtschaftskrimis sind, hat nachhaltigere Wirkung.

### 5.7.1 »Der Goldfund des Jahrhunderts« – wie die Börse in Toronto reagierte

Das Goldexplorations-Unternehmen Bre-X Ltd., Calgary, machte im Frühjahr 1997 von sich reden, wollte es doch in Busang in Indonesien Goldfunde riesigen Ausmaßes gemacht haben. Ein »Wirtschaftskrimi der Extraklasse« schien sich anzubahnen, als plötzlich der Chef-Geologe aus einem Hubschrauber in den Dschungel von Borneo fiel, was als Selbstmord gedeutet wurde. Nun war die Regierung Indonesiens am Zuge. Sie stoppte das Busang-Projekt. Das »größte Goldvorkommen aller Zeiten« war in den Medien plötzlich gar nicht mehr so groß, und das bekam der Kurs der Bre-X-Aktie kräftig zu spüren. Vor dem Hubschrauber-Selbstmord des Geologen und optimistischen Analysen hatte die Bre-X-Aktie an der Börse von Toronto noch mit 15,50 kanadischen Dollar notiert. Der folgende Kurs an der amerikanischen Computerbörse NASDAQ betrug $11^3/_8$ amerikanische Dollar.

Nun aber ging's bergab. Nachdem die Kurse an beiden Börsen wegen der überbordenden Gerüchteküche und neuen ungünstigeren Analysen ausgesetzt waren, fielen sie tags darauf in Toronto von 13 auf 2,50 kanadische Dollar. In dem Kursstrudel wurden auch noch viele andere Goldwerte mit nach unten gezogen. Sogar einige Fonds mit Schwerpunkt Rohstoffe oder Gold mußten die Reise nach unten mit antreten.

### 5.7.2 Arbeitsmarktdaten als Kursmacher

Die Medien melden mehr offene Stellen in den USA und Nachfrage nach Arbeitskräften. Eigentlich ein Grund zur Freude. Von wegen! Was ist der Hintergrund? Wenn Arbeitskräfte gebraucht werden, signalisiert dies eine kräftige Konjunkturerholung. Ein starkes Wirtschaftswachstum weckt aber gleichzeitig schon im Anfangsstadium leichte Inflationsängste. Damit einher gehen höhere Notenbankzinsen. Jedes Börsen-Greenhorn weiß, daß höhere Zinsen Gift für die Aktienkurse sind. Börse paradox! Was Freude bei den Sozialpolitikern auslöst, nämlich der erste Silberstreif am Konjunkturhorizont, verhagelt die Börsenkurse.

### 5.7.3 Der Tod des Tenno – Bonus für Japans Papieraktien

Es müssen noch nicht einmal Wirtschaftsnachrichten sein, die die Kurse bewegen. Die japanischen Medien brachten Statements über die schwere Erkrankung und den bevorstehenden Tod des 90jährigen Tenno. Sofort reagierten japanische Papieraktien. Der Grund war profan. Beim Tod des Tenno ist es üblich, millionenfach schriftliche Beileidsbezeugungen zu schicken.

Als weiteres kam eine neue Zeitrechnung hinzu. Sämtliche amtlichen Dokumente mußten ein neues Datum erhalten, denn der altehrwürdige Tenno hatte schon im 63. Jahr des Showa regiert. Großaufträge also für Papierfabriken und Druckereien!

Noch ein Grund: Während der Leidenszeit des Kaisers hatte es bei dem mit dem Herrscherhaus stark verbundenen Volk Zurückhaltung in vielen geschäftlichen und Dingen des täglichen Lebens gegeben. Das war alles nach dem Todestag des Tenno überwunden. Der japanische Aktienindex Nikkei legte schon am nächsten Börsentag 400 Punkte zu.

### 5.7.4 Meldungen über Krankheiten

Ist in den medizinischen Fachzeitschriften zu lesen, daß Schering ein neues Medikament gegen Multiple Sklerose entwickelt, dürfen Sie davon ausgehen, daß die Nachricht alsbald in den Wirtschaftsteil der Zeitungen und in Börsenbriefe übernommen wird. Die Schering-Kurse steigen deutlich, fallen aber nach der ersten Euphorie zurück, wenn Nachrichten über ein ähnliches Medikament in den USA hochkommen, das angeblich einen Entwicklungsvorsprung hat.

Die Berichte und Kampagnen zum Thema Aids löste bei den »Kondom-Aktien« einen Boom aus. Das Papier des amerikanischen Marktführers Mentor Inc. stieg innerhalb von vier Monaten von 16 auf 44 Dollar. Ähnliche Sprünge machte Pfizer, als das Potenzmittel Viagra auf den Markt kam.

### 5.7.5 »Dolly«, das geklonte Schaf, hilft Aktien auf die Sprünge

Es muß nicht ein Mittel gegen Krebs oder Aids sein, das die Kurse eines Pharmakonzerns nach oben treibt. Im Frühjahr 1997 war das geklonte Schaf »Dolly« in Großbritannien ein oft gezeigter Fernsehstar. Nun werden Sie den Kurs der an der Londoner Börse notierten Aktie PPL Therapeutics plc. weder im umfangreichen Kursteil des »Handelsblatts« noch in einer überregionalen Tageszeitung finden. Sie war nämlich bis März 1997 bei Börsianern so gut wie unbekannt.

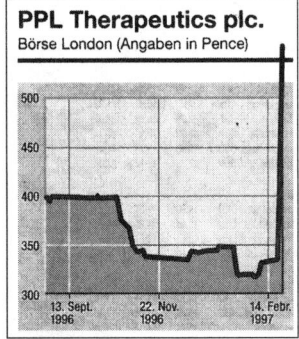

Geklontes Schaf »Dolly« machts möglich: steiler Kursanstieg von 65 Prozent für die »Dolly-Aktie«.

F.A.Z.-Grafik Brocker, Quelle: Bloomberg

Dolly, das geklonte Schaf aus Schottland, machte PR für PPL. Binnen drei Tagen trieb das geglückte gentechnische Experiment den Aktienkurs des biotechnischen Unternehmens PPL von 335 Pence auf 552,50 Pence. Kein Wunder, daß die Broker der Londoner Stock Exchange mit einem Spitznamen für die PPL-Aktie schnell zur Hand waren. Sie heißt künftig »Dolly-Aktie«.

### 5.7.6 »Die Kommentare sind frei, aber die Nachrichten sind heilig«

Dieser Ausspruch wird einem Redakteur des »Manchester Guardian« zugeschrieben. Als informierter Zeitungsleser sehen Sie auf den ersten Blick, ob ein Zeitungsartikel von einer Nachrichtenagentur stammt oder ob es sich um die Meinung eines Wirtschafts- oder politischen Redakteurs handelt. Bei dem Zeichen »RTR« wissen Sie, daß die Agentur Reuters die Nachricht verbreitet hat; bei »DPA« und »AP« handelt es sich um die Deutsche Presse Agentur und Associated Press. Das Kürzel eines Redakteurs am Ende eines Artikels verrät Ihnen, daß es sich hier um eine persönliche Einschätzung, also einen Kommentar handelt. Er kann für Sie als Börsianer wichtige Hinweise für Ihre Kaufentscheidung enthalten, muß es aber nicht. Nachrichten und Kommentare sind oft auch optisch strikt getrennt und erleichtern Ihnen die richtige Zuordnung.

Finden Sie am Montag nach dem 4. Advent die Nachricht, daß der Einzelhandelsverband über das Weihnachtsgeschäft sehr befriedigt war, kann dies dennoch nicht immer Grund sein, jetzt schnell Karstadt-, Kaufhalle- oder Metro-Aktien zu kaufen. Die Profis sind Ihnen garantiert schon zuvorgekommen, und der Kurs hat bereits vorher zugelegt.

Elektrisieren sollten Sie Nachrichten über gestiegene Verbraucherpreise. Diese sind zwar in erster Linie für Konsumenten wichtig; für Sie als Aktionär könnte jedoch ein erstes Indiz für im Gefolge der Verbraucherpreise anziehende Zinsen und abbröckelnde Aktienkurse erkennbar sein.

Auch Messeberichte geben etwas her. Sind die Auftragsbücher der Maschinenbauer in Hannover gefüllt worden? Konnten sich die Genußmittelhersteller in Köln über steigende Nachfrage freuen? Wie sieht es auf dem Bausektor aus? Wurden verstärkt Baumaschinen geordert, was auf lebhaftere Bautätigkeit schließen läßt? Sind Microsoft oder Intuit auf der CEBIT mit neuer Software vertreten?

Auch die Verkehrspolitik einer neugewählten Länder- oder Bundesregierung oder die Energiepolitik kann relevant sein, beispielsweise für die Kurse der betroffenen Firmen Holzmann, Siemens oder Deutsche Babcock. Als die rotgrüne Koalition einen abrupten Atomausstieg plante, kippten prompt die Aktien von RWE und Viag.

Börsianer spitzen die Ohren, wenn Wim Duisenberg von der EZB etwas verlautbart. Werden die Leitzinsen erhöht, schlägt dies meist schon auf den Handel in der zweiten Börsenhälfte durch. Am nächsten Tag kommen Sie als Kleinanleger, der zu Kassakursen bedient wird, schon zu spät. Lag die Erhöhung gerüchteweise in der Luft – und das tut sie fast immer – wären Sie besser beraten gewesen, Aktien, die deutlich im Gewinn liegen, schon vorher abzustoßen.

Natürlich sind Währungsfragen eine Fundgrube für Börsianer. Als sich 1997 die Chancen eines Euro-Beitritts von Italien verbesserten, gingen prompt die Kurse festverzinslicher italienischer Anleihen hoch und paßten sich in ihren Zinssätzen, die vorher manchmal noch doppelt so hoch waren, dem deutschen und französischen Zinsniveau an. Über die Aktienanlage im Zeichen der europäischen Währungsunion werden Sie deshalb noch ein besonderes Kapitel finden. Sagt Ihnen der Zielkorridor des Bargeldumlaufs etwas, die sogenannte Geldmenge M3? Ein schlechtes Zeichen für die Börse ist, wenn sich die Geldmenge enorm ausgeweitet hat und total außerhalb des Korridors liegt.

Mit Wirtschaftsnachrichten ist es wie mit der von Kostolany einmal aufgestellten Gleichung zwei und zwei sei nicht vier, sondern fünf minus eins. Er wollte damit sagen, daß es manchmal etwas länger dauert, bis ein börsenrelevantes wirtschaftliches Ereignis auch tatsächlich auf die Börse durchschlägt. Sie brauchen als interessierter Nachrichtenkonsument manchmal Geduld. Auf längere Sicht wird sich aber meist auszahlen, wenn Sie frühzeitig disponieren, noch bevor die Herde den Trampelpfad Börse betreten hat.

### 5.8 Feindliche Übernahmen – »Raider« treiben Kurse

Bis weit in die achtziger Jahre waren feindliche Übernahmen (»Take-overs«), bei denen eine Aktiengesellschaft eine andere »frißt«, in Deutschland weithin unbekannt. Im Jahr 1988 starteten dann die Flick-Neffen Friedrich Christian und Gerd-Rudolf (»Mick und Muck«) vor der Hauptversammlung der Feldmühle Nobel AG das erste in Deutschland bekanntgewordene Übernahmeangebot. Ein Schritt in neue Dimensionen im »Flickschen Erbfolgekrieg« kommentierte damals eine Zeitung.

1999 begann ein Scharmützel, das sich durch besondere Heftigkeit auszeichnete. Vodafone aus Großbritannien wollte die deutsche Perle Mannesmann übernehmen. Man schätzt allein die Kosten der ganzseitigen Zeitungsannoncen, mit denen die Kontrahenten die Anleger auf jeweils ihre Seite ziehen wollten, auf weit über fünf Millionen Mark.

Können Sie als Aktionär von feindlichen Übernahmen profitieren? Es war so bei Mannesmann, und auch 1997 haben Sie gesehen, daß es geht und wie es geht. Der kleinere Konzern Krupp-Hoesch wollte mit Hilfe der Deutschen Bank die Mehrheit beim Stahlkocher Thyssen AG übernehmen. Die Thyssen-Aktie wurde damals an der Börse mit 346,60 Mark bewertet. Krupp-Hoesch plante, den Thyssen-Aktionären die Trennung von ihrem Papier mit je 435 Mark zu vergolden. Sechs Wochen lang sollten sie Zeit zum Überlegen haben, ob sie dieses Angebot annehmen. Ein wirklich toller Gewinn für die Besitzer von Thyssen-Aktien!

Aber es kam anders. Die Stahlarbeiter beider Firmen, um ihre Arbeitsplätze fürchtend, gingen auf die Straße. Faule Eier flogen gegen die Gebäudefassade des Finanziers Deutsche Bank. Die Presse sprach von »Wildwest an Rhein und Ruhr«. Auch der Thyssen-Vorstand wehrte sich gegen die Zwangsehe. Als die Stahlkocher dann auch noch zur Zentrale der Deutschbanker nach Frankfurt fuhren – schließlich wollte sie den 14-Milliarden-Kauf finanzieren –, gab es bei den Bankern zwar keine »Jagdszenen aus Oberbayern«, aber doch einige skurrile Tarnungen. »Bitte behalten Sie einen kühlen Kopf, damit der Wilde Westen da bleibt, wo er ist – und nicht an Rhein und Ruhr, aber auch nicht am Main«, hieß es in einem Papier für die Mitarbeiter des größten Kreditinstituts. Einer, sonst in feinem blauen Zwirn, erschien im grobgestrickten Pullover im Aufzug zur Kantine: »Das ist meine Tarnung, wenn ich heute gelyncht, geteert und gefedert werde« (Süddeutsche Zeitung).

Und was machte der Kurs der Thyssen-Aktie? Er stieg zwar nicht von 346,50 Mark gleich auf die Höhe des Übernahmeangebotes von 435 Mark, lag aber nach einer Kursaussetzung doch bei beachtlichen 417,50 Mark. Als dann die feindliche Übernahme nach Vermittlung der Landesregierung von Nordrhein-Westfalen abgeblasen wurde und Gerüchte über eine Stahlfusion die Runde machten, sank der Thyssen-Kurs von einem Tag auf den anderen von 417,50 auf 375,50 Mark. Wohl dem Aktionär, der nach den heftigen Protesten den Ablauf kommen sah und schnell verkaufte. Er hat binnen weniger Tage an jeder Thyssen-Aktie einen Reibach von runden siebzig Mark gemacht.

Und was ergab sich für die Mannesmann-Aktionäre bei der Übernahmeschlacht? Der Aktienkurs stieg binnen Jahresfrist von unter 110 auf über 250 Euro! Das KGV erreichte unvernünftige 380 Prozent.

### 5.8.1 Wie wird eine feindliche Übernahme eingefädelt?

Will eine Aktiengesellschaft eine andere schlucken, beginnt dies mit Heimlichtuerei. Sie kauft Aktien der Zielgesellschaft (Target Company) unauffällig an der Börse, um ihre ohnehin schon gehaltenen Anteile aufzustocken. Erst danach enttarnt sie sich mit einem öffentlichen Übernahmeangebot an die freien Aktionäre. Bei der Thyssen-Aktie waren es mit 435 Mark gleich 25 Prozent über dem letzten Börsenkurs.

Eine solcherart bedrängte Gesellschaft muß nun versuchen, eine freundlich gesinnte andere Gesellschaft oder eine Kapitalgebergruppe dazu zu bringen, daß sie für ihre Aktien einen noch höheren Preis bietet, ein Gegenangebot sozusagen, um die feindliche Übernahme abzuwehren. In diesem Zusammenhang ist in den USA der Begriff des »Weißen Ritters« geprägt worden. So nennt man die Gesellschaft, die einem finanziell bedrängten Unternehmen beisteht, um den Raubritter abzuwehren.

### 5.8.2 Die Sitten im Wilden Westen

In den achtziger Jahren machten sogenannte Raider in den USA durch feindliche Übernahmen von sich reden. Namen wie Jack Goldsmith, Carl Icahn und Boone Pikkens waren damals gefürchtet und hatten einen schlechten Klang. Sie machten Jagd auf Großunternehmen und zerlegten sie in Einzelteile. Beim Verkauf der einzelnen Ressorts und der Verwertung ließen sich weit höhere Gewinne erzielen als bei einer Veräußerung des Gesamtunternehmens. Der Grund hierfür ist in den in vielen Unternehmen liegenden stillen Reserven zu suchen. Unterbewertungen von Wirtschaftsgütern machen eine Gesellschaft erst für Raider interessant, da sie sicher sein dürfen, daß bei der stückweisen Verwertung diese stillen Reserven zutage treten.

Manchmal gibt es auch im Vorfeld schon Unternehmenszusammenschlüsse, um Synergien und Ressourcen besser zu nutzen und feindlichen Übernahmeangeboten zuvorzukommen. So wurden Anfang 1997 den Radiostationen in den USA regionale Zusammenschlüsse gestattet, um Raider, was wörtlich übersetzt »Plünderer und Räuber« heißt, gar nicht erst auf den Plan zu rufen.

Doch auch ein positives Element ist der Tätigkeit der Raider abzugewinnen. Sie halten das Management übernahmegefährdeter Gesellschaften wach. Es muß stets auf der Hut sein, um den Firmenwert zu steigern und vielleicht auch Aktien der eigenen Gesellschaft zu erwerben. Auch für Kleinanleger ist der Raider insofern interessant, als er durch die ständige Beunruhigung der Gesellschaften dafür sorgt, daß die stillen Reserven nicht allzu üppig werden. Dies kommt allemal der Dividende zugute.

Als Kleinanleger haben Sie so gut wie keine Chance, rechtzeitig von feindlichen Übernahmen zu erfahren, um vom kurstreibenden Gerangel zu profitieren. Allenfalls Vorstand und Aufsichtsrat des feindlichen Übernehmers und die finanzierenden Banker haben intime Kenntnisse, dürfen sie aber nicht nutzen, weil sie, als Insider, ganz empfindliche Strafen treffen können. Die bisher höchste in Deutschland bekanntgewordene Strafe wurde Ende Februar 1997 ausgesprochen und betraf einen Manager des Fenster- und Türenherstellers Weru. Die Presse kolportierte damals 4,6 Millionen Mark.

Ausgerechnet in der Woche vor der beabsichtigten Übernahme des Thyssen-Konzerns empfahl ich zufällig in meiner Börsenkolumne die Aktien von Thyssen, Krupp-Hoesch und Preussag als Kauftip. Natürlich hatte ich keine Ahnung, was in den folgenden Tagen passieren würde. Auch riet ich eine Woche später rechtzeitig zum Ausstieg, als offenbar wurde, daß sich eine Stahlfusion anstelle der feindlichen Übernahme abzeichnete. Ich hoffe, daß die Leser der Zeitungskolumne den Tip genutzt haben, muß aber freimütig bekennen, daß ich selbst zu spät kam, womit wieder einmal die alte Weisheit bestätigt ist, daß die einen es tun und die anderen ein Buch darüber schreiben.

Die Vodafone-Mannesmann-Bataille gewannen die Briten. Mannesmann verschwindet vom Kurszettel.

### 5.9  Im Einkauf liegt der Gewinn –
### wie Sie einen günstigen Durchschnittskurs erreichen

Wohl dem, dem ein größerer Anlagebetrag für Aktien gerade in der Zeit einer Börsenbaisse zur Verfügung steht. Er hat allerbeste Chancen, bei den laufenden Ausschüttungen eine hohe Rendite einzuheimsen. Mehr Freude wird ihm jedoch der zu erwartende Kursgewinn machen. Wie im menschlichen Leben gibt es auch bei der Börse ein ständiges Auf und Ab. Allerdings können nur Lügner zu tiefsten Kursen kaufen und zu höchsten Kursen verkaufen, wie einmal ein Wallstreet-Börsianer gesagt hat. Aber wann kommt soviel Glück auf einmal, ein großer Geldbetrag für Aktien und auch noch tiefe Kurse! Sie müssen sich eine andere Methode einfallen lassen, und die heißt auf neudeutsch »Averaging« oder, etwas umständlicher umschrieben: Sie versuchen einen günstigen Durchschnittskurs zu erreichen.

### *5.9.1  Ein fester Geldbetrag monatlich*

Sie bitten Ihr Kreditinstitut, monatlich oder vierteljährlich einen gleichbleibenden Betrag in D-Mark für Sie in Aktien anzulegen. Sagen wir, Ihre finanzielle Situation ist so gut, daß es 1000 Mark sind. Besser wären allerdings ca. 3000–5000 Mark, um die Mindestgebühren abzufangen. Aber bleiben wir bei dem einfachen Beispiel und sehen mal von den Mindestgebühren ab. Die Aktie, die Sie ausgewählt haben, kostet im ersten Monat 200 Mark. Ergo erhalten Sie 5 Stück davon.

Der nächste Monat ist ein schlechter Börsenmonat. Ihre Aktie macht eine besonders tiefe Talfahrt auf 160 Mark. Für den Anlagebetrag von 1000 Mark erhalten Sie nun schon 6,3 Aktien. Vielleicht sackt der Kurs durch bis 100 Mark. Sie würden gleich zehn Aktien im übernächsten Monat erhalten. Sie sehen, es war klug, einen festen Geldbetrag für den Aktienkauf aufzuwenden. In drei Monaten sind 21,3 Aktien in Ihr Depot gekommen.

### 5.9.2 Eine bestimmte Anzahl Aktien monatlich

Was hätten Sie wohl die 21,3 Aktien gekostet, wenn Sie statt eines festen Geldbetrages Ihre Bank angewiesen hätten, monatlich 7,1 Aktien zu kaufen (21,3 : 3 Monate). Diese Vergleichszahl müssen wir schon nehmen, auch wenn sie etwas krumm ist, um einen echten Vergleich zum vorigen Kapitel zustande zu bringen.

Im ersten Monat kaufen Sie also 7,1 Aktien x 200 Mark (= 1420 Mark); im zweiten Monat 7,1 x 160 (= 1136) und im dritten Monat 7,1 x 100 (= 710). Rechnen wir die drei Zahlen zusammen, kommen wir auf einen Aufwand von 3266 Mark, um die Vergleichszahl von 21,3 Aktien zu erstehen. Sie mußten 266 Mark mehr ausgeben.

Daraus ziehen Sie ein Fazit: Es ist günstiger, in der Art eines Sparplans einen festen Monatsbetrag anzulegen, weil Sie bei fallenden Kursen »mehr Aktie« für Ihr Geld bekommen oder für eine bestimmte Anzahl Aktien weniger Geld aufwenden müssen.

### 5.9.3 Kaufen über die Treppe

Wer einen günstigen Durchschnittskurs erreichen will, wendet noch eine andere Methode an, die ich hier einmal volkstümlich »Treppen-Limit« nennen will. Es funktioniert ganz einfach: Steht die von Ihnen favorisierte Aktie beispielsweise bei einem Kurs von 200 und Ihr Konto wäre so erfreulich ausgestattet, daß Sie gleich 60 Stück davon kaufen könnten, würde dies gleich 12 000 Mark kosten. Dabei übersehen wir mal geflissentlich die Nebenkosten, wie Bankprovision und Maklergebühr.

Besser wären Sie bei fallenden Kursen jedoch gefahren, wenn Sie sich eine »Treppe« gebastelt und beim Kurs von 200 beispielsweise nur 5 Stück gekauft hätten, den Rest aber schrittweise billiger. Sagen wir so: statt 60 Stück auf einen Rutsch vielleicht 5 Stück zu 200, dann 10 Stück zu 195, 20 Stück zu 190 und schließlich die letzten 25 Stück zu einem Kurs von nur 180. Sie hätten insgesamt nur 11 250 statt 12 000 Mark aufzuwenden brauchen, immer vorausgesetzt, der Kurs fällt auch tatsächlich von 200 auf 180 zurück. Macht nichts, wenn einmal eine Stufe oder auch zwei Stufen nicht aufgehen. Im Prinzip gewinnen Sie immer mit einem Treppenlimit, denn an der Börse gibt es ein ständiges Auf und Ab. Es ist in Ihr Ermessen gestellt, wie Sie die Treppen-Kursstufen festlegen. Wichtig ist nur, daß Sie beim Kauf stets mit steigenden Stückzahlen die Treppe hinuntergehen.

Natürlich verfahren Sie beim Verkauf entsprechend. Nur daß dabei die Stückzahlen mit aufsteigenden Kursstufen zunehmen. Ihr »Averaging«, wie es auf neudeutsch heißt, wird sich auszahlen. Auch beim Verkauf klappt es nicht mit jeder Treppenstufe. Übers Jahr gesehen jedoch funktioniert das Treppenspielchen vortrefflich.

Zugegeben: Ein ziemliches Handicap dabei sind die Mindestgebühren der Banken. Betragen sie beispielsweise 30 Mark, müßte jede Stufe schon einen Auftrag von über 3000 Mark oder rund 1500 Euro beinhalten. Das ist nicht ermutigend für Schnupper-Einsteiger. Aber vergessen wir nicht: Der personelle und elektronische Aufwand der Banken ist enorm.

### 5.10 Der erste Verlust ist noch der beste –
### »Stop-loss« vermeidet »Kellerleichen«

Nehmen wir an, Sie haben Allianz-Aktien zu einem Kurs von 300 Euro gekauft und auch gut daran verdient, weil der Kurs inzwischen über 320 Euro gestiegen ist. 20 Euro Gewinn möchten Sie auf jeden Fall sicherstellen (320–300). Nun könnten Sie eine Verkaufsoption (Put) als Absicherungsinstrument kaufen.

Es gibt aber auch noch eine andere Möglichkeit. Sie legen ganz einfach ein »Stop-loss-Limit«. Dabei geben Sie Ihrem Kreditinstitut den Auftrag, Allianz automatisch zu verkaufen, wenn der Kurs unter 320 Euro fällt.

Wahrscheinlich geht es Ihnen auch so wie mir. Irgendwann kamen schlechte Nachrichten über eine Gesellschaft, man kriegte sie nicht mit oder man vergaß ganz einfach, die betreffende Aktie schnell zu verkaufen. Sie sank immer tiefer und mit sooo großem Verlust wollte man dann auch nicht verkaufen, hieße dies doch auch, eine persönliche Niederlage einzugestehen.

Jeder hat seine »Leiche im Keller«, weil er auf eine Besserung des Kurses hofft und es einfach nicht fertigbringt, einen hohen Verlust zu realisieren. »Kellerleichen« binden aber Kapital über längere Zeit, mit dem man erfolgversprechendere Aktien kaufen könnte. Man sollte es erst gar nicht so weit kommen lassen.

### 5.10.1 *Stop-loss-Orders jetzt für alle Ordergrößen*

Stop-loss-Orders, die aus den USA übernommen sind, konnten erstmals 1989 an die deutschen Kreditinstitute gegeben werden. Noch 1996 klappte dies nur bei den 30 DAX-Werten, und auch nur dann, wenn es sich um mindestens 50 Stück oder ein Mehrfaches davon handelte. Das wäre für die Allianz-Aktie mit dem im Beispiel angenommenen Kurs von 320 Euro doch ein sehr großer Posten gewesen, der nur für Großanleger in Frage kam. Seit 1997 jedoch dürfen Sie für alle Aktien und in jeder Ordergröße Stop-loss-Orders an Ihr Kreditinstitut geben, und seit Herbst 1998 kann auch im System XETRA ein Stop-loss eingegeben werden.

Stop-loss-Orders als Mittel der Gewinnsicherung oder Verlustbeschränkung sollten Sie vielleicht nicht zielgenau auf einen vollen Tausender, wie im Beispiel bei Allianz, oder einen vollen Hunderter setzen. Sie müssen davon ausgehen, daß solche leicht einprägsamen Margen von vielen Börsianern als Stop-loss ausgesucht werden. Wenn allzu viele zu einem bestimmten Kurs verkaufen, kann er weiter bis ins Bodenlose stürzen, wie es sich beispielsweise beim großen Crash von 1987 an der Wallstreet gezeigt hat. Damals lösten in einer Kettenreaktion die ersten Stop-loss-Orders weitere aus. Immer mehr kamen zusammen und der Dow-Jones-Index wurde durch die »gehorsamen Computer«, die stur die Limits ausführten, regelrecht zusammengeknüppelt.

### 5.10.2 Stop-buy-Orders sind das Gegenstück

Sie wollen eine bestimmte Aktie kaufen, aber dafür verständlicherweise nicht jeden Preis zahlen. Auch möchten Sie sich nicht die Mühe machen, den Kurs tagein, tagaus zu verfolgen. So geben Sie Ihrem Kreditinstitut eine Stop-buy-Order. Ist ein bestimmter Tiefstpunkt, der Ihnen für den Kauf akzeptabel erscheint, erreicht, kauft Ihre Bank automatisch die angegebenen Aktien. Wie Sie schon von den Stop-loss-Orders wissen, klappt dies neuerdings für jede Aktie und in jeder beliebigen Größenordnung. Manche Kreditinstitute nehmen 10 Mark Gebühr, aber einige tun es auch kostenlos. Ist das von Ihnen vorgegebene Limit erreicht, wird Ihre Order zum nächstfolgenden amtlichen Kurs ausgeführt und dies unabhängig davon, ob er unter Ihrer vorgegebenen Marge liegt oder diese schon wieder überschritten ist.

Achten Sie darauf, daß Sie bei der Order-Erteilung nicht nur das Limit angeben, sondern auch den Vermerk »Stop-loss« oder »Stop-buy« hinzufügen. Die Aufträge werden übrigens, genauso wie limitierte Aufträge, bis zum Monatsultimo oder einem von Ihnen kürzer gesetzten Termin durchgeführt.

Gute Erfahrungen habe ich mit einem Limit gemacht, das ich »Abstauber-Limit« nenne. Es bewährt sich insbesondere bei volatilen Aktien, deren Kurs ziemlichen Schwankungen unterworfen ist. Unter einem »Abstauberlimit« verstehe ich einen Kaufauftrag, der wirklich nur zum Zug kommt, wenn der Kurs einer Aktie einmal regelrecht nach unten durchfällt. Haben Sie beispielsweise ein Treppenlimit für eine Aktie mit den »Treppenstufen« 80, 78, 76 gelegt und dies mit steigenden Stückzahlen, könnten Sie noch ein »Abstauberlimit« bei 70 legen und hierbei eine besonders hohe Stückzahl einsetzen. Fällt der Aktienkurs wirklich auf 70 Mark – und sei es erst nach Wochen – hat sich Ihr Durchschnittskurs durch das Abstauberlimit wesentlich günstiger gestellt.

### 5.11 Hin und Her macht Taschen leer –
### Verkaufen kostet Überwindung

In Kapitel 1.3 haben Sie die Gebühren der Kreditinstitute kennengelernt. Sie wissen jetzt, daß allzu schnelles Verkaufen nach dem Aktienkauf und wiederholtes Kaufen und Verkaufen tatsächlich die Taschen leeren kann. Vielleicht ist Ihre Aktienstrategie ohnehin langfristig auf Alterssicherung ausgerichtet, und Sie legen monatlich einen festen Geldbetrag bei Ihrem Kreditinstitut für den Kauf von Investmentanteilen und Aktien an.

Dennoch sollten Sie etwas »Spielgeld« haben, um an den Kursbewegungen der Börse echt verdienen zu können. Aus meiner Erfahrung kann ich sagen, daß es sich lohnt. Sie können es lernen, den Spruch »Hin und Her macht die Taschen leer« ad absurdum zu führen. Bald jedoch werden Sie merken, daß auch Verkaufen gelernt sein muß.

Manche Aktionäre haben sich hierfür bestimmte Regeln ausgedacht. Sie sagen beispielsweise:»Habe ich an einer Aktie 10 bis 15 Prozent verdient, und würde ich sie zum aktuellen Zeitpunkt auf keinen Fall mehr für einen Kauf in Betracht ziehen, dann verkaufe ich sie.« Gegner dieser Methode werden einen anderen Börsenspruch dagegenhalten und der heißt: »Die Hausse nährt die

Hausse.« Ist Optimismus erst einmal Dauergast auf dem Börsenparkett, wird es meist so sein, daß eine Aktie nicht nur 10 bis 15 Prozent, sondern auch deutlich mehr steigt.

In zumindest einem Fall würde ich von der Regel abraten, auch kurzfristige Börsengewinne mitzunehmen. Es handelt sich dabei um sogenannte »Turn-around-Aktien«, die eine lange Durststrecke von Verlustjahren hinter sich haben und nun plötzlich wieder schwarze Zahlen schreiben.

KHD ist ein solches Beispiel. Nach der Sanierung und der Umbenennung von Klöckner-Humboldt-Deutz in schlicht »Deutz« verdoppelte sich der Kurs binnen Monaten von 8 auf 16 Mark. Mit einem Einsatz von 100 000 Mark, langsam und dosiert über mehrere Wochen zum Kauf von Deutz-Aktien verwendet, hätten Sie in kurzer Zeit Ihr kleines Vermögen von 100 000 auf 200 000 Mark aufstocken können.

Eine ähnliche Entwicklung durchlief der Maschinenbauer Jagenberg 1997. Im Jahr vorher lag sein Tiefstkurs bei etwas mehr als 90. Dann verlautbarte, das Unternehmen schreibe erstmals wieder schwarze Zahlen, und eine stürmische Aufholjagd begann. Sogar im April 1997, als die Börsentendenz nach den übertrieben starken Kurssteigerungen der Vormonate eine deutliche Beruhigungspause einlegte, stieg Jagenberg vollkommen gegen den Trend und erreichte Kurse von mehr als 170 Mark und noch kein Ende war in Sicht. Wenn Sie die aktuelle Tageszeitung zur Hand nehmen, werden Sie aber feststellen, daß Jagenberg derart zurückgefallen ist, daß sich die Dividendenrendite auf den zweistelligen Bereich zubewegt.

Fazit: Sollten Sie sich, Ihrer Veranlagung nach, eher zu den »Tradern« zählen, die schnelle Kursgewinne mitnehmen möchten, lohnt es trotzdem, bei »Turn-around«-Werten weiter engagiert zu bleiben und die Aufholjagd mit klingender Münze mitzumachen.

### 5.12 Das potenzierte Risiko –
### Kursrisiko plus Währungsrisiko

Sprechen wir zunächst etwas allgemein von den Risiken bei Aktien. Wie Sie im vorigen Kapitel gelesen haben, kann man mit Turn-around-Werten tolle Gewinne einfahren. Nicht verschwiegen werden darf jedoch die mögliche Bauchlandung, nämlich das Konkurs- oder Insolvenzrisiko. Abschreckende Beispiele sind die schon genannten Aktien von Bremer Vulkan und Escom, die noch mit »Erinnerungswerten« im Kurszettel verzeichnet sind. Wie kommt es bloß, fragen Sie vielleicht, daß die Konkursaktie Bremer Vulkan selbst ein Jahr nach dem Konkurs noch mit 1,60 Mark im Kurszettel stand? Wer kauft denn eine solche Aktie, die nichts mehr wert ist?

Der Grund hierfür kann darin liegen, daß clevere Profis Bremer Vulkan bereits »leer auf Termin« verkauften, also ohne überhaupt ein einziges Stück zu besitzen, als die Vulkan-Aktie zu wackeln begann. Später müssen sie sich dann »eindecken«, um ihrer Lieferverpflichtung für die »leer verkauften« Aktien nachzukommen. Es ist also selbst nach dem Konkurs noch Nachfrage vorhanden. Sie kann sogar dazu führen, daß die Aktie einer Bankrottfirma nochmals deutlich ansteigt, bevor der endgültige Kollaps kommt.

Setzen Sie immer nur einen kleinen Betrag Ihres für Aktien vorgesehenen Kapitals auf Turn-around-Kandidaten. Ein gewisser Prozentsatz davon geht baden. Diese Totalverluste müssen Sie mit den echten Highflyers, die sich aus dem Abgrund wieder in die Höhe schwingen, ausgleichen. Da Sie als Aktionär Mitinhaber einer Aktiengesellschaft sind, versteht sich als weiteres Risiko das Kursrisiko eigentlich von selbst.

Es kann ein allgemeines Marktrisiko sein, weil Stahl schlecht geht, Chemie aber gut. Es kann aber auch ein unternehmensspezifisches Risiko sein, weil das Management speziell einer Gesellschaft schlecht gewirtschaftet hat, obgleich die Branche boomt.

Vergessen wir nicht das Dividendenrisiko. Wenn Sie den Kurszettel in Ihrer Tageszeitung verfolgen, werden Sie in der Dividendenspalte eine Menge Nullen finden. Vor mir liegt die »Süddeutsche Zeitung«. Ich sehe mir die Einheitskurse – außer den 30 DAX-Werten – unter dem Buchstaben »A« an. 42 Gesellschaften sind hier aufgeführt. Acht davon, also jede fünfte, hat im letzten Jahr keine Dividende ausgeschüttet.

Erfreulich oder auch katastrophal kann Sie als Aktionär bei Auslandsaktien das Währungsrisiko treffen. Es kommt zum Kursrisiko ausländischer Aktien hinzu. In Zeiten von Währungsturbulenzen kumulieren, ja potenzieren sich beide Risiken regelrecht. Viele ausländische Aktien werden auch an den acht deutschen Börsen notiert. Sie kaufen sie hier spesengünstiger als an den Heimatbörsen. Vergessen Sie nie, daß Sie das Währungsrisiko bei ausländischen Aktien immer mitkaufen, selbst wenn Sie die Papiere nicht an der Heimatbörse, sondern an einer deutschen Börse erwerben.

Wie steht der Yen, wie steht der Dollar? Die Konjunkturentwicklung, die Inflationsrate, aber auch Zinsdifferenzen zwischen den Ländern bestimmen den Devisenkurs. Geld ist scheu wie ein Reh. Es flieht um die Welt. In Krisenzeiten wird es nicht selten in die sicheren Häfen des Dollarraumes geschwemmt. Die Angst vor dem Euro häufte bei den Schweizer Eidgenossen solche Beträge an Devisenzuflüssen an, daß außer den niedrigen Guthabenzinsen wieder – wie schon einmal – über einen Strafzins für Schweizer Guthaben nachgedacht wurde. Legt der Dollar 10 Prozent zu, dürfen Sie sich über 10 Prozent Kursgewinn bei Ihren amerikanischen Aktien freuen, selbst wenn der Aktienkurs wie Blei auf der Stelle gelegen hat. Verliert der japanische Yen 5 Prozent, waren die japanischen Aktienkurse jedoch im gleichen Zeitraum stabil, können Sie 5 Prozent von Ihrem japanischen Aktienbesitz in den Wind schreiben.

Fazit: Wählen Sie Ihre Aktien auch nach Ländergesichtspunkten sorgfältig aus. Aufwertungen des Euro sind gleichbedeutend mit Abwertungen von Auslandswährungen. Die in Euro notierten Auslandspapiere verlieren dann an Wert. Stärker werdende Auslandswährungen jedoch schwemmen zusätzliche Gewinne nicht nur in die Kassen der Exportfirmen (bekannt als »windfall profits«), sondern auch auf Ihr mit Auslandsaktien bestücktes Wertpapierdepot. Der Ausweg, an Auslandsbörsen Aktien in Landeswährung zu kaufen, ist trügerisch. Sie müssen schließlich irgendwann die Landeswährung in Deutsche Mark zurücktauschen.

## 5.13  Wie hoch ist die Ausschüttungsquote? –
## Stichwort »Dividendenkontinuität«

Im letzten Kapitel haben Sie gelesen, daß zwanzig Prozent der Aktien einer bestimmten Sparte dividendenlos geblieben sind. Als Anleger können Sie da nur hoffen, über Kursgewinne entschädigt zu sein. Insbesondere für die Altersvorsorge werden Sie Aktien mit Dividendenkontinuität bevorzugen, damit auch die Ausschüttungen reinvestiert werden können. Die Chemiebranche lief in letzter Zeit gut, die Autobranche boomte regelrecht. Entschieden schlechter ging es den Stahlkochern, die um des Überlebens willen, zumindest der Rendite willen, fusionieren mußten.

Wie wahrscheinlich ist es, daß das von Ihnen bevorzugte Unternehmen auch in Zukunft Dividenden ausschütten wird? Man versucht, dies an Hand der Ausschüttungsquote zu ermitteln. Dafür wird die Dividende durch den Gewinn geteilt. Das Ergebnis ist die Ausschüttungsquote. Bei einem Wert über 0,7 gehen Experten davon aus, daß auch in Zukunft mit steigenden Dividendenzahlungen zu rechnen ist. Grundlage für die Gewinnermittlung ist das DVFA-Ergebnis, das Sie schon kennengelernt haben. Es hat den Vorteil, nur die Gewinne aus dem Kerngeschäft, nicht aber die außerordentlichen Erträge und Verluste zu berücksichtigen.

Auch sehr renommierte Firmen, wie DaimlerChrysler, lassen ihre Aktionäre, was Dividende anbetrifft, schon mal am Hungertuch nagen. Die zunächst vertuschten Milliardenverluste der schwäbischen Autobauer ließen die Aktionäre 1995 leer ausgehen. Vorstandsvorsitzender Jürgen Schrempp mußte die Milliardenverluste eingestehen, nachdem sein Vorgänger Edzard Reuter kurze Zeit vorher noch für 1995 einen um ein Drittel gesteigerten Gewinn sozusagen als Abschiedsgeschenk verkündet hatte.

Einen der »zuverlässigsten Zahlmeister« stellte »DM« heraus. Als »Paradebeispiel« nannte das private Wirtschaftsmagazin die IKB Deutsche Industriebank. Sie hatte seit der Gründung 1949 nicht einen einzigen Dividendenausfall. Mehr noch: Sie mußte nach Auskunft des Vorstandssprechers auch nicht ein einziges Mal die Dividende senken.

### 5.14 Steigende Aktienumsätze – steigende Kurse

Deutsche Telekom, Siemens, Deutsche Bank und die IG-Farben-Nachfolger sind oft Spitzenreiter bei den täglichen Umsatzzahlen. Dies ist allerdings wenig aussagekräftig. Erst wenn man die Umsatzentwicklung einer einzelnen Aktie über einen längeren Zeitraum verfolgt, vermag man einen Trend der Kursentwicklung erkennen. Das Umsatzvolumen in Stückzahlen (rechts) können Sie aus einigen Tageszeitungen entnehmen. In vielen Charts können Sie am unteren Ende das Umsatzvolumen auf einen Blick auch optisch durch senkrechte Linien verfolgen.

| 16.3.2000 / 17.30 Uhr | | WPKN | Umsatz 16.3.2000 | | |
| --- | --- | --- | --- | --- | --- |
| | | | Stück | Tsd. Euro | Stück (F) |
| Agiv (o.N.) | ♣ | 502820 | 39281 | 732 | 36505 |
| Altana (o.N.) | | 760080 | 33181 | 2177 | 32702 |
| AMB (o.N.) | | 840002 | 9458 | 692 | 8410 |
| AVA | | 508850 | 342 | 193 | 294 |
| Axa Colonia StA (o.N.) | | 841000 | 2174 | 205 | 1770 |
| Babcock Borsig (o.N.) | | 550700 | 23297 | 1028 | 22550 |
| Bankges.Berlin (o.N.) | | 802322 | 50438 | 867 | 45318 |
| Beate Uhse (o.N.) | | 755140 | 44174 | 722 | 41994 |
| Beiersdorf (o.N.) | | 520000 | 61081 | 3796 | 58749 |
| Bewag (o.N.) | | 530300 | 39294 | 411 | 31749 |
| BHW Hold. (o.N.) | | 522390 | 99942 | 1730 | 92002 |
| Bilfinger + Berger (o.N.) | | 590900 | 63619 | 875 | 56864 |
| Boss Hugo VA (o.N.) | ♣ | 524553 | 1529 | 193 | 1259 |
| Brau u. Brunnen(o.N.) | ♣ | 555030 | 9874 | 354 | 8087 |
| Buderus(o.N.) | ♣ | 527800 | 58824 | 978 | 56998 |

Umsatzvolumen in Stückzahlen

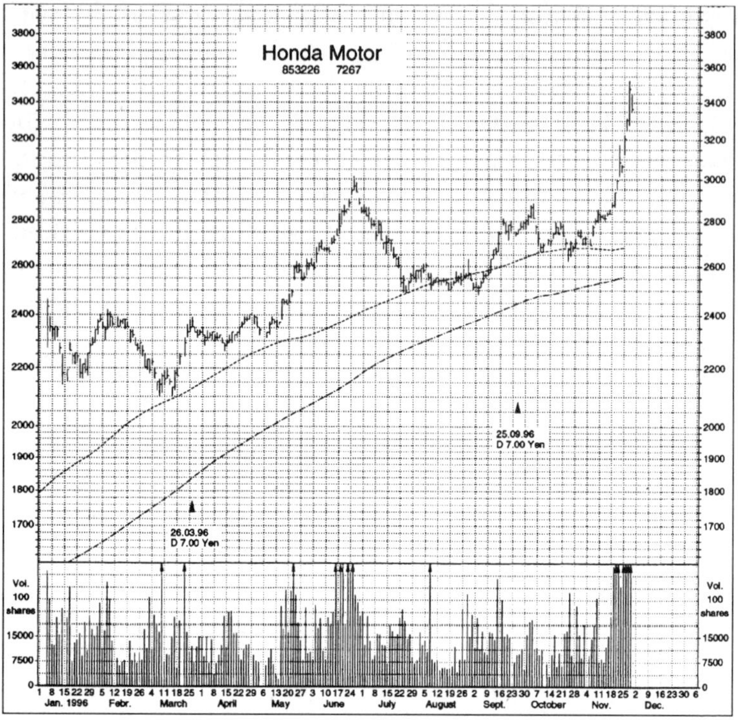

Quelle: Hoppenstedt Charts

... Umsatzvolumen über einen längeren Zeitraum bei Honda Motor verfolgen.

Nimmt das Umsatzvolumen einer Aktie zu, spricht vieles für einen weiteren Aufschwung, denn viele Käufer sind am Markt. Bleiben die Umsätze dagegen gering, ist das Interesse an einer Aktie eher mäßig. Sie könnte alsbald weiter vernachlässigt werden und im Kurs zurückfallen. Als besonders günstig sehen es die Chartisten, wenn der Spruch zutrifft: »Volume goes with price.« Dies bedeutet frei übersetzt, daß ein gleichzeitiges Ansteigen von Kurs- und Umsatzvolumen technische Stärke einer Aktie signalisiert. Fällt dagegen das Umsatzvolumen, während die Aktie im Kurs weiter ansteigt (Volume against price), wird dies als Wendepunkt mit nachlassendem Käuferinteresse und alsbaldigem Kursrückgang gedeutet.

Die Beobachtung der Aktienumsätze für Ihre Kauf- oder Verkaufsentscheidung ist ein Hilfsmittel, das Ihnen aus den Medien schon am folgenden Tag zur Verfügung steht. Im Gegensatz dazu erfahren Sie die Interna aus den Gesellschaften meist erst viel später. Diese Zahlen sind zunächst nur den Insidern bekannt. Auf den Markt der öffentlichen Meinung gelangen sie erst, wenn die Profis der Großbanken daraus ihre Schlüsse gezogen und Anlageentscheidungen getroffen haben.

Was sagt das Umsatzvolumen letztlich aus? Steigt es an, sind viele Käufer der Meinung, daß eine Aktie weiter steigen wird. Nur deshalb kaufen sie schließlich dieses Papier. Umgekehrt muß die gleiche Anzahl von Verkäufern der Meinung sein, daß der

| Name | Börse | Letzter Kurs | Datum Uhrzeit | Differenz Vortag | Eröffnung | Hoch Tief | Volumen (Stück) |
|---|---|---|---|---|---|---|---|
| DEUTSCHER AKTIENINDEX (DAX) (PERFORMANCEINDEX) | Xetra | 7153.49 | 18.01., 14:45 | -105.41 -1.45% | 7262.21 | 7306.48 7116.92 | 0 |
| DAX (KURSINDEX) | Xetra | 5643.15 | 17.01., 17:45 | +66.61 +1.19% | 5643.15 | 5643.15 5643.15 | 0 |
| ADIDAS-SALOMON AG AKTIEN O.N. | Frankfurt Stock Exchange | 67.80 | 18.01., 14:17 | -0.10 -0.15% | 68.00 | 68.40 67.80 | 28189 |
| ALLIANZ AG VINK. NAMENS-AKTIEN O.N. | Frankfurt Stock Exchange | 357.00 | 18.01., 14:29 | -14.00 -3.77% | 370.00 | 370.00 357.00 | 47500 |
| BASF AG AKTIEN O.N. | Frankfurt Stock Exchange | 47.50 | 18.01., 14:30 | -0.30 -0.63% | 48.00 | 48.15 47.40 | 130207 |
| BAYER AG AKTIEN O.N. | Frankfurt Stock Exchange | 44.70 | 18.01., 14:30 | -1.30 -2.83% | 46.30 | 46.73 44.55 | 256768 |
| BAYER.HYPO- UND VEREINSBANK AGINHABER-STAMMAKTIEN O.N. | Frankfurt Stock Exchange | 72.30 | 18.01., 14:30 | -0.20 -0.28% | 72.90 | 74.20 72.00 | 131336 |
| BAYERISCHE MOTOREN WERKE AG STAMMAKTIEN EO 1 | Frankfurt Stock Exchange | 27.10 | 18.01., 14:25 | -0.05 -0.18% | 27.30 | 27.40 26.80 | 70117 |
| COMMERZBANK AG AKTIEN O.N. | Frankfurt Stock Exchange | 36.45 | 18.01., 14:30 | +0.20 +0.55% | 36.10 | 37.60 36.10 | 638735 |
| DAIMLERCHRYSLER AG NAMENS-AKTIEN O.N. | Frankfurt Stock Exchange | 72.20 | 18.01., 14:29 | -0.75 -1.03% | 73.30 | 73.50 71.70 | 379537 |

## REGIONALE UMSÄTZE (IN STÜCK)

| Düsseldorf | 20.1.00 | 19.1.00 | München | 20.1.00 | 19.1.00 |
|---|---|---|---|---|---|
| Flender | 117 | 2050 | AnterraVerm. | 110 | 30 |
| Gildemeister | 12470 | 4495 | Dywidag | 1820 | 890 |
| Glunz VA | 0 | 50 | Escada VA | 170 | 25 |
| Horten | 1000 | 1200 | Flachglas | 0 | 0 |
| Jagenberg VA | 9680 | 18765 | LEONI | 40 | 450 |
| Kaufhalle | 0 | 0 | Mü.Rück NA | 2772 | 3849 |
| Kaufring | 0 | 0 | Puma | 635 | 200 |
| Quante VA | 1965 | 1000 | Rosenthal | 105 | 40 |
| Trink. & Burkh. | 0 | 0 | Schneider | 2591 | 1290 |
| VEW | 23 | 0 | Sixt StA | 1095 | 2331 |
| Zanders VA | 112 | 8 | **Hamburg** | **20.1.00** | **19.1.00** |
| **Frankfurt** | **20.1.00** | **19.1.00** | Beiersdorf | 475 | 926 |
| | | | Drägerwk.VA | 1915 | 300 |
| A. u. M. Leben | 0 | 0 | Edding VA | 95 | 420 |
| BMW VA | 35284 | 13123 | HEW | 1237 | 2338 |
| Buderus | 32446 | 35097 | Holsten-Brau. | 4299 | 15890 |
| C.H.A.Bauelem. | 10976 | 8950 | Jungheinr. VA | 500 | 2993 |
| DLW | 0 | 700 | Oppermann | 250 | 0 |
| Dyckerhoff VA | 8874 | 15280 | JeanPascale | 0 | 109 |
| Felten&Guill. | 0 | 0 | Phoenix | 1510 | 2690 |
| Goldschmidt | 800 | 499 | Pinguin Haust. | 263 | 14 |
| Heidelb.Zem. | 19324 | 33371 | Reichelt | 0 | 70 |
| Kaufhalle | 70 | 325 | Spar VA | 150 | 200 |
| Kaufring | 573 | 795 | Temming VA | 157 | 16 |
| Krones VA | 5997 | 7420 | Ver.u.Westbk. | 2385 | 7880 |
| KSB VA | 755 | 1348 | Volksfürsorge | 0 | 0 |
| | | | Wünsche | 9500 | 75 |

Kurs weitgehend ausgereizt ist. Sie haben bereits ihren Gewinn eingefahren und trennen sich deshalb von dem Papier. Geht der Kurs zuletzt gar steil nach oben, wird der Anreiz, Gewinne zu realisieren, für die Verkäufer übergroß. Immer mehr Papiere werden auf den Markt geworfen. Zuletzt fehlt es an Käufern, und die Kurse fallen zurück.

Aus diesem Anlegerverhalten ziehen Sie den Schluß, daß irgendwann bei steigenden Kursen, gepaart mit steigendem Umsatzvolumen, zwangsläufig das Ende der Fahnenstange erreicht sein muß. Sie steigen zu den vermuteten Spitzenkursen aus, bevor die Euphorie für eine bestimmte Aktie umkippt. Die beste Reklame für eine Aktie – und eine solche sind steigende Umsätze – verliert irgendwann ihre Wirkung. Neue Jahreshöchststände mahnen zur Vorsicht.

Sehen wir uns auch noch die Baisse an. Die Kurse sind so niedrig, daß die Umsätze der Verkäufer nachlassen. Aber irgendwann werden sich mutige Rückkäufer finden und mit steigenden Umsatzzahlen die Kurse wieder nach oben treiben. Beim Crash kann es zum »sell-out« kommen. Vollkommen kopflos trennen sich die verängstigten Aktionäre von ihren Papieren. Es gibt riesige Umsätze und dies alles zu Ausverkaufspreisen.

Wenn der kleine Durchschnittsanleger, die sogenannten »zittrigen Hände«, mit großen Verlusten verkauft hat und als gebranntes Kind die Börse bis zur nächsten »Dienstmädchen-Hausse«

jahrelang meidet, schlägt die Stunde der Profis. Die »starken Hände« entdecken den vollkommen zusammengeknüppelten Kurs einer Aktie und steigen mit großen Stückzahlen wieder ein. Sie sind es, die die Top-Gewinne mit Aktien machen. Warum nicht auch Sie als Kleinanleger? Sie kennen doch jetzt die Börsensystematik und wissen, daß die Nacht vor der Morgendämmerung am schwärzesten ist. Freilich gehört große Überwindung dazu, dann einzusteigen, wenn eigentlich niemand mehr Aktien haben will und die Medien das Horrorszenario noch schwärzer ausmalen als es ohnehin schon ist.

## 6 Analysen als Hilfsmittel für Ihre Aktiengeschäfte

Könnte man nur die Kurse der Aktien vorausahnen oder mit kühlem Verstand vorausberechnen! Wir Aktionäre klammern uns an alles, was uns diesem Ziel näher zu bringen scheint. Manchmal ist es einfach. Ein bißchen Sportfernsehen reicht aus. Allerdings interessieren hierbei nur die Siege und Niederlagen der Fußballvereine jenseits des Kanals.

Deutsche Bundesligavereine werden noch nicht an der Börse notiert. Der HSV trug sich einmal mit dem Gedanken an HSV-Aktien. An der Hanseatischen Börse lächelte man nur müde. Die Bosse der Fußballkicker ließen es bleiben. Aber demnächst wollen Bayern München und Dortmund Ernst machen. Alles noch Zukunftsmusik! Schauen wir deshalb über den Kanal nach Großbritannien, schauen wir aber vor allen Dingen zur Berliner Börse. Dort können Sie erstmals Aktien britischer Fußballklubs kaufen.

Manchester United und Tottenham Hotspurs, schon seit längerer Zeit an der Londoner Börse gehandelt, stehen nun als Auslandsaktien auch auf dem Berliner Kurszettel. Gewinnen die Mannschaften, steigen die Kurse, rutschen sie in Richtung Tabellenende, trennen Sie sich am besten von Ihren Fußballaktien. Übrigens: Manchester United wird unter Wertpapier-Kennummer 861995, Tottenham Hotspurs unter 868358 und Sunderland unter 905327 notiert. Als ich dies schrieb, betrug der Kurs von Tottenham nur noch 3,25 Mark, während Manchester United mit 18,20 Mark zumindest kursmäßig Spitzenreiter war. Einiges sprach also dafür, daß Tottenham in letzter Zeit öfters verloren hatte. Die Fußballtabelle als Analyse für künftige Aktienkurse! Mal was anderes.

Bevor wir uns jedoch den wissenschaftlichen Analysen, scharfsinnig eruiert von der Gattung homo sapiens, zuwenden, geben wir unseren entwicklungsgeschichtlichen Vettern in der Seitenlinie den Vortritt. Fünf schwedische Börsenmakler wurden von der Zeitung »Expressen« mit 10000 Kronen Spielkapital versehen. Sie mußten in einem Wettbewerb gegen einen Schimpansen antreten. Der Affe traf schnelle Entscheidungen. Er warf Dartpfeile auf den Kurszettel und wurde mit 1542 Kronen Kursgewinn überlegener Sieger.

**6.1 Die jungen Wissenschaftler mit dem Daumen nach oben –**
**Fundamentalanalyse**

Nun frage ich einmal scherzhaft: Wozu brauchen Großbanken Dutzende hochqualifizierte Volkswirtschaftler und Betriebswirtschaftler mit Doktortitel in ihren Analyseteams, wenn schon die Affen die Börsenmakler schlagen? Es hat übrigens einen ähnlichen Test in den USA gegeben. Senator McIntyre demonstrierte ihn augenfällig. Er hatte das »Wall Street Journal« an die Wand geheftet und bewarf es mit Dartpfeilen. Seine Zufallstreffer hatten insgesamt ein besseres Ergebnis als damals alle amerikanischen Investmentfonds.

Wozu also Wissenschaft, wenn der Zufall an der Börse Regie zu führen scheint? Es ist einfach beantwortet: Die Zahlen, die eine Aktiengesellschaft an die Öffentlichkeit gibt, sind letztlich »Schnee von gestern«. Bilanz und Verlust- und Gewinn-Rechnung spiegeln das, was sich in einem abgelaufenen Zeitraum im Unternehmen abgespielt hat. Deshalb versuchen Analysten mit wissenschaftlichen Methoden, diese Zahlen in die Zukunft zu transformieren.

Ich bin immer wieder von der Treffsicherheit überrascht, wenn 1999 ein Gewinn pro Aktie für 2000 prognostiziert wurde, der dann auch ungefähr zutraf, obgleich noch nicht mal der Umsatz 2000 als exakte Größe absehbar war. Manchmal geht es aber auch total daneben. Statt 5 Euro vorausgesagtem Gewinn werden tatsächlich nur 2 Euro erzielt. Das Kurs-Gewinn-Verhältnis (vgl. Kapitel 5.5) steigt rapide an, und der Kurs der ehedem preiswerten Aktie purzelt. Sie als Aktionär haben das Nachsehen.

Wie gehen sie vor, die meist jungen Wissenschaftler in den Bankhochhäusern? Heben sie den Daumen nach oben, können sie für eine Aktie ein Kursfeuerwerk auslösen. Immer vorausgesetzt, genug Börsendienste machen sich die Aussage des Analystenteams zu eigen und bereiten den Markt vor.

### 6.1.1 Was machen Konjunktur, Politik und Zinsen? – Vom allgemeinen zum speziellen Umfeld

Eine gründliche Fundamental-Analyse wird in verschiedenen Schritten vollzogen:

1. Globalanalyse
2. Branchenanalyse
3. Einzelanalyse

Wie ist die allgemeine Konjunkturlage in der Welt und im eigenen Land? Stehen wir vor einem neuen Aufschwung mit historisch niedrigem Diskontsatz und in seinem Gefolge niedrigen Zinsen für die Unternehmensfinanzierung? Oder hat die Bundesbank schon wieder auf die Zinsbremse getreten, um die Preise bei einer überschäumenden Konjunktur im Zaume zu halten? Steht eine Bundestagswahl bevor? Welcher Gruppierung räumt die Wirtschaft ein ihr freundlicher gesonnenes Programm zu?

Das alles sind Fragen des globalen Umfelds, die sich die Analysten stellen. Erst danach werden sie sich in den einzelnen Branchen umschauen. Wenn es den Autobauern gutgeht, die Stahl für ihre Karosserien brauchen, können die Stahlerzeuger gleichwohl – und dies sogar durch beabsichtigte »feindliche Übernahmen« – zur Konzentration gezwungen sein, um durch Rationalisierung

Börsenprognose

und Synergieeffekte ihre unbefriedigende Ertragslage auf dem Weltmarkt zu verbessern.

Wie eng Politik und Wirtschaft verwoben sind, hat auch die Gesundheitsreform gezeigt. Immer mehr Kurkliniken sind schon dicht oder werden noch geschlossen. Die Kurse der Klinik-Aktien sind das Spiegelbild dieser Entwicklung. Auch die Pharmaindustrie ist tangiert. Einzelne Firmen jedoch können sich dem

Branchensog nach unten durch Innovationen entziehen. Damit sind wir schon bei der Einzelanalyse. Schering hat zur Zeit 50 Medikamente in der Entwicklung, von denen ein Dutzend demnächst die Marktreife erlangen dürfte. Also werden die Analysten der Schering-Aktie im Vergleich zu weniger innovativen Mitbewerbern einen Bonus einräumen.

### 6.1.2  Bilanzzahlen sind »Schnee von gestern«

Ungefähr ein halbes Jahr nach Ende des Geschäftsjahres übergibt Ihnen Ihr Kreditinstitut den auf Hochglanz herausgebrachten Geschäftsbericht Ihrer Aktiengesellschaft. Erst jetzt dürfen Sie als Aktionär zum erstenmal die im Anhang abgedruckte Bilanz und Verlust- und Gewinn-Rechnung einsehen. Das bislang sogar in den einzelnen Firmenabteilungen gutgehütete Geheimnis wird veröffentlicht. Dennoch haben meist schon Wochen vorher die Kurse Reaktion gezeigt. Irgend etwas muß durchgesickert sein von den roten Zahlen des letzten Geschäftsjahres oder von der erfreulichen Performance, wie man auf neudeutsch ein hervorragendes Betriebsergebnis nennt.

Sie können nun aufgrund der in Aussicht gestellten Dividende und des aktuellen Kurses der Aktie Ihre Dividendenrendite als Aktionär errechnen. Wie es geht, haben Sie in Kapitel 3.7 gelesen. Auch der Gewinn pro Aktie ist nicht allzu schwer zu ermitteln. Sie teilen den Jahresüberschuß durch die Anzahl aller Aktien der Gesellschaft. Doch das haben Sie mittlerweile schon in den Publikationen Ihres Kreditinstitutes und der Fachzeitschriften gelesen.

Ferner interessiert Sie das Kurs-Gewinn-Verhältnis (KGV), über das Sie sich in Kapitel 5.5 informieren konnten. Vielleicht ist es reizvoll, das neue aktuelle KGV einmal mit den KGVs Ihrer Aktiengesellschaft in den vergangenen Jahren zu vergleichen. Auch ein Vergleich mit dem KGV des Gesamtmarktes könnte aufschlußreich sein. Dabei müßten Sie auch die Besonderheit berücksichtigen, daß Gesellschaften mit sehr wenigen Aktien im Streubesitz meist ein höheres KGV haben. Hält eine große Versicherung oder eine Bank 80 Prozent der Aktien einer Gesellschaft, ohne sie je in ihrem Portefeuille bestandsmäßig anzurühren, können die verbleibenden 20 Prozent auf dem Markt je nach Nachrichtenlage schon einmal Bocksprünge vollführen und das KGV maßgeblich in beide Richtungen beeinflussen.

Auch zur Branchenanalyse ist noch etwas nachzutragen. Bei der Chemiebranche, den Autofabriken, der Stahlindustrie, den Maschinenbauern, den Versicherungsgesellschaften und den Banken ist Vergleichbarkeit leicht möglich. Aber was ist bei »High-Tech« und den Fluglinien? An bekannten Gesellschaften fanden Sie in Deutschland bisher lediglich SAP – einmal abgesehen von den kleineren Gesellschaften des Neuen Marktes – und Lufthansa. Der im März 1997 eingeführte »Neue Markt« mit seinem enormen Zugang an Gesellschaften hat eine Fülle von »Vergleichsmaterial« gebracht, wenn mir auch das KGV ungesund hoch erscheint. Aber wie heißt es heute: Die »Story« wird bezahlt, auch wenn die nächsten Jahre an Ausschüttungen nicht zu denken ist.

Auch die Ermittlung der Eigenkapitalquote gehört zum Aufgabenfeld der Analysten (wirtschaftliches Eigenkapital : Bilanzsumme), die Ihnen die eingangs genannten Fakten und Daten schon mundgerecht serviert haben, bevor Sie in den Besitz des Jahresabschlusses »Ihrer« Aktiengesellschaft kommen.

### 6.1.3  Was ist die Gesellschaft wirklich wert? – Gretchenfrage der Analysten

Ist wirklich alles »Schnee von gestern«, was Heerscharen von Analysten in den glitzernden Hochhäusern ermitteln? Natürlich nicht! Sie kriechen tiefer in das Zahlenwerk der Gesellschaften hinein und stellen die Gretchenfrage: »Wie hältst du es mit dem Ertragswert und dem Substanzwert?« Letztlich ist auch die Suche nach Ertragswert und Substanzwert ein »am Golde hängen und nach dem Gold drängen«. Wer viele stille Reserven im Substanzwert einer Aktie entdeckt, hat wirklich eine Goldader angeschlagen. Immer vorausgesetzt natürlich, die Öffentlichkeit erfährt es durch die Medien und macht sich auf, die betreffende Aktie zu kaufen.

Was ist also der innere Wert einer Aktie? Es ist ganz wichtig, ihn zu kennen. Ist er deutlich höher als der aktuelle Aktienkurs, darf demnächst mit einen Kursfeuerwerk gerechnet werden, denn die betreffende Aktie gilt am Markt als unterbewertet. Ist aber der Aktienkurs schon weit über den inneren Wert einer Aktie gestiegen, kann für Börsianer nur das Motto gelten: schnell fallen lassen wie eine heiße Kartoffel. Die Aktie ist überbewertet; man muß »glattstellen«. Sie sehen, die Fundamentalanalyse kann durchaus spannend sein. Nähern wir uns also dem inneren Wert einer Aktie von den beiden Podesten »Ertragswertmethode« und »Substanzwertmethode«. Beginnen wir mit der Ertragswertmethode, dem Vergleich von Zinsen und Zukunftsdividenden.

Ihre Gesellschaft hat seit Jahren eine konstante Dividende ausgeschüttet. Sie sind deshalb optimistisch, daß sie dies auch in Zukunft tun wird. Nun geht Ihre einfache Überlegung dahin: Was bekomme ich zur Zeit an Zinsen für ein langfristig festgelegtes Sparguthaben, und was bekomme ich vergleichsweise an Dividenden aus den Aktien meiner Gesellschaft? Und gleich die entscheidende Zusatzfrage: Ist der Kurs der von mir gehaltenen Aktie nach dieser Ertragswertmethode in seinem inneren Wert überbewertet oder unterbewertet?

Unterstellen wir eine langjährige und auch in Zukunft erwartete Dividende von 5 Euro (= rund 10 Mark). Als Zins für eine langfristige Spareinlage nehmen wir 5 Prozent. Nun teilen wir die Dividende von 10 Mark, entsprechend dem Zinssatz von 5 Prozent, durch 0,05. Wir erhalten einen inneren Wert Ihrer Aktie von

Wertpapieranalyse

Quelle: DWS (Deutsche Gesellschaft für Wertpapiersparen: verwaltet 130 Publikumsfonds von Investmentsparern)

200 Mark (= ca. 100 Euro). Ein Blick in den Kurszettel verrät Ihnen, ob sie überbewertet (= höherer aktueller Kurs) oder unterbewertet (= niedrigerer aktueller Kurs) ist. Natürlich wenden Sie jetzt ein, daß es keine Garantie auf weiterhin 10 Mark Dividende gibt. Vielleicht fügen Sie auch hinzu, daß die Entwicklung des Zinssatzes für längerfristige Sparanlagen genauso im ungewissen liegt. Damit haben Sie schon die Unwägbarkeiten der auf Zukunft, also die auf Schätzungen, abgestellten Ertragswertmethode treffend aufgezeigt. Nur ein kleines Beispiel: Der Dollarkurs steigt enorm. »Windfall profits« füllen die Kassen der Exportfirmen. Wie schön, aber auch wie unvorhersehbar für Sie. Klar ist Ihnen, daß es auch umgekehrt sein kann.

Kommen wir zum zweiten Podest der Fundamentalanalyse, bei

dem die sogenannten stillen Reserven im Vordergrund stehen. Es nennt sich Substanzwertmethode. Auch sie ist Hilfsmittel zur Errechnung des inneren Werts einer Aktie. Auf Ihrem Schreibtisch liegt der Hochglanz-Bericht einer Aktiengesellschaft. Sie blättern im Anhang und finden die Bilanz. Auf der linken Seite stehen die Vermögenswerte, die Aktiva genannt werden, und rechts daneben die Schulden (Passiva). Aber auch das Eigenkapital hat rechts seinen Platz gefunden.

Nun machen wir es so einfach wie »Bömmel« in der »Feuerzangenbowle«, wenn er die Dampfmaschine im Physikunterricht erklärt. Wir ziehen von den Aktiva mit angenommenen zehn Millionen Mark die Schulden auf der rechten Seite mit acht Millionen ab und behalten ein Reinvermögen von zwei Millionen übrig. Peinlich darauf geachtet haben wir, nur die echten Schulden, nämlich die Verbindlichkeiten, nicht aber die gesetzlichen Rücklagen und auch nicht das Eigenkapital von der Aktivseite in Abzug zu bringen. Ist die Gesellschaft nun zwei Millionen Mark wert, wie wir sehr einfach errechnen konnten? Sie ist garantiert mehr wert.

Lassen Sie mich dafür etwas ausholen. Ich war einmal zu Mannesmann in Düsseldorf eingeladen und stand vor der »Pilgerwalze«, die mit ohrenbetäubendem und erderschütterndem Lärm einen langen Stempel in einen weißglühenden Stahlzylinder treibt. Zentimeterweise und bei jedem Stoß ein Stückchen weiter vor, wird der Kern nach außen gedrückt. Die Außenhülle, das berühmte nahtlose Mannesmannrohr, entsteht. Unser PR-Mann erklärte, die »Pilgerwalze« stamme aus dem Jahr 1927. Sie rattert noch immer im Mehrschichtbetrieb. In der Bilanz der Mannesmann AG steht sie aber seit mindestens sechzig Jahren nur noch mit einem Erinnerungswert von einer Mark. Was mag sie wohl heute wert sein, fände sich ein Käufer im unterentwickelten China? Nehmen wir an, er zahlt eine Million Mark. Dann stecken doch in dieser »Pilgerwalze« allein 999 999 Mark stille Reserven.

Um diesen Betrag übersteigt der tatsächliche Wert den Erinnerungswert von einer Mark in der Bilanz.

Das war sicher ein sehr ausgefallenes Beispiel. Aber es veranschaulicht, daß das Steuerrecht fast immer eine schnellere Abschreibung erlaubt, als es dem tatsächlichen Wertverzehr entspricht. Nehmen Sie nur Ihren Pkw, den Sie als Selbständiger in fünf Jahren abschreiben dürfen. Er hat 60 000 Mark gekostet und steht nach Ablauf der zugrundegelegten finanzamtlichen Nutzungsdauer nur noch mit einer Mark in Ihrem Inventarverzeichnis. Ganz sicher werden Sie ihn nach fünf Jahren nicht für eine Mark in Zahlung geben oder verkaufen.

Riesenbeträge an stillen Reserven stecken auch in Gebäuden, die bei Industriebetrieben, je nach Beanspruchung, in 30 bis 50 Jahren abgeschrieben werden. Sie haben sicher schon einmal etwas von »geringwertigen Wirtschaftsgütern« gehört. Das sind Anschaffungen von nicht mehr als 800 Mark (ohne Umsatzsteuer) von selbständig nutzbaren betrieblichen Wirtschaftsgütern. Diese Anlagegüter dürfen sofort über Betriebsausgaben verbucht werden, stehen also nach einem Jahr nur noch mit einer Mark Erinnerungswert in der Bilanz.

Nach diesem Exkurs kommen wir jedoch wieder zu unserer Aktiengesellschaft zurück, für die wir nach Abzug der Schulden ein vorläufiges Reinvermögen von zwei Millionen Mark errechnet hatten. Nehmen wir nun nach großzügiger Schätzung stille Reserven von einer Million Mark hinzu. Wir erhalten ein endgültiges Reinvermögen von drei Millionen Mark. Sind 50 000 Aktien in Umlauf, würde sich bei einem Reinvermögen von drei Millionen Mark je Aktie ein innerer Wert von 60 Mark ergeben. Nun vergleichen Sie wieder den aktuellen tatsächlichen Aktienkurs. Ist er höher, ist er niedriger? Sie wissen auch unter den Gesichtspunkten der Substanzwertmethode, ob Ihre Aktie unterbewertet oder überbewertet ist.

Nun haben Sie praktisch gedanklich die Arbeit eines Analysten an einem kleinen, sehr einfachen Beispiel nachvollzogen. In Wirklichkeit ist es eine Riesenarbeit, die auf viele Köpfe verteilt werden muß. Man würde Jahre brauchen, wollte man alle deutschen und internationalen Aktien nach der Fundamentalanalyse untersuchen. In dieser Zeit aber hätten neue wirtschaftliche Daten und Fakten die Bilanzwerte, von denen ausgegangen wurde, längst überholt. Eines ist Ihnen erneut überdeutlich vor Augen geführt worden: Gesellschaften mit sehr hohen stillen Reserven sind ein regelrechter Appetithappen für »feindliche Übernahmen« (vgl. Kapitel 5.8).

### 6.2 Die »Vergangenheitsbewältigung« mit Lineal und Bleistift – Chartanalyse

Der Inhaber einer Supermarktkette eröffnete einen neuen Markt auf der grünen Wiese. »Bis heute abend habe ich 50 000 Mark Miese gemacht«, sagte er am Eröffnungstag zu mir. »Die vielen Lockangebote – mindestens 50 Artikel weit unter Einkaufspreis!« Warum verschenkt ein Unternehmer Geld? Doch nur, weil er die Kunden an die Umgebung eines neuen Marktes gewöhnen will. Der Mensch ist letzten Endes ein »Gewohnheitstier«. Er lernt aus Erfahrungen und ruft sie – wenn sie positiv waren – immer und immer wieder ab.

Natürlich haben Sie in Ihrem Bekanntenkreis auch einige liebe Freunde, die sozusagen über einen eingebauten »Phrasenspeicher« verfügen. »Alles okay?«, »ich möchte meinen …«, »ich würde sagen …«, »Empfehlung an die Gattin …«, »korrekt, korrekt«, »meine Rede«, »super, einfach super«, »total out, einfach megaout«. Sie kennen das ganz sicher. Worthülsen! Auch in ihrem Börsenverhalten neigen die Anleger zu Wiederholungen, wenn eine bestimmte Situation wiederkehrt.

Die Chartanalyse (technische Analyse) zeichnet solche Verhaltensmuster auf und geht davon aus, daß sie auch in Zukunft wieder auftreten werden. Wenn dies aber so ist, kann man den künftigen Kursverlauf einer Aktie aus einem Schaubild der Vergangenheit möglicherweise herauslesen. Zudem ist die Chartanalyse eine einfache und eingängige Art der Kursvorhersage, denn die meisten Menschen lassen sich durch optische Darstellungen schneller überzeugen als durch abstrakte Berechnungen.

Im letzten Kapitel haben Sie gesehen, daß die Ermittlung des inneren Werts einer Aktie gar nicht so einfach ist. Fatalerweise neigen Aktienkurse auch noch dazu, den inneren Wert vollkommen zu ignorieren. Übereinstimmung von Aktienkurs und innerem Wert der Aktie ist die Ausnahme, die Abweichung die Regel. Es gibt einfach zu viele Einflußfaktoren, die auf Aktienkurse einwirken. Sie haben die Politik, die Währung, die Konjunktur, die Medien, die unternehmerischen Entscheidungen und auch die Psychologie bereits kennengelernt. Warum es also nicht einmal ganz einfach mit einer technischen Analyse versuchen, die jedermann versteht?

Die Vergangenheit eines Kursverlaufs steht Pate für die Voraussage. Früher war gang und gäbe, die »Vergangenheitsbewältigung« mit Lineal und Bleistift zu vollziehen. Ich kenne jemanden, der noch vor zehn Jahren dieses Handwerkszeug ständig bei sich trug und unmittelbar nach den Börsennachrichten seine neuesten Charts zeichnete. Ob er dabei reich geworden ist, hat er mir leider nicht verraten.

Computerprogramme zeichnen heute die Charts. In der Telebörse von n-tv sehen Sie Dr. H. D. Schulz bei der Demonstration der Hoppenstedt-Charts. Der Verlag Hoppenstedt in Darmstadt gibt 7 Charthefte heraus (Standardwerte, Spezialwerte, Auslandswerte, USA/Kanada-Werte, Fernostwerte, Optionsscheine, Devisen). Durch Charthefte bekannt geworden ist ferner die »Neue Wirtschaftspresse Verlags GmbH« in Bobenheim-Roxheim.

Charts können auch elektronisch abgerufen werden. Das Internet, T-Online, AOL und der Fax-on-demand-Service verschaffen Zugang (z. B. eine Internet-Adresse: www.hoppenstedt.com).

### 6.2.1 Wo die Kurse Trampolin springen – Widerstandslinien

Herr M. in München und Herr H. in Hamburg kennen sich nicht. Dennoch gibt es eine Gemeinsamkeit. Beide wollen XY-Aktien kaufen, sobald der Kurs auf 75 zurückgefallen ist. Es gibt in Deutschland viele Ms. und Hs., die sich ein bestimmtes Niveau für den Kauf oder Verkauf einer Aktie zum Ziel gesetzt haben. Ist es erreicht, so handeln sie.

Das Spiegelbild ihres Handelns sind an der Börse die sogenannten Widerstandslinien. Sie werden auch Unterstützungslinien genannt. Sinkt der XY-Kurs auf 75, werden die Kauforders der Ms. und Hs. wirksam. Viele Kauforders treiben den Kurs nach oben. Er prallt, quasi wie auf einem Trampolin, von der unteren Unterstützungslinie wieder zurück in Gefilde, die weiter oben liegen.

Auch Frau F. in Frankfurt hat die Beobachtung gemacht, daß Kurse häufig wieder nach oben gehen, wenn sie sich der unteren Unterstützungslinie genähert haben. Frau F. sieht dies dann als Kaufsignal und ist bisher mit ihren Einstandspreisen damit nicht schlecht gefahren.

Aber auch oben gibt es eine Widerstandslinie. Die Kurse stoßen gewissermaßen gegen die Decke und werden von dort ebenfalls zurückgefedert. Der Grund ist genauso einleuchtend. Nach rasantem Kursanstieg haben sich viele Börsianer gedanklich auf einen Kurs fixiert, bei dem sie mit Gewinn verkaufen wollen. Wünschenswert wäre der Höchstkurs, aber sie wissen, daß dies so gut wie unmöglich ist. Deshalb nehmen sie vielleicht eine runde Zahl, die sich nachher als obere Widerstandslinie herausstellt. Sie lesen anderntags im Börsenteil Ihrer Zeitung, daß die obere

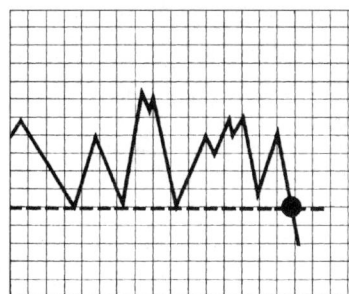 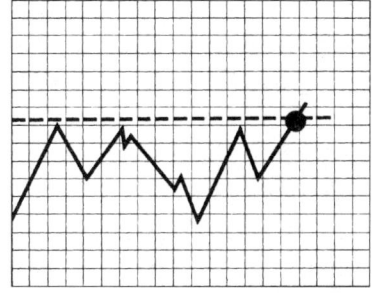

Eine mehrfach getestete untere und obere Widerstandslinie wird durchbrochen.

Quelle: Planspiel Börse, Deutscher Sparkassenverlag

Widerstandslinie »mehrfach getestet« wurde, aber nicht durchbrochen werden konnte. Geschieht dennoch ein Durchbruch einer mehrfach getesteten Linie, gehen die Kurse oft schnurstracks weiter nach oben. Dies ist genauso ein Erfahrungsgrundsatz wie weitere Kursverluste nach dem Durchbrechen der unteren Widerstandslinie.

Die Widerstandslinien sind auch psychologische Barrieren. Wenn ein Börsianer jahrelang den Kurs einer Aktie in einer Bandbreite von 100 und 150 verfolgt hat, und sie bricht zum erstenmal nach oben oder unten aus, wird er meist durch Kauf oder Verkauf handeln, weil die Psychologie des gewohnten Bildes durcheinandergeraten ist.

### 6.2.2 Prognosen aus steigenden und fallenden Linien

Als Einstieg in die Chartanalyse haben Sie die obere und untere Widerstandslinie als waagerechte Linien kennengelernt. Sie verlaufen parallel zur X-Achse des auf Millimeterpapier gezeichneten oder per Computer gedruckten Diagramms. Aus Ihrem Geometrie-Unterricht erinnern Sie sich, daß die X-Achse in waagerechter und die Y-Achse in senkrechter Richtung des Koordinatensystems verläuft.

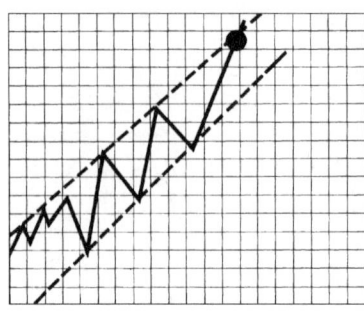

Im Diagramm sind die Spitzen der Kursausschläge mit einer geraden Linie verbunden worden. Ein Trendkanal hat sich herausgebildet. Der Kurs ist gerade dabei, die obere Trendlinie zu durchstoßen. Analytiker nehmen dies als Indiz für einen weiter steigenden Kurs.

Quelle: Planspiel Börse, Deutscher Sparkassenverlag

Aktienkurse machen oft wilde Sprünge durch Ihr Diagramm, mal rauf, mal runter, dann wieder eine Zeitlang fast waagerecht. Verbinden Sie die unteren und oberen Spitzen eines Aktienkurses, erhalten Sie steigende oder fallende Linien. Es ergeben sich bestimmte Formationen oder auch Bandbreiten und Trendkanäle, denen die Chartanalytiker Aussagekraft zuordnen.

### 6.2.3 Liniencharts und Balkencharts

Der Chart in der obigen Abbildung ist ein Linienchart. In der horizontalen Richtung (X-Achse) bildet die Zeit die Maßeinheit.

Chart der Microsoft-Aktie über sechs Monate. 

Quelle: Datastream

Es gibt Charts, die sich über Tage, Wochen, Monate oder gar Jahre erstrecken. Häufig ist in einem großen Chartbild über Monate im oberen freien Raum noch ein kleinerer Chart des Kursverlaufs der letzten Jahre eingeblendet.

In der vertikalen Richtung (Y-Achse) eines Charts findet die Kurshöhe ihren Niederschlag. Es hat sich eingebürgert, für die Darstellung der Liniencharts jeweils die Kassakurse der Aktien zu verwenden. Wird eine Aktie auch im Variablen Handel an der Börse gehandelt, bleiben die variablen Kurse des Tages unberücksichtigt.

Anders ist es bei den Balkencharts (Bar-Charts). Sie unterscheiden sich von den Liniencharts dadurch, daß die täglichen Höchst- und Tiefstkurse einer Aktie durch einen senkrechten Strich verbunden werden. Sie können mit schnellem Blick die tägliche Schwankungsbreite erkennen und müssen nicht mühsam im Kurszettel jeden einzelnen variablen Kurs ver-

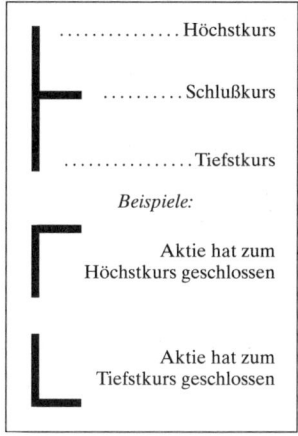

Ein Bar-Chart mit der Tagesentwicklung einer Aktie.

folgen. Ein kleiner waagerechter Strich bezeichnet oft den jeweiligen Tagesschlußkurs. Da es bei den nur zum Kassakurs notierten Aktien keine Höchst- und Tiefstkurse eines Börsentages gibt, entfallen sie für die Darstellung in Balkencharts. Dies gilt aber nur für die tägliche Kursdarstellung. Bei einem Zeitraum von einer Woche können auch für die nicht variabel gehandelten Aktien Balkencharts in Frage kommen.

### 6.2.4 Wie lesen Sie einen Chart?

Aktienkurse haben eine recht unterschiedliche Höhe. Einmal betragen sie 30 Euro, ein anderes Mal über 500 Euro. Deshalb werden Charts logarithmisch dargestellt. Die gleichen Längeneinheiten auf der vertikalen Achse (Y-Achse) entsprechen gleichen prozentualen Veränderungen. Erst dieser Trick erlaubt es, einzelne Aktien zueinander, aber auch im Verhältnis zu einem Branchenindex oder beispielsweise zum Deutschen Aktienindex (DAX), vergleichbar zu machen.

In der Anleitung zu den Hoppenstedt-Charts wird ausgeführt,

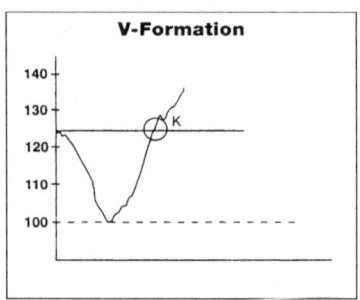

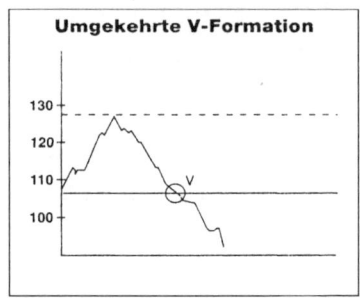

daß das Lesen von Charts »keine Prognosen für das Kursniveau von übermorgen beabsichtigt«. Auch wird nicht behauptet, »exakt vorhersagen zu können, wie lange ein Trend anhalten wird«. Also wieder nichts mit einer exakten Kursvorhersage? Gewiß nicht; dennoch sind Aussagen darüber möglich, ob ein Trend noch weitergeht oder die Situation von Angebot und Nachfrage an der Börse zur Änderung eines grundlegenden Trends führt. Beim großen Crash 1987 waren auch Charts wenig hilfreich. Gleichgültig, in welcher Formation sie sich gerade befanden, alle hätten einen abrupten Niedergang der Kurse anzeigen müssen. Selbstverständlich ist dies genauso wenig geschehen, wie die Fundamentalanalytiker das Desaster vorausgesagt haben. Aber sehen wir uns jetzt die bekanntesten Formationen an, denen die Chartanalytiker die größte Wahrscheinlichkeit des Eintreffens zubilligen.

Einer der einfachsten Chartverläufe ist die V-Formation, bei der der Kurs einer Aktie oder eines Indexes sehr schnell abgesunken ist, unten einen Boden bildet und dann wieder ansteigt. Geht der Kurs nun, nachdem das V ausgebildet ist, weiter nach oben, soll dies ein Indiz für weiter steigende Kurse sein.

Steht die V-Formation auf dem Kopf, spricht man von einer umgekehrten V-Formation. Geht der Kurs nach der Vollendung des umgekehrten Vs weiter nach unten, dürfen noch größere Kursverluste erwartet werden.

174

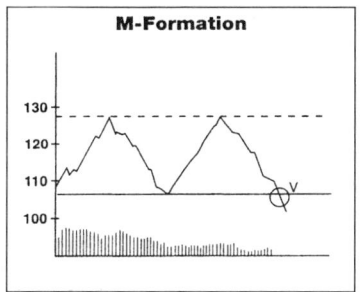

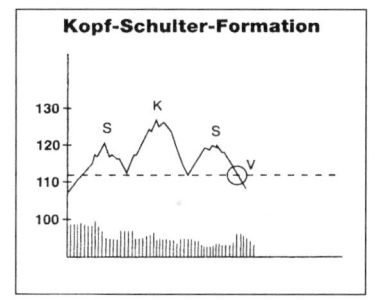

Quelle: Deutscher Sparkassenverlag

Die sogenannte M-Formation besteht aus zwei nebeneinander-gestellten umgekehrten V-Formationen. Auch hier gilt, daß ein Durchbrechen des Kurses nach unten nach der Vollendung des Ms als Verkaufssignal gedeutet werden darf. Bei einer W-Forma-tion ist die Deutung genau umgekehrt wie bei der M-Formation.

Einer der bekanntesten Charts ist die Kopf-Schulter-Formation, bei der die linke Schulter mit einem leichten Kursanstieg, dann einem Rückgang auf die sogenannte »Nackenlinie« markiert wird. Daraufhin steigt der Kurs etwas deutlicher an und bildet den Kopf aus, um erneut auf die Nackenlinie zurückzufallen und schließlich mit einem leichteren Kursanstieg die Oberpartie eines menschlichen Körpers, die sogenannte Kopf-Schulter-Formation, zu vervollständigen. Geht es nach Abschluß des Gebildes über die Nackenlinie nach unten, ist ein weiterer Kursverfall angesagt.

Anhänger der Chartanalyse verbreiten sie mit fast wissenschaft-lichem Eifer und haben noch vielen anderen Formationen Bezeichnungen zugeordnet, als da sind: Untertassen-Formatio-nen, umgekehrte Untertassen-Formationen, Wimpel, Flaggen, Keile und Gaps. Aus dem Englischen kennen Sie das Wort »tooth-gap«. Auch im Kursverlauf einer Aktie kann irgendwann eine der »Zahnlücke« vergleichbare Lücke durch einen plötzlichen Ab-sacker veranlaßt sein.

Da massive Kursausschläge nach unten wie auch nach oben

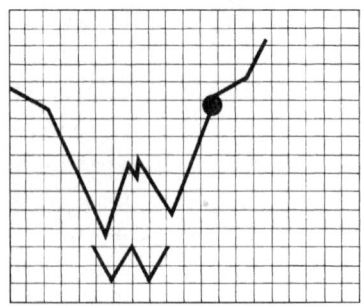 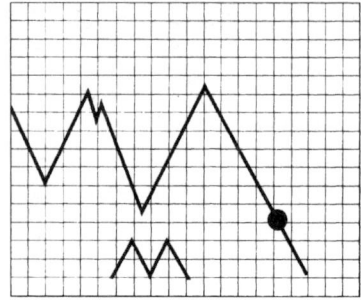

W- und M-Formationen. Die erstere deutet wegen Ausbrechens der Seitenlinie auf einen weiteren Kursanstieg und die M-Formation auf einen zurückgehenden Kurs hin.

Quelle: Planspiel Börse, Deutscher Sparkassenverlag

meist korrigiert werden, weil die Börse üblicherweise über ein Ziel hinausschießt, werden auch charttechnische Gaps schnell wieder aufgefüllt.

### 6.2.5 Leicht zu deutende Charts – gleitende Durchschnitte

Vielleicht ergeht es Ihnen wie auch mir: Ich habe immer gewisse Probleme mit der Aussagekraft komplizierter Charts und der »Verwissenschaftlichung« der Formationen. Besser, weil leicht zu deuten, liegen mir dagegen die gleitenden Durchschnitte. Ich messe ihnen überhaupt eine viel größere Bedeutung als den anderen Formationen bei, aber dies mag sehr subjektiv sein. Wie entsteht ein gleitender Durchschnitt? Nehmen wir den Kursverlauf des DAX während der letzten 38, 100 oder 200 Börsentage, und stellen wir zunächst die täglichen Mittelwerte des DAX als eine laufend fortgeführte Reihe während der genannten Periode dar.

Wie erhält man die gleitenden Durchschnittslinien des DAX? Es werden ganz einfach die DAX-Stände der letzten 38 oder 200 Tage addiert und dann durch 38 bzw. 200 geteilt. Am nächsten Börsentag fällt der älteste Kurswert, also der mittlerweile 39. Tag oder 201. Tag weg. Dafür wird der aktuelle DAX-Kurs des laufenden Börsentages in die Reihe eingebaut. Hierdurch glätten sich kurzfristige Kursschwankungen, und man kann den allgemeinen Trend erkennen. Je länger der Zeitraum des gleitenden Durchschnitts ist, desto mehr Aussage hat der Trend. So kann man bei einem 200-Tage-Durchschnitt den langfristigen Börsentrend deutlicher ausmachen als bei einem 38-Tage-Durchschnitt, der ungefähr zwei Börsenmonaten entspricht.

In Ihrer Tageszeitung oder den Fachpublikationen können Sie mit schnellem Blick erkennen, ob der letzte aktuelle Kurs des DAX ober- oder unterhalb der 38-, 100- oder 200-Tage-Linie verläuft. Aufmerksamkeit ist angesagt, wenn der aktuelle Kurs die Linie des gleitenden Durchschnitts schneidet. Schnittpunkte nach oben signalisieren weiteren Kursanstieg, während ein Durchbrechen der Durchschnittslinie nach unten die Aussicht auf weiter zurückgehende Kurse anzeigt. Wird die 38-Tage-Linie durchbrochen, muß dies noch nicht unbedingt etwas bedeuten. Es gilt die Regel, daß die Prognose an Zuverlässigkeit gewinnt, wenn es sich

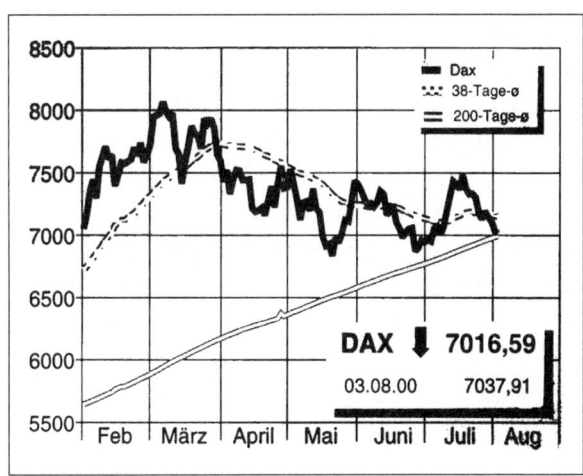

Der tägliche und die beiden gleitenden Durchschnitte des DAX für einen Zeitraum von 38 und 200 Tagen.

um einen gleitenden Durchschnitt über einen längeren Zeitraum (z. B. 200 Tage) handelt.

Genauso wie für den DAX können natürlich auch für jede einzelne Aktie die gleitenden Durchschnitte ermittelt werden. Man nimmt beispielsweise die letzten 200 Kassakurse von Mannesmann, addiert sie und teilt sie durch 200. Der so errechnete Mittelwert wird im Diagramm eingetragen. Am nächsten Tag wird der älteste Kurs aus der Berechnung entfernt und der aktuelle Mannesmann-Kurs eingesetzt.

### 6.3 Besteht auch bei der Chartanalyse ein Erfüllungszwang?

Anhänger der technischen Analyse (Chartanalytiker) versuchen aus Charts, nämlich Kursbildern der Vergangenheit, Kursprognosen für die Zukunft zu erschließen. Sie gehen dabei von der Annahme aus, daß ein einmal dagewesener Kursverlauf in einer bestimmten Situation, für die er bestimmte Muster ausgebildet hat, sich in gleicher oder ähnlicher Formation wiederholen wird. Wenn viele Börsianer an das Steigen der Mannesmann-Aktie glauben und kaufen, wird sie tatsächlich steigen.

Analog wird man fragen dürfen, ob nicht auch bei der Chartanalyse, wenn genug Börsianer daran glauben, zwangsläufig eine Art Erfüllungszwang eintreten muß. Sind genügend Anhänger der Chartanalyse davon überzeugt, daß ein Kurs kippen wird, wenn bei einer Kopf-Schulter-Formation die rechte Nackenlinie weiter nach unten geht, werden sie die betreffenden Aktien verkaufen. Betrifft die Kopf-Schulter-Formation den Gesamtmarkt, werden sie nach Art einer »self-fulfilling-prophecy« aussteigen.

# 7 Ihre Bank, das unbekannte Wesen –
## Berater oder Beutelschneider?

Es ist Mode, auf die Banken einzuprügeln. Bücher mit dieser Masche erzielen Bestseller-Auflagen. Auch Illustrierte nehmen sich des Themas freudig an und sind sich interessierter Leserschaft gewiß. Jeder hat so seine Erfahrungen mit Banken und Bankern.

Profis leisten zwar etwas Besonderes, sind aber in erster Linie auch Menschen. Auch wenn sie in Nadelstreifen daherkommen, müssen Sie mit menschlichen Schwächen rechnen. Mal sind es Banken, mal die Bauern, nicht zuletzt die Beamten: Irgendeine »Sau« wird immer durchs Dorf gejagt, wie Volkes Stimme sagt. Nach den Büchern »Kartell der Kassierer« und »Raubritter in Glaspalästen« waren wieder mal die Banken dran. Hätten die mit Häme übergossenen Banker auch nur im entferntesten geahnt, wer hinter den »Kunden« steckte, die gerne wissen wollten, wie 115 000 Mark am besten anzulegen seien! Garantiert wären die besten Matadore in die Geld-Arena geschickt worden, um den Rechercheuren der Stiftung Warentest Empfehlungen vom allerfeinsten zu geben. Schließlich ist altbekannt, daß sich die Sterne-Köche in den Gourmet-Tempeln geradezu überschlagen, wenn sie unter den Gästen einen sterne- oder mützeverteilenden Testesser vermuten. Aber das ist das Tückische bei Tests: Man weiß ja nie …, und das ganze Jahr kann man einfach nicht immer super sein. So mußten sich sechs große deutsche Kreditinstitute in der Sparte »Anlageberatung« mit dem Urteil »mangelhaft« brandmarken lassen.

Ein Bekannter von mir wollte bauen. Er besorgte sich die Kreditkonditionen seiner Hausbank und war schon geneigt abzuschließen. Ohne große Erwartungen hatte er dann noch Kreditgespräche in anderen Instituten. Wer beschreibt die Überraschung meines Bekannten, der als Lehrbeauftragter im Wirtschafts- und Steuerrecht bestimmt weiß, wo Barthel den Most holt, als er schließlich »auswärts« ein viel besseres Angebot als bei der Hausbank erhielt. Er konnte sich schließlich durch geschicktes Verhandeln dann doch mit ihr arrangieren. An einem einzigen Vormittag hatte er eine fünfstellige Summe an Finanzierungskosten (»den besten Stundenlohn meines Lebens«) »verdient«.

Mir selbst ist ein Fall bekannt, in dem ein Kreditinstitut einem Rentner für ein Guthaben von über einer Million Mark den vollkommen unannehmbaren Zins von 0,5 Prozent zahlte. In der damaligen Zeit einer Hochzinsphase gab es für Festgeld bis zu 8 Prozent Zinsen! Das Riesenguthaben lag jahrelang auf dem Girokonto. Später zur Sache befragt, meinte der Bankdirektor lapidar: »Er wollte es so!« Dabei meinte er den 80jährigen Rentner, der offensichtlich nicht über die Zinssituation im Bilde war.

Machen Sie sich auch als Aktionär von der irrealen Vorstellung frei, daß Ihr Kreditinstitut eine öffentliche Behörde wie Finanzamt oder Landratsamt oder gar eine Wohlfahrtsinstitution ist. Banken müssen mit Gewinn arbeiten. Das sind sie ihren Aktionären schuldig. Für Sparkassen gilt das gleiche. Das sind sie der Bevölkerung des Kreises oder der Stadt schuldig. So wird Ihnen denn ein »in der Wolle gefärbter Banker« zunächst die Produkte seines Hauses anbieten. Übertrieben formulierte es jemand sinngemäß so: »Wenn Sie eine Bank betreten, um Anteile eines nicht hauseigenen Investmentfonds zu kaufen, werden Sie die Bank verlassen und hauseigene Investmentfonds gekauft haben. Daß Sie bei Ihrem ursprünglichen Vorhaben, ein hausfremdes Produkt zu erwerben, geblieben sind, ist so unwahrscheinlich wie eine verirrte Polizeikugel, die Sie bei einem zufälligen Banküberfall treffen könnte.«

## 7.1 Auch Großbanken haben ihr Waterloo

Wer kennt sie nicht, die Geschichten von Pleiten, Pech und Pannen der Großbanken. Sie sind genüßlich in der Medienlandschaft ausgebreitet worden.

Beginnen wir mit dem Baulöwen Jürgen Schneider, dem einstigen Vorzeigekunden einer Großbank, der zum Rekordschuldner mutierte und bei seiner überstürzten Abreise nach Florida eine wunderschöne Villa im Taunus und einen unschönen Berg von Verbindlichkeiten zurückließ. Sagen wir aber auch, daß die Bank ihre Zusagen an die kleinen Handwerker einhielt und ihre »Peanuts«-Schulden beglich.

Der nächste Fall: Ein Jungmanager hatte sich total verspekuliert. Eine runde halbe Milliarde fehlte bei Banktochter Morgan Grenfell in London. Der Manager des großen Fonds hatte sich etwas Neues einfallen lassen. Genauso wie der kleine Anleger stand auch er vor der Frage, wohin bloß mit dem vielen Geld, das in eine Anlageform drängt. Er entschied sich vornehmlich für kleine Aktiengesellschaften, die nicht börsennotiert waren. Ein wirklich waghalsiges Unterfangen! Sind doch diese Gesellschaften weniger durchsichtig als jene, deren Kurse jeden Tag auf dem Parkett ausgerufen werden. Unser Jungmanager hatte auf die falschen Pferde gesetzt. Schlimm war, daß die Papiere mancher Mini-Gesellschaften bis zu 8 Prozent des Fondsvermögens ausmachten. Jedenfalls verbot ihm die britische Aufsichtsbehörde weiterzumachen. Der Rest ist bekannt. Die Großbank als Muttergesellschaft mußte erneut einspringen, um Schaden von den Fondsanlegern abzuwenden.

Ein weiteres Waterloo war die Fast-Pleite von Klöckner-Humboldt-Deutz. Zu spät wurden die zunächst vertuschten Verluste eines Töchterchens von KHD bekannt. Die Deutsche Bank hielt 45 Prozent der Aktien von KHD. Tausende von Arbeitsplätzen standen auf dem Spiel. Wieder einmal wurde in Frankfurt Kapital lockergemacht, und Löcher in der Verlustbilanz wurden gestopft. KHD durfte unter dem Namen »Deutz« weiterleben.

»Quick«, die älteste Illustrierte Deutschlands, wurde vor einigen Jahren eingestellt. Ich war jahrelang Steuerkolumnist und erinnere mich gern an die Zeit. Nie verstanden habe ich, daß der Bauer-Konzern ausgerechnet sein Flaggschiff ausmusterte, während sich die »Welt«, permanenter Minusmacher bei Springer, ständiger Stütze durch die anderen Publikationen des Hauses sicher sein kann. Aber zurück zu »Quick«. Die Illustrierte deckte merkwürdige Machenschaften einer Großbank auf. Im Tresor besagter Bank befand sich eine große Anzahl von Anleihen der UdSSR-Bank für Außenwirtschaft, die durch den Zusammenbruch der Staatengemeinschaft rapide an Wert verloren. Ein Investmentfonds, ausgerechnet der gleichen Bank, erwarb das Anleihepaket im Nominalwert von 63 Millionen Mark. Nur dreieinhalb Monate nach der Übernahme mußte der Fonds Kursverluste von 7,3 Millionen Mark eingestehen. Zu Lasten der Fondszeichner natürlich! Zu Gunsten der Konzernbilanz der Mutter. Ebenso natürlich!

Auch Banken haben ihr Waterloo. Manchmal war ihnen dennoch der Gesamtsieg sicher, wenn sie die Scharmützel rechtzeitig auf Nebenkriegsschauplätze verlagern konnten.

### 7.2 Pleiten, Pech und Pannen der Profis

Vor einigen Jahren recherchierte der »Stern« eine Bankgeschichte aus dem Badischen. Der Erbe von zwei Millionen Mark vertraute sein Erbe einer Bank an, auf daß sie es mehre. Hatte doch gerade diese Bank damals den Werbeslogan, daß der »zweitbeste Mann« für die Beratung nicht gut genug sei. Offensichtlich war der Erbe aber an den Drittbesten geraten. Der hatte nämlich 50 000 Aktien der kanadischen Ölfirma General Allied Oil gekauft, die kurz darauf pleite war. Genausowenig Glück brachten die Devisengeschäfte.

Fehlendes Glück, oder war es Unvermögen? Jedenfalls kam unser Erbe im nachfolgenden Schadensersatzprozeß »glücklich von der Reise«. Der Bundesgerichtshof erkannte auf »Verletzung der Informations-, Beratungs-, Aufklärungs- und Nachforschungspflicht« und verknackte die Bank.

Ob diese Geschichte wohl der Auslöser für eine weitere Aktion des »Stern« war? Die Illustrierte testete 20 Hamburger Kreditinstitute mit der Bitte um einen Anlagevorschlag für 150 000 von der Oma geerbte Deutsche Mark. Ein vorgeblicher Student wollte während seines fünfjährigen Studiums pro Monat 1000 Mark Zinsen abheben dürfen. Das Ergebnis war auch für Stern-Reporter ernüchternd. Nur zwei von 20 Kreditinstituten fanden die maßgeschneiderte Lösung. Sie war zugleich sehr einfach. Damals brachten nämlich öffentliche Anleihen, bombensicher (aber nicht kurssicher!) und jederzeit verfügbar, die beste Rendite mit jährlich 12 000 Mark Zinsen. 18 Banken hatten sich außer auf Sparbücher und Termingelder auch auf ihre hauseigenen Produkte besonnen und keine optimale Lösung angeboten.

Trotz der Überfülle zeitnaher Informationen sind auch Banker fehlbar. Dennoch bewundere ich immer wieder den Mut, mit dem sich ausgewiesene Börsenspezialisten der Öffentlichkeit in Börsenspielen präsentieren. Bekannt ist die Geschichte mit sozialem Touch, bei der eine Illustrierte 100 000 Mark auslobte und Wertpapiersachbearbeiter von drei Banken für eine Spekulation zugunsten der Kinderkrebshilfe gewinnen konnte. Ein Jahr lang sollten sie Gelegenheit haben, möglichst viel mit dem echt zur Verfügung gestellten Kapital von je 100 000 Mark an der Börse zu gewinnen. Der Spitzenreiter hatte ein Vierteljahr vor Wettbewerbsschluß sein Kapital mit 194 000 Mark fast verdoppelt. Dann kam ihm der Golf-Crash dazwischen. Eine weitere Schieflage zehrte an den 100 000 Mark Startkapital, und es blieben mickerige 46 000. Auch das ist Börse. Auch das sind Profis.

Schütten Sie nie das Kind mit dem Bade aus, wenn Sie wieder mal eine Geschichte lesen, in der eine Bank angeprangert wird, weil sie durch viele für den Kunden verlustreiche Geschäfte Gebührenschneiderei zugunsten des eigenen Hauses betrieben hat. Wird unter 10000 Beamten oder Wirtschaftsmanagern ein einziges schwarzes Schaf entdeckt, das in die eigene Tasche gewirtschaftet hat, ist öffentliche Aufmerksamkeit gewiß. Der Einzelfall steht Pate für die Verdammung des gesamten Berufsstandes (»unsere bestechlichen Beamten«, »unsere unfähigen Manager«, »unsere gebührenschneidenden Banker«).

Persönlich habe ich mit allen mir bekannten Bankern nur gute Erfahrungen sammeln dürfen. Sie waren durchweg hochqualifiziert und wollten mich nie bei Anlagevorschlägen über den Tisch ziehen. Warum sollte es bei Ihnen anders sein? Schaden kann allerdings nie ein gutes Grundwissen in Aktiengeschäften, gepaart mit einer gehörigen Portion Skepsis. Warnen kann ich auch an dieser Stelle wieder vor den Machenschaften des grauen Kapitalmarktes, über den in Kapitel 2 berichtet wurde.

Das Oberlandesgericht Düsseldorf hat mit einem bemerkenswerten Urteil vom 18. 5. 1995 – 6 U 108/94 (veröffentlicht in: Der Betriebsberater 1996, S. 1904) – den Schadensersatzanspruch eines Käufers von sogenannten OTC-Aktien anerkannt. Es handelt sich um den amerikanischen »Over the counter«-Markt, ein inoffizielles Börsensegment, das »über den Banktresen« stattfindet. Die Richter stellten heraus, daß dieser Markt nicht von Angebot und Nachfrage bestimmt ist und ein Vermittler den potentiellen Käufer ausdrücklich und schriftlich auf die Zusatzrisiken des OTC-Markts hinweisen muß. Insbesondere muß er erklären, daß die sogenannten »Penny-Stocks« (Pfennig-Aktien) häufig nur über ein einzelnes Broker-Haus vertrieben werden, und daß durch die Marktenge Kursmanipulationen der Broker und Großaktionäre begünstigt werden.

Vor einigen Jahren erregten auch Urteile über die Bankenhaftung deutscher Banken beim Verkauf von Optionsscheinen Aufmerksamkeit. Insbesondere beim sogenannten »BGH-Optionsscheinbeschluß« (BGH-Beschluß vom 25.10.1994, XI ZR 43/94) ging es um hohe Schadenersatzansprüche, die von Bolko Hoffmann, dem Herausgeber des »Effecten-Spiegel«, immer wieder publizistisch herausgestellt wurden.

»Börse aktuell«, die Zeitschrift des Stuttgarter Aktienclubs, wies seinerzeit darauf hin, daß vor übertriebenen Hoffnungen zu warnen sei, weil es nur ein allgemeines Bundesgerichtshofsurteil, aber keine gewonnenen Einzelprozesse gebe. Die Banken haben sich mittlerweile rechtlich abgesichert. Der Kunde unterschreibt Reverse über die erhaltene Aufklärung, wenn er hochriskante Börsengeschäfte eingehen möchte.

Als Grundregel gilt: Ihr Kreditinstitut haftet nur für vorhersehbare Verluste. Geht ein renommierter Konzern, wie beispielsweise Fokker, in Konkurs, und hat Ihre Bank Ihnen Anleihen in einer Zeit verkauft, in der nichts dergleichen absehbar war, stehen Ihre Chancen vor dem Kadi schlecht.

So wurde beispielsweise vom Oberlandesgericht Schleswig (Urteil vom 30.11.1995, 5 U 79/94) die Klage eines Anlegers abgewiesen, der auf Empfehlung seines Kreditinstituts D-Mark-Auslandsanleihen der Hafnia gekauft hatte. Im Empfehlungsjahr gab es keine Anhaltspunkte für mangelnde Bonität.

Schlechte Karten für Schadenersatz haben Sie auch, wenn Sie bei Ihrem Kreditinstitut gezielt Anlagewünsche äußern (OLG Hamm vom 23.6.1996, 31 U 59/96). So erging es einem Anleger in Covered Warrants vor der 10. Zivilkammer des Landgerichts München I (Urteil vom 14.6.96, 10 O 4786/96). Es war sein gezielter Anlagewunsch gewesen, Covered Warrants zu erwerben, und überdies hatte er schon vorher bei Spekulationen mit Aktienoptionsscheinen einschlägige Erfahrungen sammeln können. Vor dem Landgericht München II (Urteil vom 18. 6. 1996, 1 O 2 247/96) konnte ein Käufer von verlustreichen japanischen Aktienoptionsscheinen mit seinen Ansprüchen nicht durchdringen, weil er ebenfalls einschlägige Erfahrungen hatte.

## 8 Zu viele Tips, viele Fehlschüsse – Börsenbriefe

Manche Börsenbriefe sind schnarchlangweilig geschrieben. Das kann man hinnehmen, wenn die Tips gut sind. Aber der Tips sind so viele, daß Sie als Leser noch nicht einen Bruchteil davon in die Tat umsetzen können. Unwahr sind meist die flotten Werbesprüche. Wahr ist nur der eine Passus, mit dem sich manche absichern. Er lautet:»Da immer mit einem Kapitalverlust gerechnet werden muß, sollte nur Risikokapital eingesetzt werden.«

Als erfahrener Börsianer greifen Sie sich manchmal an den Kopf. Da werden beim Bezug eines Optionsbriefes für die Deutsche Terminbörse 800 Prozent Gewinn versprochen, für den Fall, daß Aktien um zehn Prozent steigen oder fallen. Nun versuchen Sie diese Aktien zu finden. Es ist schon fast unmöglich, eine Aktie aus Tausenden von Gesellschaften zufällig herauszufischen, die an einem einzigen Tag zehn Prozent steigt oder fällt. Schließlich werden allein in Deutschland über 2100 Aktien notiert (Zahl aus Fact-Book Deutsche Börse 1997). Erwischen Sie nun, was wahrscheinlich ist, bei Ihrem Termingeschäft, keine Aktie, die einen solchen Sprung vollführt, ist Ihr Einsatz an der Deutschen Terminbörse verloren. Die einzelnen Fälligkeiten in dem größten Spekulationshaus Deutschlands dürfen Sie dann getrost vergessen. Hätten Sie aber per Zufall oder mit einem Rieseneinsatz wirklich eine Aktie erwischt, die von einem auf den anderen Tag um 10 Prozent schwankt, müßten Sie sich auch noch für den richtigen Zeitpunkt beim Einsatz Ihrer Option entscheiden.

Sie sehen aus diesem kleinen Beispiel, daß die Werbeversprechen von 800 Prozent Gewinn aus der Luft gegriffen und nur in der Theorie nachvollziehbar sind. Sehen Sie es als eine Art Börsenlotto, das Sie niemals finanziell über längere Zeit durchstehen können. Der Herausgeber der seriösen Fachzeitschrift »Finanzen« urteilte einst über den Verfasser dieses Börsenbriefes mit den vollmundigen Versprechungen: »Das sind alles Zocker, direkt von der Schulbank weg, die Anlegern Geld abluchsen wollen.«

## 8.1 Viele widersprüchliche Aussagen

Dutzende von Börsenbriefen liegen auf meinem Schreibtisch. »Mit den richtigen Aktien werden Sie auch in den nächsten zwölf Monaten phantastische Börsengewinne einspielen«, verspricht einer. Und dann die Empfehlung: Pfaff, Deutsche Babcock, Strabag, Brau & Brunnen, Gildemeister, Kiekert, Rosenthal, AGIV, Herlitz. Es waren damals alles Kandidaten, die nahe ihrer Tiefstkurse notierten. Klar, daß die eine oder andere Gesellschaft sich erholen mußte. Dann wird es dem Börsenbrief ein leichtes sein, aus den neun Empfehlungen den »Shootingstar« groß zu präsentieren. Aber was wird aus all den anderen, weiterhin schwachbrüstigen Kandidaten unter den Empfehlungen? Kaum denkbar, daß besagter Börsenbrief dann noch einmal auf seine früheren Schieflagen zu sprechen kommt. Um die Börsen-Kellerkinder herauszufinden, benötigt man keinen Börsenbrief. Auch dann nicht, wenn es ihn zum »Jahressparpreis von nur 100 Mark« gibt.

Ein anderer Börsenbrief empfiehlt genau das Gegenteil. »Meiden wie der Teufel das Weihwasser«, schreibt er über derlei Kandidaten, von denen man nicht weiß, ob sie nun bankrott gehen oder einen echten »turn around« zustande bringen. Der eine präsentierte also eine bunte Sammlung von Wackelkandidaten, der andere meint, man solle sich allenfalls einen einzigen Risikokandidaten in seinem Portefeuille leisten. Als Durchschnittsleser schütteln Sie verunsichert den Kopf. Was bei dem einen gerade gut ist, verteufelt der andere.

## 8.2 Kein Dienst besser als der Deutsche Aktienindex

Wie ist es um die Treffsicherheit der Börsendienste bestellt? Mehrere Zeitschriften haben Tests vorgenommen und sind so gut wie immer zu einem vernichtenden Ergebnis gekommen. Am bekanntesten war der jährliche Test des »manager magazins«, vor dem wahrscheinlich viele Herausgeber zitterten. Es war so ähnlich, wie wenn Literatur-Kritiker Marcel Reich-Ranicky im Fernsehen ein Buch präsentiert. Vielleicht wird er es in den Himmel heben, vielleicht aber auch in der Luft zerreißen. Bei den Börsentests des »manager magazins« hob oder senkte Finanzprofessor Reinhart Schmidt von der Universität Halle den Daumen. Die letzte Analyse ist im Februar-Heft 1997 des »manager magazins« veröffentlicht und betrifft den Zeitraum vom 1. Juli 1995 bis 30. Juni 1996. Mehr als 20 000 Empfehlungen von 29 Börsendiensten hat der Professor unter die Lupe genommen. Später habe ich keinen Test mehr entdeckt. Ob es vielleicht Ärger gegeben hat?

»Jeder zweite Tip ein Flop«, schrieben die Redakteure über einen Börsendienst und listeten weiter auf: Ein Börsenbrief erstellte eine »tiefschürfende Analyse« über die Aktionärsstruktur und Vertriebsbasis des Computervertreibers Escom und empfahl den Kauf. Nach einem Jahr hatte Escom 96 Prozent seines Kurswerts verloren und war kurze Zeit später pleite.

Ein anderer Börsenbrief empfahl die Aktien der Bremer Vulkan. Der Name beherrschte anschließend monatelang die Schlagzeilen des Fernsehens und der Printmedien, weil Beihilfen der EU nicht, wie vorherbestimmt, in den ostdeutschen Zweigwerften, sondern in der Stammwerft eingesetzt worden waren. Das Ende vom Lied: Konkurs! Bremer Vulkan pendelte im letzten Jahr zwischen 0,23 und 1,60 Euro!

Ein dritter Börsenbrief sah bei der Schweizer Supermarktkette Interdiscount eine Trendwende mit 60prozentigem Kursanstieg voraus. Das Gegenteil trat ein. Interdiscount fiel um über 90 Prozent.

Nehmen wir aus der Liste der Flops auch noch einen Dienst, der sogar Vorjahressieger geworden war. Er hatte die Aktien des holländischen Flugzeugherstellers Fokker empfohlen, der alsbald eine Bruchlandung hinlegte. Immerhin hatte der genannte Dienst seine Empfehlung vorsorglich noch mit dem Wörtchen »hochspekulativ« garniert. Weitere Flops: NAK Stoffe minus 94 Prozent, März minus 89 Prozent, Traub minus 87 Prozent.

Einem Dienst bescheinigte das »manager magazin« »an Dümmlichkeit schwerlich zu überbietende Reklame«. Er hatte insgesamt 112 deutsche Aktien empfohlen, von denen nach sechs Monaten 86 im Minus lagen. Dabei hatte es eine doch wirklich ergreifende Werbestory gegeben, in der der Lehrling im teuren Cabrio den Chef an der Bushaltestelle überholte und anderntags die Erklärung für das teure Auto ablieferte: 2400 Prozent Börsengewinn »ohne jedes Risiko« für den Lehrling und das alles in nur fünf Monaten.

»Jeder zweite Tip ein Flop« wird schließlich einem auflagenstarken Dienst bescheinigt, der insgesamt 2000 Empfehlungen gegeben hatte. Nach so vielen Negativstorys nun die Testsieger.

Bei den internationalen Aktien belegten die Plätze 1 bis 3 die »Briefe an Kapitalanleger«, die »Fuchsbriefe« und der »Techno-Brief«. Bei den deutschen Aktien waren es wiederum die »Fuchsbriefe«, der »Aktientrend« und der »Züricher Finanzbrief«. Ausländische Aktien sahen vorne den »Techno-Brief«, »Briefe an Kapitalanleger« und »Börse-Aktuell« des Stuttgarter Aktienclubs. Sieger haben bekanntlich viele Väter, Niederlagen aber sind Waisenkinder. Wer will es den Börsenbriefen verdenken, daß sie nach diesem Motto auf ihre Flops überhaupt nicht oder allenfalls in einem herunterspielenden Halbsatz zu sprechen kommen.

Es ist Ihnen aufgefallen, daß ich die Verlierer – 1998 und bisher

2000 gab es keinen Test – nicht namentlich genannt habe. Dies hat seinen guten Grund. Wer heute top ist, kann morgen schon ein Flop sein. Die Reihenfolge wechselt von Jahr zu Jahr rasant. Jedem Tipdienst kann es passieren, daß er durch Fehlinformation oder verspätete Preisgabe von Firmeninterna einer unrichtigen Aussage aufsitzt. Denken Sie nur an Daimler! Noch im Mai 1995 spricht der scheidende Vorstandsvorsitzende von einer deutlichen Gewinnsteigerung. Sie entpuppt sich nach wenigen Monaten als Milliardenverlust. Hätte ein Börsendienst die ursprüngliche, später zu korrigierende Meldung als tollen Aufmacher benutzt, wären die Leser die Dummen gewesen.

Wie hält es der Autor? So wird jetzt mancher Leser fragen. Seit Jahren lese ich ein halbes Dutzend Börsendienste und versuche, eine kritische Distanz zu wahren. Man kann viele Informationen herausfiltern und in gewinnbringende Investments umsetzen. Werbebriefe mit allzu vollmundiger Reklame und Gewinnversprechungen werfen Sie am besten gleich in den Papierkorb. Das gleiche gilt für Briefe, in denen nur Sie, wirklich nur Sie, in einem exklusiven Kreis von Beziehern zum Bezug von Geheiminformationen ausgesucht wurden. Auf solche dummdreisten Werbetricks für Abonnenten fallen nur Anfänger herein. Der wirtschaftliche Erfolg eines Presseerzeugnisses steigt mit der Zahl der Leser. Freiwillige Begrenzungen auf Exklusivzirkel von Ausgewählten gibt es nicht.

### 8.3 Was kosten Börsentips? – Zeitschriften und Börseninformationsdienste

Der Profi liest täglich die »Börsen-Zeitung« und nicht mehr das »Amtliche Kursblatt der Frankfurter Wertpapierbörse«, denn es wurde eingestellt und ist nur noch elektronisch lesbar. Einen sehr guten Wirtschaftsteil mit Börsennachrichten und Kursinformationen, Kommentaren und Hintergrund haben die großen überregio-

nalen Zeitungen »Frankfurter Allgemeine Zeitung«, »Süddeutsche Zeitung«, »Die Welt«, »Die Welt am Sonntag« und selbstverständlich das »Handelsblatt« mit der »Handelsblatt-Finanzzei-
tung«. Besonders lesenwert ist die Freitagsausgabe des »Handelsblatts« mit dem Sonderteil *Investor*. Sehr bemerkenswert sind
auch die Wirtschaftskommentare der Wochenzeitung »Die Zeit«.
   Nachfolgend nun eine Übersicht über einige nicht täglich
erscheinende, bekannte Publikationen über Wirtschaft und Börse. Es handelt sich bei den Zeitschriften und Börseninformations-
diensten um eine kleine Auswahl. Die Reihenfolge ist alphabe-
tisch und sagt nichts über den Qualitätsstandard aus.

## 8.3.1  Zeitschriften mit Wirtschafts- und Börsennachrichten

| Zeitschrift | Anschrift | Erscheinungs-weise | ca.-Umfang Seiten | Bezugspreis/ Heftpreis |
|---|---|---|---|---|
| **Aktien research** | Springer Verlag Axel-Springer-Platz 1, 20350 Hamburg | wöchentlich | 90 | 4,– DM |
| **Anlagepraxis** | Betriebswirtschaftlicher Verlag Dr. Gabler Postfach 1546, 65005 Wiesbaden | monatlich | 40 | 16,90 DM je Heft |
| **BörsenBerater** | Deutscher Sparkassenverlag 70547 Stuttgart | monatlich | 25 | Kunden- zeitschrift 7,– DM |
| **börsen news** | Börsenmedien AG Hofer Str. 20, 95326 Kulmbach | alle 2 Monate | 100 | 5,– DM je Heft |
| **Börse Online** | Börse Online Verlag Streitfeldstr. 37, 81673 München | wöchentlich | 190 | 5,90 DM je Heft |
| **Capital** | Eupener Str. 70, 50927 Köln | monatlich | 300 | 9,– DM je Heft |
| **Cash** | Cash-Verlag Hindenburgstr. 165, 22297 Hamburg | monatlich | 145 | 10,– DM je Heft |

| Zeitschrift | Anschrift | Erscheinungs-weise | ca.-Umfang Seiten | Bezugspreis/ Heftpreis |
|---|---|---|---|---|
| Praxis-handbuch Geldanlage | Verlag Wirtschaft, Recht und Steuern, Postfach 1363 82152 Planegg/München | zweimonatlich | 80 | Seitenpreis 0,31 DM (Grundwerk mit ca. 800 Seiten 98,– DM) |
| Das Wertpapier | Wertpapier Verlagsgesellschaft Humboldtstr. 9, 40237 Düsseldorf | 2 x monatlich | 85 | 6,– DM je Heft |
| Der Aktionär | Börsenmedien AG Postfach 1449, 95305 Kulmbach | wöchentlich | 80 | 5,80 DM je Heft |
| Die Tele-Börse | Die Tele-Börse Börsenstr. 7–11, 60313 Frankfurt | wöchentlich | 90 | 4,80 DM je Heft |
| DM | Handelsblatt-Verlag Postfach 9225, 40231 Düsseldorf | monatlich | 210 | 7,– DM je Heft |
| EURO am Sonntag | Finanzen Verlagsgesellschaft Isabellastr. 32, 80796 München | wöchentlich | 80 | 3,50 DM je Heft (Vierteljahr = 45,50 DM |
| Finanzen | Finanzen Verlagsgesellschaft Keltenring 12, 82041 Oberhaching | monatlich | 150 | 9,80 DM je Heft |
| Finanzen Optionsscheine | Finanzen Verlagsgesellschaft Keltenring 12, 82041 Oberhaching | wöchentlich | 65 | 480,– DM jährlich |
| Finanztest | Stiftung Warentest Lützowplatz 11–13, 10785 Berlin | zweimonatlich | 100 | 8,– DM je Heft |
| impulse | Eupener Str. 70, 50927 Köln | monatlich | 170 | 10,– DM je Heft |
| manager-magazin | Speersort 1, 20095 Hamburg | monatlich | 350 | 11,– DM je Heft |
| Nebenwerte Journal | Wertpapier Verlagsgesellschaft Postfach 140243, 40072 Düsseldorf | 18 Ausgaben jährlich | 36 | 95,– DM jährlich |
| Wirtschafts-woche | Verlag Handelsblatt GmbH Kasernenstr. 67, 40018 Düsseldorf | wöchentlich | 190 | 5,– DM je Heft |

## 8.3.2 Börseninformationsdienste

| Börsendienst | Anschrift | Erscheinungs-weise | ca.-Umfang Seiten | Bezugspreis |
|---|---|---|---|---|
| Börse-Aktuell | Weiler & Eberhardt Martinstr. 4, 73728 Esslingen | 2 x monatlich | 16 | 288,– DM jährlich |
| Börsen-News | PCM GmbH Postfach 5254, 58102 Hagen | monatlich | 120 | 65,– DM jährlich |
| CC-Brief | Ender und Partner Theodor-Heuss-Ring 28, 50668 Köln | 3 x monatlich | 6 | keine Angaben im Brief |
| Chart-Dienste | Verlag Hoppenstedt Havelstr. 9, 64295 Darmstadt | Standartwerte wöchentlich | variierend | 81,– DM monatlich |
| Czerwensky-intern | Czerwensky Eschersheimer Landstr. 9 60322 Frankfurt | 2 x wöchentlich | 4 | 172,50 DM vierteljährl. |
| Der Platow-Brief | Verlag Aktuelle Informations GmbH Postfach 111926, 60054 Frankfurt | 3 x wöchentlich (Mo., Mi., Fr.) | 4 | 876,– DM jährlich |
| Die Actienbörse (Düsseldorfer und Münchner Börsenbrief) | Bernecker & Cie. Königsallee 50, 40212 Düsseldorf | wöchentlich | 8 | 61,– DM monatlich |
| Die Aktien-analyse | Norman Rentrop Verlag Theodor-Heuss-Str. 4, 53095 Bonn | umfangreiches Handbuch mit monatlicher Aktualisierung (Abonennten-Sprechstunden) | ca. 430 Analysen | monatlich ca. 70 Analysen à 1,40 DM |
| Die Termin-Börse | Bernecker & Cie. Königsallee 50, 40212 Düsseldorf | wöchentlich | 4 | 39,– DM monatlich |
| Effecten-Spiegel | Effecten-Spiegel Verlag Postfach 102243, 40013 Düsseldorf | wöchentlich | 30 | 3,90 DM je Heft |
| Finanzwoche | Verlag Dr. Ehrhardt Postfach 710380, 81453 München | wöchentlich | 8 | 590,– DM jährlich |
| Frankfurter Börsenbriefe | Verlagshaus Schmitt Postfach 2653, 32715 Detmold | wöchentlich | 8 | 648,– DM jährlich |

| Börsendienst | Anschrift | Erscheinungs-weise | ca.-Umfang Seiten | Bezugspreis |
|---|---|---|---|---|
| **Frankfurter Tagesdienst** | Verlagshaus Schmitt Postfach 2653, 32715 Detmold | 4 x wöchentlich | 4 | 752,40 DM jährlich |
| **Hanseatischer Börsendienst** | Hanseatischer Börsendienst Postfach 209, 21222 Rosengarten | 2 x monatlich | 6 | 380,– DM jährlich |
| **Schweizer Kapitalbrief** | Fortuna Finanz Verlag CH-8123 Ebmatingen | 2 x monatlich | 12 | 26,– SFR monatlich |
| **Swingtrend** | Gamma Verlag GmbH Herzogstr. 97, 80790 München | wöchentlich | 12 | 980,– DM jährlich |
| **Techno-Brief** | Verlag Dr. Ehrhardt Postfach 710380, 81453 München | wöchentlich | 8 | 490,– DM jährlich |
| **Trading Paper Japan Spezial** | Trading Paper GmbH Postfach 5133, 58101 Hagen | wöchentlich | 12 | 490,– DM jährlich |
| **Züricher Finanzbrief** | CH-8700 Küsnacht | 2 x monatlich | 8 | 38,– DM monatlich |

# 9 Der Fahrplan zur Börse – Neuemissionen

4300 Aktiengesellschaften in Deutschland und nur etwas mehr als 800 davon an der Börse notiert! Das ist wirklich nur ein kleiner Prozentsatz. Im Jahr 1997 fanden nur 36 Gesellschaften den Weg zur Börse, für den die englische Bezeichnung »Going Public« gebräuchlich wurde. In 1999 waren es exakt 168.

Hier einige »Highlights« aus den letzten 15 Jahren, die dem Anleger schon bei ihrer ersten Börsennotiz Freude bereiteten, weil diese deutlich über dem Emissionskurs lag und später weiter zulegten:

| | |
|---|---|
| EM.TV (1997) Zeichentrickfilme ........ | über 16 000 Prozent |
| SAP (1988) Software ................. | über 4000 Prozent |
| MLP Vz. (1988) Finanzen .............. | über 3000 Prozent |
| Berliner Freiverkehr (1997) Börse ....... | über 500 Prozent |
| Sixt Vz. (1986) Autovermietung ........ | über 500 Prozent |
| Rhön-Klinikum Vz. (1989) Medizin ...... | über 500 Prozent |
| Trinkaus & Burkhardt (1985) Bank ..... | über 400 Prozent |
| buecher.de (1999) Buchhandel .......... | über 100 Prozent |
| Constantin Film AG (1999) Medien ...... | über 100 Prozent |
| Argyrakis Dein System (1999) Netzwerker | über 100 Prozent |
| Infineon (2000) ...................... | über 100 Prozent |

Bei den guten Börsenkursen 1998, ab Herbst 1999 und 2000 ergoß sich geradezu eine Flut von Neuemissionen über das Börsenvolk. Jeder wollte die günstige Situation nutzen und eine möglichst hohe Preisspanne erzielen. In 1998 wurde fast regelmäßig der höchste Preis dieser Spanne als Emissionspreis erzielt. In 1999 aber war dies nicht immer der Fall. Rekordzuwächse an den neuen Aktien erzielte der Neue Markt dann wieder Ende 1999 und im ersten Vierteljahr 2000.

## 9.1 Eine Werbeshow für die Aktie – die Telekom-Story

Zuletzt war man ihrer sogar schon überdrüssig, der sonoren Stimme des Schauspielers Manfred Krug, der gegen gutes Honorar monatelang die Telekom-Aktie den Anlegern anpries. Telekom hat geschätzte 100 Millionen Mark, die nie bestätigt wurden, für die Werbung rund um die Welt ausgegeben. Dazu gehörte auch ein neueingerichtetes Aktien-Informations-Forum (AIF), das vorsichtige Anleger durch Öffentlichkeitsarbeit von den Vorzügen der Aktien überzeugte. Rückblickend darf man feststellen, daß die Telekom-Werbung für die Welt der Aktie ungleich erfolgreicher war als seinerzeit die staatlichen Werbemaßnahmen bei der Privatisierung von Preussag, VW und Veba.

Börsenkurse werden zu einem guten Teil nicht nur von Fakten, sondern auch von Psychologie gemacht. Die Fakten sprachen eher gegen Telekom, denn sie hatte damals, dicht hinter der Tokioter Stromversorgung, einen unrühmlichen zweiten Platz in der Liste der größten Schuldner aus aller Welt. Auch das Eigenkapital war mit 22 Prozent nicht gerade berauschend, und hinzu kam noch eine ziemliche Geheimniskrämerei.

Am 18. November 1996, exakt um 12.27 Uhr, war es dann soweit. Die Telekom-Aktie wurde erstmals an der Frankfurter Börse notiert. Über 100 Journalisten und 20 Rundfunk- und Fernsehsender waren außer 500 Prominenten aus Wirtschaft und Politik dabei. Ein Trio spielte »Wenn ich einmal reich wär' ...«, und der erste Kassakurs der T-Aktie wurde mit 33,20 Mark festgestellt. Gegenüber dem Ausgabepreis von 28,50 Mark, der sich noch durch einen Privatanleger-Rabatt von 0,50 Mark auf 28 Mark minderte, war dies ein erfreulicher Gewinn von 5,20 je Telekom-Aktie. Reich ist davon niemand geworden, aber ich kenne viele Privatanleger, die das erste Mal in ihrem Leben überhaupt Aktien gekauft hatten und gleich am ersten oder zweiten Tag 200 Stück verkauften und sich über einen Tausendmarkschein freuen durften.

Es war ein regelrechter Kauf- und Verkaufsrausch, hatten doch schon nach nur 38 Sekunden 30 Millionen T-Aktien den Besitzer gewechselt. Am Ende des ereignisreichen Börsentages betrug der Umsatz der T-Aktie sagenhafte 1,26 Milliarden Mark. Wer nicht gleich verkaufte, durfte sich nach fünf Monaten über eine weitere Kurssteigerung freuen und konnte damals schon nach sechs Monaten vollkommen steuerfrei verkaufen, ohne auf die Grenze von 1000 Mark für Spekulationsgewinne innerhalb von sechs Monaten achten zu müssen.

### 9.2 Die Glanzlichter der früheren Jahre – Porsche und Escada

Ein erfreulicher Kursgewinn war's schon bei Telekom, aber doch nur ein »laues Lüftchen« gegenüber den Kursgewinnen beim »Going Public« der Börsen-Newcomer in früheren Jahren. Porsche, kaum zu 780 Mark Ausgabepreis an die Börse gekommen, ging sofort auf die Überholspur, lag schon am ersten Börsentag bei 1020 und brachte den Erstzeichnern in nur einem Tag 240 Mark Gewinn pro Aktie. Escada stieg von 560 auf 800 Mark. Ebenfalls 240 Mark Gewinn bei der Erstnotiz! Sehr erfreulich war auch Springer mit 335 Mark Ausgabepreis und 510 Mark am ersten Börsentag. Satte 175 Mark für die Erstzeichner.

Es schien anfangs nur einen Weg für die Aktien neuer Börsenkandidaten zu geben, und der führte steil nach oben. So auch bei Nixdorf, Henkel, Kugelfischer und VDO. Bei solch märchenhaften Kurschancen erfolgte meist eine strenge Zuteilung bzw. Auslosung der Aktien für die Kaufbewerber. Einige Merkwürdigkeiten dabei gab es schon. Der Leiter einer kleinen Dorfbank mit drei Angestellten erzählte mir beispielsweise, daß auf die Kunden seiner Zweigstelle bei der Verlosung insgesamt zwei Aktien entfielen. Eine davon hatte er und die andere seine Vertreterin erhalten. So ein Zufall! Auch mußte manche Oma und manches Wickelkind in der Wiege damals mit Namen herhalten, um die Loschancen zu

Emission

vergrößern. Ein weiterer Trick: Man richtete bei verschiedenen Banken Depots ein. Was scherten schon Depotgebühren und Kontoführungskosten, wenn man schon am ersten Börsentag reichlich absahnen konnte, und das war sozusagen die Norm.

### 9.3 Börsenbäume wachsen nicht in den Himmel – Puma und SM-Software

Ist die Euphorie an der Börse allzu groß, wird bald wieder Nüchternheit einkehren. Die Zeichner von SM-Software, die zu 200 Mark bedient worden war, mußten es erleben. Am ersten Börsentag freuten sie sich riesig über einen Kurs von 570 Mark. Wer

Nerven hatte und zäh war, hielt noch zwei weitere Tage still und konnte seine Papiere sogar für 630 Mark in den Markt geben. Wer aber glaubte, mit noch längerem Atem sei ein noch höherer Kursgewinn zu machen, fiel böse auf die Nase, genauso wie die Aktie von SM-Software, die alsbald auf 370 Mark kippte.

Noch viel verrückter ging es bei Puma zu. Der Sportartikelhersteller war mit Werbeunterstützung von Boris Becker zu 310 Mark an die Börse gekommen. Binnen nur drei Wochen stiegen die Papiere, angeheizt durch die Medien, auf kaum glaubliche 1480 Mark. Nur eine einzige Aktie brachte den Erstzeichnern 1170 Mark Gewinn! Was halfen schon die Warnungen des »Handelsblatts«, der Hinweis auf ein Kurs-Gewinn-Verhältnis von 80! Solche überzogenen KGVs gab es damals schon in Japan, aber nicht in Deutschland. Auch einige Börsendienste warnten und verglichen die Puma-Spekulation mit russischem Roulette oder Monte Carlo. Dann erwischte es die abgezockten Spekulanten kalt. In nur sieben Tagen sank die Puma-Aktie von Top 1480 auf 810 Mark. Damit noch nicht genug. Weiter ging es in den Abgrund. Wer für fast 1500 gekauft hatte, weil er einen Kurs von 3000 erwartete – und das gab's wirklich –, stand zuletzt vor einem Kurs-Trümmerhaufen: nur noch 171 Mark für die einst so stolze Puma-Aktie.

Auch diese Stories sollte ein Börsianer kennen, damit er nicht dem Irrglauben verfällt, Aktienbesitz sei eine Weltanschauung, die nur eine Richtung kennt, nämlich die nach oben. Nach mehreren Wechseln der Hauptaktionäre gab es bei Puma ein Revirement. Informieren Sie sich in Ihrer Tageszeitung über den Kurs.

### 9.4 Eigentümer und Aktionäre – der Interessenkonflikt

Nehmen wir an, Ihnen gehört ein gutgehendes mittleres Unternehmen. Aus der ursprünglichen Familiengesellschaft haben Sie wegen Haftungsrisiken zunächst eine GmbH und dann eine kleine Aktiengesellschaft gemacht. Es handelt sich um ein innovatives

Unternehmen. Das neugeschaffene Marktsegment Neuer Markt der Frankfurter Wertpapierbörse schwebt Ihnen für den Börsengang Ihrer Firma vor Augen. Es ist legitim, daß Sie für die Abgabe von Mitspracherechten in der Form von Aktien einen guten Preis verlangen. Deshalb werden Sie mit der Emissionsbank harte argumentative Gespräche führen. Die Bank ihrerseits möchte nicht, daß die Aktien aus einer von ihr begleiteten Emission gleich in den ersten Wochen gegenüber dem Emissionspreis abstürzen. Das ist das Dilemma. Es gab Fälle, in denen Banken für ihr reichliches Salär den Kurs noch eine Zeitlang stützten, aber dann durchfallen ließen. In anderen Fällen haben die Kreditinstitute überhaupt keine Marktpflege betrieben. Die Kurse knallten schon in den ersten Börsentagen gnadenlos nach unten durch.

Der Altbesitzer möchte beim »Going Public« kein Geld verschenken. Wer tut das schon gerne! Bei der Privatisierung von VW, die den Erstzeichnern seinerzeit ebenfalls erhebliche Gewinne brachte, wurde gegen den Finanzminister der Vorwurf laut, er habe öffentliche Gelder verschleudert. Wie findet man einen gerechten Emissionspreis, der für die Altbesitzer, aber auch für die Zeichner der neuen Aktien akzeptabel ist? Dazu gibt es jetzt einen neuen Weg und der heißt »Bookbuilding«.

### 9.5 Vorreiter USA für das Bookbuilding-Verfahren

Die früher häufigeren Kursschwankungen zwischen Emissionspreis und erstem Kurs einer Aktie hatten unter anderem auch ihre Ursache in dem Festpreisverfahren. Seit 1995 kann das »Going Public« durch das aus den USA übernommene Bookbuilding-Verfahren flexibler gehandhabt werden. Der Emissionspreis ist nun keine starre Größe mehr, so wie er von der Emissionsbank festgesetzt wird, sondern eine Preisspanne. Ist für eine Neuemission eine Preisspanne von 25 bis 30 Euro vorgegeben, wie beispielsweise bei der Deutschen Telekom, und versprechen

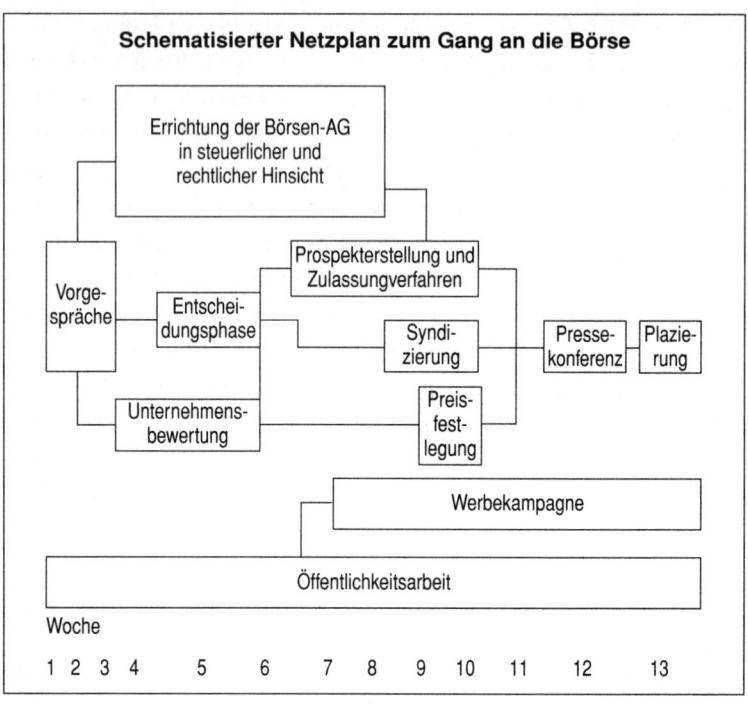

**Schematisierter Netzplan zum Gang an die Börse**

»Going Public« ist ein schwieriges Geschäft. Nicht jede Hausbank ist als Emissionsbank geeignet. Zur Plazierung neuer Aktien gehört Erfahrung, nicht nur in der Unternehmensberatung, sondern auch in der Öffentlichkeitsarbeit. Die schon passé geglaubten Zeiten, in denen Börsianer neue Aktien »fast blind« zeichneten, feierten im Neuen Markt fröhliche Urständ. Quelle: Commerzbank AG

Sie sich als Anleger einen Kursgewinn von der neuen Aktie, so müssen Sie schon am oberen Ende mitbieten, um bei der Zuteilung dabei zu sein. Wer bei Telekom nur bereit war (damals noch), 25 Mark pro Aktie auszulegen, war raus aus dem Rennen. Viele Zeichner hatten ohnehin bei dieser Mammut-Emission »billigst« limitiert, um damit für alle Fälle ihre Chancen auf eine Berücksichtigung bei der Zuteilung zu sichern.

In den letzten Jahren hat sich das Bookbuilding-Verfahren als generell üblich bei Neuemissionen herausgebildet. Ebenso wurden zunächst ausschließlich Aktien im Nennwert von 5 Mark ausgegeben. Heute sind nennwertlose Stückaktien üblich. Das macht die Emissionspreise optisch billig. So lag von den 13 Neuemissionen 1996 nur Fresenius mit 112 Mark im dreistelligen Bereich. Bei den 20 Neuemissionen des Jahres 1995 war APCOA Parking mit 71 Mark Emissionspreis die optisch teuerste Aktie.

Der Trend zur optisch billigen Aktie hielt auch 1999 und 2000 an. So war beispielsweise von den im Februar 2000 begebenen Aktien Carrier mit 187 Euro die teuerste Neuemission.

Bookbuilding hat übrigens seinen Namen von dem »Buch«, in dem die Preisvorgabe des Emittenten und die Gebote der Anleger gesammelt werden. Daß es in unserem Zeitalter ein elektronisches Buch ist, versteht sich.

Der Vorgang einer Neuemission vollzieht sich nach dem Bookbuilding-Verfahren in drei Phasen:

1. *Pre-Marketing:* Abklopfen des Marktes mit Einholung von Angeboten und Festlegung der Preisspanne
2. *Roadshows:* Vorstellen der neuen Aktie auf den nationalen und internationalen Finanzplätzen
3. *Bookbuilding:* Auswertung der Gebote mit Festlegung des Emissionspreises und Zuteilung der Aktien

Nach der Börseneinführung wird noch eine Stabilisierungsphase angehängt, die der Marktpflege und Sicherstellung der Liquidität dient. Ein neuer Begriff kann dabei die Runde machen. Er heißt »Greenshoe« und bedeutet, daß der Emittent weitere, bisher zurückgehaltene Aktien für die Zeichner zur Verfügung stellt. Bei der Telekom waren dies 100 Millionen Mark, weil die 500 Millionen auszugebenden Aktien sich einer sechsfachen Überzeichnung erfreuten. Die Maßnahme wurde zunächst kritisiert, da man Preisdruck bei der ersten Aktiennotiz befürchtete. Dies trat nicht

ein, und sicher war jeder froh, der im Rahmen des »Greenshoe«
ein paar Aktien mehr bekommen hat.

Regelmäßig melden sich beim Börsengang einer Gesellschaft
auch Geschäftsfreunde, Verwandte und Nachbarn mit der Bitte
um bevorzugte Zuteilung neuer Aktien. Hierzu gibt es die
»Friends-&-Family-Liste«.

### 9.6 Neue Börsenkandidaten – neue Chancen und Risiken

Wie 1998 und 1999 werden auch die Folgejahre wieder eine
beachtliche Zahl neuer Börsenkandidaten aufs Parkett locken.
Man rechnet für 2000 mit 180 Börsengängen. Doch schauen wir
noch einmal auf die Neuemissionen der Jahre 1997 und 1999
zurück und zwar unter dem Gesichtspunkt der verschiedenen
Marktsegmente der Börse.

### *9.6.1 Amtlicher Handel, Geregelter Markt*

Von den in 1997 und 1998 in den Amtlichen Handel und Geregelten Markt neu eingeführten 42 Aktien wurden 10 schon mit dem
ersten Kurs niedriger als mit dem Ausgabepreis notiert. So zum
Beispiel die zu 25 Mark emittierten Power Automations-Papiere,
deren erster Kurs nur 13 Mark betrug. Auch das Wertpapierhandelshaus Fritz Nols, zu 102 Mark an die Börse gekommen,
mußte mit einem ersten Kurs von 96,50 Mark gehörig Federn
lassen.

32 von 42 Gesellschaften dagegen reussierten mit Gewinn. Den
größten erzielte der Börsenmakler Concorde Effekten mit einem
Sprung von 90 Mark Ausgabepreis gleich auf 240 Mark am ersten
Tag. Dem wollte das Wertpapierhandelshaus HWAG wohl nicht
nachstehen. Seine Aktien mit einem Ausgabepreis von 75 Mark
stiegen in der Erstnotiz auf 205 Mark. Auch der Börsenmakler
Kling, Jelko, Dr. Dehmel, zu 100 Mark an die Börse gekommen,
gab mit 240 Mark Erstnotiz eine glänzende Performance.

### 9.6.2 Freiverkehr

Im Marktsegment Freiverkehr gab es in 1997 und 1998 25 Neuemissionen. Wegen einer größeren Zahl von Börseneinführun-
gen ohne Aktienplazierung ist der Vergleich etwas schwieriger. 10
Aktien jedenfalls konnte ich mit deutlichen Kursgewinnen schon
am ersten Börsentag ausmachen. So zum Beispiel die Bauten-
schutzfirma PROGEO Holding mit einem Ausgabepreis von 22
Mark, der sich auf 50 Mark schon am ersten Kurstag mehr als verdoppelte. Auch die Finanzholding Sparta Beteiligungen gab mit
einem ersten Kurs von 210 Mark gegenüber dem Ausgabepreis
von 100 Mark ein hervorragendes Debüt.

### 9.6.3 Neuer Markt

Im Marktsegment Neuer Markt erblickten in den Jahren 1997 und
1998 insgesamt 56 Werte das Licht der Börsenwelt. Vergleicht man
sie mit den Neueinführungen im Amtlichen Handel, Geregelten
Markt und Freiverkehr, so ist der Neue Markt, was die ersten Kurse gegenüber den Ausgabepreisen betrifft, das reinste Feuerwerk.

Doch beginnen wir zunächst mit dem Negativen: Allein 29 Werte von 56 hielten nicht, was der Ausgabekurs und die Prospekte
versprachen, und fielen schon am ersten Tag gegenüber dem Ausgabekurs zurück. Davon gleich drei Aktien um fast 60 Prozent.
Hier aber die Parade der Highflyer:

EM.TV Zeichentrickfilme/Vermarktung  . . . . . . . 3444 Prozent
MobilCom Telekommunikation  . . . . . . . . . . . . . . 1754 Prozent
SER Systeme Dokumentation  . . . . . . . . . . . . . . . 400 Prozent
Aixtron Halbleiter-Anlagen  . . . . . . . . . . . . . . . . . 308 Prozent

Von den insgesamt 168 Börsengängen 1999 entfielen allein 131
auf den Neuen Markt. War die Börse zum Emissionszeitpunkt
stark, gab es fast nur Kursgewinne am ersten Börsentag. Im
November 1999 beispielsweise gab es bei 23 Neuemissionen nur

eine Verlustposition (Toys International). Im September 1999 mit 17 neuen Aktien fielen gleich fünf Kandidaten durch Verluste am ersten Börsentag auf

Das meiste Geld zu verdienen gab es zweifelsohne am Neuen Markt. Aber ich habe dieses Kapitel mit »Neue Chancen und Risiken« überschrieben. Lesen Sie, was den Neuen Markt anbetrifft, auch Kapitel 3.4.5 und bedenken Sie immer, daß im Neuen Markt mit seinen überzogenen Kurs-Gewinn-Verhältnissen eine ganze Menge Zukunftserwartung bezahlt wird, die man neuerdings auch »Die Story« nennt. Erfüllt diese sich nicht, geht es rapide nach unten. Auch sollten Sie nach dem kleinen Vergleich der Ausgabekurse und der Kurse am ersten Börsentag schon mal einen Blick in den aktuellen Kurszettel werfen. Manche Aktien sind total verkommen und andere wirkliche Glanzlichter, die den Zeichnern viel Freude gebracht haben. Gefährlich ist es allemal, zu überzogenen Kursen an den ersten Börsentagen nachzukaufen. Alle, die bei der Verlosung nicht zum Zuge kommen, stürzen sich auf die wenigen Aktien und treiben die Kurse in nicht vertretbare Höhen.

Auch in den Börsenjahren 2000 und 2001 können Sie wieder die Glücksgöttin bei den Verlosungen auf die Probe stellen. Im allgemeinen klappt es mit einer Zuteilung nur, wenn Ihre Hausbank im Emissionskonsortium ist oder Ihre Sparkasse entweder über eine Landesbank bedacht wird oder wegen örtlicher Gegebenheiten zum Konsortium gehört.

In den ersten Monaten des Jahres 2000 gab es einen regelrechten Boom an Neuemissionen im Neuen Markt. Von den 22 Gesellschaften entfielen allein 19 im Februar auf den Neuen Markt. In allen Fällen überstiegen die Ersttagskurse deutlich die Emissionspreise. Dies war in den nachfolgenden Monaten seltener der Fall. Von den 16 Neuemissionen im Juni 2000 blieben allein 7 Titel unter oder nur knapp über dem Emissionspreis – außer Spesen nichts gewesen.

**Primary Markets / Listing: Aktuelle Neuemissionen**

| Datum | Unternehmen | Geschäftsfeld | Emissions-volumen Mio. Euro | Greenshoe Mio. Euro | Bookbuilding-Spanne Euro | Emissions-preis Euro | Erste Notiz Euro | Kursänd.gg. Emissions-Kurs Prozent | Börsen-platz | Segment |
|---|---|---|---|---|---|---|---|---|---|---|
| 05.06.00 | comdirect bank AG | Financial Services | 790,50 | 80,60 | 25,00–31,00 | 31,00 | 38,00 | 22,58 | Fr | NM |
| 13.06.00 | AmaTech AG | Technology | 54,20 | 5,80 | 16,00–20,00 | 20,00 | 24,50 | 22,50 | Fr | NM |
| 13.06.00 | Medisana AG | MedTech & HealthCare | 20,22 | 1,41 | 15,50–17,50 | 15,50 | 16,00 | 3,23 | Fr | AH SMAX |
| 15.06.00 | Masterflex AG | Industrials & Industrial Services | 31,00 | 5,00 | 21,00–25,00 | 25,00 | 30,50 | 22,00 | Fr | AH SMAX |
| 20.06.00 | IN-motion AG | Media & Entertainm. | 80,60 | 0,00 | 24,00–27,00 | 26,00 | 23,00 | –11,54 | Fr | NM |
| 20.06.00 | United Visions Entertainment AG | Media & Entertainm. | 24,00 | 3,84 | 20,00–24,00 | 24,00 | 28,00 | 16,67 | Fr | NM |
| 21.06.00 | BOV AG | IT Services | 38,00 | 5,70 | 16,00–19,00 | 19,00 | 22,00 | 15,79 | Fr | NM |
| 21.06.00 | IBS AG | Software | 68,45 | 5,55 | 15,50–18,50 | 18,50 | 25,00 | 35,14 | Fr | NM |
| 21.06.00 | PixelNet AG | Internet | 46,20 | 4,90 | 11,00–14,00 | 14,00 | 14,00 | 0,00 | Fr | NM |
| 27.06.00 | MatchNet plc. | Media & Entertainm. | 22,50 | 2,63 | 7,50– 9,00 | 7,50 | 6,50 | –13,33 | Fr | NM |
| 28.06.00 | Alphaform AG | Industrials & Ind. Serv. | 34,00 | 3,83 | 15,00–18,00 | 17,00 | 16,00 | –5,88 | Fr | NM |
| 28.06.00 | Feedback AG | Internet | 16,00 | 0,00 | 11,50–13,50 | 11,50 | 10,50 | –8,70 | Fr | NM |
| 28.06.00 | Microlog Logistics AG | Industrials & Ind. Serv. | 42,50 | 5,10 | 29,00–34,00 | 34,00 | 56,00 | 64,71 | Fr | NM |
| 29.06.00 | Media! AG | Media & Entertainm. | 31,82 | 4,40 | 20,00–22,00 | 22,00 | 25,00 | 13,64 | Fr | NM |
| 30.06.00 | Conduit Europe AG | IT Services | 56,00 | 8,40 | 13,00–16,00 | 16,00 | 16,00 | 0,00 | Fr | NM |
| 30.06.00 | MediGene AG | Biotechnology | 108,58 | 16,80 | 35,00–42,00 | 42,00 | 55,00 | 30,95 | Fr | NM |

AH = Amtlicher Handel; NM = Neuer Markt; Fr = Frankfurt

Quelle: Deutsche Börse

# 10 Das Stück vom großen Kuchen –
## Investmentanteile

Investmentsparen wird immer populärer. Wer etwas für die Altersvorsorge tun will und weder Lust verspürt noch Zeit hat, sich mit einzelnen Aktien zu beschäftigen, überläßt dies den Fachleuten und kauft sich kleine Stückchen vom großen Kuchen.

Der Kleinanleger wird mit dem Großanleger gleichgestellt, so wie es schon in der Vereinsschrift des 1868 in England gegründeten ersten Investmentfonds hieß: »Der kleine Sparer soll dieselben Vorteile wie der Reiche haben, weil das Risiko durch die Streuung der Kapitalanlage vermindert wird.« Dies gilt auch heute noch. Hinzu kommt, daß ein Kleinanleger oft durch die hohen Kosten vom Direktkauf an ausländischen Börsen abgehalten wird. Wählt er jedoch einen Fonds mit Anlageschwerpunkt eines bestimmten Landes, ist er dieser Sorge enthoben und braucht sich auch nicht mit den Kenntnissen des speziellen Auslandsmarktes zu belasten.

Die ständige Marktbeobachtung überfordert ohnehin heute jeden Aktionär, der noch einen Hauptberuf hat. Das Angebot ist schier unübersichtlich. So gibt es 23 000 festverzinsliche Wertpapiere und mehr als 800 deutsche Aktien allein an deutschen Börsen. Hinzu kommen fast 2200 ausländische Aktien und mittlerweile rund 6000 Optionsscheine. Rechnet man auch das Angebot der ausländischen Börsen hinzu, dürfte die Zahl von weltweit 50 000 Aktien und 500 000 festverzinslichen Papieren nicht zu hoch gegriffen sein.

»Monokultur läßt den Acker veröden«, sagte der Bigamist als Entschuldigung zum Richter. So ist es auch bei Aktien. Nehmen wir an, Sie hätten Ihr ganzes Vermögen in einer einzigen Aktie, nämlich dem später bankrott gegangenen Computerhandel

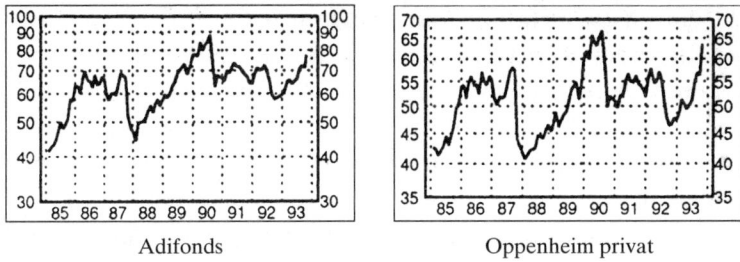

Adifonds                    Oppenheim privat

Von Adifonds bis Oppenheim – vom Crash 1987 wurden sämtliche Investment-fonds gebeutelt.

Escom oder Bremer Vulkan, angelegt. Sehr schlecht für Sie! Das Risiko muß nach dem Motto »Gehen nicht die Äppel, gehen Birnen« auf eine Vielzahl von Aktien verteilt werden. So machen es die Investmentfonds. Ihr Anteil ist durch die breite Streuung relativ abgesichert. Diese schöne Absicherung sollte jedoch bei Ihnen nicht den Gedanken aufkommen lassen, daß Sie mit Investment-fonds gegen Baissen oder gar Crashs gefeit sind. Spezialisten leisten zwar was Besonderes, wie ein Slogan sagt, aber auch die Profi-Manager von Investmentfonds mußten beim großen Crash 1987 die Talfahrt mit antreten. Als es 1987 weltweit im Börsengetriebe knirschte, habe ich mir die Kurse von über 100 Investment-fonds auf den Graphiken angeschaut. Nicht einen einzigen ohne scharfes Abknicken der Kurskurve nach unten konnte ich entdecken. Nach Crashs haben die Kurse bekanntlich sehr schnell wieder aufgeholt. Auch die Kurskurven von Fonds gingen alsbald wieder nach oben.

Investmentfonds werden – trotz ursprünglich gegenteiligem Gesetzesvorhaben der rotgrünen Regierung – nun doch nicht die Besteuerung von Spekulationsgewinnen hinnehmen müssen. Die Kursgewinne, die die Fondsmanager durch Aktienverkäufe innerhalb des neuen Jahreszeitraumes für Sie erwirtschaften, sind beim Fonds weiterhin von der Spekulationssteuer freigestellt. Das gleiche gilt für die Erlöse aus dem Verkauf von Bezugsrechten. Beachten sollten Sie aber, daß bei Ihnen persönlich durchaus Spekulationssteuer anfallen kann, wenn Sie Investmentanteile mit einem Gesamtgewinn von über 1000 Mark im Jahr veräußern und dies während der Jahresfrist zwischen Anschaffung und Verkauf geschieht.

Listen wir einmal die Vorteile und Nachteile von Investmentanteilen gegenüber dem Direktkauf von Aktien auf:

*Vorteile*
- Auswahl einzelner Aktien oder Rentenpapiere aus dem unüberschaubaren Angebot des Marktes entfällt
- Ständige Marktbeobachtung nicht erforderlich
- Vermögensverwaltung durch Spezialisten
- Geringe Kosten an Auslandsbörsen und Zugang zu allen Weltbörsen
- Keine Spekulationssteuer und Kapitalertragssteuer des Fonds (letzte Meldung aus Bonn).

*Nachteile*
- Kursrückschläge des Marktes ziehen auch Investmentpreise nach unten
- Bei großen Crashs sind sämtliche Fonds betroffen
- Ausgabeaufschläge und Verwaltungsvergütungen können höher sein als Unkosten bei Direktkauf von Aktien.

---

*Einige Investmenttöchter und ihre Bankmütter*

DWS     Deutsche Gesellschaft für Wertpapiersparen (Deutsche Bank)

DIT     Deutscher Investment Trust (Dresdner Bank)

DEKA     Deutsche Kapitalanlage GmbH (Sparkassen und Landesbanken)

---

In 1999 kam bei Deutschlands oberstem Kassenwart Hans Eichel die Idee auf, auf einbehaltene und ausgeschüttete Gewinne der Investmentfonds 25 Prozent Körperschaftsteuer ab dem Jahr 2001 zu kassieren. Der Plan war parlamentarisch nicht durchsetzbar.

Keine Freude für die Fondsmanager brachte auch die Idee vom Sommer 2000, die Spekulationsgewinne aus Fondsinvestments weiterhin voll zu versteuern, während Spekulationsgewinne mit Aktien künftig nur noch zur Hälfte steuerpflichtig sind (Steuersenkungsgesetz).

### 10.1 Angebotspalette des Investment-Supermarktes

Das Angebot der Investmentfonds ist unter den verschiedenen Gesichtspunkten reichhaltig. Nehmen wir als erstes Kriterium den Anlageschwerpunkt. Sie können sich unter anderem einkaufen in:

| Deutsche Fonds | Internationale Fonds | Länder-fonds | Branchen-fonds |
|---|---|---|---|

*Anlageschwerpunkte*

Als zweites Kriterium soll uns die Art der Ausschüttung Leitlinie sein. Wollen Sie die Investmenterträge jährlich auf Ihrem Konto sehen oder freuen Sie sich über den Zuwachs Ihres Investmentdepots, dem automatisch die jährlichen Ausschüttungen gutgeschrieben werden? Wir unterscheiden hier zwischen:

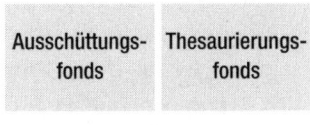

| Ausschüttungs-fonds | Thesaurierungs-fonds |
|---|---|

*Ausschüttung*

Welche Anlagen sind möglich? Wollen Sie in Wertpapieren oder lieber in Immobilien investieren? Auch hier gibt es verschiedene Möglichkeiten, ja sogar noch weitergehende Spezialisierungen:

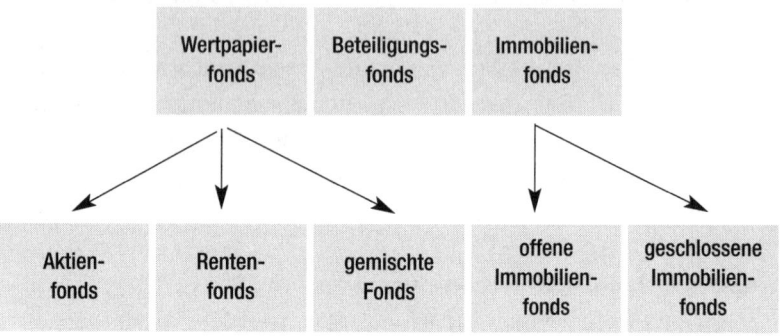

*Mögliche Anlagen*

*Gebührenpolitik*

### 10.2 Ausgabeaufschlag oder No-Load-Fonds? – Gebühren beim Fondskauf

Im letzten Schaubild haben Sie schon gesehen, daß es Fonds mit Ausgabeaufschlag und solche ohne Ausgabeaufschlag, die sogenannten No-Load-Fonds, gibt. Was ist der Ausgabeaufschlag? Wenn Sie in den Kurszettel schauen, sehen Sie den Ausgabepreis und Rücknahmepreis eines Fondsanteils, wobei der Rücknahmepreis stets um einiges geringer ist. Ihnen dämmert, daß Sie den heute gekauften Fonds, wenn Sie sich von ihm nächste Woche schon wieder trennen, nur mit Verlust loswerden können. Für einen Anteil von beispielsweise Investa müßten Sie 137,21 Euro auf den Banktresen blättern. Hätten Sie Ihren Investa-Anteil am gleichen Tag jedoch zurückgegeben, würden Sie sich nur über 130,68 Euro freuen dürfen.

Mit dem Ausgabeaufschlag decken die Fondsgesellschaft und das Kreditinstitut ihre Kosten bei der Beratung ab. Er wird in unterschiedlicher Höhe berechnet. Gehen Sie bei Aktienfonds von ca. 5 Prozent aus, bei Rentenfonds von knapp 3 Prozent und bei Immobilienfonds von wiederum 5 Prozent. Ein solcher Ausgabeaufschlag entfällt bei den sogenannten No-Load-Fonds. Allerdings halten sich die Fondsgesellschaften bei den Verwaltungsgebühren dafür schadlos.

Ein Tip: Beabsichtigen Sie, je nach Erfolg eines Fonds, einen häufigeren Wechsel, sind Sie sozusagen ein Fonds-Springer, bevorzugen Sie am besten No-Load-Fonds. Die Ausgabeaufschläge bei einem zu häufigen Wechsel würden sonst die Rendite arg beuteln.

Als dritter Unkostenfaktor kommt noch die Depotbankvergütung hinzu. Diese ist das Entgelt für die Berech-

## INVESTMENTFONDS

| Name | Whrg. | Ausg. 18.1. | Rückn. 18.1. | Zwg.[2] 18.1. |
|---|---|---|---|---|
| **Investmentfonds[1]** | | | | |
| **DWS** | | | | |
| Akkumula | EUR | 572,60 | 545,33 | 0,15 |
| Albingia | EUR | 29,20 | 28,18 | 1,53 |
| AS Dynamik | EUR | 84,99 | 81,72 | 0,05 |
| AS Flex | EUR | 71,97 | 69,20 | 0,09 |
| Asia Akt. Typ 0 | EUR | 130,67 | 130,67 | 0 |
| Barmenia Rendite | EUR | 29,49 | 28,49 | 1,55 |
| Bildungsfonds | EUR | 93,27 | 90,55 | 0,15 |
| Biote.-Akt.Typ 0 | EUR | 91,72 | 91,72 | |
| BL-Rent | EUR | 46,05 | 44,44 | 2,38 |
| Deutschland | EUR | 114,68 | 111,34 | |
| DM Spezial | EUR | 43,81 | 42,73 | 0,09 |
| Dt. Aktien Typ 0 | EUR | 218,75 | 218,75 | |
| Dt.Ren.Typ 0 Lg | EUR | 61,42 | 61,42 | 0,56 |
| Dollar Rent.Typ 0 | EUR | 61,40 | 61,40 | 0,99 |
| Dt.Rent.Typ 0 | EUR | 67,27 | 67,27 | 0,68 |
| Energie | EUR | 108,73 | 104,55 | |
| Euro.Akt. Typ 0 | EUR | 225,12 | 225,12 | |
| Euro.Rent. Typ 0 | EUR | 68,01 | 68,01 | 1,05 |
| Euro Strat (Rent.) | EUR | 43,72 | 42,65 | 0,68 |
| Eurovesta | EUR | 141,39 | 135,95 | |
| Finanzwerte | EUR | 56,20 | 54,03 | |
| Frankreich | EUR | 115,99 | 111,52 | 0 |
| GKD-Fonds | EUR | 95,51 | 91,83 | 1,23 |
| Geldmarktfonds | EUR | 57,77 | 57,77 | 0,07 |
| Geldmarkt Plus | EUR | 58,22 | 58,22 | 0,09 |
| Goldm.Ak.Typ 0 | EUR | 39,30 | 39,30 | |
| G.Daimler Akt. | EUR | 38,24 | 36,76 | |
| Iberia | EUR | 125,03 | 120,21 | 0,09 |
| Inrenta | EUR | 36,41 | 35,52 | 0,37 |
| Inter Genufl | EUR | 39,47 | 38,31 | 0,34 |
| Internet Typ 0 | EUR | 92,08 | 92,08 | |
| Int. Aktien Typ0 | EUR | 51,02 | 51,02 | |
| Int. Ren Typ 0 | EUR | 82,77 | 82,77 | 1,25 |
| Italien | EUR | 162,03 | 155,79 | 0,08 |
| Inter Renta | EUR | 17,45 | 16,94 | 0,29 |
| Intervest | EUR | 158,07 | 151,99 | 0,01 |
| Investa | EUR | 137,21 | 130,68 | |
| Japan | EUR | 138,64 | 133,30 | |
| Japan Opport. | EUR | 93,43 | 89,84 | |
| Konsumwerte | EUR | 54,07 | 51,98 | |
| LEA-Fonds DWS | EUR | 36,28 | 34,88 | |
| Metallbank | EUR | 77,85 | 74,14 | |
| Nordamerika | EUR | 138,42 | 133,09 | 1,02 |
| Nürnberg. Rent. | EUR | 27,45 | 26,35 | 1,42 |

Ausgabe- und Rücknahmepreise bei Fonds. Quelle: Handelsblatt

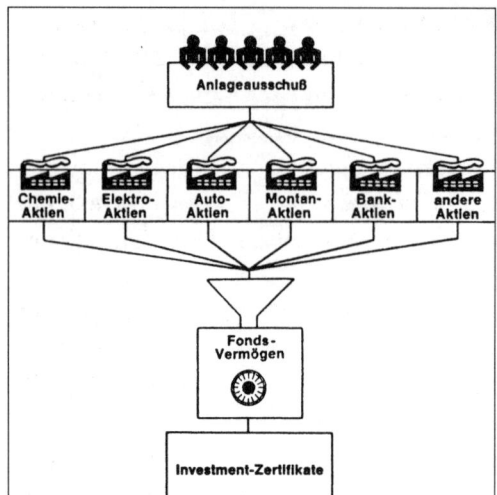

Der Anlageausschuß beschließt, welche Aktien gekauft werden.

nung des jeweiligen Anteilswerts und die Überwachung der einzelnen Aktien im Anlagetopf. Die Mischung muß stimmen. Aus Gründen der Risikobegrenzung dürfen von jeder Gesellschaft nur 5 Prozent im Fondsvermögen enthalten sein.

Ein Anlageausschuß entscheidet über die Zusammensetzung des Fondsvermögens. Als Zeichner von Anteilen haben Sie keinen Einfluß auf diese Auswahl, mit der manchmal auch etwas Geheimniskrämerei verbunden ist. Manche Fonds verwalten riesengroße Vermögen. Sie können buchstäblich Kurse machen, wenn sie bei einer einzelnen Aktie massiv einsteigen oder eine hohe Stückzahl von Aktien in den Markt geben.

### 10.3 Wie erfolgreich sind die Fonds?

Die jährlichen Ausschüttungen eines Fonds fließen aus verschiedenen Quellen. Zunächst einmal sind es Dividenden aus Aktien, aber auch Bezugsrechtserlöse und Spekulationsgewinne kommen hinzu. Da je nach Marktlage größere Beträge in bar vorgehalten werden, fallen auch noch Guthabenzinsen an. Bei den gemischten Fonds, in deren Topf sich Aktien und festverzinsliche Wertpapiere befinden, kann ein beachtlicher Anteil auf Zinsen der Rentenwerte entfallen.

Im Schema haben Sie gesehen, daß es offene und geschlossene Immobilienfonds gibt. Ladenpassagen und große Kaufhauskomplexe in den Innenstädten werden oft von Immobilienfonds finanziert.

Bei den offenen Immobilienfonds findet laufend ein Handel mit Anteilen statt. Jederzeit können Sie Ihren Anteil zurückgeben, weil es ständig einen Marktpreis dafür gibt. Sie erzielen deshalb aus offenen Immobilienfonds Einkünfte aus Kapitalvermögen. Dies kann von Vorteil sein, wenn der Sparerfreibetrag von 3000/6000 Mark (Ledige/Verheiratete) noch nicht ausgeschöpft ist, weil dann unter Umständen die Einnahmen ganz oder teilweise steuerfrei bleiben.

Aus geschlossenen Immobilienfonds erzielen Sie Einkünfte aus Vermietung und Verpachtung. Dies kann für Anleger mit hoher Steuerprogression von Vorteil sein, weil sich durch die Abschreibung von Gebäuden steuersparende negative Einkünfte ergeben können.

Wie erfolgreich ein Investmentfonds gewirtschaftet hat, können Sie der monatlich erscheinenden Investment-Information des Bundesverbandes deutscher Investmentgesellschaften e.V. (BVI) entnehmen. Die Information wird Ihnen auf Anforderung kostenlos zugeschickt (Bundesverband Deutscher Investment-Gesellschaften e.V., Abteilung Presse und Öffentlichkeitsarbeit, Eschenheimer Anlage 28, 60318 Frankfurt, Telefon 069/154090-0, Telefax 069/5971406). Ich kann mir vorstellen, daß die Manager von Investmentfonds, die unter hohem Erfolgsdruck stehen, die jeweilige Information des Bundesverbandes mit gleicher Spannung erwarten wie die Trainer der Bundesligavereine die neue Tabelle.

Dekatresor, ein erfolgreicher Veteran, ist seit 1983 auf dem Markt. Er investiert in Renten mit Anlageschwerpunkt Deutschland.

Lassen Sie sich jedoch nicht von kurzfristigen Erfolgen blenden. Es passiert nur allzu oft, daß ein Fonds, der im Zeitraum von einem Jahr super war, für fünf oder zehn Jahre eine gar nicht so gute Performance aufzuweisen hat. Fonds, die über einen längeren Zeitraum schlecht gewirtschaftet haben, werden meistens aus dem Markt genommen. Die Veteranen mit zwanzig Jahren bieten außer der Gewähr für Kontinuität meist auch solide Ergebnisse.

Ich habe einmal für Sie die Wertentwicklung vom 30. 6. 1980 bis 30. 6. 2000 (20 Jahre) bei den Aktienfonds mit Anlageschwerpunkt Deutschland nachgeprüft. Spitzenreiter mit 1754,4 Prozent Wertzuwachs war Investa. (Investment-Gesellschaft DWS). Auf dem zweiten Platz folgte der SMH-Special-Fonds mit 1671,1 Prozent (Investment-Gesellschaft UBS). Die Schlußlaterne trug der MMWI-Progress-Fonds (Investment-Gesellschaft Warburg Invest) mit »nur« 756,9 Prozent Wertzuwachs. Bemerkenswert ist, daß die Reihenfolge vor zwei Jahren genau die gleiche war.

Deka 98 war als »Laufzeitfonds« konzipiert und wurde Mitte des Jahres 1998 aufgelöst.

Schauen wir uns aber einmal den Halbjahreszeitraum vom 1.1. bis zum 30.6.2000 an. Die Aktienfonds mit Anlageschwerpunkt Deutschland erzielten in diesem Zeitraum nur ein durchschnittliches Plus von 4,8 Prozent, aber 60,1 Prozent in der Spitze (DAC-Kontrast-Universal). Die durchschnittlichen Wertsteigerungen für einen Zehn-Jahres-Zeitraum betrugen 239 Prozent.

Der Deutsche Aktienindex hatte vom 1.1. bis 30.6.2000 ein knappes Prozent verloren. Aktienfonds Deutschland schafften immerhin ein durchschnittliches Plus von 4,8 Prozent. In einem Zehnjahreszeitraum waren es 229,4 Prozent und in zwanzig Jahren 1180,6 Prozent.

Spitzenreiter bei den ausländischen Fonds war im Jahr 1999 der Invesco GT Japan Enterprise. Er erreichte ein Traumergebnis von fast 550 Prozent mit Japans »kleinen Aktien«, enttäuschte aber im ersten Halbjahr 2000 mit einem Verlust von über 40 Prozent.

**10.4 Fonds-Shops als Discounter**

In Großstädten können Sie auch bei Fonds-Shops Investmentanteile kaufen. Zum Teil geben diese Rabatte auf die normalen Ausgabeaufschläge. Die Shops sind meist eher karg eingerichtet. So kann es auch mit der Beratung sein. Andererseits ist auch ein guter Bankberater kraft Weisung seiner Vorgesetzten gehalten, Ihnen zunächst die hauseigene Produktpalette von Investmentfonds anzubieten. Sie müssen schon insistieren, wenn Sie sich für ein anderes Produkt entschieden haben.

Mit Fonds können Sie praktisch Anteile an Aktien, die einen ganzen Wirtschaftsraum repräsentieren, kaufen. Glück hatten die Anleger 1993 mit Fonds, die vornehmlich an den »Tigerbörsen« Südostasiens investierten. Es gab manchmal dreistellige Zuwachsraten. So war es ein leichtes, auch im Folgejahr Asienfonds mit diesem »background« werbemäßig an den Mann und die Frau zu bringen. Aber die Stimmung in Fernost kippte. Es mußten Verluste bis zu fast 90 Prozent hingenommen werden. Der in Irland aufgelegte und auf US-Dollar lautende Fonds Dresdner Thornton Asian Indonesia verlor in fünf Jahren (1994 bis 1998) 87,9 Prozent.

Wo kaufen Sie am besten Fonds? Es gibt verschiedene Möglichkeiten:

1. Hausbank, Sparkasse
2. Fremdbank (falls Hausbank keine Fremdfonds anbietet)
3. Direktbanken (Discount auf Ausgabeaufschlag möglich)
4. Unabhängige Finanzberater
5. Fondsgesellschaften unmittelbar (kostenloses Fonds-Depot meist möglich), aber oft kein Discount auf Ausgabeaufschlag
6. Fondsshops (Ausgabeaufschläge oft verhandelbar)

**10.5 Aktienfonds mit Garantie**

1996 gab es die ersten Investmentfonds mit Garantie. Allein der Umstand ihrer Markteinführung macht deutlich, daß man auch mit Investmentfonds Geld verlieren kann. Einer dieser Fonds, der Hypo-Emerging-Markets-Garantie 03/2002, besteht zu 65 Prozent aus Anleihen und DAX-Partizipationsscheinen. Darüber hinaus werden Optionsscheine und Kaufoptionen auf Aktienindizes und Aktien von Schwellenländern in den Fondstopf genommen. Die Hypobank garantiert den Anlegern ihren Einsatz. Sie werden ihn pünktlich am 20. März 2002 zurückerhalten, auch wenn der Fonds Miese gemacht hat. Andere Banken sind gefolgt. Wo liegt der Pferdefuß? Eigentlich kann einem Aktionär doch nichts Besseres passieren als eine Absicherung gegen den Verlust seines Kapitals. Natürlich zahlt aber letzten Endes der Fondskäufer die Rechnung, nämlich die hohen Gebühren für Verkaufsoptionen, mit denen die Fondsanlagen abgesichert werden.

»Börse-aktuell«, die Zeitschrift des Stuttgarter Aktienclubs, errechnete unter der Prämisse, daß deutsche Aktien in den nächsten vier Jahren 35 Prozent zulegen, für den Commerz-Garantiefonds nur ein Plus von bescheidenen vier Prozent. Sie sehen: Eine kostenlose Garantie gibt es nicht. Das abgefederte Risiko wird teuer bezahlt.

### 10.6 Steuerliche Nachteile bei ausländischen Fonds

Mittlerweile kann der deutsche Anleger aus über 3000 Fonds auswählen. Auch aus dem Ausland drängen immer mehr Fonds auf den deutschen Markt. Insbesondere die amerikanischen Gesellschaften suchen von Luxemburg oder Frankfurt aus Zugang zu deutschen Kapitalanlegern. Einerseits ist der Wettbewerb für Sie als Anleger nützlich, weil insbesondere die amerikanischen und englischen Fonds mit ihrer Wertsteigerung werben und den Vergleich mit deutschen Fonds geradezu herausfordern. Andererseits sind nicht alle Fonds bei den deutschen Aufsichtsbehörden registriert, weil es nach dem Recht der europäischen Union genügt, in einem Mitgliedsland zugelassen zu sein.

Auslandsfonds, die in Deutschland nicht registriert sind, aber dennoch einen deutschen Steuerrepräsentanten bestellt haben, sind steuerlich weniger begünstigt. Es gibt aber auch Auslandsfonds, die weder registriert sind noch einen Steuerrepräsentanten bestellt haben und auch nicht an der deutschen Börse im Amtlichen Handel oder Geregelten Markt gehandelt werden. Diese Fonds hat der Gesetzgeber bewußt schlechter gestellt, um ihre ungehinderte Ausbreitung zu erschweren. So muß der gesamte Ausschüttungsbetrag zuzüglich 90 Prozent des jährlichen Wertzuwachses versteuert werden. Und nicht nur das: Sogar bei Wertverlust greift der Fiskus zu. Zehn Prozent des letzten Rücknahmepreises (beim Verkauf 20 Prozent) sind steuerpflichtig. Diese rigorosen Bestimmungen dienen dem Schutz des Anlegers. Die Mammut-Pleite des von Bernie Cornfeld initiierten IOS-Fonds, bei der viele Deutsche große Teile ihres Vermögens verloren haben, hat den Gesetzgeber sensibilisiert. Über die Einzelheiten der Besteuerung von Investmentfonds können Sie sich in Teil II dieses Buches (Steuerteil) informieren.

Überlegenswert ist auch, ob Sie sich in Fonds engagieren, die einen guten Zweck auf ihr Panier geschrieben haben. Ich denke dabei an »Ökofonds« und »Sozialfonds«. Lassen Sie nicht andere mit Ihrem Geld Gutes tun. Das können Sie selbst. Zum Beispiel, indem Sie in einen Fonds mit hoher Ausschüttung investieren und einen Teil davon als steuerlich abzugsfähige Spende weggeben.

Und noch etwas: In Deutschland zugelassene, aber nicht residierende Fonds, die in der Tabelle des BVI nicht enthalten sind, erzielen wegen der ihnen im Ausland eingeräumten größeren Freiheiten, aber auch Risiken, oft die bessere Performance. Sie haben es bei Invesco gelesen. Dies ist jedoch nicht in allen Fällen risikolos.

Es werden Ihnen noch die Probleme der in London ansässigen Deutschen Morgan Grenfell, einer Tochter der Deutschen Bank, in Erinnerung sein. Ein Jungmanager hatte ein rundes Dutzend Briefkasten-Firmen in das Fondsvermögen genommen, über die das private Wirtschaftsmagazin »DM« süffisant schrieb: »Sie konstruieren nichts, sie produzieren nichts, sie verkaufen nichts und sie notieren noch nicht mal an der Börse.« Daraufhin nahm die Muttergesellschaft Deutsche Bank drei Fonds der in Schwierigkeiten geratenen Londoner Tochter Morgan Grenfell vom Markt und machte die Fondsgesellschaft mit einer Geldspritze von fast einer halben Milliarde Mark wieder flott. Peter Young, der Fondsmanager, der das Risiko allzusehr geliebt hatte, mußte gehen. Einige Monate später brummte das Aufsichtsorgan der Londoner Börse der Deutschen Morgan Grenfell eine saftige Strafe von zwei Millionen Pfund auf, weil die Vorgesetzten von Young ihre Aufsichtspflicht verletzt und seine Manipulationen über längere Zeit nicht entdeckt hatten.

Eine ganze Menge über die neuen Altersvorsorge Sondervermögenfonds (AS-Fonds) lesen Sie in Kapitel 14, «Altersvorsorge leicht gemacht – Aktien schließen die Versorgungslücke«.

# 11 Das heiße Spielzeug – Optionsscheine

Wer an der Börse nach einem sehr hohen Gewinn strebt, der kauft Optionsscheine. Das sehr hohe Risiko kauft er gleich mit. Was also sind Optionsscheine? Da märchenhafte Gewinne – außer märchenhaften Verlusten! – möglich sind, beginne ich auch märchenhaft.

Es war einmal eine Anleihe, sagen wir von Bayer, BASF oder auch von Preussag oder einer anderen Gesellschaft, die hatte einen so niedrigen Zinssatz, daß sie keiner kaufen wollte. Da weinte die Anleihe, die keiner wollte, und ihre Erfinder hatten ein Erbarmen. Sie gaben ihr flugs einen oder mehrere Optionsscheine bei, und schon wollte jeder sie haben. Das arme Aschenputtel war somit ein Sterntalerkind, denn der Optionsschein versprach auch Aktien der Gesellschaft, welche die einst wegen ihres niedrigen Zinses so verschmähte Anleihe mit auf den Markt brachte.

Das ist eigentlich schon alles. Ein Optionsschein gibt Ihnen die Möglichkeit, während seiner Laufzeit zu einem bestimmten Kurs Aktien einer Gesellschaft zu kaufen. Letztlich ist der Optionsschein für die betreffende Gesellschaft, die eine Anleihe mit einem gemessen am Marktniveau zu geringen Zinssatz herausgegeben hat, eine preiswerte Finanzierungsform. Sobald die Anleihe mit dem Optionsschein auf dem Markt war, zerfiel sie meist in die Anleihe für sich allein (Schuldverschreibung) und in den selbständig gewordenen Optionsschein. Ein Optionsschein ist auch selbständig handelbar und heißt Aktienoptionsschein, weil er zum Bezug von Aktien berechtigt. Meist jedoch denkt niemand daran, diese garantierten Aktien auch zu beziehen, statt dessen wird nur der Schein gekauft und verkauft, bis er eines Tages, gegen Ende seiner Laufzeit, immer weniger wert wird. Mit Ablauf dieser Frist ist er überhaupt nichts mehr wert. Sie sehen, es handelt sich um ein ganz heißes Spielzeug, mit dem man sich böse die Finger verbrennen kann, wenn man es zu lange in der Hand hält.

Verwechseln Sie Optionsscheine nicht mit den Optionen, die an der Deutschen Terminbörse unter anderem über jeweils 50 Aktien gehandelt werden. Ein Aktienoptionsschein wird z. B. von den Unternehmen Bayer, BASF, Siemens oder Preussag, also den Aktiengesellschaften selbst, emittiert. Bei einer Option auf eine bestimmte Anzahl von Aktien ist jedoch die Deutsche Terminbörse der Emittent. Optionsscheine heißen auf neudeutsch auch »warrants«.

Doch schon vorab: Heutzutage sind nur noch wenige Optionsscheine aus der Verbindung mit Anleihen hervorgegangen. Man nennt sie übrigens »klassische Optionsscheine«.

Fast alle heute gehandelten Scheine werden von Emissionshäusern begeben, die die den Scheinen zugrunde liegenden Aktien (underlying) überhaupt nicht im Bestand haben. Die Absicherung erfolgt vielmehr meist über die Terminbörsen.

## 11.1 Mit wenig Kapital spekulieren

Nehmen wir zum Beispiel die Preussag-Aktie und den Preussag-Optionsschein. Die Aktie des Mischkonzerns kostete an einem bestimmten Tag im Jahr 2000 exakt 51,84 Euro. Für den Preussag-Optionsschein, der von 1996 bis 2001 läuft, mußten Sie am gleichen Tag zwar 320 Euro ausgeben, aber er berechtigte zum Bezug von 10 Aktien.

$$\text{Kapitaleinsatz} = \frac{\text{Kurs Optionsschein } 320}{\text{Aktienkurs } 51,84 \times 10} = 57,3 \text{ Prozent}$$

Steigt der Kurs der Preussag-Aktie, geht der Kurs des Preussag-Optionsscheines gleich mit Siebenmeilenstiefeln auf und davon. Man nennt dies den Hebeleffekt (Leverage-Effekt).

Mit Optionsscheinen können Sie also phantastische Kursgewinne einfahren, weil Sie nur einen Bruchteil des Kapitals für den direkten Aktienkauf aufwenden müssen, aber Sie können mit den Scheinen, für die übrigens keine Dividenden gezahlt werden, auch böse auf die Nase fallen. Geht der Kurs Ihrer Basisaktie zurück, marschiert der Optionsschein gleich im Sauseschritt nach unten.

### 11.2 Optionsscheine auch im Variablen Handel

Das Eigenleben der Optionsscheine ist sogar so stark, daß sie im Amtlichen Handel, Geregelten Markt, im Freiverkehr und im Telefonhandel, also gleich in mehreren Marktsegmenten der Börse, gehandelt werden. Im Amtlichen Handel können Sie Optionsscheine zu Kassakursen oder variabel kaufen und verkaufen, je nachdem, wie Ihre Order lautet.

### 11.3 Wie berechnet sich der Hebel?

Ich sagte, daß ein Optionsschein viel stärker in beide Richtungen reagiert, als der Kurs der Aktie selbst. Diesen überproportionalen Ausschlag nennt man, Sie wissen es schon, die Hebelwirkung (»Leverage«). Steigt eine Aktie um 5 Prozent und hat der dazugehörige Optionsschein einen Hebel von 2, so wird der Kurs des Optionsscheines gleich um 10 Prozent zulegen.

Es sei jedoch gleich gesagt, daß dies eine mathematische Größe ist, die von Nachfrage und Angebot des Marktes ad absurdum geführt werden kann und deshalb nur im theoretischen Grundsatz gilt. Die Formel für die Hebelberechnung ist einfach:

$$\text{Hebel} = \frac{\text{aktueller Aktienkurs x Optionsverhältnis}}{\text{aktueller Optionsscheinkurs}}$$

Wir übertragen dies auf unsere Preussag-Aktie an einem Börsentag im Jahr 2000:

$$\text{Hebel} = \frac{51{,}84 \text{ Euro x } 10}{320 \text{ Euro}} = 1{,}62$$

Aber auch diese einfache Rechnung brauchen Sie nicht selbst anzustellen. Obwohl die Hebelberechnung eine einfache Übung ist, nehmen Ihnen die Börsenpublikationen diese Arbeit ab. Eine Fülle von Information über Optionsscheine bringt die Wochenzeitung »Optionsscheine« des Finanzen-Verlags, die jeden Montag mit 48 Seiten neu auf den Markt kommt.

Der guten Ordnung halber: Bei der Hebelberechnung ist ein Multiplikator von 10 eingefügt, weil zwischenzeitlich der Nennwert von Preussag herabgesetzt wurde.

**11.4  Auch die Aufgeld-Berechnung ist einfach**
Für den Optionsschein von Preussag mußten Sie an unserem Stichtag im Beispiel 320 Euro bezahlen. Dieser Betrag garantiert Ihnen das Recht, bis zum Verfallsdatum, am 30. 4. 2001, 10 Preussag-Aktien zu einem Kurs von 191,73 Euro zu erwerben. Dieser Kurs ist aus heutiger Sicht ein Vorzugskurs, denn 10 Aktien selbst notieren im Beispiel ja bereits bei 518,40 Euro. Kaufen Sie die 10 Aktien unmittelbar an der Börse, sind 518,40 Euro fällig. Besitzen Sie jedoch einen Optionsschein, kommen Sie schon für 191,73 Euro zum Zug. Sie konnten als Optionsscheinbesitzer Preussag 326,67 Euro billiger erstehen.

Hört sich gut an, nur: Sie haben für den Optionsschein 320 Euro bezahlt. Also war doch ein Aufgeld darin enthalten, das Sie für die Kursphantasie der Preussag-Aktie entrichten mußten. Vielleicht steigt die Aktie eines Tages. Dann steigt Ihr Optionsschein überproportional mit, und diese Chance kostet etwas. Wir nennen es

Aufgeld. Es ist die Differenz zwischen dem Ihnen eingeräumten Vorteil beim Aktienkauf über Optionsschein und dem Optionsscheinpreis. In unserem Beispiel beträgt sie 326,67 Euro (518,40 – 191,73).

Es ist üblich, das Aufgeld prozentual auszudrücken. Dies geschieht, indem man das Aufgeld durch den aktuellen Aktienkurs teilt. In unserem Beispiel beträgt das Aufgeld minus 1,29 Prozent.

*Die Aufgeld-Formel:*

$$\text{Aufgeld} = \frac{(\text{Basispr.} + \dfrac{\text{akt. Kurs Optionssch.}}{\text{Optionsverhältnis}} - \text{akt. Aktienk.})}{\text{akt. Aktienkurs}} \times 100$$

*In unserem Beispiel:*

$$\text{Aufgeld} = \frac{(19{,}17 + \dfrac{320}{10} - 51{,}84)}{51{,}84} \times 100 = -1{,}29 \text{ Prozent}$$

Im vorliegenden Fall ist das Aufgeld negativ. Dies deutet auf einen günstigen Kauf hin.

Ein hohes Aufgeld sollte Sie vom Kauf eines Optionsscheines abhalten. Ein solcher Schein ist besonders heiß. Das besondere Spekulationselement wird durch die Höhe des Aufgeldes dokumentiert. In manchen Publikationen ist auch das jährliche Aufgeld angegeben. Es ergibt sich aus dem Aufgeld insgesamt, das auf die Jahre der Restlaufzeit verteilt wird. Gegen Ablauf der Optionsfrist sinkt das Aufgeld immer weiter ab und kann zum Schluß sogar negativ werden.

Sofort kommt Ihnen dabei ein Gedanke: Bei einem negativen

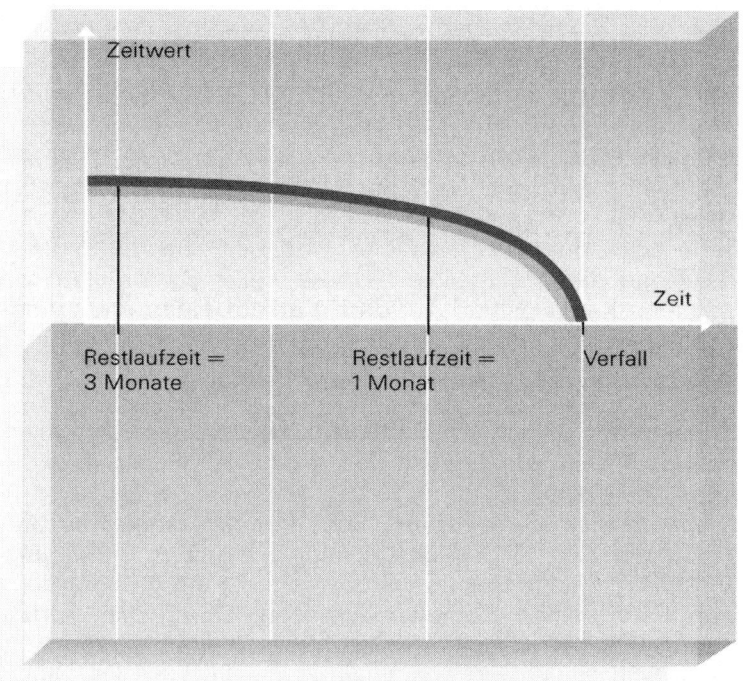

**Zeitwertverlust.** Auch bei Optionsscheinen sinkt, genauso wie bei Optionen, der Zeitwert ständig ab und liegt beim Verfallsdatum auf Null.

Quelle: Basisinformationen über Börsentermingeschäfte; ein Informationsservice der Sparkassen-Finanzgruppe

Aufgeld des Optionsscheines könnten Sie die Aktie via Schein günstiger erstehen als durch unmittelbaren Kauf an der Börse. Ein Rabatt also beim Kauf einer bestimmten Aktie durch Erwerb der auslaufenden Optionsscheine mit negativem Aufgeld? Meistens ist es eine Milchmädchenrechnung. Schließlich kostet der Kauf eines Optionsscheins Gebühren. Weitere Unkosten fallen bei der Ausübung der Option und dem Kauf der dazugehörigen Aktien an. Ich habe einmal einen Fall durchgerechnet und konnte keinen Vorteil erkennen.

| Name/<br>Emittent | WKN | Laufzeit | Bezugs-<br>verhältnis | Basis-<br>preis | OS-Kurs<br>in € | Vorwoche<br>in € | Innerer<br>Wert | Aufgeld<br>in % | Aufgeld<br>p.a. in % | Hebel |
|---|---|---|---|---|---|---|---|---|---|---|
| **Optionsscheine auf deutsche Aktien** | | | | | | | | | | |
| BASF | 870732 | 09-04-01 | 1:10 | 15,75 Euro | 310,00 | 310,00 | 320,00 | -2,09 | -1,70 | 1,54 |
| Berliner Effekten 1) | 522139 | 02-07-01 | 20:1 | 30,00 Euro | 0,53 | 0,55 | - | - | - | - |
| Berliner Elektro | 521480 | 30-11-00 | 1:12 | 29,18 Euro | 8,50 | 5,80 | -92,16 | 39,02 | 44,73 | 30,35 |
| Continental | 543913 | 06-07-00 | 1:10 | 10,17 Euro | 70,70 | 82,00 | 72,30 | -0,92 | -1,98 | 2,46 |
| Dresdner Bank | 804625 | 30-04-02 | 1:1 | 26,23 Euro | 28,30 | 26,90 | 29,04 | -1,34 | -0,58 | 1,95 |
| Dyckerhoff Vz. | 559109 | 13-06-00 | 1:1,9 | 22,57 Euro | 15,20 | 16,00 | 16,21 | -1,70 | -4,26 | 3,89 |
| Fortec | 577419 | 15-03-01 | 1:1 | 45,00 Euro | 2,30 | 1,80 | -23,20 | 116,97 | 100,50 | 9,48 |
| Heidelberger Zement | 604705 | 13-06-00 | 100:121 | 51,34 Euro | 25,10 | 26,00 | 24,39 | 0,82 | 2,04 | 3,45 |
| Kötitzer Leder | 631810 | 14-05-01 | 1:10 | 2300,81 Euro | 5000,00 | 5000,00 | 3991,90 | 3,73 | 2,81 | 5,40 |
| Münchner Rück | 843009 | 03-06-02 | 2:1 | 162,34 Euro | 68,50 | 78,00 | 61,33 | 5,03 | 2,10 | 2,08 |
| Pegasus | 691121 | 30-11-01 | 1:26 | 1,57 Euro | 41,00 | 40,00 | 61,80 | -20,26 | -10,74 | 2,50 |
| Preussag | 695209 | 30-04-01 | 1:10 | 19,17 Euro | 320,00 | 340,00 | 325,30 | -1,03 | -0,79 | 1,62 |
| Stada | 725185 | 30-09-02 | 1:1 | 154,41 Euro | 49,60 | 48,50 | 38,59 | 5,70 | 2,09 | 3,89 |
| Tarkett | 700207 | 30-11-04 | 1:1 | 11,25 Euro | 3,00 | 4,70 | -3,81 | 91,53 | 18,56 | 2,48 |
| VW St. | 766409 | 01-08-01 | 1:10 | 21,27 Euro | 309,00 | 325,00 | 284,30 | 4,97 | 3,21 | 1,61 |

Nur noch wenige »klassische« Optionsscheine

Quelle: Euro am Sonntag

## 11.5 Die wundersame Vermehrung der Optionsscheine – Covered Warrants

Es begann alles, wie gesagt, mit dem klassischen Aktien-Optionsschein, der von einer Aktiengesellschaft einer niedrig verzinslichen Anleihe beigegeben wurde und von denen es noch heute nur noch wenige gibt. Mit dieser leicht durchschaubaren Maßnahme einer Kapitalbeschaffung wurde schließlich eine kaum noch überschaubare Lawine losgetreten. Es sind die sogenannten Covered Warrants, die Ende der achtziger Jahre auf den Markt kamen. Banken und Großanleger brachten gedeckte Optionsscheine, wie Covered Warrants auf deutsch heißen, heraus. »Gedeckt« deshalb, weil sich die Emittenten vorher mit Aktien einer Aktiengesellschaft eingedeckt haben, auf die sie dann eigene Optionsscheine herausgeben.

Anfangs waren die Laufzeiten so kurz, daß kaum ein Anleger mit Covered Warrants (CWs) Gewinne machen konnte. Sie verfielen wertlos zu Lasten der Kleinanleger, und die Banken, Großanleger und Broker als Stillhalter steckten Riesengewinne ein. Die Aufgelder bei den Covered Warrants (CWs) waren so hoch, daß ein »innerer Wert« vollkommen fehlte und beim geringsten

Kursrückgang der Aktie die spekulative Blase des CWs platzte. Recherchen ergaben, daß sich ein Risikoverhältnis von 9:1 herausgebildet hatte. Neun Teile für Broker und Banken und nur ein Teil für den Kleinanleger.

**Covered Warrants**

| | | |
|---|---|---|
| Cap Gemini K.260/Dt.Bk. | 19.6.01 | 7,85 G |
| Brit.Telec.K.15,30/Dt.Bk. | 19.6.01 | 3,78 G |
| Ericsson K.560/Dt.Bk. | 19.6.01 | 3,78 G |
| Philips Elec.K.145/Dt.Bk. | 19.6.01 | 3,98 b |
| Telefonica K.26,50/Dt.Bk. | 19.6.01 | 6,19 b |
| Nokia K.180/Dt.Bk. | 19.6.01 | 5,00 b |

Noch immer recht kurze Laufzeiten der Covered Warrants.    Quelle: Handelsblatt

Nachdem sich durch die Öffentlichkeitsarbeit der Fachzeitschriften allgemein herumgesprochen hatte, daß die meisten CWs, die den Markt überschwemmt hatten, letztlich nur Verlustbringer waren, zog man Bilanz. »Capital« kam zum Fazit, daß risikofreudige Anleger mit CWs eine Milliarde Mark verloren hatten. Eine andere Untersuchung brachte ans Tageslicht, daß bei 25 getesteten CWs in 96 Prozent der Fälle ein Totalverlust wegen zu kurzer Laufzeiten und zu hoher Aufgelder eingetreten war. CWs wurden allmählich unverkäuflich. Die Emittenten mußten sich umbesinnen und mit solideren Bedingungen und längeren Laufzeiten aufwarten.

Obwohl ich selbst keine Mark einbüßte, ist mein Mißtrauen gegen Covered Warrants geblieben. Auch heute noch sind nach meinem Empfinden die Laufzeiten zu kurz. Aber ich kenne genug Börsianer, die das sehr, sehr heiße Spiel lieben und auch manchmal dabei gewonnen haben.

Dennoch: Wenn Aktien Höchstkurse erklommen haben und ein Rückfall wegen erwarteter Zinssteigerungen oder aus anderen Gründen wahrscheinlich ist, kann ich nur dringend raten, die Finger von Call-Optionsscheinen zu lassen. Ein Hausse-Zyklus ist schnell durch die Baisse abgelöst, und die kann sich lange hinziehen.

## 11.6 Optionsscheine fast auf alles

Mit Aktien-Optionsscheinen begann es, es folgten die Covered Warrants, und schon bald merkten die Emittenten, daß man praktisch »alles« über Optionsscheine verkaufen konnte. »Baskets«, als Optionsscheine auf Aktienkörbe, waren auf einmal en vogue. Man legte beispielsweise Aktien verschiedener internationaler Fluggesellschaften in einen Korb (Basket) und begab Optionsscheine auf diesen Aktienkorb. Sie verkauf-

| Optionsscheine (F) | |
|---|---|
| Freiverkehr/Telefonhandel | |
| **Aktienscheine** | |
| Titel / Laufzeit | 18.1.00 |
| Allerthal Werke 30.11.01(Hn) | 14,50 -T |
| Canon Chem. 9.5.00 | 5,50 G |
| Daido Hoxan 24.10.00 | 7,00 G |
| Diamond Computer 6.2.01 | 270,00 G |
| Fortec Elec. 15.3.01 | 2,20 b |
| Highlight Comm.11.8.00(B) | 73,00 G |
| Kinki Nipp.Rail.14.3.01 | 2,50 G |
| Kötitzer Leder 14.5.01(B) | 5000,00 -T |
| Shimpo Ind. 6.9.00 | 11,50 G |
| Shiseido 26.4.00 | 239,00 G |
| Toda Kogyo 23.5.00 | 2,00 G |

ten sich gut, so daß man dasselbe Spielchen gleich noch einmal mit den Stromversorgern, den Maschinenbauern, den Chemieköchen und den Pharma-Pillendrehern wiederholte.

Aber da waren ja auch noch die verschiedenen Aktienindizes. Folglich mußten auf die schnelle Index-Optionsscheine her. Es gibt sie auf den DAX, den japanischen Nikkei und selbstverständlich auch auf den amerikanischen Standard & Poor's 500. Nicht genug damit, daß die Optionsscheine jeweils auf ein bestimmtes Basisobjekt lauteten, entweder auf Aktien oder Aktienkörbe oder Indexe, man darf auch auf steigende oder fallende Kurse spekulieren. Kaufoptionsscheine heißen Calls, und die Verkaufsoptionsscheine werden Puts genannt.

Und bei der Gelegenheit gleich noch etwas über Optionsscheine: Es gibt den amerikanischen Typ (American style) und den europäischen Typ (European style). Beim europäischen Typ kann eine Einlösung nur zum Schluß der Optionsfrist ausgeübt werden, während beim amerikanischen Typ dies jederzeit möglich ist. Scheine des amerikanischen Typs sind daher vorzuziehen.

Auch noch ein Wort zu japanischen Optionsscheinen. Japanische Aktien sind bekannt für ihr hohes Kurs-Gewinn-Verhältnis, und japanische Optionsscheine haben meist hohe Aufgelder. Deutsche Anleger verloren bei der japanischen Börsenbaisse in den letzten Jahren horrende Beträge mit japanischen Optionsscheinen. Zurückhaltung und Vorsicht sind angebracht. Ich werde Ihnen dennoch am Schluß dieses Kapitels über Optionsscheine noch eine phantastische Geschichte erzählen, die ich selbst mit einem japanischen Optionsschein erlebt habe und die immer wieder ungläubiges Staunen hervorruft. Soviel vorneweg: Ich hätte damals Millionär werden können, habe es aber leider versäumt.

Zurück zu unseren Basisobjekten, auf die Optionsscheine ausgegeben werden. Auch Währungen dienen als Basisobjekt. Die entsprechenden Scheine heißen Devisenoptionsscheine oder Währungsoptionsscheine. Es gibt sie auf viele Währungen. Am bekanntesten sind die Optionsscheine auf die D-Mark, den US-Dollar, das englische Pfund und den japanischen Yen.

Wundert es Sie noch, daß auch auf Anleihen Optionsscheine ausgegeben werden? Sie heißen Zinsoptionsschei-

### Indexscheine

| | | |
|---|---|---|
| DAX Trak/Citi | 8.6.00 | 36,20 b |
| DAX K.6000/Citi* | 20.6.00 | 6,82 b |
| DAX V.6000/Citi* | 20.6.00 | 0,85 b |
| DAX Part./DB | 15.6.01 | 363,70 b |
| DAX Part./Dre.Fin.90 | 15.9.00 | 361,25 b |
| DAX K./Haniel (D) | 31.3.11 | 2980,00 G |
| DAX K.3500/Sal.Opp.* | 15.12.00 | 18,94 G |
| DAX V.3000/Sal.Opp. | 15.12.00 | 0,11 G |
| DAX Part./Ver.Wbk. (H) | 20.10.00 | 33,23 G |
| MDAX Part./Dresd.Fin. | 15.9.00 | 214,34 b |
| Nikkei225 Trak/Citi | 9.6.00 | 17,62 G |
| Nikkei225 Part./DB. | 9.6.00 | 179,20 b |
| S+P 500 Trak/Citi | 9.6.00 | 143,45 G |

### Zinsscheine

| | | | |
|---|---|---|---|
| 7,5 | L-6-M-DM F./BMWF | 10.3.03 | 491,00 G |
| | Li.-6-M Fl./BHF-B | 13.8.01 | 2083,00 G |
| | Weltbk. 93/03 Floor | 28.4.03 | 387,00 G |

Quelle: Handelsblatt

### Währungsscheine

| | |
|---|---|
| Dt.Bk.19.6.00 $/Yen K.110* | 1,09 G |
| Dt.Bk.19.6.00 $/Yen V.115* | 11,94 G |
| Dt.Bk.13.3.00 Eur/£ K.0,68* | 0,01 G |
| Dt.Bk.13.3.00 Eur/£ V.0,66* | 6,91 G |
| Dt.Bk.19.6.00Eur/Yen K.120* | 0,38 G |
| Dt.Bk.19.6.00Eur/Yen V.125* | 19,11 G |
| Dt.Bk.13.3.00Eu/sfr K.1,56* | 3,25 G |
| Dt.Bk.13.3.00Eu/sfr V.1,59* | 0,04 G |
| Dt.Bk.18.12.00 Eu/$ K.1,07 | 2,75 G |
| DG Bk.21.8.00 $ V.1,55 | 0,06 G |
| DG Bk.21.8.00 $ K.2,10 | 0,85 G |
| DG Bk.22.2.00 $/Eu K. 1,10 | 0,01 G |
| DG Bk.22.2.00 $/Eu V. 1,05 | 4,28 G |
| DG Bk.22.5.00 $/Eu K. 1,10 | 0,57 G |
| DG Bk.22.5.00 $/Eu V. 1,05 | 4,94 G |
| DG Bk. 21.8.00 $ K. 2,00* | 1,88 G |
| DG Bk. 21.8.00 $ V. 1,55* | 0,06 G |

Quelle: Handelsblatt

ne oder Anleiheoptionsscheine. Es eröffnet sich Ihnen die Möglichkeit, auf fallende oder steigende Zinsen zu spekulieren. Der Schein macht's möglich!

Gold dümpelt schon lange unter 400 Dollar je Feinunze. Dort wird es auch weiter bleiben, bis die Zinsen deutlich nach oben gehen und sich Inflationsängste bemerkbar machen oder eine internationale Krise droht. Die Optionsscheine auf Edelmetalle sind an die Preisentwicklung der Edelmetalle gekoppelt. Zur Zeit dürften sie wenig Aussicht auf Kurssteigerungen haben. Die Anleger werden mit Bangen dem näher kommenden Ende von Optionsfristen entgegensehen.

Wirklich superheiß sind Optionsscheine auf Optionsscheine. Wenn schon Optionsscheine gegenüber den Kursbewegungen der Aktien Riesensprünge machen, sind die Sätze der Optionsscheine auf Optionsscheine wegen der Potenzierung der Ausschläge kaum noch zu beschreiben. Wer auf solche Spekulationsinstrumente setzt, kann auch gleich Baden-Baden oder Monte Carlo aufsuchen.

Ich möchte auch noch weitere dem Erfindungsreichtum der Emittenten entsprungene Optionsscheine eher als Glücksspiele denn als Aktienspekulation bezeichnen. Mit Quattros können Sie auf vier Bandbreiten von Indizes oder Devisen setzen. Kick-off-Optionsscheine werden wertlos und werfen Sie sofort aus dem Rennen, wenn ein bestimmter Kurswert oder Preis des Basiswerts unterschritten ist, und Korridor-Optionsscheine geben Ihnen ein Recht auf Gewinn an jedem Tag, an dem sich Ihr Basisobjekt in einem bestimmten Korridor bewegt. Wollen Sie wirklich einmal ein solches Spielchen wagen, sollten Sie sich vorher mit den Bedingungen gründlich vertraut machen und zunächst über Monate ein Sandkastenspiel durchführen. Sie werden sehr schnell feststellen, daß Sie unter realen Bedingungen meist verloren hätten.

## 11.7 Noch ein paar Erläuterungen in Stichworten

*Puts:* Sie erwarten sinkende Preise, wenn Sie einen Put-Optionsschein kaufen. Geht der Preis des Basiswerts zurück, wird Ihr Optionsschein, mit dem Sie auf diesen Rückgang gesetzt haben, deutlich an Wert gewinnen.

*Calls:* Hier ist Ihre Erwartung auf steigende Preise ausgerichtet. Tritt die Wertsteigerung beim Basiswert ein, dürfen Sie sich über Kursgewinne bei Ihrem Call-Optionsschein freuen.

*Hebel:* Ihr Optionsschein steht in einer Beziehung zum Basisobjekt. Steigt die Aktie als Basisobjekt, wird der Optionsschein, der einen geringeren Kapitaleinsatz erfordert, um so mehr steigen. Diese Steigerung ist wegen des geringeren Kapitaleinsatzes prozentual stärker. Wie bei einem Hebel vervielfacht sich der Kursanstieg des Scheins. Leider wirkt der Hebel auch nach unten.

*Basispreis:* Mit diesem Preis können Sie bei Ausübung Ihrer Option das Basisprodukt, beispielsweise eine Aktie, kaufen oder verkaufen. Ist nach den Emissionsbedingungen statt des Verkaufs eines Basiswertes ein Barausgleich vorgesehen, so ermittelt sich die an Sie als Optionsscheinkäufer zu zahlende Differenz auf der Grundlage des Basispreises.

*Barausgleich:* Noch etwas zur Erläuterung des bereits verwendeten Wortes »Barausgleich«. Er erfolgt, wenn bei der Ausübung der Option kein Erwerb und keine Veräußerung des Basisobjekts vorgesehen ist.

*Innerer Wert:* Der innere Wert ist der Unterschied zwischen dem Basispreis und dem Kurs des Basisobjekts. Die Innere-Wert-Formel:

Innerer Wert =
(aktueller Aktienkurs – Basispreis) x Optionsverhältnis

Bei dem vorgestellten Preussag-Optionsschein ist der Bezugs-kurs von 19,17 Euro je Aktie der Basispreis. Der Kurs der Preussag-Aktie mit (im Beispiel) 51,84 Euro liegt 32,67 Euro höher. Ergo beträgt der innere Wert des Preussag-Options-scheins im Beispiel 32,67 Euro. Da jedoch auf einen Schein 10 Aktien bezogen werden können, beträgt der gesamte Innere Wert 326,70 Euro. Unser Beispiel:

Innerer Wert = (51,84 – 19,17) x 10 = 326,70 Euro

Man sagt dann auch, der Optionsschein liegt »im Geld« (»in the money«). Würden Basispreis und aktueller Kurs übereinstim-men (Preussag ist von 51,84 auf 19,17 Euro gefallen!), hat der Optionsschein keinen inneren Wert. Er liegt »am Geld« (»at the money«). Wäre der aktuelle Kurs gar unter den Basispreis gefallen (Preussag hat einen Kurs von weniger als 19,17 Euro), läge der Optionsschein »aus dem Geld« (»out of the money«).

*Zeitwert:* Der Zeitwert eines Optionsscheins ist der Unterschied zwischen seinem Kurs und dem inneren Wert. Die Zeitwert-Formel:

---

Zeitwert = Kurs des Optionsscheins – innerer Wert

---

Bei dem Preussag-Schein (siehe Beispiel) beträgt der Zeitwert minus 6,70 Euro (320 – 326,70). Gegen Ende der Laufzeit geht der Zeitwert immer mehr zurück und sinkt schließlich auf Null. Zeitwert, Aufgeld und innerer Wert eines Optionsscheines sind an die Kurse von Aktie und Optionsschein geknüpft und ändern sich deshalb täglich.

*Break-even-Punkt:* Wann läßt sich bei der Ausübung eines Op-tionsrechts ein Gewinn erzielen? Nur dann, wenn der Break-even-Punkt überschritten ist und auch noch die Spesen des Um-tauschs zugerechnet werden. Die Break-even-Punkt-Formel:

$$\boxed{\text{Break-even-Punkt} = \text{Basispreis} + \frac{\text{Kurs des Optionsscheins}}{\text{Optionsverhältnis}}}$$

*Unser Beispiel:*

$$\text{Break-even-Punkt} = 19,17 + \frac{320}{10} = 51,17$$

Im Beispiel ist mit dem Preussag-Schein ein Gewinn zu erzielen, wenn der Kurs der Aktie 51,17 Euro zuzüglich Umtauschunkosten übersteigt.

### 11.8  Wie ich es verpaßte, Millionär zu werden

Eine Geschichte über Optionsscheine habe ich Ihnen noch versprochen. Sie betrifft das japanische Brokerhaus »Nomura« und ist so unglaublich, daß ich meist Kopfschütteln erntete, wenn ich sie erzählte. Derlei Erlebnisse hat ein Kleinanleger in seinem Leben nur einmal: Er könnte mit etwas Mut und Glück Millionär werden, aber dann verpaßt er die einmalige Chance.

»Nomura« ist Ihnen vielleicht ein Begriff. Die Gesellschaft kam im Frühjahr 1997 ins Gerede. Zwei leitende Angestellte dieses Brokerhauses hatten merkwürdige Geschäfte mit der japanischen Unterwelt gemacht. Sie mußten zurücktreten. Schon 1990 hatte das damals größte der vier führenden japanischen Brokerhäuser eine hohe Strafe hinnehmen müssen, weil es bestimmten Vorzugskunden ihre Verluste mit Wertpapiergeschäften ersetzt hatte.

Man darf also sagen, daß das Haus »Nomura« eine recht bewegte Geschichte hinter sich hat. Auch die Aktie ist eine echte Freud- und Leid-Aktie. Sie macht Kurssprünge in beide Richtungen und dies scheinbar ohne erkennbaren Grund. 1989 lag der Kurs noch bei knapp 60 Mark, fiel 1990 auf 16 Mark, stieg 1994 auf 42 Mark und landete nach den Skandalgeschichten von 1997 bei zeitweise unter 15 Mark. Soviel zum Umfeld von Nomura, das mittlerweile auch die Marktführerschaft unter den japanischen Brokerhäusern eingebüßt hat.

Meine merkwürdige Geschichte geht in das Jahr 1983 zurück. Damals gab Nomura einen Optionsschein aus. Er fiel von 1500 Dollar auf 1100 Dollar. Ich kaufte ein Stück und als der Kurs weiter auf 1000 Dollar zurückging, griff ich noch mal mit einem Stück zu. Aber die Talfahrt war noch nicht beendet. Sie ging weiter bis auf nur noch 620 Dollar. Ausgerechnet an diesem Tag wollte ein Freund von mir zum erstenmal in seinem Leben etwas Geld in Aktien anlegen. Ich erzählte ihm, daß ich mit dem ersten Nomura-Optionsschein mittlerweile fast 500 und mit dem zweiten fast 400 Dollar verloren hatte. Tiefer kann es wohl nicht gehen, meinte ich und empfahl ihm, dem Anfänger, ausgerechnet den hochspekulativen Optionsschein, als hätte ich geahnt, was alsbald passieren würde.

Mir selbst fehlte das Geld für einen Nachkauf. Richtig wäre gewesen, gleich 5 oder 10 oder noch mehr zu diesem Niedrigstkurs zu kaufen. Einen Kredit für Optionsscheine mochte ich nicht aufnehmen. Das war mir dann doch zu heiß. Hätte ich es doch nur getan! Welch eine vertane Chance! Der Nomura-Schein stieg und stieg. Längst war er über meine Einstandskurse von 1000 und 1100 Dollar hinaus. Eilig verkaufte ich und durfte mich über einen Gewinn von 2000 Mark freuen. Ach, hätte ich doch nur das Papier weiter festgehalten! Im April 1986 stand es bei 12 000 Dollar. Beim damaligen Dollarkurs ergab dies steuerfreie 25 000 Mark für nur einen einzigen Optionsschein. Im September 1986 stand der Schein dann bei 29 500 Dollar! Aber das ist noch nicht alles: 1987 ging es bis an traumhafte 70 000 Dollar für nur einen einzigen Schein!! Im Herbst 1988 lief er dann aus.

Hätte ich meine beiden Scheine nicht voreilig verkauft und den Absprung zum Höchstkurs erwischt, wären rund 140 000 Dollar oder fast 300 000 Mark auf meinem Konto gewesen. Die verpaßte

Chance eines Kleinanlegers, der mit wenig Einsatz, etwas Kredit und dem Ausstieg zum richtigen Zeitpunkt Millionär geworden wäre.

## 11.9 Put-Optionsscheine als Versicherung gegen Kursrückgänge

Put-Optionsscheine, wie Verkaufs-Optionsscheine genannt werden, lassen die Kasse klingeln, wenn der Deutsche Aktienindex (DAX) auf Talfahrt geht. Demgemäß sind sie ein probates Mittel, Kursrückgänge abzufangen oder zumindest zu mildern. »Aktienstrategie mit Airbag« nennt die »Wirtschaftswoche« diese Art der Depotabsicherung. Sie rät, Optionsscheine mit Basispreisen nahe am aktuellen DAX-Stand auszuwählen, die noch eine Mindestlaufzeit von 12 Monaten haben.

Nehmen wir an, in Ihrem Depot befinden sich DAX-Aktien im Kurswert von 100 000 Euro, und der DAX hat einen aktuellen Stand von 5700 Punkten. Für die Absicherung Ihres Depots müßten Sie dann 18 mal den DAX kaufen, denn ein Depotwert von rund 100 000 (genau 102 600) ergibt sich, wenn Sie den aktuellen DAX-Stand von 5700 mit 18 multiplizieren. Es wäre zu schön, wenn Sie damit alles abgesichert hätten und Ihr Depot von 100 000 Euro bei weiter anziehendem DAX demnächst auf 120 000 stehen würde. Die Kosten der Put-Optionsscheine könnten Sie als verlorene Versicherungsprämie dann leicht verschmerzen. Leider gibt es noch einen Haken. Es ist der Umstand, daß ein DAX-Put normalerweise nur auf ein Hundertstel des DAX ausgestellt ist. Also brauchen Sie insgesamt 1800 Puts, um Ihre 100 000 Euro abzusichern. War Ihr Pessimismus berechtigt und der DAX geht deutlich unter 5700 Punkte zurück, werden Ihre Put-Optionsscheine rapide steigen.

Verkaufen Sie nun innerhalb der Spekulationsfrist, wären Ihre Gewinne aus der Absicherung mit Optionsscheinen als Spekulationsgewinne zu versteuern. Früher empfahl ich auch die Möglichkeit, die Optionsscheine an die Emissionsbank zurückzugeben. Diesen Vorgang nennt man »Cash Settlement« oder »Ausübung«. Das Schöne dabei war, daß eine »Ausübung« als steuerfreies Differenzgeschäft galt. Leider galt dies nur bis 31. 12. 1998. Nachdem seit 1999 auch Differenzgeschäfte mit ihren Überschüssen steuerpflichtig sind, dürfte im Normalfall der Verkauf die günstigste Variante sein.

Dies sind natürlich alles Überlegungen, die Sie nur anzustellen brauchen, wenn Sie Ihre Put-Optionsscheine innerhalb der Spekulationsfrist verkaufen oder zurückgeben wollen. Nach Ablauf dieser Frist dürfen Sie den höheren Gewinn durch Verkauf an der Börse steuerfrei in die Tasche stecken, aber die Frist von einem Jahr ist sehr lange für eine Absicherung mit Puts.

# 12 Nur für Profis und Hartgesottene – Optionen

Am 15. April 1997 gingen an der Frankfurter Wertpapierbörse die Lichter für den Handel mit Aktienoptionen aus. Schon im Herbst 1996 war der »Handel mit der Zukunft der Aktien« an der Wertpapierbörse ausgedünnt und zur Deutschen Terminbörse verlagert worden. Stellen wir zu Beginn nochmals klar, daß Optionen nicht mit den Optionsscheinen, die Sie im letzten Kapitel kennengelernt haben, verwechselt werden dürfen. Optionen sind vielmehr Wertpapiertermingeschäfte.

## 12.1 Die Spekulation auf die Zukunft

Greifen wir uns einmal die Daimler-Aktie aus dem Kurszettel heraus und unterstellen wir, DaimlerChrysler hat einen Kurs von 69 Euro. Sie sind überzeugt, daß das Papier des Autobauers bald bis auf 72,50 Euro steigen wird. Also kaufen Sie 50 Stück. Ohne Spesen ist ein Kapitalaufwand von 3450 Euro/6748 Mark erforderlich. Das ist viel Geld. Sie beschließen deshalb, Ihren Optimismus an der Deutschen Terminbörse (Eurex) zu verkaufen.

Dafür brauchen Sie einen Pessimisten, der von einem Kursanstieg bei Daimler nicht überzeugt ist und seinen Pessimismus an der Eurex verkaufen möchte. Sie nehmen für Ihre Option, für die Sie immer mindestens 50 Stück zum Handel benötigen, den Verfallstermin März und wählen einen Basispreis von 72,50 Euro, der höher ist als der derzeitige Aktienkurs und deshalb »aus dem Geld« liegt. Ihre Option kostet Sie nun pro Aktie nur 2,22 Euro. Bei 50 Aktien sind 111 Euro fällig statt 3450 Euro beim realen Kauf der Aktien über die Börse. Steigt DaimlerChrysler wirklich, wie von Ihnen erwartet, werden Sie mit wenig Kapitaleinsatz Ihren Gewinn einsacken können, denn Sie verkaufen Ihre Option wieder an der Eurex Deutschland, der früheren DTB. Options-

**Optionsmarkt**
Beispiel Aktien ❶

| Kontrakt | | Kaufoptionen | | | | Verkaufsoptionen | | | |
|---|---|---|---|---|---|---|---|---|---|
| Mo. | Basispr. | Letzt-bez. | Tages-hoch | Tages-tief | Settle-ment | Letzt-bez. | Tages-hoch | Tages-tief | Settle-ment |
| Aktientitel: Kassa 88,35; Volatilität 16,61 %; Schluß Xetra 87,60 ⌾ | | | | | | | | | |
| 08 | 87,50 | 3,40 | 3,40 | 3,18 | 2,82 | 2,32 | 2,50 | 2,20 | 2,54 |
| | 90,00 | 1,81 | 2,25 | 1,81 | 1,75 | 3,40 | 3,40 | 3,37 | 3,97 |
| | 92,50 | 1,04 | 1,30 | 1,04 | 1,01 | 5,52 | 5,52 | 5,43 | 5,74 |

❷ ❸ ❹ ❺

1 Daten des Aktientitels der Option.
2 Monat: Fälligkeitstermin.
3 Basispreis. 1. Zeile: „im Geld" (unter Aktienkurs liegendes Preissegment); 2. Zeile: „am Geld" (am Aktienkurs); 3. Zeile: „aus dem Geld" (über Aktien-kurs). Bei nur einzeiliger Notie-rung: Basispreis „am Geld".
4 Letztbezahlt: Jüngster Kurs, zu dem Optionen gehandelt wurden.
5 Settlement: Bei Kontrakterfüllung maßgeblicher Abrechnungspreis.

**AKTIEN**  Tageskurse vom 25.01.2000/18:15 Uhr
* = vom Vortag

Put-Call-Ratio: 0,98       Umsätze Aktienoptionen Put: 190044 Call: 193784

| Kontrakt | | Kaufoptionen | | | | Verkaufsoptionen | | | |
|---|---|---|---|---|---|---|---|---|---|
| Mo. | Basispr. | Letzt-bez. | Tages-hoch | Tages-tief | Settle-ment | Letzt-bez. | Tages-hoch | Tages-tief | Settle-ment |
| DAIMLER CHRYS. Aktie: Kassa 69,20; Volatilität: %; Schluss Xetra 67,50 | | | | | | | | | |
| 02 | 67,50 | | | | 2,66 | 2,25 | 2,35 | 1,70 | 2,54 |
| | 70,00 | 1,78 | 2,45 | 1,78 | 1,61 | 3,54 | 3,80 | 2,68 | 3,98 |
| | 72,50 | 1,05 | 1,45 | 1,05 | 0,90 | 5,20 | 5,20 | 5,00 | 5,77 |
| 03 | 67,50 | | | | 3,89 | 3,35 | 3,35 | 2,66 | 3,60 |
| | 70,00 | 2,90 | 3,75 | 2,90 | 2,82 | 4,90 | 4,90 | 3,80 | 5,03 |
| | 72,50 | 2,22 | 2,25 | 2,07 | 1,99 | | | | 6,71 |
| 06 | 66,47 | | | | | | | | |
| | 70,00 | 4,85 | 5,30 | 4,65 | 4,59 | 8,20 | 8,20 | 7,20 | 8,63 |
| | 71,58 | | | | 4,00 | 8,65 | 8,65 | 8,65 | 9,68 |
| 09 | 65,00 | | | | 8,23 | 6,15 | 6,15 | 5,95 | 6,90 |
| | 70,00 | 6,75 | 6,75 | 6,50 | 6,02 | 8,50 | 8,50 | 8,50 | 9,71 |
| | 75,00 | 4,76 | 4,76 | 4,76 | 4,41 | | | | 13,11 |

Quelle: F.A.Z.

rechte kaufen Sie über Ihr Kreditinstitut. Wie bei Aktien und der Präsenzbörse ist Ihnen auch bei Optionen der direkte Zugang zur Eurex verwehrt.

Natürlich laufen auch bei Optionen die Kurse auf Euro. Ich habe es in dem Beispiel in Kapitel 12.3 bei »Mark« belassen, weil mir hierüber Originalbelege vorliegen, die ich Ihnen nicht vorenthalten möchte. Schließlich ist es »Jacke wie Hose«, ob die Demonstration in Mark oder Euro erfolgt. Auf Ihrem Konto wird am Schluß ohnehin in Mark abgerechnet.

## 12.2 Profit oder Pleite – wer weiß das schon?

Optionsscheine waren für Sie als Kleinanleger schon eine heiße Sache. Optionen an der Eurex Deutschland kosten noch mehr Nerven und können schon nach kurzer Zeit mit dem Totalverlust Ihres Einsatzes enden. Wie die Kurse sich entwickeln werden, weiß niemand. Ihr Kreditinstitut weiß jedoch aus Erfahrung, wie gefährlich Optionen sein können. Deshalb müssen Sie einen Revers unterschreiben, der Sie über die Risiken des Termingeschäfts aufklärt. Außerdem sind Sicherheiten zu hinterlegen, wozu sich ein Guthabenstand auf Ihrem Konto vorzüglich eignet. Schließlich verlangt auch die Eurex von den Kreditinstituten einen sogenannten »Einschuß«. Im übrigen verbietet § 89 des Börsengesetzes aus gutem Grund, »Unerfahrene zur Spekulation zu verleiten«.

## 12.3 Jemand, der die Geduld verlor – ein praktisches Beispiel

Greifen wir hinein ins pralle Leben der früheren DTB, an der sich der optimistisch gestimmte Kunde X am 20. 11. 1996 engagierte. Er war von dem Kursanstieg der damaligen Daimler-Aktie so überzeugt, daß er gleich drei Kontrakte über je 500 Stück abschloß, als Call-Optionen natürlich, wie es sich für Optimisten gehört, denn Pessimisten mit dem gesenkten Daumen, der auf ein Fallen der Kurse hinweisen soll, zeichnen natürlich Put-Optionen.

Der Kunde X wählte einen Basispreis von 110 Mark und ließ sich auch genügend Zeit für die Ausübung der Option reservieren. Der letzte Handelstag sollte der 21. 3. 1997 sein. Am 20. 11. 1996 kostete die Call-Option je Daimler-Aktie 0,65 Mark. Da ein Kontrakt 500 Stück umfaßte, ergab dies eine Summe von 325 Mark, die sich für drei Kontrakte auf 975 Mark stellte.

Die Provisionen bei Optionsgeschäften sind um einiges höher als beim Aktienkauf, wie Sie der Kaufabrechnung entnehmen können. Kunde X fand auf seinem Konto eine Belastung von insgesamt 1041 Mark. Sein Kalkül, daß Daimler steigen würde, ging

```
DEUTSCHE TERMINBOERSE                KREISSPARKASSE
OPTIONS - ABRECHNUNG                 0700


                                     TELEFON :   661 /  200


                                     DATUM : 20.11.96

        Frau/Herrn/Firma
                                     AUFTRAGSNUMMER    DEPOTNUMMER
        ████████████                 678834
        ████████████                 002377-16.
        ██████████



WIR HABEN FUER SIE AM 20.11.96 AN DER DEUTSCHEN TERMINBOERSE GEKAUFT:


BASISWERT: DAIMLER   EROEFFNEN   AKTIEN/KONTRAKT:   500

   KONTRAKTE   OPTIONSART   LETZT.HDL.TAG   BASISPREIS      PRAEMIE/AKTIE
       3       CALL-OPTION    21.03.97      110 DM          0.65 DM

           PRAEMIE GESAMT              975.00   DM
           PROVISION                    60.00   DM
           DTB-GEBUEHR                   6.00   DM
                                      ---------------
           AUSMACHENDER BETRAG        1.041.00   DM
                                      ===============

DIE BUCHUNG ERFOLGT UEBER IHR KONTO NR.            MIT VALUTA 21.11.96.

SIE HABEN DAS RECHT,
DIE ZUGRUNDELIEGENDEN AKTIEN ZUM BASISPREIS ZU KAUFEN.


                                     MIT FREUNDLICHEN GRUESSEN
                                     LANDESBANK RHEINLAND-PFALZ
```

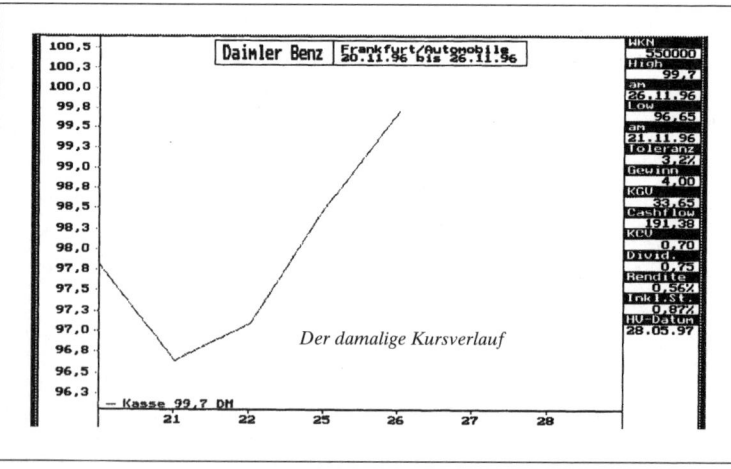

*Der damalige Kursverlauf*

auf. Schon eine Woche später war die Prämie für die Call-Option von 0,65 auf 1,10 Mark gestiegen. Darüber sichtlich erfreut, entschloß sich der Kunde, den Gewinn zu realisieren.

Das heiße Spiel mit der Call-Option war aufgegangen. Aus 1041 Mark waren binnen Wochenfrist 1584 Mark geworden. Dennoch darf im nachhinein gesagt werden: Hätte doch Anleger X noch etwas Geduld gehabt! Schließlich waren ja bis zum Verfallstag noch vier Monate Zeit. Er hätte seine Option später wegen des weiter angestiegenen Daimler-Kurses für 16 Mark pro Optionsrecht verkaufen können. Pro Kontrakt wären dies 8000 Mark gewesen (16 DM x 500 Aktien), und bei den gezeichneten drei Kontrakten gleich 24 000 Mark. Unser Beispiel hat Ihnen gezeigt, welch riesige Chancen an der DTB winken. Aber auch die Risiken sind enorm.

## 12.4 Wie wird ein Auftrag abgewickelt?

Kunde X gab einen Kaufauftrag für eine Call-Option an die DTB. Er wurde mit seiner Kauforder Börsenteilnehmer. Zur gleichen Zeit wurde der Kunde Y, der mit fallenden Daimler-Kursen rechnete, tätig. Er gab eine Verkaufsorder als Börsenteilnehmer an die damalige DTB. Käufer und Verkäufer wurden nun von der Clearingstelle der DTB elektronisch zusammengebracht. Einen Präsenzhandel, wie beispielsweise an der Frankfurter Wertpapierbörse am Börsenplatz, gibt es nicht. Die Eurex, ein Zusammenschluß mit der Schweizer Terminbörse, übrigens Europas Nummer eins unter den Terminbörsen, residiert sozusagen unter Ausschluß der Öffentlichkeit in einem Hochhaus im Frankfurter Westend. Ein bundesweites elektronisches Netz verbindet über 400 Computer miteinander und sorgt für den lautlosen diskreten Handel.

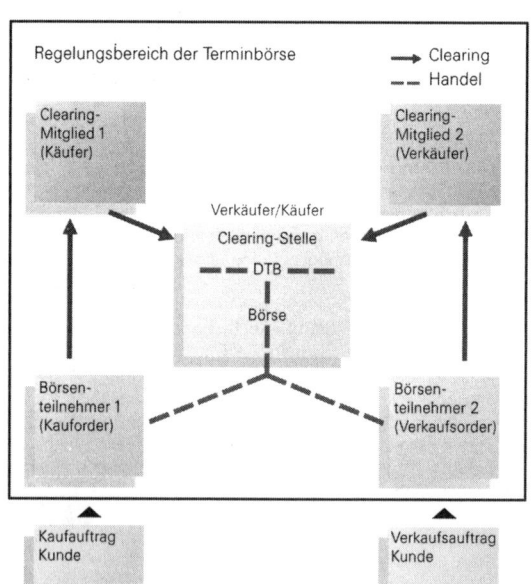

Handels- und Clearing-Sruktur der DTB

Quelle: Basisinformatinen über Börsengeschäfte – ein Informationsservice der Sparkassen-Finanzgruppe

## 12.5 Die »Chicago-Aktien« der DTB

Als dieses Buch geschrieben wurde, war an der Wertpapierbörse und der DTB eine Zeit des Umbruchs. Ursprünglich wurden an der Frankfurter Wertpapierbörse auch Optionen auf 30 deutsche und 11 ausländische Gesellschaften gehandelt. Man nannte sie auch scherzhaft »Chicago-Aktien«, weil es bei den Optionskursen wirklich wie beim Würfelspiel »Chicago« zugeht.

Nach der Einstellung des klassischen Optionshandels an der Frankfurter Wertpapierbörse (Präsenzbörse) im April 1997 wurden jedoch nicht alle 41 Titel in die Computerbörse (DTB) überführt. Zunächst waren es nur 11, die um 8 Titel aufgestockt werden sollen. Zur Zeit werden an der Eurex Deutschland 36 Optionen auf deutsche und 17 Optionen auf Schweizer Aktien gehandelt. Hinzu kommen Indexprodukte, Geldmarktprodukte, Kapitalmarktprodukte und Währungsprodukte.

### Auflistung der an der Eurex gehandelten deutschen Aktien

Die an der Eurex gehandelten 36 deutschen Aktien sind entsprechend den Ausübungsterminen in drei verschiedene Gruppen eingeteilt:

| Gruppe A<br>1, 2, 3, 6, 9 Monate | Gruppe B<br>1, 2, 3, 6, 9, 12 Monate | Gruppe C<br>1, 2, 3, 6, 9, 12, 18, 24 Monate |
|---|---|---|
| Adidas (ADS) | Bay. HypoVereinsbank (HVM | Allianz Holding (ALV) |
| Degussa Hüls (DHA) | Consors Discount Broker (CSO) | BASF (BAS) |
| Henkel Vz. (HEN3) | Dresdner Bank (DRB) | Bayer (BAY) |
| Linde (LIN) | EM.TV & Merchand. AG (ETV) | Commerzbank (CBK) |
| MAN (MAN) | Epcos (EPC) | DaimlerChrysler (DCX) |
| Metro (MEO) | Fresenius Medical Care (FME) | Deutsche Bank (DBK) |
| Münchner Rückvers. (MUV2) | Infineon (IFX) | Deutsche Telekom (DTE) |
| SAP Vz. (SAP3) | Intershop (ISH) | Eon (EOA) |
| Schering (SCH) | Lufthansa (LHA) | Siemens (SIE) |
| Karstadt (KAR) | RWE (RWE) | VW (VOW) |
| | Mannesmann (MMN) | |
| | Mobilcom (MOB) | |
| | Preussag (PRS) | |
| | Thyssen Krupp (TKA) | |
| | BMW (BMW) | |
| | T-Online (TOI) | Quelle: Internet |

## 12.6 Welche Optionsarten gibt es bei Aktien?

Wo ein Optimist ist, muß auch ein Pessimist sein, damit ein Geschäft zustande kommt. Daraus ergeben sich gleich vier verschiedene Kombinationsmöglichkeiten. Der Optimist, der an steigende Kurse glaubt, kann eine Kaufoption kaufen oder eine Verkaufsoption verkaufen. Der Pessimist dagegen rechnet mit fallenden Kursen. Ergo wird er eine Kaufoption verkaufen oder gleich eine Verkaufsoption kaufen. Das ist alles etwas verwirrend. Deshalb sehen wir es uns im einzelnen an.

In der Graphik ist für eine Aktie ein Basispreis von 200 Euro vereinbart. Die Optionsprämie beträgt 30 Euro. Sie ist zugleich der maximale Verlust des Käufers der Kaufoption, wenn die Aktie stagniert oder im Kurs fällt. Sie muß zumindest bis 230 steigen. Erst dann kann der Käufer an Gewinn denken, wobei noch nicht einmal seine Unkosten berücksichtigt sind. Steigt die Aktie jedoch auf 260 Euro, hat er schon brutto 30 Euro an einer einzelnen Aktie verdient. Mit weiter steigendem Aktienkurs sind seinem Gewinnpotential nach oben keine Grenzen gesetzt.

### 12.6.1 Kauf einer Kaufoption

Der Optimist als Käufer zahlt seine Optionsprämie dafür, daß er während der Optionsfrist jederzeit mindestens 50 Aktien oder ein Vielfaches davon zu dem vorher festgelegten Preis (Basispreis) von dem Stillhalter, dem Pessimisten, kaufen kann.

Das Risiko des Käufers ist auf den Optionspreis beschränkt. Sie haben es im Schema gesehen. Steigt die Aktie, wie erwartet, kann er die Aktien vom Stillhalter anfordern oder sein Optionsrecht zum gestiegenen Preis vor Fälligkeit verkaufen. Der Stillhalter erhält den Optionspreis und hält in der Erwartung still, daß die Aktien nicht steigen. Dann könnte er seinen Aktienbestand durch die Vereinnahmung der Optionsprämie im Einstandspreis verbilligen.

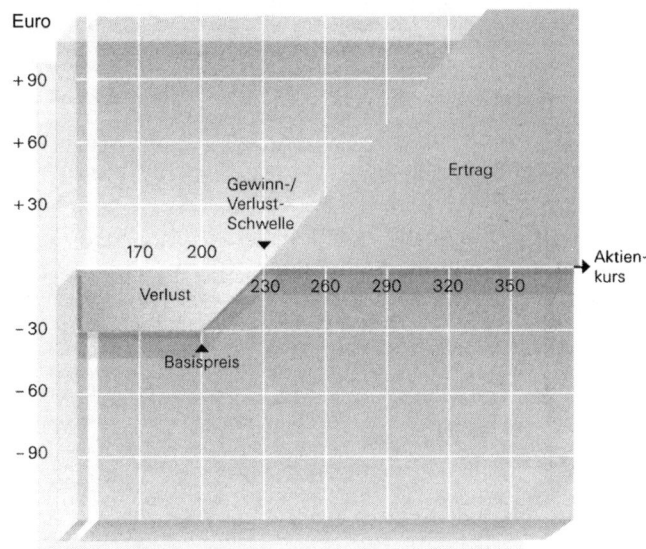

**Long Call –**
Kauf einer
Kaufoption
Quelle: DTB

Euro

+ 90

+ 60

+ 30

Gewinn-/
Verlust-
Schwelle

Ertrag

170    200

230    260    290    320    350

Aktien-
kurs

Verlust

Basispreis

– 30

– 60

– 90

Trotz aller Risiken hier noch (in Mark) ein erfolgreiches Geschäft als Beispiel: Ein Anleger hat eine Kaufoption (Call) auf die US-Aktie Philip Morris über 300 Aktien erworben. Dafür brauchte er einen Kontrahenten, nämlich den Verkäufer einer Kaufoption, der bereit war, sich für vier Dollar von 300 Rechten zu trennen. Der Kontrahent wurde elektronisch gefunden, und der Computer führte beide zusammen, ohne daß sie sich persönlich kannten. Obgleich der Kontrakt bis Januar 1997 lief, hat sich der Optionskäufer schon zwei Monate später mit einem Reingewinn von 725 Mark (2663 minus 1938) von seiner Kaufoption getrennt. Die Spesen an der Auslandsbörse New York schlagen mit 337 Mark nicht unerheblich zu Buche. Der Gewinn des Käufers der Kaufoption resultiert nicht nur aus dem Anstieg des Optionspreises von 4 auf 6,125 Dollar, sondern zusätzlich aus einem Währungsgewinn, weil der Dollar von 148,08 (Kauf) auf 153,97 (Verkauf) gegenüber der D-Mark zulegte.

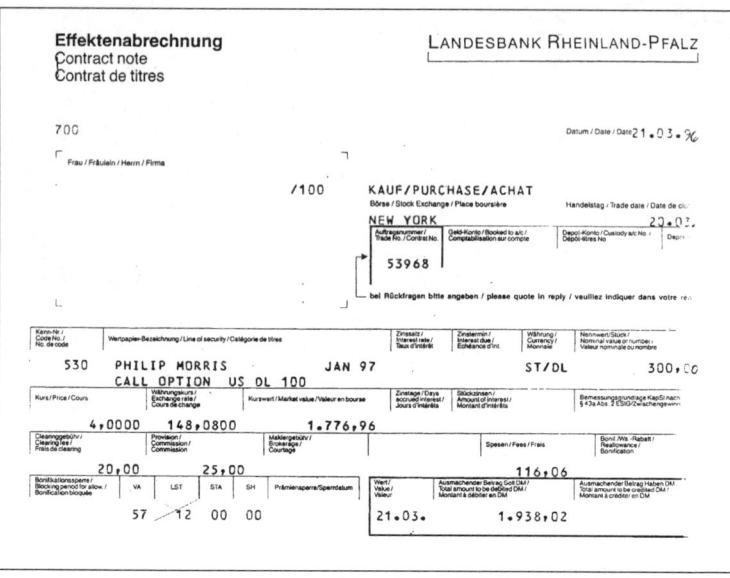

**Effektenabrechnung**
Contract note
Contrat de titres

LANDESBANK RHEINLAND-PFALZ

700

Datum / Date / Date 21.03.96

Frau / Fräulein / Herrn / Firma

/100    KAUF/PURCHASE/ACHAT

Börse / Stock Exchange / Place boursière    Handelstag / Trade date / Date de cl.

NEW YORK    20.03.

| Auftragsnummer / Trade No. / Contrat No. | Geld-Konto / Booked to a/c / Comptabilisation sur compte | Depot-Konto / Custody a/c No / Dépôt-titres No | Depot |
|---|---|---|---|
| 53968 | | | |

bei Rückfragen bitte angeben / please quote in reply / veuillez indiquer dans votre rep

| Konto-Nr. / Code No. / No. de code | Wertpapier-Bezeichnung / Line of security / Catégorie de titres | Zinssatz / Interest rate / Taux d'intérêt | Zinstermin / Interest due / Échéance d'int. | Währung / Currency / Monnaie | Nennwert/Stück / Nominal value or number / Valeur nominale ou nombre |
|---|---|---|---|---|---|
| 530 | PHILIP MORRIS    JAN 97 | | | ST/DL | 300,00 |
| | CALL OPTION US DL 100 | | | | |

| Kurs / Price / Cours | Währungskurs / Exchange rate / Cours de change | Kurswert / Market value / Valeur en bourse | Zinstage / Days accrued interest / Jours d'intérêts | Stückzinsen / Amount of interest / Montant d'intérêts | Bemessungsgrundlage KapSt nach § 43a Abs. 2 EStG/Zwischengewinn |
|---|---|---|---|---|---|
| 4,0000 | 148,0800 | 1.776,96 | | | |

| Clearinggebühr / Clearing fee / Frais de clearing | Provision / Commission / Commission | Maklergebühr / Brokerage / Courtage | | Spesen / Fees / Frais | Bonif./Wa.-Rabatt / Reallowance / Bonification |
|---|---|---|---|---|---|
| 20,00 | 25,00 | | | | 116,06 |

| Bonifikationssperre / Blocking period for allow. / Bonification bloquée | VA | LST | STA | SH | Prämiensperre/Sperrdatum | Wert / Value / Valeur | Ausmachender Betrag Soll DM / Total amount to be debited DM / Montant à débiter en DM | Ausmachender Betrag Haben DM / Total amount to be credited DM / Montant à créditer en DM |
|---|---|---|---|---|---|---|---|---|
| | 57 | 12 | 00 | 00 | | 21.03. | | 1.938,02 |

---

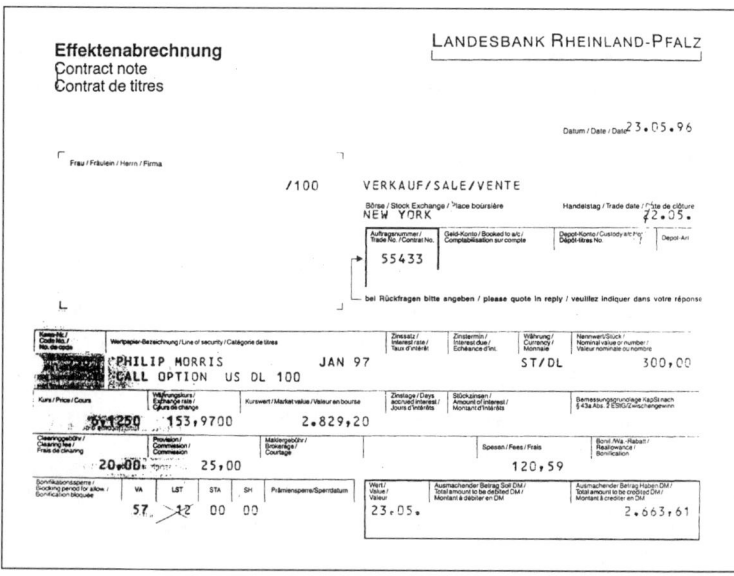

**Effektenabrechnung**
Contract note
Contrat de titres

LANDESBANK RHEINLAND-PFALZ

Datum / Date / Date 23.05.96

Frau / Fräulein / Herrn / Firma

/100    VERKAUF/SALE/VENTE

Börse / Stock Exchange / Place boursière    Handelstag / Trade date / Date de clôture

NEW YORK    22.05.

| Auftragsnummer / Trade No. / Contrat No. | Geld-Konto / Booked to a/c / Comptabilisation sur compte | Depot-Konto / Custody a/c No / Dépôt-titres No | Depot-Art |
|---|---|---|---|
| 55433 | | | |

bei Rückfragen bitte angeben / please quote in reply / veuillez indiquer dans votre réponse

| Konto-Nr. / Code No. / No. de code | Wertpapier-Bezeichnung / Line of security / Catégorie de titres | Zinssatz / Interest rate / Taux d'intérêt | Zinstermin / Interest due / Échéance d'int. | Währung / Currency / Monnaie | Nennwert/Stück / Nominal value or number / Valeur nominale ou nombre |
|---|---|---|---|---|---|
| | PHILIP MORRIS    JAN 97 | | | ST/DL | 300,00 |
| | CALL OPTION US DL 100 | | | | |

| Kurs / Price / Cours | Währungskurs / Exchange rate / Cours de change | Kurswert / Market value / Valeur en bourse | Zinstage / Days accrued interest / Jours d'intérêts | Stückzinsen / Amount of interest / Montant d'intérêts | Bemessungsgrundlage KapSt nach § 43a Abs. 2 EStG/Zwischengewinn |
|---|---|---|---|---|---|
| 6,1250 | 153,9700 | 2.829,20 | | | |

| Clearinggebühr / Clearing fee / Frais de clearing | Provision / Commission / Commission | Maklergebühr / Brokerage / Courtage | | Spesen / Fees / Frais | Bonif./Wa.-Rabatt / Reallowance / Bonification |
|---|---|---|---|---|---|
| 20,00 | 25,00 | | | 120,59 | |

| Bonifikationssperre / Blocking period for allow. / Bonification bloquée | VA | LST | STA | SH | Prämiensperre/Sperrdatum | Wert / Value / Valeur | Ausmachender Betrag Soll DM / Total amount to be debited DM / Montant à débiter en DM | Ausmachender Betrag Haben DM / Total amount to be credited DM / Montant à créditer en DM |
|---|---|---|---|---|---|---|---|---|
| | 57 | 12 | 00 | 00 | | 23.05. | | 2.663,61 |

### 12.6.2 Verkauf einer Kaufoption

Der Stillhalter hat die Kaufoption verkauft. Er rechnet mit fallenden oder stagnierenden Kursen bei den Papieren, die er in Besitz hält. Während der Optionsfrist muß er sich gegebenenfalls zum vereinbarten Basispreis davon trennen und an den Käufer der Kaufoption liefern. Außer dem Optionspreis würde er, falls die Aktien abgerufen werden, auch noch den dafür vereinbarten Basispreis vereinnahmen. Natürlich hofft er inständig, daß die Kurse fallen oder zumindest stagnieren. Dies würde den Käufer daran hindern, seine Option auszuüben; er hätte aber seinen Optionspreis eingenommen. Steigen die Aktien jedoch wider Erwarten, muß der Stillhalter (Verkäufer einer Kaufoption) die Aktien zu dem niedrigeren Basispreis (nicht zum aktuellen gestiegenen Kurs!) liefern. Er hat zwar den Optionspreis und auch den Basispreis vereinnahmt, unterm Strich aber wegen der gestiegenen Börsenkurse dennoch einen Verlust.

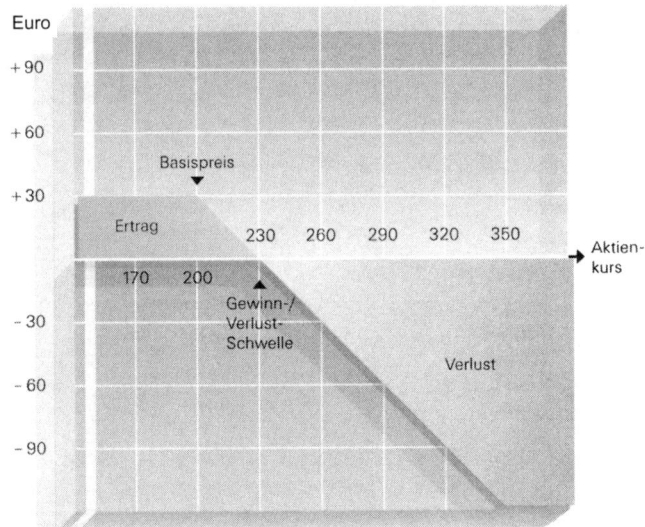

**Short Call –**
Verkauf einer
Kaufoption
Quelle: DTB

249

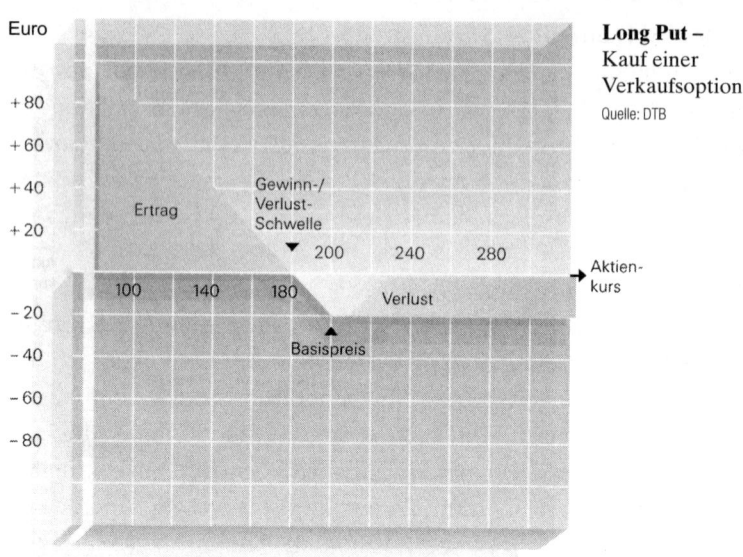

**Long Put –**
Kauf einer
Verkaufsoption
Quelle: DTB

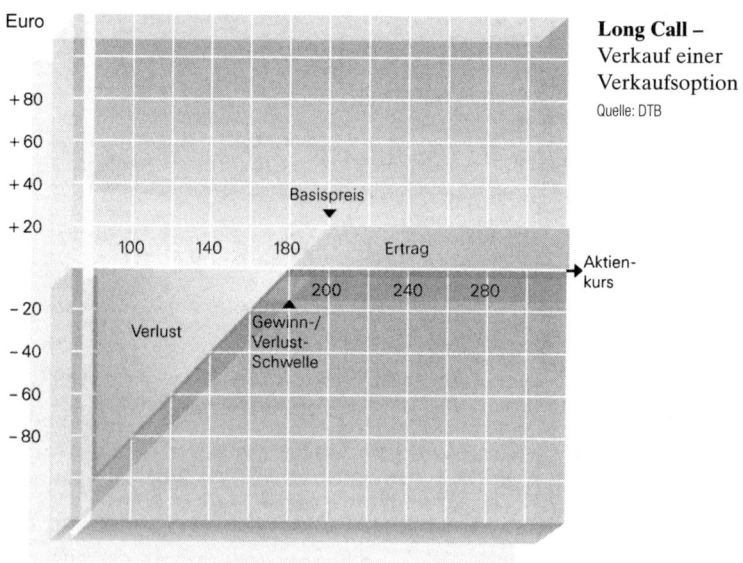

**Long Call –**
Verkauf einer
Verkaufsoption
Quelle: DTB

Der Verkäufer einer Kaufoption ist in seinem Gewinn in Fortführung des Beispiels von Kapitel 12.6.1 auf 30 Mark/Euro begrenzt. Sollten die Aktien jedoch entgegen seiner Erwartung im Kurs steigen, macht er sehr hohe Verluste, weil er seinen Aktienbestand nicht zum aktuellen höheren Tageskurs veräußern kann, sondern zum Basispreis liefern muß.

### 12.6.3 Kauf einer Verkaufsoption

Wer an fallende Aktienkurse glaubt, kauft eine Verkaufsoption. Dann darf er während der Optionsfrist mindestens 50 Aktien oder ein Vielfaches davon an den Verkäufer der Verkaufsoption zum Basispreis verkaufen. Gehen die Aktien, wie vom Käufer der Verkaufsoption erwartet, tatsächlich zurück, hat er seinen Aktienbestand durch Vereinnahmung der Optionsprämie nach unten abgesichert (Versicherungsprämie). Fallen die Aktien jedoch entgegen seiner Erwartung nicht, ist der Optionspreis verloren.

Der maximale Verlust des Käufers einer Verkaufsoption ist im Beispiel auf die Optionsprämie begrenzt, wenn die Kurse entgegen der Erwartung weiter steigen.

### 12.6.4 Verkauf einer Verkaufsoption

Der Verkäufer einer Verkaufsoption rechnet mit steigenden Aktienkursen. Er ist »Stillhalter in Geld«. Während des Laufs der Optionsfrist muß er gegebenenfalls die Aktien zum Basispreis vom Käufer der Verkaufsoption abnehmen. Tritt die Erwartung der steigenden Kurse ein, hat der Verkäufer einer Verkaufsoption den Optionspreis als Gewinn vereinnahmt. Fallen die Aktien jedoch entgegen seiner Erwartung, hat er das Pech, daß er sie zum höheren Basispreis (nicht zum aktuellen niedrigeren Kurs!) vom Käufer abnehmen muß.

Die Ertragsmöglichkeiten des Käufers einer Verkaufsoption sind auf die Höhe des vereinnahmten Optionspreises beschränkt.

Fallen die Aktien jedoch entgegen seiner Erwartung, trägt er ein unbegrenztes Verlustrisiko. Er muß zu dem vereinbarten (hohen) Basispreis die Aktien vom Optionskäufer abnehmen, obgleich er sie sehr viel billiger zum aktuellen Tageskurs an der Börse bekommen könnte.

### 12.7 Auch auf den DAX dürfen Sie an der Eurex setzen

Es mag ja ganz spannend sein, sich für eine einzelne Aktie zu begeistern, von der man sich besonders viel verspricht, und darauf eine der vier Optionen, die Sie in Kapitel 12.6 kennengelernt haben, zu wagen. Die Qual der Wahl entfällt, wenn Sie Ihre Entscheidung gleich an den DAX knüpfen, weil Sie eine bestimmte Meinung zum Auf oder Ab des Gesamtmarktes vertreten. Rechnen Sie mit steigenden Kursen, entscheiden Sie sich für eine Kaufoption oder einen Future auf den DAX. Profis nennen dies: Sie gehen »long«.

Bei DAX-Optionen beträgt der Kontraktwert 5 Euro je DAX-Indexpunkt. Bei DAX-Futures dagegen sind es gleich 25 Euro. Außerdem gibt es bei dem großen Kontraktwert des Futures kein Wahlrecht, sondern eine Abnahmepflicht. Noch wichtig: Die risikoreichen DAX-Kontrakte sind Optionen nach europäischem Modell; das heißt, abgerechnet wird am letzten Tag der Laufzeit, im Gegensatz zum amerikanischen Modell, bei dem an jedem Börsentag ausgestiegen werden kann.

### 12.8 Was hat die Eurex sonst noch zu bieten?

Außer dem DAX-Future gibt es den sehr bekannten Bund-Future. Paradox: Dieser ist an eine Bundesanleihe geknüpft, die es eigentlich gar nicht gibt, weil sie theoretischer Natur ist. Man hat ihr einen Zinssatz von sechs Prozent und eine Restlaufzeit von 8,5 bis 10 Jahren zugeordnet und nennt sie »idealtypisch«. Die Höhe des Bund-Futures, den Sie sozusagen als Phantom kaufen können, ist auf 250000 Mark pro Kontrakt festgelegt. Die Binsenweisheit, daß fallende Zinsen die Kurse von Anleihen nach oben treiben, ist auch eine Börsenweisheit. So wird denn der Bund-Future immer steigen, wenn die Zinsen fallen, und umgekehrt bei steigenden Zinsen in die Knie gehen. Mit dem Kauf des Bund-Futures sind Sie also Zinsexperte mit einer hoffentlich glücklichen Hand.

Während der Bund-Future an eine fiktive Bundesanleihe mit Restlaufzeit von 8,5 bis 10 Jahren festgemacht ist, gab man ihm in 1994 noch ein Brüderchen bei und dies auf der Grundlage einer extralangen Laufzeit. Der neugeschaffene Buxl-Future war aber wirklich nur ein »Brüderchen«, weil er kaum gehandelt wurde. Schon ein Jahr später stellte man den Handel mit dem Flop wieder ein.

Erfolgreich ist dagegen der Handel mit dem Bobl-Future, einem weiteren Finanzinstrument, für das eine mittelfristige Laufzeit von 3,5 bis 5 Jahren Pate gestanden hat. Die übrigen Finanzinstrumente der erfolgreichen Deutschen Terminbörse können Sie der nachfolgenden Chronologie der Produkteinführungen entnehmen.

*Chronologie der Produkteinführungen*

| | |
|---|---|
| 26. 01. 1990 | Eröffnung der DTB mit 14 Aktienoptionen |
| 24. 09. 1990 | Aktienoptionen auf RWE |
| 23. 11. 1990 | DAX®-Future; BUND-Future |
| 16. 08. 1991 | DAX®-Option; Option auf BUND-Future |
| 04. 10. 1991 | BOBL-Future |
| 20. 01. 1992 | 9-Monats-Aktienoptionen |
| 24. 01. 1992 | Optionen auf den DAX-Future |
| 15. 01. 1993 | Optionen auf den BOBL-Future |
| 24. 01. 1994 | Aktienoption auf Bayerische Hypotheken- und Wechselbank |

| | |
|---|---|
| 18. 03. 1994 | FIBOR-Future |
| 23. 01. 1995 | Aktienoptionen auf Bayerische Vereinsbank, Preussag, Lufthansa und VIAG |
| 23. 09. 1996 | MDAX®-Future |
| 12. 11. 1996 | Einmonats-Euromark-Future |
| 14. 01. 1997 | Dreimonats-Euromark-Future |
| 20. 01. 1997 | US $/DM-Optionen |
| 07. 03. 1997 | Schatz-Future |
| 30. 06. 1997 | XXL-Optionen auf Standardaktien |
| 19. 01. 1998 | Volax-Future |
| 12. 02. 1998 | Optionen auf den Dreimonats-Euromark-Future und Option auf Schatz-Future |
| 22. 06. 1998 | Optionen auf den Dow Jones Stoxx 50 |
| 22. 06. 1998 | Optionen auf den Dow Jones Euro Stoxx 50 |
| 22. 06. 1998 | Future auf den Dow Jones Stoxx 50 |
| 22. 06. 1998 | Future auf den Dow Jones Euro Stoxx 50 |
| 06. 07. 1998 | Jumbo-Pfandbrief Future |
| 18. 09. 1998 | Futures auf den Einmonats- und den Dreimonats-Euribor |
| 18. 06.2000 | Optionen und Futures auf den Nemax 50 |

Quelle: DTB mit Ergänzungen des Autors

Die Deutsche Terminbörse DTB trägt jetzt, wie schon gesagt, den Namen Eurex Deutschland. Sie wurde in 1998 mit der Schweizer Terminbörse SOFFEX zusammengeschlossen und hat bereits 1998 mit dieser zusammen neue Finanzprodukte entwickelt.

*Die Produktpalette der Eurex Deutschland*
• *Geldmarktprodukte*
  Einmonats-Euribor-Future
  Dreimonats-Euribor-Future
  Option auf Dreimonats-Euribor-Future

- *Kapitalmarktprodukte*
  Euro-Schatz-Future
  Option auf Euro-Schatz-Future
  Euro-Bobl-Future
  Option auf Euro-Bobl-Future
  Euro-Bund-Future
  Option auf Euro-Bund-Future
  Euro-Buxl-Future
  CONF-Future
  Option auf CONF-Future

- *Aktienprodukte*
  Aktienoptionen auf deutsche Basistitel
  Low Exercise Price Options auf deutsche Basistitel
  Aktienoptionen auf schweizerische Basistitel
  Low Exercise Price Options auf schweizerische Basistitel
  Aktienoptionen auf nordische Basistitel
  Low Exercise Price Options auf nordische Basistitel

- *Indexprodukte*
  Dow Jones STOXX 50$^{SM}$ Future
  Dow Jones Euro STOXX 50$^{SM}$ Future
  Dow Jones STOXX 50$^{SM}$ Option
  Dow Jones Euro STOXX50$^{SM}$ Option
  DAX®-Future
  DAX®-Option
  SMI®-Future
  SMI®-Option
  Dow Jones Nordic STOXX 30$^{SM}$ Future
  Dow Jones Nordic STOXX 30$^{SM}$ Option
  FOX™-Future
  FOX™-Option                          Quelle: Internet

# 13 Euroland und Aktien

»Wenn der Euro wirklich kommt, droht Deutschland ein Desaster. Sparer und Anleger müssen sich auf Milliardenverluste einrichten ... Der Euro kostet die Deutschen so viel wie die Wiedervereinigung ... Deutschland als Zahlmeister Europas ... zusammengelegt mit der spanischen Peseta und der italienischen Lira, die innerhalb von 50 Jahren 55 Prozent ihres Werts eingebüßt haben ... mit dem Euro kommt höhere Inflation.« Alle diese Zitate stammen aus einer ganzseitigen Anzeige von Euro-Gegnern, die Deutschland in der größten Krise der Nachkriegszeit sehen.

»Mit dem Wegfall des Wechselkursrisikos fällt kleinen und mittleren Unternehmen der Ein- und Verkauf im Ausland leichter ... Ein europäischer Wirtschaftsraum von globalem Gewicht, der eine wirkliche Alternative zum US-Dollar darstellen wird ... Damit wird die Abhängigkeit Europas vom Dollarkurs und von den Dollarzinsen gelockert werden.« Zitate des vormaligen Bundesfinanzministers Waigel auf dem württembergischen Sparkassentag am 10. April 1997.

Als Kleinanleger und Sparbuch-Bürger hören Sie die Argumente, die sich Befürworter und Gegner um die Ohren schlagen. Sie sind zu Recht verunsichert. Doch dann wird der Euro schon am 4. Januar 1999 an der Börse sozusagen als Vorreiter eingeführt, und es gibt zumindest dort überhaupt keine Probleme.

### 13.1 Deutschland war bei den 11 Ländern der ersten Stunde

Kein Politiker zweifelte daran, daß nicht alle 15 Mitgliedsstaaten der EU zum gleichen Starttermin ins Euro-Rennen gehen würden. Wer die Lizenz bekam, entschied der Europäische Rat nach Anhörung der Finanzminister Anfang Mai 1998. Der Europäische Rat hatte die Entscheidung mit einer qualifizierten Mehrheit von

**Zeitplan auf dem Weg zur Europäischen Währungsunion**

| | | | |
|---|---|---|---|
| **3. STUFE** | 1. Januar 2002<br>Beginn der Bardgeld-<br>umstellung | • Bargeldumtausch binnen maximal<br>sechs Monaten; kürzere Frist<br>angestrebt | **Phase C** |
| | 1. Januar 1999<br>Beginn der dritten Stufe<br>der EWU | • Unwiderrufliche Festlegung der<br>Wechselkurse<br>• Geldpolitik geht auf Europäische<br>Zentralbank über<br>• Beginn der Währungsumstellung<br>(nur Buchgeld) | **Phase B** |
| **2. STUFE** | Mai 1998<br>Entscheidung des<br>Europäischen Rates | • Bestätigung des Starttermins<br>• Festlegung des Teilnehmerkreises<br>• Errichtung der Europäischen<br>Zentralbank (EZB) | **Phase A** |
| | Juni 1997<br>Entscheidung des<br>Europäischen Rates<br>in Amsterdam | • Abschluß des Stabilitäts- und<br>Wachstumspaktes<br>• EWS II: Im Wechselkursmechanismus<br>zwischen Teilnehmer- und Nicht-<br>teilnehmerländern<br>• Rechtsrahmen für die Einführung<br>des Euro | |
| | Dezember 1995<br>Entscheidung des<br>Europäischen Rates<br>in Madrid | • Der Name der Europa-Währung<br>lautet Euro<br>• Festlegung des Übergangsszenarios | |
| | 1. Januar 1994<br>Beginn der zweiten<br>Stufe der EWU | • Gründung des Europäischen<br>Währungsinstitutes<br>• Unabhängigkeit der Nationalen<br>Zentralbanken | |
| **1. STUFE** | 7. Februar 1992<br>Unterzeichnung des<br>Vertrages von Maastricht | • Vertiefung der Integration und<br>Stärkung der Handlungsfähigkeit<br>der EU | |
| | 1. Juli 1990<br>Beginn der ersten Stufe<br>der EWU | • Liberalisierung des Kapitalverkehrs<br>• Koordinierung der Wirtschafts-,<br>Finanz- und Geldpolitik | |
| | 1987 | • Ziel der Währungsunion wird<br>erstmals im EG-Vertrag fixiert | |

Quelle: DWS

257

62 der insgesamt 87 Stimmen zu treffen. Ausgerechnet die Weich-währungs-Südländer, die im Europäischen Rat über 28 Stimmen verfügen, drängten mit Macht in die Währungsunion. Sogar der Präsident Polens konnte sich, obwohl sein Land überhaupt nicht zur EU gehört, beim Deutschlandbesuch im April 1997 die Bemerkung nicht verkneifen, sein Land erfülle bereits zwei der Kriterien.

Inwieweit war der Europäische Rat auf die 28 Stimmen der Südländer angewiesen? Würden Italien (10 Stimmen), Spanien (8 Stimmen), Portugal und Griechenland (je 5 Stimmen) mit ihrer Sperrminorität einem Beginn mit verkleinerter Formation nur unter der Prämisse zustimmen, daß sie nur wenige Jahre später ebenfalls das Eintrittsbillet bekommen? Fragen über Fragen! Aber über eines war man sich zumindest einig: Den Beginn der Währungsunion konnte es nicht ohne Deutschland und Frankreich geben, eher war eine Verschiebung denkbar.

Die Kraftakte aller Aspiranten waren unverkennbar. Mit Verwunderung verfolgte man in Deutschland die Pläne Italiens, durch eine einmalige Eurosteuer, an deren spätere Rückerstattung sogar gedacht ist, in einem ebenso einmaligen Kraftakt die Beitrittskriterien zu erfüllen. Und das in einem Land, dessen Staatsverschuldung mit 124,3 Prozent mehr als doppelt so hoch war wie die Zutrittshürde von 60 Prozent des Bruttoinlandsprodukts. An allen Ecken und Enden des »Stiefels« wurde durch Hinausschieben von Ausgaben und Vorverlagerung von Einnahmen geflickt, damit er für die EU-Währungsnorm paßte.

Sie kennen den Ausgang. Italien ist dabei. Außerdem Deutschland, Frankreich, Belgien, die Niederlande, Luxemburg, Österreich, Irland, Finnland, Spanien und Portugal. Großbritannien, Dänemark und Schweden bleiben vorerst »außen vor«, alle auf eigenen Wunsch. Griechenland mußte draußenbleiben, weil es die Konvergenzkriterien nicht erfüllte.

Deutschlands Defizitquote lag 1997 mit 2,7 Prozent deutlich unter dem Referenzwert von 3 Prozent. Auch die Inflationsrate touchierte bei weitem nicht den Referenzwert von 2,7 Prozent.

*Konvergenzkriterien: Wo es in Deutschland haperte*
Der Schuldenstand der öffentlichen Hand war ein wichtiges Konvergenzkriterium. Er durfte nicht höher als 60 Prozent des Bruttoinlandsprodukts sein. In Deutschland betrug er vor dem Beitritt 61,25 Prozent.
*Ausweg:* Wenn die Schuldenquote hinreichend rückläufig war und sich rasch dem Referenzwert von 60 Prozent näherte, durfte der Schuldenstand im entscheidenden Jahr 1997 etwas über 60 Prozent liegen.

Wieviel Euro es für die Mark gab, erfuhren die Bundesbürger zu Silvester 1998. Früher ging es nicht, denn das Verhältnis DM/Euro-Kurs hing von den jeweiligen nationalen Anteilen am ECU-Währungskorb ab. In diesem Korb aber befindet sich auch die dänische Krone, die griechische Drachme und das englische Pfund Sterling. Alles Währungen, die vorerst nicht an der Währungsunion teilnehmen. Umgekehrt sind der österreichische Schilling und die finnische Mark nicht im Währungskorb. Deshalb wurden erst zum Jahresende 1998 die entsprechenden Devisenkurse für diese Währungen festgelegt. Die Prognose von knapp zwei Mark für einen Euro war nicht schlecht, es wurden exakt 1,95583 Mark.

### 13.2 Ängste deutscher Anleger
In den Köpfen älterer Menschen hat es sich festgesetzt: Der Euro ist eine Währungsreform. Das Geld wird weniger wert. Der Hinweis, daß wir keinen verlorenen Krieg hinter uns haben, der damals 1948 die Währungsreform erforderlich machte, und daß

wir auch keine Hyperinflation, wie 1923, erdulden müssen, gleicht meistens einem Kampf gegen Windmühlenflügel.

Es kommt zu Panikreaktionen, wie damals bei Einführung der Quellensteuer, der Vorgängerin der Zinsabschlagssteuer. Ältere Menschen glaubten damals wirklich, sie müßten 10 Prozent ihres Kapitalvermögens abgeben – vielleicht wegen ihrer Erfahrungen mit dem Lastenausgleich – und nicht nur 10 Prozent auf die Kapitalerträge. Jedenfalls reichten fehlende öffentliche Akzeptanz und abgrundtiefes Mißtrauen gegen diese Steuer für ihre Abschaffung. Allzuviel Kapital, selbst von Kleinanlegern mit nur vierstelligen Beträgen, war ins benachbarte Luxemburg abgeflossen. So war es kein Wunder, daß 64 Prozent der Bundesbürger nach einer Befragung des privaten Wirtschaftsmagazins »DM« zunächst gegen die Einführung des Euro waren.

Zusätzliche Ängste vor dem Euro weckte vielleicht auch bei manchen bundesdeutschen Steuerbürgern die Bemerkung von Pfarrer Eppelmann, deutsche Konten beim Umtausch in den Euro auf Schwarzgeld abzuklopfen. Über diesen Vorschlag habe ich nur einmal etwas gelesen. Wahrscheinlich hat Pfarrer Eppelmann inzwischen erkennen müssen, daß es ein leichtes ist, DM-Konten in Dollar oder andere Währungen zu tauschen und nachher als Dollar-Devisen in Euros zurückzutauschen. Geld, das scheu wie ein Reh ist, und rund um den Erdball dorthin fließt, wo es die besten Konditionen findet, kann man so leicht nicht einfangen.

### 13.3 Die Umstellung von Aktien und anderen Kapitalanlagen

Der Euro ist als Buchgeld und als Währung an der Börse am 4. Januar 1999 nicht nur pünktlich, sondern auch mit geradezu unerwarteter Akzeptanz gestartet. Er war fest gegenüber dem Dollar, ließ aber schon im Februar etwas nach. Den gebetsmühlenhaften Beteuerungen der Politiker, der Euro werde so stabil wie die D-Mark, traue ich auf lange Sicht genauso wenig, wie dem jahrelang gehörten Dauerausspruch: »Die Renten sind sicher.« Auf einmal waren sie es nicht mehr. So schrieb ich in einer früheren Auflage dieses Buches. Kapitel 13.4 zeigt Ihnen, daß dies nicht ganz unberechtigt war.

Die Bundesregierung ist schon einmal einem schwerwiegenden Irrtum erlegen. Kanzler Kohl versicherte lange Zeit auf Zuraten seiner Wirtschaftsexperten, die Kosten der deutschen Einheit könnten aus dem laufenden Steueraufkommen finanziert werden. Mittlerweile weiß man, daß diese Kosten an zwei Billionen Mark heranreichen werden. Interessanterweise hörte ich exakt diese gigantische Zahl schon wenige Monate nach der Wiedervereinigung in einem Vortrag beim Berliner Senat. Später erklärte ein Politiker aus der engeren Führungsriege vor einem kleineren Kreis von Zuhörern in einer Landesvertretung, Kanzler Kohl sei sehr verärgert über die Fehleinschätzung seiner Wirtschaftsberater. Ob sie ihn beim Vergleich der Stabilität von D-Mark und Euro nicht auch falsch beraten haben? Fürs erste sicher nicht.

Zurück zum Fakt, daß die Währungsunion mit einer großen Zahl von Teilnehmern begonnen hat. Ein Blick in die Vergangenheit, und hier speziell auf die Rendite zehnjähriger Staatsanleihen der einzelnen Länder, zeigt die Angleichung der Zinsen. Noch Mitte 1995 hatte Deutschland mit 6,55 Prozent nur halb so hohe Zinsen wie Italien mit 12,15 Prozent und Spanien mit 11,4 Prozent. Schon im Februar 1997, als verbesserte Beitrittschancen dieser Länder kolportiert wurden, hatte sich das Bild bemerkenswert geändert. In Italien waren die Renditen auf nur noch 7,2 Prozent zurückgegangen. Spanien stand sogar mit 6,7 Prozent noch günstiger da, und Deutschland und Frankreich lagen mit 5,6 Prozent ungefähr gleichauf.

Daraus ergibt sich: Eine Währungsunion von Anbeginn an auch mit den südlichen Partnern, so wie sie angelaufen ist, war eher schlecht für die Rentenkurse deutscher Anleger. Anfang 1999

Auch wenn die Euro-Flagge 12 Sterne hat: fürs erste gehören nur 11 Länder zur Währungsunion.

verharrten die Zinsen noch auf historisch niedrigem Niveau, obwohl von Japan her ein leichtes Grollen an der Zinsfront vernehmlich war. Danach war auch in Deutschland ein Zinsanstieg festzustellen.

Nun zu den Aktien. Das Euro-Währungsgebiet wird der zweitgrößte Kapitalmarkt der Welt sein. Es ist wirklich ein Währungsraum von globalem Gewicht. Die Meinung, daß Europa damit vom Dollarkurs und den Dollarzinsen unabhängiger werden wird, teile ich nicht. Der Dollar hat immer die Weltwirtschaft dominiert, genauso wie die Wallstreet-Börse die Weltbörsen von Tokio über die Tigerbörsen Südostasiens bis hin zu den mitteleuropäischen Börsenplätzen.

Verzicht auf Währungsumrechnungen und Wegfall des Wechselkursrisikos sind nicht nur für die kleinen und mittleren Unternehmen in Deutschland eine technische und kostenmäßige Entlastung. Bei den großen Export-Gesellschaften entfallen die Absicherungskosten gegen das Währungsrisiko. Immerhin gehen 60 Prozent des deutschen Exports in die Länder der künftigen Währungsunion.

Für gute Aktienkurse könnte auch sprechen, daß der europäische Wirtschaftsraum mit 290 Millionen Bewohnern nach Köpfen weit größer ist als der Dollarraum mit 263 Millionen Einwohnern. Impulse von den ausländischen Anlegern könnten auf die noch immer eher als »Aktienmuffel« geltenden Deutschen übergreifen.

Bessere Aktienkurse bei Einführung des Euro sehe ich auch noch aus einem ganz anderen Motiv. Immer mehr Geldvermögen wird in Sachvermögen umgeschichtet werden. Oder einfacher gesagt: Die Angst vor dem Euro läßt Anleger in die Aktien flüchten, wenn sie auch wesentlich geringer als noch vor zwei Jahren ist. Aktien sind etwas für Euro-Skeptiker, und die überwogen schon vor den jüngsten Kursverlusten des Euro bekanntlich nicht nur in Deutschland, sondern auch in Frankreich.

Der Euro dürfte als dritte Weltwährung nach Dollar und Yen Vorteile für Aktionäre bringen. Kaufen Sie sich mit Aktien Sicherheit durch Sachwerte, verfallen Sie aber nicht dem Irrglauben, daß der Euro gleichzeitig eine Versicherung gegen Kursstürze ist.

Wäre die Währungsunion verschoben worden, hätten sich die Chancen für Aufschwung und Vollbeschäftigung verschlechtert. Auch wenn dann in Deutschland die Devisenzuflüsse zum Teil in den Aktienmarkt gegangen wären und kurzfristig für Kursbelebungen gesorgt hätten, wäre das verschlechterte Wirtschaftsszenario auf längere Sicht nicht gut für den Aktienmarkt gewesen.

Vorerst nur Buchgeld, aber an der Börse schon Realität.

## Die offiziellen Umrechnungskurse seit 1. 1. 1999

Alle Angaben = Gegenwert für einen Euro in nationaler Währung

| Euro-Teilnehmerländer* | | | Nicht-Euro-Teilnehmerländer** | | |
|---|---|---|---|---|---|
| *Land* | *Währung ISO-Kürzel* | *Kurs* | *Land* | *Währung ISO-Kürzel* | *Kurs* |
| Belg./Luxemburg | BEF/LUF | 40,3399 | **EU-Länder, die nicht teilnehmen** | | |
| Deutschland | DEM | 1,95583 | Dänemark** | DKK | 7,44878 |
| Finnland | FIM | 5,94573 | Griechenland** | GRD | 329,689 |
| Frankreich | FR | 6,55957 | Großbritannien** | GBP | 0,705455 |
| Irland | IEP | 0,787564 | Schweden** | SEK | 9,48803 |
| Italien | ITL | 1936,27 | **Nicht-EU-Länder** | | |
| Niederlande | NLG | 2,20371 | Schweiz** | CHF | 1,60778 |
| Österreich | ATS | 13,7603 | Japan** | JPY | 132,800 |
| Portugal | PTE | 200,482 | USA** | USD | 1,16675 |
| Spanien | ESP | 166,386 | Kanada | CAD | 1,80613 |

\* Die Kurse bei diesen Ländern sind offiziell festgelegt und nicht mehr veränderbar.
\*\* Die Kurse bei diesen Ländern sind variabel (hier angeben: Stand 1. 1. 1999)          Quelle: Haufe Euronews

Eine mehr technische Frage war, was nach der Einführung des Euro aus den 5-Mark- und 50-Mark-Aktien wird. Auch sie ist schon gelöst. Einmal kann jeder volle Euro-Betrag als Nennwert von Aktien in Frage kommen. Die Rundung von Mark auf Euro würde aber Kosten verursachen, denn das Grundkapital der Gesellschaften muß umgestellt werden. Deshalb gibt es noch eine Alternative, die das Stückaktiengesetz geschaffen hat. Es gibt auch nennwertlose Stückaktien, auch Quotenaktien genannt. Eine Quotenaktie repräsentiert einen Bruchteil des Grundkapitals. Bei einem Grundkapital von 10 Millionen Mark würde beispielsweise ein Nennwert von 5 Mark einem zweimillionsten Anteil entsprechen. Und noch etwas: Am Deutschen Aktienindex DAX hat sich natürlich nichts geändert, weil er nicht in Mark, sondern in Punkten angegeben wird.

Und wie vollzog sich die Einführung des Euro Anfang 1999 an den Börsen? Auch Optionsscheine werden seit Jahresbeginn 1999 in Euro notiert. Während die Bezugsverhältnisse bei Aktienscheinen unverändert geblieben sind, werden jetzt die Basispreise in Euro notiert. Bei Index- und Zinsscheinen wird dagegen auch das alte Bezugsverhältnis durch den Euro-Konversionsfaktor dividiert.

Bei den jetzt auf Euro lautenden Währungsscheinen bleiben Basispreis und Bezugsverhältnis unverändert. Investmentfonds auf Dollar, Pfund und Schweizer Franken bleiben bei ihrer alten Basiswährung. Von der Umstellung zu erfassen waren jedoch die auf Mark oder eine andere europäische Währung laufenden Fonds.

### 13.4 Traumstart für den Euro

»Gelungene Euro-Börsenshow in Frankfurt«, »Traumstart für Euro«, »Euro entfesselt Finanzmärkte«, »Wahre Euphorie«, so kommentierte die Wirtschaftspresse den Beginn des Eurozeitalters am 4. Januar 1999 an den Börsen.

Um 8.30 Uhr der Countdown, der ein Kursfeuerwerk auslöste und den Index Euro Stoxx 50 bis Tagesschluß um 4,75 Prozent explodieren ließ. Da wollte auch der gute alte Aktienindex DAX nicht nachstehen und legte auf XETRA-Basis um 4,52 Prozent zu. Und was machte der Euro selbst an seinem ersten Handelstag? Er feierte die gelungene Premiere im Londoner Devisenhandel mit einer Zunahme von 0,8 Prozent.

Am stürmischsten gefeiert wurde die Euro-Einführung jedoch in Frankreich. Da wollte auch der Zoo von Saint-Martin-la-Plaine nicht zurückstehen. Der Tierparkdirektor gab einem kleinen Affen den symbolträchtigen Namen »Euro«.

Durch den »Big Bang« vom 4. Januar 1999 ist Euroland zum weltweit zweitgrößten Kapitalmarkt aufgestiegen.

Quelle: Teledata Börsen-Informations-GmbH

Der glänzende Euro-Start hat Kratzer bekommen und die Kritiker gewannen Oberwasser. Nie mehr hat der Euro den Traumkurs von 1,1789 Dollar, den er beim Start am 4.1.1999 vorlegte, erreicht. Anfang August 2000 war er auf 0,90 Dollar gefallen. USA-Reisende müssen tiefer in die Devisentasche greifen, aber die deutschen Exporte profitieren vom niedrigen Eurokurs, der sie beflügelt.

## 14 Altersvorsorge leicht gemacht – Aktien schließen die Versorgungslücke

Trotz gegenteiliger Versprechungen: Das Rentenniveau sinkt langfristig. Trefflich kann man darüber streiten, wie drastisch dies sein wird. Schlimme Befürchtungen hat die Deutsche Angestellten-Gewerkschaft, die künftige Renten nicht allzu weit vom Sozialhilfesatz entfernt sieht.

Die Menschen werden immer älter. Das ist erfreulich, aber zugleich für die Rentenhöhe auch ein Problem. Verstärkt wird es durch die niedrigere Geburtenrate und die hohe Arbeitslosigkeit, die weniger Sozialversicherungsbeiträge in die Kassen fließen läßt. Der Anteil älterer Menschen in der Bevölkerungsstruktur wird stark zunehmen. Heute finanzieren zwei Arbeitnehmer einen Rentner, aber schon im Jahr 2030 hat jeder Arbeitnehmer allein einen Rentner zu unterhalten. Dies bedeutet entweder halbe Rente oder verdoppelte Beiträge zur Rentenversicherung. Insbesondere jüngere Menschen sind gut beraten, etwas für ihre Altersvorsorge zu tun.

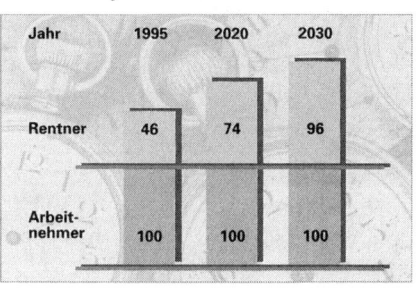

| Jahr | 1995 | 2020 | 2030 |
|---|---|---|---|
| Rentner | 46 | 74 | 96 |
| Arbeitnehmer | 100 | 100 | 100 |

Quelle: Commerzbank

### 14.1 Auf den Mix kommt es an

Lebensversicherungen mit Rentenanspruch bieten doppelte Vorteile. Wer seine Sonderausgaben-Höchstbeträge bei der Einkommensteuer noch nicht ausgeschöpft hat und sich für eine Lebensversicherung mit mindestens zwölfjähriger Dauer entschließt, kann die Beiträge als Sonderausgaben abziehen, immer vorausgesetzt, die Verhältnisse sind noch so, nachdem das Bundesverfassungsgericht über die Altersvorsorge ein Grundsatzurteil gesprochen hat. Es wird im Jahr 2000 erwartet. Als weiterer Vorteil winkt, daß die späteren Rentenzahlungen weitgehend steuerfrei sind. Nur der sogenannte Ertragsanteil – so die Rechtslage im Frühjahr 2000 – ist steuerpflichtig. Nach dem zur Zeit gültigen Einkommensteuergesetz beträgt er bei Rentenbeginn mit dem 65. Lebensjahr nur 27 Prozent der Rentenbezüge. Von einer zusätzlichen Jahresrente von angenommen 10 000 Mark bleiben mithin 6300 Mark bei Ihrer Steuererklärung vollkommen »außen vor«. Der Rest von 2700 Mark unterliegt Ihrem individuellen Steuersatz, der nach der Steuerreform 1999/2002 eine deutliche Senkung erfahren hat. Über die Besteuerung ist jedoch noch nicht das letzte Wort gesprochen (s. o.).

Mit einer zusätzlichen Kapital-Lebensversicherung erwirtschaften Sie dennoch eher statische Erträge. Auch wenn der Schwerpunkt Ihrer Aufwendungen für die Altersvorsorge in eine solche Versicherung gelegt sein sollte, nehmen Sie mit einer Investition in Aktien zugleich am Wachstum der Wirtschaft teil. Ein etwas dickeres Fell als bei Versicherungen brauchen Sie schon. Aktien haben nun einmal die unangenehme Eigenschaft, kurzfristig ziemlichen Schwankungen unterworfen zu sein. Dies können Sie aber auch zu Ihrem Vorteil nutzen, indem Sie in Baisse-Zeiten höhere Beträge für Ihre Altersvorsorge in Aktien investieren als zu Hausse-Zeiten. Langfristig sind Aktien, wie durch viele Fallbeispiele bewiesen ist, die Anlageform mit den höchsten Zuwachsraten. Keine Sparbucherträge und auch keine öffentlichen Anleihen kommen dabei mit.

Das Stichwort Anleihen ist gefallen. Industrieanleihen rentieren wegen des größeren Risikos im allgemeinen etwas besser als die Anleihen von Bund, Ländern, Post, Bahn und anderen öffentlichen Einrichtungen. Bundesanleihen sind zwar mündelsicher. Ein Vormundschaftsgericht kann Ihnen keine Vorwürfe machen, wenn Sie für Ihr Mündel in Bundesanleihen investieren. Dennoch bergen Bundesanleihen, falls das allgemeine Zinsniveau steigt, ein großes Kursrisiko. Auch wenn es im Frühjahr 1999 noch nicht so aussieht, die nächsten Zinssteigerungen sind vorprogrammiert. Japan hat das Startzeichen gegeben. Davon werden die Kurse der Anleihen stark betroffen sein. Wer heute eine Anleihe mit zehnjähriger oder noch längerer Laufzeit zum Kurs von 100 kauft, darf sich nicht wundern, wenn sie dann, wenn in Zukunft der Zins steigt, allmählich auf weniger als 95 zurückfällt. Natürlich wird sie bei Fälligkeit zu 100 Prozent eingelöst, aber das ist bei Langläufern noch lange hin. In der derzeitigen Niedrigzinsphase neige ich deshalb dazu, Ihnen nur Anleihen mit kürzerer Laufzeit (Restlaufzeit) zu empfehlen. Mit ein Grund dafür sind auch die Unsicherheiten im Zusammenhang mit der Einführung des Euro. So schrieb ich in der letzten Auflage, und es ist so gekommen. Der Zinsanstieg drückte den Rentenmarkt.

Eine Alternative ist der Kauf von sogenannten Floatern mit variabler Zinsanpassung. Diese Anleihen finden Sie im Kursteil mancher Zeitungen auch mit der Bezeichnung »FRN« (Floating Rate Notes). Sie haben den Vorteil, daß sie drei oder sechs Monate nach Veränderung des Zinssatzes unter Banken (FIBOR = Frankfurt Interbank Offered Rates oder LIBOR = London Interbank Offered Rates) an die jeweilige Zinsentwicklung angepaßt werden.

Eine Investition in geschlossene Immobilienfonds empfehle ich Ihnen für Ihre Altersvorsorge nicht. Zu viele Fälle von Mißwirtschaft durch schlechtes Management sind bekannt geworden. Als wesentliches Handicap kommt ferner hinzu, daß Sie für Ihre Anteile an geschlossenen Immobilienfonds aus zweiter Hand so gut wie nie einen Käufer finden. Nach meiner Erfahrung ändern auch die von den Fondsgesellschaften gegebenen Vermittlungsversprechungen für einen Sekundärmarkt an dieser Situation wenig.

Offene Immobilienfonds sind vorzuziehen. Insbesondere bringen sie Ihnen wegen der daraus erzielten Einkünfte aus Kapitalvermögen Steuervorteile, wenn der Sparerfreibetrag noch nicht ausgeschöpft ist. Im übrigen können Sie Anteile an offenen Immobilienfonds jederzeit bei Ihrem Kreditinstitut verkaufen. Aus der Tagespresse konnten Sie entnehmen, daß es zur Zeit auf dem Immobilienmarkt etwas flau zugeht. Viele Räume in Ladenpassagen, die einst mit dem Geld offener Immobilienfonds finanziert wurden, stehen leer. Dies trifft insbesondere auf die neuen Bundesländer zu. Das möchte ich Ihnen vor einem eventuellen Engagement in offene Immobilienfonds zu bedenken geben.

Vergessen wir nicht die Bundesschatzbriefe für Ihre Altersvorsorge. Sie unterliegen keinem Kursrisiko, obwohl die Laufzeit mit 6 Jahren (Typ A) und 7 Jahren (Typ B) nicht allzu lange ist und Sie als jüngerer Anleger nach Ablauf dieser Zeiten reinvestieren müßten. Wer kurz vor Eintritt in den Ruhestand steht, sollte Bundesschatzbriefe des Typs B vorziehen. Der Grund hierfür ist steuerlicher Natur. Die Erträge werden erst am Schluß der siebenjährigen Laufzeit der Steuer unterworfen. Nach Aufgabe einer beruflichen Tätigkeit wird diese im allgemeinen niedriger sein. Ein ebenfalls zu beachtender Gesichtspunkt ist der Sparerfreibetrag. Er ist im Jahr 2000 durch die Steuerreform auf 6000/ 3000 (Verheiratete/Ledige) halbiert worden und sollte jährlich durch Kapitaleinkünfte ausgeschöpft sein. Es macht natürlich keinen Sinn, jährlich Teile des Sparerfreibetrags nutzlos verfallen zu lassen, wenn die zusammengeballten Zinseinkünfte des Typs B im siebten Jahr den Sparerfreibetrag überschreiten.

## 14.2  Behalten Sie sich Manövriermasse

Vielleicht möchten Sie sich irgendwann im Alter, beispielsweise wenn Pflegebedürftigkeit eintritt, in ein Seniorenstift einkaufen oder, was erfreulicher wäre, Sie möchten sich ein neues teures Auto kaufen. Auch eine teure Operation als Privatpatient könnte plötzlichen Kapitalbedarf erfordern. Für solche Wechselfälle wäre es nicht günstig, wenn Sie allzuviel Kapital in einer Lebensversicherung gebunden hätten. Sie könnten darüber nicht mehr verfügen, während sich Anleihen, Anteile an offenen Immobilienfonds und Aktien relativ leicht wieder »verflüssigen« lassen. Auch ist zu bedenken, daß bei Bedarf eine Lebensversicherung auf Eheleute abgeschlossen werden kann, um eine Absicherung auch des Längstlebenden zu erreichen.

### 14.3 Die Extra-Rente mit Auszahlplan

Zusätzliches Einkommen für Ihr Alter können Sie sich auch mit sogenannten Auszahlplänen verschaffen. Solche Pläne gibt es mit Kapitalerhalt und mit Kapitalverzehr. Beim Auszahlplan mit Kapitalerhalt bleibt Ihr Kapital – nomen est omen – vollkommen erhalten. Sie haben beispielsweise 100 000 Mark für zehn Jahre festgelegt und werden nach Ablauf dieser zehn Jahre 100 000 Mark zurückerhalten. Während des Laufs der zehn Jahre fließt Ihnen monatlich eine »Zusatzrente« zu, die aus Ihren Zinsen und Zinseszinsen finanziert wird. Anders verhält es sich bei dem Auszahlplan mit Kapitalverzehr. Ihr Kapital von 100 000 Mark wird Ihnen zusätzlich zu den Zinsen in monatlichen Auszahlungen zurückerstattet. Natürlich ist die monatliche Zusatzrente bei dieser Modalität erheblich höher.

In einer Beispielsrechnung, die auf einem Zinssatz von 5,5 Prozent beruht, kann bei der angenommenen Anlagesumme von 100 000 Mark mit einer monatlichen »Zusatzrente« von 492 Mark beim Auszahlplan mit Kapitalerhalt gerechnet werden. Der Auszahlplan mit Kapitalverzehr würde Ihnen bei diesen Konditionen monatlich 1107 Mark Zusatzeinkommen bringen. Natürlich ändern sich die an der Höhe des aktuellen Zinssatzes orientierten Beträge. Lassen Sie sich von verschiedenen Kreditinstituten ein Angebot machen und vergleichen Sie.

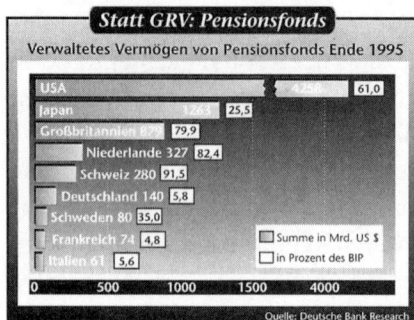

**Statt GRV: Pensionsfonds**
Verwaltetes Vermögen von Pensionsfonds Ende 1995

USA 4250 61,0
Japan 1265 25,5
Großbritannien 829 79,9
Niederlande 327 82,4
Schweiz 280 91,5
Deutschland 140 5,8
Schweden 80 35,0
Frankreich 74 4,8
Italien 61 5,6

☐ Summe in Mrd. US $
☐ in Prozent des BIP

0    500    1000    1500    4000

Quelle: Deutsche Bank Research

Nachholbedarf in Deutschland auch bei Pensionsfonds.

### 14.4 Aktien für alle

In Frankreich gibt es doppelt so viele Aktionäre wie in Deutschland, in den USA sogar fast dreimal so viele. Es besteht bei uns Nachholbedarf. Mancher wird in Zukunft die besseren Renditechancen des Aktienmarktes für eine Aktien-Rente nutzen.

Ein Teil der Altersversorgung sollte auf dem Standbein »Börse« aufgebaut sein. Hilfreich sind dabei die Investmentfonds der Kreditinstitute. Es liegt in Ihrer Entscheidung, ob Sie dabei auf Fonds mit ausschließlich oder vorwiegend deutschen Aktien und Rentenwerten oder auf den internationalen Anlageschwerpunkt Gewicht legen. Lassen Sie sich von Ihrem Wertpapierberater die Zusammensetzung der einzelnen Fondsvermögen erklären und dies gleich vergleichsweise bei mehreren Kreditinstituten, damit Sie nicht nur an die Produkte eines Hauses geraten. Außerdem werden Sie sich beim Bundesverband der Investmentfonds die aktuelle »Hitliste« der Fonds besorgen, um festzustellen, welches Fonds-Management längerfristig erfolgreich gewirtschaftet hat. Die Einzelheiten zu diesem Vorschlag können Sie im Kapitel über Investmentfonds (vgl. Kapitel 10) nochmals nachlesen. Da sich der Erfolg eines Investmentfonds jedoch für die Zukunft wegen der Schwankungen am Aktienmarkt nicht genau prognostizieren läßt, kann Ihre monatliche »Aktien-Rente« allenfalls nach Art einer Simulationsrechnung ermittelt werden.

Die Commerzbank zum Beispiel hat eine solche Rechnung für eine monatliche Einzahlung von 150 Mark vorgenommen und kommt bei einem simulierten jährlichen Wertzuwachs von 7 Prozent bei der monatlichen Einzahlung von 150 Mark nach 12 Jahren auf 31 829 Mark und nach 20 Jahren auf 72 944 Mark Kapital. Wird dieses Kapital danach in einem Auszahlplan mit Kapitalverzehr verrentet, ergibt sich bei einer Laufzeit des Auszahlplans von 10 Jahren eine zusätzliche Monatsrente von 364 Mark bzw. nach 20 Jahren Ansparzeit von 834 Mark. Hat der Investmentfonds jedoch während der Ansparzeit besonders gut gewirtschaftet, so ergäbe sich bei einem simulierten Wertzuwachs von 13 Prozent schon eine monatliche Zusatzrente von 538 Mark bzw. 1698 Mark.

### Simulation: Aktien-Rente

| | 7 Prozent | | 9 Prozent | | 11 Prozent | | 13 Prozent | |
|---|---|---|---|---|---|---|---|---|
| | 12 Jahre | 20 Jahre | 12 Jahre | 20 Jahre | 12 Jahre | 20 Jahre | 12 Jahre | 20 Jahre |
| Einzah-lung* | 31 829 | 72 944 | 36 211 | 91 980 | 41 258 | 116 622 | 47 069 | 148 540 |
| Mögliche Rente** | 364 | 834 | 414 | 1051 | 472 | 1333 | 538 | 1698 |

\* 150 Mark monatlich
\*\* Mögliche Rente, nachdem das Kapital in einen Auszahlplan mit Kapitalverzehr eingezahlt wurde. Laufzeit 10 Jahre, Verzinsung 7 Prozent. Dieser Zinssatz kann nicht garantiert werden. Je nach Zinssituation kann die tatsächliche Rente höher, aber auch niedriger ausfallen.
Quelle: Commerzbankkatalog für Privatkunden

Auch wenn ich mich wiederhole: Auf lange Sicht haben Sie mit Aktien die beste Rendite für Ihr Alter. Baissen an der Börse gehen vorüber, und auch Crashs waren bisher immer schnell wieder aufgeholt. Die Zinsen werden wieder steigen und auch die Zwillingsschwester, die Inflationsrate, wird wieder zunehmen.

200 000 Mark auf dem konservativen Sparbuch erscheinen auf den ersten Blick wie ein kleines Vermögen. Nach 20 Jahren Ansparzeit sind bei einer Inflationsrate von jährlich drei Prozent diese 200 000 Mark – unter Berücksichtigung der Zinsbesteuerung – nur gut halb soviel wert.

### 14.4.1 Wie Sie aus Ihrem Kind einen Millionär machen

Es hört sich unwahrscheinlich an, aber Versicherungsmathematiker haben es ausgetüftelt: Wenn betuchte Eltern bei Geburt eines Kindes zu dessen Gunsten 82 039 Mark anlegen, so wird es bei einer Verzinsung von vier Prozent im Alter von 65 Jahren über eine glatte Million Mark verfügen können.

AS-Fonds dürften mehr abwerfen, wie die langjährigen Erfahrungen mit Investmentfonds zeigen. Logisch ist im übrigen, daß der Anlagebetrag am Tage der Geburt bei einem höheren Zinssatz rapide abfällt.

Zinssatz 6 Prozent, Einmal-Einzahlung: 23 785 Mark
Zinssatz 7 Prozent, Einmal-Einzahlung: 12 919 Mark
Zinssatz 8 Prozent, Einmal-Einzahlung:   7057 Mark

Es klingt geradezu unwahrscheinlich, daß ein Betrag mit etwas mehr als 7000 Mark bei einer Verzinsung von acht Prozent in 65 Jahren zu einem Riesenvermögen von einer Million Mark anwächst, wo doch jedes Schulkind, das mit der Arithmetik Bekanntschaft macht, schon weiß: Wer bis zu einer Million zählt und jede Sekunde eine Zahl nennen will, braucht über eine Woche, um bei einer Million angelangt zu sein.

Zum gleichen Ergebnis, nämlich einem Kapital von einer Million Mark bei Erreichen des 65. Lebensjahres, kommt man übrigens, wenn monatlich ein Betrag von nur 46 Mark eingezahlt wird und die Verzinsung acht Prozent beträgt.

Zinssatz 4 Prozent, monatliche Einzahlung: 291 Mark
Zinssatz 6 Prozent, monatliche Einzahlung: 119 Mark
Zinssatz 8 Prozent, monatliche Einzahlung:   46 Mark

## 14.5 Fondsgebundene Lebensversicherungen – das Ei des Kolumbus?

Welche Altersvorsorge ist rentabler, Lebensversicherungen oder Einzahlungen in Investmentfonds? Versicherungsgesellschaften und Kreditinstitute werden hier verschiedener Meinung sein.

Ein möglicher Kompromiß heißt fondsgebundene Lebensversicherungen. Hierbei überweisen die Versicherungsgesellschaften die Anlagebeträge nach Abzug ihres Unkostenanteils zur Anlage an Investmentfonds. Einige Investmentgesellschaften haben rechtzeitig erkannt, daß die Altersversorgung ein weites Feld ist. So gibt es speziell darauf ausgerichtete Finanzprodukte, wie beispielsweise den DIT-Vorsorgeplan und die DWS-Investmentrente. Beiden Produkten ist ein Vorteil gemeinsam: Zunächst werden die Einzahlungen in Aktienfonds investiert, um dann gegen Ende der Laufzeit in Rentenfonds überführt zu werden. Diese Handhabung bietet eine Absicherung für den Fall, daß es gegen Ende der Laufzeit des Vorsorgeplans zu einem »Durchhänger« der Börsen kommt.

## 14.6 Gesetzgeber wurde aktiv – Drittes Finanzmarktförderungsgesetz

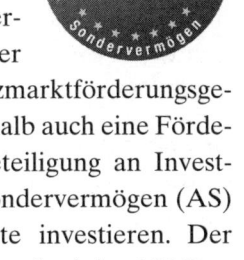

Auch Bonn hat erkannt, daß die niedrigen Geburtenraten und die steigende Lebenserwartung die derzeitige Rentenhöhe auf Dauer nicht garantieren können. Das Dritte Finanzmarktförderungsgesetz, am 1.4.1998 in Kraft getreten, sieht deshalb auch eine Förderung der privaten Altersvorsorge durch Beteiligung an Investmentfonds vor. Sie heißen Altersvorsorge-Sondervermögen (AS) und müssen überwiegend in Substanzwerte investieren. Der Aktienanteil darf dabei maximal 75 Prozent und minimal 21 Prozent des Fondsvermögens ausmachen. Sparpläne müssen mindestens 18 Jahre oder bis zur Vollendung des 60. Lebensjahres laufen. Vermögensumschichtungen vor Ablauf des Sparplans – wenn drei Viertel der Laufzeit vorbei sind – müssen kostenlos vorgenommen werden.

### 14.6.1 Sind AS-Fonds besser als normale Fonds?

Diese Frage ließ sich in der letzten Auflage noch nicht beantworten. Schließlich waren nach einigen Verzögerungen die ersten AS-Fonds erst im Herbst 1998 auf den Markt gekommen. Bei solch kurzen Anlagezeiträumen war es unmöglich, Verläßliches über den Wertzuwachs zu sagen. Sie haben im Kapitel über Investmentfonds gelesen, daß erst ein mehrjähriger Vergleichszeitraum aussagekräftig ist. Dennoch ist ein Jahr (30.06.99–30.06.00) recht aufschlußreich. Die Wertentwicklung reicht von 9,5 Prozent bis auf sagenhafte 109,8 Prozent (siehe Tabelle). Je höher die Aktienquote eines AS-Fonds ist, desto höher muß auch das Risiko des Zurückfallens eingeschätzt werden.

Die Zahl der AS-Fonds vermehrt sich ständig, so daß das Bundesaufsichtsamt für das Kreditwesen mit dem komplizierten Genehmigungsverfahren kaum nachkommt.

### 14.6.2 Wodurch unterscheiden sich AS-Fonds und normale Fonds?

Bisher gab es schon Fonds mit einer Mischung von Aktien und Rentenwerten. Bei den AS-Fonds ist diese Mischung noch weitergehend, weil auch noch Anteile an offenen Immobilienfonds hinzukommen. Diese sind allerdings auf 30 Prozent begrenzt, damit im Falle einer Pleite nicht allzu große Verluste den AS-Anleger treffen.

Als zweiten Gesichtspunkt kann man nennen, daß der Gesetzgeber zur Erzielung einer hohen Substanzwertquote die Vorgabe gemacht hat, Sparpläne mindestens 18 Jahre lang oder bis zur Vollendung des 60. Lebensjahres laufen zu lassen.

# AS-FONDS

| Fonds | Investment-Gesellschaft | Auflage-land | Fonds-kürzel | Währungen (außer Euro) | lfd. Jahr 31.12.99–30.06.00 | 1 Jahr 30.06.99–30.06.00 |
|---|---|---|---|---|---|---|
| Activest-Zukunftsvorsorge 3 (AS) | Activest | D | AS | T | 4,5 | 23,0 |
| Adig-Zukunft 2 AS | Adig Investment | D | AS | T | 2,6 | 22,2 |
| Adig-Zukunft 3 AS | Adig Investment | D | AS | T | 2,8 | 17,0 |
| AS-Aktiv Dynamik | Adig Investment | D | AS | T | 35,9 | 109,8 |
| AS-Aktiv Plus | Adig Investment | D | AS | T | 4,1 | 29,4 |
| BB-Europa AS-Invest | BB-Investment | D | AS | T | 1,9 | 18,6 |
| BfG Invest Generation Plus (AS) | BfG Invest | D | AS | T | 14,7 | 45,4 |
| BWK-Dynamik-AS | BWK | D | AS | T | 9,4 | 32,1 |
| BWK-Kontinuität-AS | BWK | D | AS | T | 5,0 | 15,5 |
| Citibank AS Union | Union Investment | D | AS | T | –4,1 | 16,1 |
| CS Solas | CSAM KAG | D | AS | T | 5,0 | 17,9 |
| CS Top AS | CSAM KAG | C | AS | T | 5,0 | 28,0 |
| Degussa Bank – AS – Universal | Universal | D | AS | T | 7,0 | 19,4 |
| Deka PrivatVorsorge AS | Deka | D | AS | T | 12,1 | 67,6 |
| Direktfonds AS Vorsorge MI | Metzler Investment | D | AS | T | 0,7 | 15,8 |
| DIT-Altersvorsorge 35 | DIT | D | AS | T | 7,6 | 53,4 |
| DIT-Altersvorsorge 45 | DIT | D | AS | T | 4,5 | 29,3 |
| DIT-Altersvorsorge 55 | DIT | D | AS | T | 1,2 | 11,6 |
| DIT-Altersvorsorge 55plus | DIT | D | AS | T | 2,3 | 14,0 |
| DWS Vorsorge AS (Dynamik) | DWS | D | AS | T | 21,1 | 62,2 |
| DWS Vorsorge AS (Flex) | DWS | D | AS | T | 13,8 | 48,4 |
| Entrium Rendite AS Fonds CS | CSAM KAG | D | AS | T | 3,4 | 22,7 |
| FT Life-Invest Classic-Fonds | Frankfurt Trust | D | AS | T | 0,8 | 9,5 |
| FT Life-Invest Pro-Fonds | Frankfurt Trust | D | AS | T | 0,8 | 17,1 |
| FVB-AS-Union | Union Investment | D | AS | T | –2,3 | 18,4 |
| Gamax AS Classic Zürich Inv. | Zürich Invest | D | AS | T | 10,9 | 30,6 |
| GenoAS: 1 | Union Investment | D | AS | T | –3,9 | 16,8 |
| Gerling Altersvorsorge- | Gerling Investment | D | AS | T | 24,7 | 57,9 |
| HANSAas | Hansainvest | D | AS | T | 22,2 | 56,0 |
| Invest AS | Union Investment | D | AS | T | –0,9 | |
| KCD-Union-AS | Union Investment | D | AS | T | –1,9 | 19,8 |
| Konzept Zukunft AS | BWK | D | AS | T | 2,5 | 20,4 |
| Metzler AS Special | Metzler Investment | D | AS | T | 15,3 | 43,9 |
| MK Viva | MK | D | AS | T | 2,8 | 20,3 |
| Nordinvest-AS | Nordinvest | D | AS | T | 10,7 | 47,6 |
| Opti-Mix FI Altersvorsorge- | Franken Invest | D | AS | T | 6,9 | 29,0 |
| Universal-AS-Fonds I | Universal | D | AS | T | 1,9 | 30,7 |
| Veri-Futur AS | Veritas SG | D | AS | T | 17,6 | |
| Zürich Invest Vorsorge-AS 1 | Zürich Invest | D | AS | T | 11,8 | 31,0 |

Quelle: Bundesverband Deutscher Investment-Gesellschaften

Von Vorteil ist drittens, daß nach Dreiviertel der Laufzeit eines solchen Sparplans der Anleger kostenlos in einen anderen Fonds der Kapitalgesellschaft überwechseln darf. Ein solcher Wechsel verursacht bei den meisten anderen Fonds Kosten.

Die lange Bindung ist jedoch kein Hindernis, aus einem Sparplan herauszukommen. Schon mit einer Kündigungsfrist von nur drei Monaten zum Kalendervierteljahr klappt dies, wobei sich im Falle der Arbeitslosigkeit oder Erwerbsunfähigkeit die Kündigungsfrist nochmals auf vier Wochen zum Ende des Kalendermonats verkürzt.

Auch bei den Einzahlungen ist Beweglichkeit angesagt. Sie dürfen Ihre Einzahlungen entsprechend Ihrer jeweiligen Einkommenssituation verändern oder auch mal für ein Jahr aussetzen. Zu den laufenden Sparraten können einmalige Beiträge hinzukommen, gerade so, wie es Ihre finanzielle Situation erlaubt.

Wie schon manche normale Fonds sind auch die AS-Fonds sogenannte Thesaurierungsfonds, d. h. sie schütten ihre Erträge nicht jährlich aus, sondern »thesaurieren« sie im Interesse eines langfristigen Vermögensaufbaus.

Sie sollten beim Einstieg in einen AS-Fonds nicht nur auf die bisherige (noch recht kurze) Erfolgsbilanz schauen, sondern auch auf die Kaufgebühren. Sie betragen zwischen drei und fünf Prozent. Auch ist die Frage zu stellen, ob und welche Beträge der Fonds jährlich für die Verwaltung in Abzug bringt. Bei einer Ansparzeit über Jahrzehnte gibt es bei manchen Anbietern einen Treuerabatt.

Der gesetzlich vorgeschriebene Aktienanteil zwischen 21 und 75 Prozent wird von manchen Fonds als starre Festlegung, von anderen wiederum als variable Größe gehandhabt.

Keinen Unterschied gibt es übrigens bei der Besteuerung zu den normalen Fonds. Die jährlich gutgeschriebenen Beträge sind steuerpflichtig, obgleich sie nicht ausgezahlt werden, wobei der Sparer jedoch von den Sparerfreibeträgen (3000/6000 Ledige/ Verheiratete) profitiert.

### 14.7 Nur ein Mosaiksteinchen für Ihre Altersvorsorge – das neue Vermögensbeteiligungsgesetz ab 1999

Als Arbeitnehmer können Sie von sogenannten vermögenswirksamen Leistungen (vL) Ihres Arbeitgebers profitieren. Die Rechtsgrundlage hierfür ist das ab 1. 1. 1999 in Kraft getretene Vermögensbeteiligungsgesetz. Es tritt als zweiter Förderkorb neben das Bausparen, das nach wie vor mit einer Prämie von 10 Prozent von maximal 936 Mark (= 94 Mark) gefördert wird.

Sie beteiligen sich am Produktivkapital und profitieren von einer separaten Höchstgrenze von 800 Mark. Auch die Sparzulage beträgt nicht nur 10 Prozent wie beim Bausparen, sondern gleich 20 Prozent in Westdeutschland und 25 Prozent in Ostdeutschland. Dabei macht sich gut, daß die Einkommensgrenze auf 35 000/ 70 000 Mark (Ledige/Verheiratete) angehoben worden ist.

Bei der Verabschiedung des Gesetzes ging man davon aus, daß die Zahl der begünstigten Arbeitnehmer durch die Neuregelung von 10 auf 13 Millionen steigen wird.

Also auf zum neuen Aktiensparen! 20 bzw. 25 Prozent von 800 Mark (= 160 bzw. 200 Mark) winken. Zusammen mit der Bausparförderung von 94 Mark Prämie können mithin in den Westländern 254 Mark und in den Ostländern 294 Mark als Gesamtprämie aus dem Staatssäckel kassiert werden.

Wegen der nicht mehr ausreichenden Altersversorgung ist der neue Schritt bemerkenswert. Ein Arbeitnehmer kann, so haben damals noch die Bonner Experten errechnet, in drei Jahrzehnten rund 80 000 Mark ansparen und hierdurch im Alter eine monatliche Zusatzrente bis zu 400 Mark erzielen.

## 15 Wissen ist Macht, aber auch Geld – Insidergeschäfte

Bei der Etikettiermaschinenfirma Krones war ein Großauftrag in Südamerika danebengegangen. Zumindest einer wußte rechtzeitig, was dies zur Folge haben würde: einen saftigen Kurseinbruch der Krones-Aktie. Die Südamerika-Schieflage löste Aktivitäten bei der Luxemburger Tochter einer deutschen Bank aus. Sie verwaltete das Familiendepot und mußte auftragsgemäß ganz flott 1140 Krones-Aktien verkaufen. Dies geschah zu Kursen zwischen 1100 und 1378 Mark. Nachdem dies geschehen war, gab der Vorstand die Südamerika-Pleite bekannt, und der schöne Kurs stürzte im Sinkflug auf nur noch 780 Mark. Wer rechtzeitig verkauft hatte, konnte einen Verlust von durchschnittlich über 400 Mark je Aktie vermeiden. Rechnet man mal auf 1140 Aktien des Depots hoch, macht dies den stattlichen Betrag von mehr als einer halben Million Mark.

So kam das noch junge Bundesaufsichtsamt für den Wertpapierhandel in Frankfurt zu seinem ersten Erfolgserlebnis. Ein Jungmanager wurde mit 600 000 Mark Geldbuße belegt. Wirklich ein Novum in Deutschland! Insidervergehen waren bisher eher ein Kavaliersdelikt gewesen, während es in den USA schon immer beinharte Strafen für Insiderverstöße gab. Nach der Premiere mit 600 000 Mark Geldbuße 1995 war schon 1997 der erste Rekord fällig. Die Wirtschaftspresse berichtete von illegalen Käufen der Aktie des Türen- und Fensterherstellers Weru. Ein Frankfurter Gericht verurteilte mit 4,6 Millionen Mark einen Manager zur höchsten Strafe, die bis dato in Deutschland für verbotene Insidergeschäfte verhängt wurde.

## 15.1 Zahnlose Tiger –
## die früheren Insider-Prüfungskommissionen

Richtig Biß in die Verfolgung von Insidervergehen kam erst zu Jahresbeginn 1995, als das Bundesaufsichtsamt für den Wertpapierhandel neu geschaffen wurde. Es arbeitet auf der Grundlage des Zweiten Finanzmarktförderungsgesetzes, das nicht nur Primärinsider, sondern auch an der eigentlichen Entscheidung unbeteiligte Dritte, die Sekundärinsider genannt werden, mit Strafe bedroht. Die früher von Insider-Prüfungskommissionen durchgeführten Recherchen hatten meist einen eher harmlosen Ausgang, weil strafrechtliche Drohungen nicht dahinterstanden. Aufgrund von freiwilligen Vereinbarungen konnten zwar Gewinne aus Insidergeschäften abgeschöpft werden, und auch prominente Namen gingen durch die Presse. Die Staatsanwaltschaft jedoch blieb »außen vor«. Geld- oder gar Freiheitsstrafen drohten nicht.

## 15.2 Das vergoldete Wissen um Fusionen und Öl

Die Nachrichtenmagazine »Focus« und »Spiegel« und auch viele Wirtschaftsblätter brachten es an den Tag: IG-Metall-Chef Franz Steinkühler sollte in vier Wochen 42 Millionen abgezockt haben, wie es ziemlich wörtlich hieß. Eben jener Franz Steinkühler gehörte dem Aufsichtsrat der Daimler-AG an. Daimler-Benz aber, an der Stuttgarter Börse notiert, wollte mit der Mercedes-Aktiengesellschaft-Holding MAH, die in Frankfurt gehandelt wurde, zusammengehen. Die Hochzeit der Gesellschaften ließ schon vorher erwarten, daß der MAH-Kurs, der durchweg 20 bis 25 Prozent niedriger als der Kurs von Daimler lag, alsbald mit einem Katapultstart nach oben geschleudert werden würde. Schließlich erklärte der arg unter öffentlichen Druck geratene IG-Metall-Chef, für sich und seinen Sohn 970 000 Mark in MAH-Aktien investiert zu haben. Die Medien rechneten ihm insgesamt 2118 Aktien zu, von denen schon wenige Wochen später

1000 Stück mit einem Gewinn von 64 000 Mark wieder verkauft sein sollten. Franz Steinkühler trat freiwillig zurück. Im nachhinein besehen waren es wohl keine 42 Millionen Zocker-Gewinn, die ihn dazu bewegt hatten. Man tippte vielmehr auf rund 500 Personen, die ebenfalls Mitwisser waren und ihr Börsensüppchen mitgekocht hatten. Es wurde kolportiert, ein halbes Hundert habe sich bei der Insider-Prüfungskommission der Frankfurter Börse schriftlich äußern müssen.

Wie gut auch, daß es für die Betroffenen bei der Geschichte mit den Klöckner-Genußscheinen noch kein Aufsichtsamt gab. »Kapitalschnitt« ist ein von Börsianern gefürchteter Begriff, bedeutet er doch letztlich Kapitalverlust und Kurse von nahezu null Mark für Aktien, Optionsscheine und – wie bei Klöckner – Genußscheine. Meist wird Öl aus dem Sand geholt. Bei Klöckner war es umgekehrt. Der Konzern hatte ein Ölgeschäft in den Sand gesetzt. Ein Verlust von 600 Millionen Mark drohte. Die Deutsche Bank reichte die Hand und ersparte den glücklosen Ölimporteuren den Gang zum Konkursrichter. Merkwürdig war nur, daß kurz vor der Kursaussetzung des Klöckner-Genußscheines Riesenumsätze zustande kamen. Verkauft werden durfte noch für 111 Mark, und einen Tag später waren es dann null Mark. Hatten auch hier einige nach dem Motto gehandelt: »Wissen ist Geld«?

### 15.3 »Auffälligkeiten« und ihre Verfolgung

Die 100 Mitarbeiter des neuen Bundesaufsichtsamts für Wertpapierhandel werden mit einer Fülle von täglich 300 000 bis 400 000 elektronischen Informationen überschüttet. Das Meldesystem besteht seit Anfang 1996. Ergibt sich aus den Daten eine Auffälligkeit sowohl beim Volumen als auch den Kursen der gehandelten Aktien, kann das Amt Anfragen an das Kreditinstitut richten. Dieses wird sich wiederum an seinen Kunden wenden, was meistens durch Fragebögen geschieht.

Je spekulativer ein Geschäft ist und je unerfahrener der Kunde, desto intensiver wird das Bundesaufsichtsamt die Frage von Insidergeschäften prüfen. Auch die Anlageziele des Kunden spielen dabei eine Rolle. Beim Kauf über Discount-Broker müssen übrigens keine Auskünfte über Anlageziele des Kunden gegeben werden, weil man davon ausgeht, daß die Kenntnisse über den Kunden weniger intensiv sind als bei einem Kreditinstitut.

Ich hatte die Gelegenheit eines Gesprächs mit dem Präsidenten des Bundesaufsichtsamts. Er und seine Mitarbeiter geben keine spektakulären Fälle an die Presse. Dies ist Sache der ermittelnden Staatsanwaltschaft, an die in den beiden Jahren des Bestehens der Aufsichtsbehörde dreißig Fälle abgegeben wurden. Auch die Finanzverwaltung erhält keine Informationen über dem Frankfurter Amt bekanntgewordene Fälle.

Selbst als Journalist sind Sie Insider, wenn Sie auf einer Pressekonferenz vorab hören, daß einer Gesellschaft eine geradezu sensationelle Erfindung gelungen ist, die einen Gewinnsprung und rasanten Kursanstieg verheißt. Erst wenn auch die Öffentlichkeit durch die elektronischen oder Printmedien Kenntnis von der Sensation erlangt hat, dürfen Sie schnell Ihren Kaufauftrag an die Börse geben.

Die Gesellschaften ihrerseits müssen unverzüglich alle Umstände öffentlich machen, die Auswirkung auf den Aktienkurs haben könnten. Kursrelevante Informationen in diesem Sinne sind die Zahlen der Buchführung, Investitionsentscheidungen, beabsichtigte Firmenkonzentrationen, neuentwickelte Produkte, Rationalisierungen und auch Personalveränderungen im Vorstand. Die rechtzeitige Bekanntgabe dieser Informationen dient dem Schutz der Anleger. Deshalb gehört es zu den hauptsächlichsten Aufgaben des Bundesamtes, nicht nur den verbotenen Insiderhandel aufzudecken, sondern auch die Publizitätspflicht der Aktiengesellschaften zu überwachen, also für eine Verbesserung der Transparenz Sorge zu tragen. 1000 Meldungen im Rahmen der Publizitätspflicht gehen jährlich beim Frankfurter Amt ein. Solche Meldungen kurssensitiver Tatsachen können Sie auch über Videotext und im Internet verfolgen.

Was tut ein Insider, der sein diskretes Wissen gewinnbringend unentdeckt in bare Münze umsetzen will? Er wickelt sein Geschäft über ein Luxemburger Depot ab und hat prompt Pech, wie mir der Präsident des Bundesaufsichtsamts versicherte. Die Zusammenarbeit mit den ausländischen Aufsichtsbehörden, auch mit Luxemburg, klappe hervorragend, wobei aber meines Erachtens dann doch die Frage offen bleiben muß, ob die ausländische Aufsichtsbehörde ihrerseits eine »Auffälligkeit« entdeckt hat und ihr nachgegangen ist.

In den USA ist alles eine Nummer größer. Auch die Insiderskandale. Von Ivan Boesky, der mit illegalen Informationen geradezu gigantische Gewinne gemacht hat, hieß es während der Gerichtsverhandlung: »Er singt wie ein Operntenor.« Banker und Börsianer mußten zittern und wurden zum Teil mit hineingerissen. Dafür erhielt Kronzeuge Boesky mildernde Umstände. Er mußte fünf Jahre einsitzen und 250 000 Dollar Geldstrafe zahlen. Leidtragende war auch die renommierte Universität von Princeton. Ihr hatte Boesky eine Spende von 1,5 Millionen Dollar zugesagt. Als er sie nach seiner Verurteilung zurückzog, ließ er lapidar mitteilen, »er verfüge zur Zeit nicht über die Mittel«.

Eine fast amerikanische Erfolgsgeschichte war der Aufstieg der »Softwareschmiede« SAP aus dem hessischen Walldorf. Kaum an der Börse, gelang der Aktie der furiose Durchbruch unter die 30 Eliteaktien des DAX. Im Mai 1997 jedoch kam ein häßlicher Verdacht von Insiderstraftaten mit SAP-Aktien auf. Die Staatsanwaltschaft bezeichnete den Insiderfall »als den wohl größten und schwersten in Deutschland seit Inkrafttreten des Insiderverbots«. Ermittelt wurde zunächst gegen 100 Personen, allesamt Mitglieder des Vorstandes, Aufsichtsrates und deren Angehörige, und auch Banker sollen dabeigewesen sein. Was war passiert? Das Unternehmen hatte zwei sogenannte Ad-hoc-Mitteilungen (= »ab sofort«) über einen Gewinnrückgang herausgeben. Sie führten zu einem drastischen Kurseinbruch von 26 Prozent. Solche kursrelevanten Dinge machen das Frankfurter Aufsichtsamt hellhörig. Mit Unterstützung seines elektronischen Meldesystems und der Staatsanwaltschaft, die die Telefondaten sicherstellte,

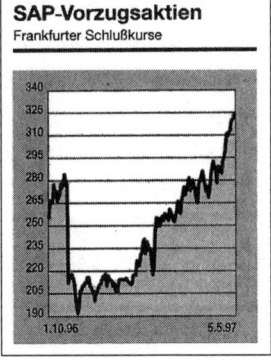

**SAP-Vorzugsaktien**
Frankfurter Schlußkurse

Vor Kurseinbruch noch schnell verkauft? Insiderverfahren bei SAP

kamen die Ermittlungen alsbald in Gang. Kurz darauf teilte die Gesellschaft mit, Vorstands- und Aufsichtsratsmitglieder seien nicht betroffen. Außerdem verfügte sie ein Handelsverbot für Firmenangehörige jeweils um das Quartalsende. Im September 1998 gab die Staatsanwaltschaft bekannt, die Verfahren seien gegen Zahlung hoher Auflagebeträge eingestellt worden.

### 15.4 Freitags 3sat-Börse – montags Kursexplosion

Die beliebte Börsensendung von 3sat hat ungefähr 500 000 Zuschauer. Besonderen Reiz erhält sie durch ein Börsenspiel, bei dem Herausgeber von Börsendiensten und Investment-Banker mit unterschiedlichem Erfolg ein fiktives Kapital von 100 000 Mark mehren.

Während einer Spielperiode war Egbert Prior, Sohn eines Lateinlehrers, der Shootingstar der Fernsehsendung. Seine Tips trafen so gut wie immer ins Schwarze, die Fangemeinde wuchs, und am Ende gab er einen eigenen Börsendienst, die »Prior Börse« (damals 11 000 Abonnenten, halbjährlicher Bezugspreis 380 Mark), heraus.

Zu den Fans gehört nicht unbedingt die Frankfurter Staatsanwaltschaft. Sie wirft dem Börsenguru vor, er habe im Vorfeld seiner Empfehlungen schon die betreffenden Aktien gekauft, also sogenanntes »Frontrunning« betrieben und sich hierdurch eine goldene Nase verdient. So zum Beispiel am 10. und 11. März 1998. An den Tagen habe er 100 MobilCom-Aktien gekauft und, nach der Aktienempfehlung in der Freitagssendung, am darauffolgenden Montag einen rechnerischen Gewinn von 142 500 Mark erzielt. Juristen streiten darüber, ob dies schon illegaler Insiderhandel genannt werden kann. Gleichwohl hat die Staatsanwaltschaft Anklage gegen Prior erhoben. Er wurde übrigens in erster Instanz freigesprochen.

Man betritt einen weißen Fleck auf der juristischen Landkarte, der möglicherweise erst durch eine Entscheidung des Bundesgerichtshofs getilgt wird. Ging man bisher davon aus, daß im wesentlichen nur Topmanager ihre betriebsinternen Informationsvorsprünge nicht an der Börse zum eigenen Vorteil ausnützen dürfen, so ergibt sich nun eine neue Situation, die man so umschreiben kann: Darf ein Tipgeber, bevor er diesen öffentlich macht, Aktien der im Tip genannten Art kaufen? Daß solche Aktien bei einer hohen Einschaltquote oder der hohen Auflage einer Zeitschrift oder eines Börsendienstes wenigstens für einige Tage steigen, braucht man nicht zu bezweifeln. Es ist eine Art »self-fulfilling prophecy«.

»EURO am Sonntag« zitierte den Erlanger Professor für Bank- und Börsenwesen, Wolfgang Gerke, der festgestellt hatte, daß die in der 3sat-Sendung empfohlenen Aktien nicht erst am Montag nach der Sendung, sondern schon am Freitag vor der Fernsehsendung geklettert seien. Daraus schließt er, Insider hätten von den Empfehlungen Kenntnis gehabt und sich vor dem Sendetermin eingedeckt. Der Bankprofessor führte als Beispiel Analysten an, denen es verboten ist, vor einer öffentlichen Empfehlung auf eigene Rechnung Aktien zu kaufen und meint, dies müsse auch für Journalisten gelten, wenn sie Kurse bewegen.

»Aberwitzige Kursprognosen« nannte der »Spiegel« Priors Empfehlungen, nachdem er die für 408,50 Mark in sein Spieldepot gekaufte MobilCom-Aktie, die mittlerweile auf 1200 gestiegen war, auf 3000 Mark taxierte (»Halten Sie sich fest«). Der kommende Montag machte die MobilCom-Jünger vollkommen verrückt: Die Aktie stieg von 1200 auf 1830 und fiel zum Schluß auf 1450 zurück.

Der »Spiegel« verwies auf die Symbiose zwischen Börsenbrief-Herausgeber Prior und MobilCom-Chef Schmidt, der sich nun als »Telefon-Aldi« bezeichnete und auch Annoncen in der »Prior Börse« schaltete. Prior seinerseits rührte in seinem Spieldepot die Werbetrommel für die Schmidtschen MobilCom-Aktien.

Im »Spiegel« fehlte auch nicht der Hinweis, daß sich das Jahres-Abo der »Prior Börse« für die Bezieher auch deshalb auszahlte, weil sie bereits freitags früh die Namen der in der abendlichen Börsensendung favorisierten Aktien erfuhren und sich noch früh genug eindecken konnten, womit dann die Beobachtung Professor Gerkes bestätigt wäre.

Mit dem fiktiven Depot des Egbert Prior beschäftigte sich noch ein anderer Wirtschaftler (Professor Dr. Klaus Volk) im »Betriebs-Berater« vom 14. 1. 1999. Schließlich geht es um bis zu fünf Jahre Freiheitsstrafe.

Bis das Urteil eines obersten Gerichts vorliegt, sofern die Instanzen ausgeschöpft werden, könnte das Credo, das man auch »Börsen-Zölibat« nennen darf, wie folgt lauten: Kaufen Sie nie persönlich Aktien, über die Sie als Berufener sprechen oder schreiben wollen. Oder auch im Umkehrschluß: Kaufen Sie ruhig Aktien, sprechen oder schreiben Sie aber nicht über ausgerechnet diese Aktien.

# 16 Spielwiese für Spekulanten oder Areal für Abzocker? – Börsenspiele

Kreditinstitute, Fachzeitschriften und zunehmend auch Publikumszeitschriften und Zeitungen veranstalten Börsenspiele. Meistens erhalten die Teilnehmer 100 000 Mark Spielgeld, also einen unechten Einsatz, und dürfen für eine Startgebühr von 30 bis 50 Mark je Depot ins Börsenrennen einsteigen. Der Spieler kann unter Dutzenden von Aktien, Optionsscheinen, Investmentanteilen und manchmal auch Optionen wählen. Als erster Preis winken durchweg 20 000 bis 30 000 Mark, und auch die Preise für die folgenden Plätze sind manchmal noch fünfstellig.

## 16.1 Wenig pädagogischer Wert

Den Umgang mit Aktien spielend zu vermitteln ist meist das Ziel der Börsenspiele. Sicher auch die Gewinnung einer interessierten Leserschaft für die Publikationen.

Bei den großangelegten Schülerwettbewerben, wie beispielsweise dem jährlichen Börsenspiel der Sparkassenorganisation mit über 100 000 jungen Teilnehmern, stehen vordergründig pädagogische Absichten Pate. Die Spielgruppen geben sich drollige Namen und haben manchmal Ergebnisse, die die Profis neidisch machen könnten. Aber es ist nur ein Spiel, und da setzt man oft auf Werte, in die man in der Wirklichkeit wegen ihres hochspekulativen Charakters nicht eine Mark riskieren würde.

## 16.2 »Eine neue Generation der Zocker heraufbeschworen«

Der »BörsenBerater« nahm die Börsenspiele der Medien aufs Korn und befand, daß sie eine »neue Generation der Zocker« hervorgebracht haben. Nicht der Börsenneuling oder der Durchschnittsanleger würden mit schöner Regelmäßigkeit die Preise abräumen, sondern mittlerweile die Berufsspieler. Die Zeitschrift nennt sogar Roß und Reiter. Es habe sich eine regelrechte »Börsenspiel-Mafia« herausgebildet. Einer der Spieler, mit Namen genannt, sei zunächst Automechaniker, dann Hausmeister und schließlich Bankkaufmann geworden und habe sich seit einem halben Dutzend Jahren auf Börsenspiele spezialisiert und bei mehreren Magazinen zuletzt alle Siegprämien abgeräumt.

Lücken in den Spielregeln werden gewiß weidlich ausgenutzt, indem man weitere Depots einrichtet; dennoch ist gegen die Gewinner, genauso wie gegen Lottogewinner, nichts zu sagen, wenn sie sich im Rahmen schlechtgemachter Spielregeln bewegen. Es ist also eine Art Börsenspiel-Lotto, wie es auch manche Tipper mit Serienscheinen betreiben. Der gesamte Einsatz wird auf einen einzigen hochspekulativen Titel gesetzt. Dies natürlich reihum mit allen Papieren, die demnächst etwas hergeben könnten. Etwa, weil sie in letzter Zeit arg zusammengeprügelt worden sind, oder es sich überhaupt um springlebendige Optionsscheine oder heiße Optionen handelt. Mittlerweile haben einige Medien Konsequenzen gezogen. Der Teilnehmer darf entweder nur mit einem Depot starten oder es ist verboten, alles auf eine Karte zu setzen. Manchmal darf auch nur maximal ein Optionsschein ins Depot genommen werden. Eine weitere Bremse: Es muß bis zur Hälfte der Spielzeit zweimal umgeschichtet worden sein.

Börsenspiele mit vielen Teilnehmern erfordern einen großen Verwaltungsaufwand, der durch die Teilnehmergebühren kaum abgedeckt ist. Die Preise indessen sponsern meistens große Kreditinstitute.

## 17  Die deutsche Börsenlandschaft –
## Konzentration ist angesagt

In Deutschland gibt es acht Wertpapierbörsen und die Deutsche
Terminbörse (DTB), die neuerdings Eurex heißt. Hier die Reihenfolge nach den letzten mir bekannt gewordenen Umsatzzahlen:

*Milliarden Mark*

1. Frankfurt ....................................... 8338
2. Stuttgart ....................................... 583
3. München ....................................... 530
4. Düsseldorf .................................... 487
5. Berlin ......................................... 295
6. Hamburg ...................................... 211
7. Bremen ....................................... 103
8. Hannover ..................................... 100

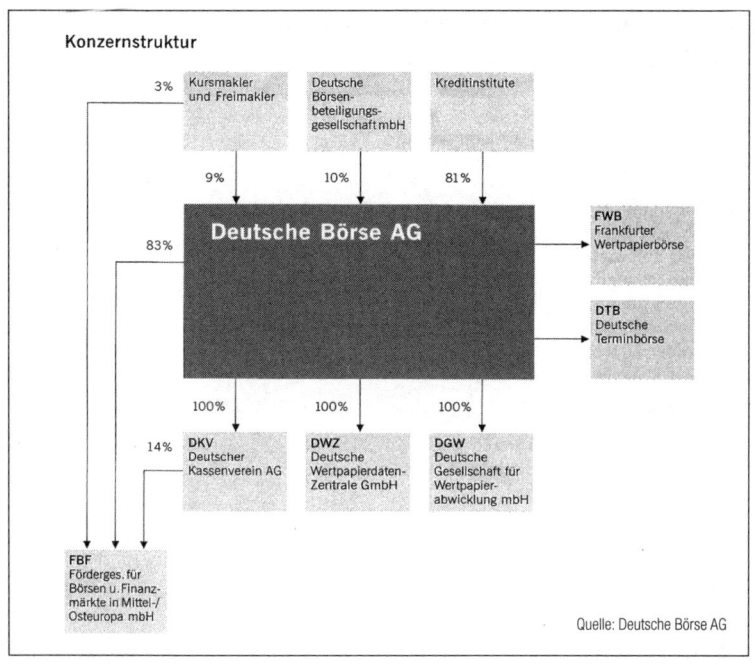

**Konzernstruktur**

3%  Kursmakler und Freimakler

Deutsche Börsen-beteiligungs-gesellschaft mbH

Kreditinstitute

9%   10%   81%

83%

**Deutsche Börse AG**

**FWB**
Frankfurter Wertpapierbörse

**DTB**
Deutsche Terminbörse

100%   100%   100%

14%   **DKV**
Deutscher Kassenverein AG

**DWZ**
Deutsche Wertpapierdaten-Zentrale GmbH

**DGW**
Deutsche Gesellschaft für Wertpapier-abwicklung mbH

**FBF**
Förderges. für Börsen u. Finanz-märkte in Mittel-/Osteuropa mbH

Quelle: Deutsche Börse AG

1993 haben sich die Börse Frankfurt und die 7 Regionalbörsen in der »Deutsche Börse AG« zusammengeschlossen. Auch die Deutsche Terminbörse ist in die Deutsche Börse AG einbezogen. Die deutschen Regionalbörsen halten über die Deutsche Börsen-beteiligungsgesellschaft 10 Prozent an der Deutsche Börse AG. Der Trend zur Konzentration ist unverkennbar und dies nicht nur auf dem elektronischen Sektor. So verhandelten die vier Börsen Frankfurt, Düsseldorf, München und Berlin über eine engere Zusammenarbeit.

*Links:* Die Deutsche Börse AG in Frankfurt ist nach Tokio, New York und London die viertgrößte Börse der Welt. Blick in den Börsensaal mit der großen Anzeigetafel des Deutschen Aktienindex, auf der alle 15 Sekunden während der Börsensitzung der aktuelle Kurs des DAX angezeigt wird. Quelle: »Galerie«, Deutsche Börse AK

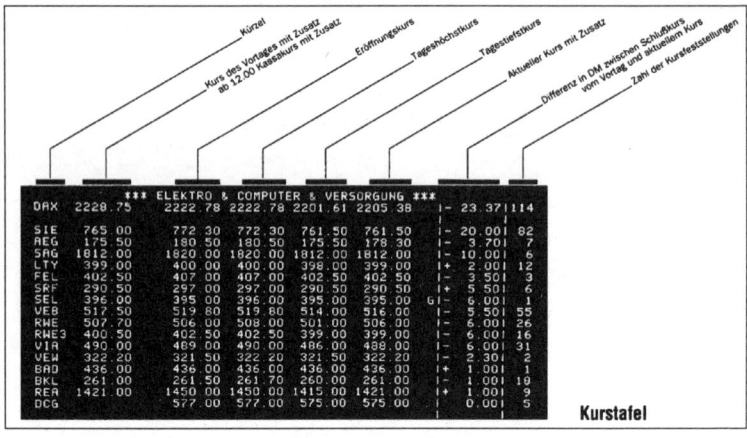

Kürzel

Kurs des Vortages mit Zusatz ab 12.00 Kassakurs mit Zusatz

Eröffnungskurs

Tageshöchstkurs

Tagestiefstkurs

Aktueller Kurs mit Zusatz

Differenz in DM zwischen Schlußkurs vom Vortag und aktuellem Kurs

Zahl der Kursfeststellungen

```
                *** ELEKTRO & COMPUTER & VERSORGUNG ***
DAX     2228.75    2222.78 2222.78 2201.61 2205.38    I- 23.37I114

SIE      765.00     772.30  772.30  761.50  761.50    I- 20.00I 82
AEG      175.50     180.50  180.50  175.50  178.30    I-  3.70I  7
SAG     1812.00    1820.00 1820.00 1812.00 1812.00    I- 10.00I  6
LTY      399.00     400.00  400.00  398.00  399.00    I+  2.00I 12
FEL      402.50     407.00  407.00  402.50  402.50    I-  5.50I  3
SRF      290.50     297.00  297.00  290.50  290.50    I+  5.50I  6
SEL      396.00     395.00  396.00  395.00  395.00   GI-  6.00I  1
VEB      517.50     519.80  519.80  514.00  516.00    I-  5.50I 55
RWE      507.70     506.00  508.00  501.00  506.00    I-  6.00I 26
RWE3     400.50     402.50  402.50  399.00  399.00    I-  6.00I 16
VIA      490.00     489.00  490.00  486.00  488.00    I-  6.00I 31
VEW      322.20     321.50  322.20  321.50  322.20    I-  2.30I  2
BAD      436.00     436.00  436.00  436.00  436.00    I+  1.00I  1
BKL      261.00     261.50  261.70  260.00  261.00    I-  1.00I 19
RER     1421.00    1450.00 1450.00 1415.00 1421.00    I+  1.00I  1
DCG                 577.00  577.00  575.00  575.00    I   0.00I  5
```

**Kurstafel**

Faszinierend für Besucher auf der Galerie sind immer wieder die Kursbewegungen auf den nach Branchen gegliederten Kurstafeln.  Quelle: »Galerie«, Deutsche Börse AG

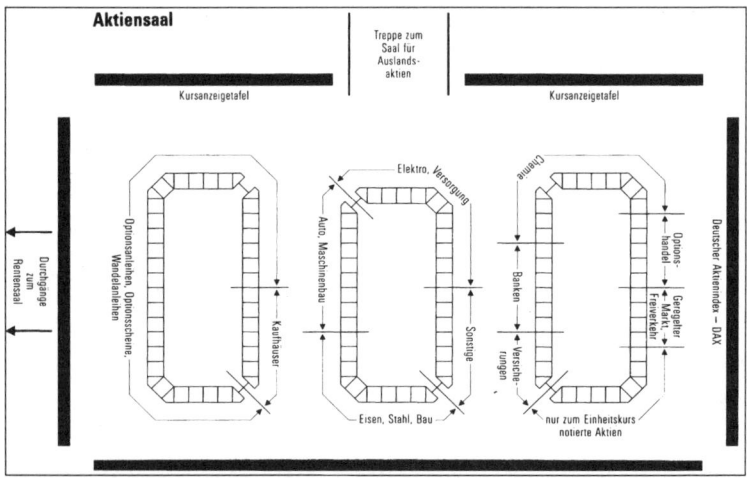

Die auf der Kurstafel dargestellten Elektro- und Versorgungswerte werden in der Börse an der mittleren Maklerschranke gehandelt. Der bei der rechten Maklerschranke auf dieser Abbildung noch ausgewiesene Optionshandel ist im Frühjahr 1997 von der Wertpapierbörse an die Deutsche Terminbörse (heute Eurex) verlagert worden.  Quelle: »Galerie«, Deutsche Börse AG

Ein erster Schritt der Kooperation war das seit 31. Juli 1997 für sieben Regionalbörsen (außer Bremen) eingeführte, inzwischen teils aufgekündigte, gemeinsame Dach-Skontro. Die Anfangs-, Schluß- und Kassakurse der DAX-100-Werte wurden einheitlich festgestellt.

Mittlerweile ist Stuttgart auf Platz 2 vorgerückt. Und hat diesen Platz auch 1999 verteidigt. Im Optionsscheinhandel ist Stuttgart mit einem bundesweiten Anteil von 54 Prozent sogar die Nummer eins der deutschen Börsen.

Die Gruppe Deutsche Börse AG mit ihren 1300 Mitarbeitern steht in Fusionsverhandlungen mit der Börse London. Sie soll den Namen »international exchanges«, kurz iX, erhalten. Die Deutsche Börse AG neu wird voraussichtlich später eine Tochter der iX.

# 18 Schnell die neuesten Börsenkurse – die Elektronik macht's möglich

Auch wenn Sie keinen »elektronischen Hausaltar« besitzen, wie der Personal-Computer von Spöttern genannt wird, Sie haben heutzutage auch auf andere Weise Zugang zu den aktuellen Kursen des Börsentages.

### 18.1 Die oftmals angewählte Telefonnummer

Unterwegs auf der Reise oder während des Berufsalltags können Sie sich schon per Telefon über die Nummer 01168 oder 011608 (ausländische Börsen) ab ungefähr 9.00 Uhr anhand der Vortagskurse aus New York und Toronto einen Überblick über die Börsensituation verschaffen. Es läßt sich dann erahnen, wie auch Frankfurt eröffnen wird, noch bevor um 8.30 Uhr der deutsche Vorbörsen-Bericht und die Eröffnungskurse vorliegen. Bis 17.00 Uhr können Sie an den jetzt länger geöffneten Präsenzbörsen oder über XETRA Geschäfte tätigen.

### 18.2 Börsennachrichten im Rundfunk

Fast 50 Rundfunksender informieren Sie praktisch den ganzen Tag über das Geschehen auf den Finanzmärkten und an den Börsen. Dies beginnt bei Antenne Bayern mit Börsennachrichten von montags bis freitags um 8 Uhr bis hin zum Westdeutschen Rundfunk mit Nachrichten und Börsenberichten um 15.00 Uhr.

### 18.3 Das aktuelle n-tv-Kurslaufband – Börse im Fernsehen

Wenn n-tv um 11.00 Uhr seine Sendung »News & Business« ausstrahlt, sehen Sie das Kurslaufband mit den aktuellen Kursen eingeblendet. Sie haben dann noch Zeit bis kurz vor 17.00 Uhr, Ihren Kauf- oder Verkaufsauftrag an Ihre Bank oder Sparkasse weiterzugeben. An den meisten Provinzbörsen ist es den ganzen Tag über möglich, theoretisch eine einzige Aktie zu kaufen. Seit 12.10.1998 auch über XETRA in Frankfurt (bei DAX-Werten ggf. über die vier Auktionen). Allerdings sind dabei die Mindestgebühren zu beachten. Frühaufsteher können sich schon im Frühstücksfernsehen von RTL um 5.33 Uhr und jeweils eine Stunde später einen ersten Eindruck in der »Kurzbörse« über das voraussichtliche Geschehen des Tages an den deutschen Börsen machen.

Die öffentlich-rechtlichen Fernsehsender ARD und ZDF bringen Wirtschaftsnachrichten erstmals kurz nach 6.00 Uhr und dann in den Sendungen »Tagesschau« und »heute« um 11.00 Uhr auch Börsennachrichten.

Eine sehr umfangreiche Aufarbeitung der Woche ist die 3sat-Börse am Freitagabend. Was in Europa oder an der Wallstreet passiert, liefert Ihnen NBC um 10.00 Uhr mit »European Money Wheel« und um 14.00 Uhr mit »US Money Wheel« frei Haus.

### 18.4 Videotext immer aktueller und umfangreicher

Die Tafeln 701 (ARD) und 601 (ZDF) sind die magischen Zahlen für Börsianer beim ARD- bzw. ZDF-Videotext. Wie stehen DAX und REX und die »STOXXE« an der Börse Frankfurt? Was ist mit XETRA-DAX und seinen Geschwistern DAX 100, CDAX, SDAX und M-DAX? Wenn Sie die DAXe und auch noch den »Neuer-Markt-Index« (Nemax) gesehen haben, wissen Sie, was läuft.

Den Kurs Ihrer speziellen Aktie finden Sie auf den jeweils nachfolgenden Tafeln. Auch die XETRA-Kurse sind angezeigt. Die Tafeln ändern sich manchmal schneller, als ein Buch hergestellt ist. Im Zweifelsfall orientieren Sie sich auf der Übersichtstafel des jeweiligen Programms.

Über die Investmentkurse verraten Ihnen die Tafeln 760 bis 779 bei der ARD einiges; unter 747 und 701 (ARD) finden Sie die internationalen Indizes und unter 748 (ARD) und 660 bis 669 (ZDF) die Wallstreet-Kurse der New Yorker Börse.

Über die Regionalbörse München berichtet Bayerntext, und Stuttgarter Kurse empfangen Sie beim SWF. Bei Pro Sieben ist es die Übersichtstafel 100, SAT 1 bedient Sie auf 130, RTL auf 140 und n-tv auf 200 und 300.

## 18.5 Börsenkurse für Computerfreaks

Ohne den »elektronischen Knecht« geht es nicht mehr. In der Winzigkeit eines Augenblicks zaubern spezielle Computerprogramme Charts von Aktienkursen oder Indizes auf den Bildschirm, die Sie früher in nicht mehr aktuellen Chartheften nachschlagen mußten. Sie haben mittlerweile die Auswahl unter mehr als 100 Software-Programmen, mit denen Sie Aktien analysieren und gleichzeitig Ihr Depot verwalten. Auch die Gleitenden Durchschnitte für 38, 100 oder 200 Tage, sowie Kauf- und Verkaufssignale, sind oft eingezeichnet und liefern Ihnen Entscheidungshilfen.

Moderne Software ist heute in der Lage, die Kurse von bis zu 4000 Aktien darzustellen und auszuwerten. Die Zeitschrift »Capital« geht ohnehin davon aus, daß Software, mit der weniger als 500 Aktien und Optionsscheine bearbeitet werden können, nicht mehr up to date ist.

Die Auswahl der richtigen Börsen-Software ist angesichts der verwirrenden Fülle nicht einfach. Hilfreich sind hierbei die beiden Bücher »PC und Börse« aus dem Verlag Markt und Technik sowie »BörsenSoftware« aus dem Deutschen Sparkassenverlag. Im letztgenannten Buch sind hundert Programme getestet, von denen 32 besonders detailliert unter die Lupe genommen wurden. Haben Sie eine Vorauswahl getroffen, kann es empfehlenswert sein, zunächst für wenig Geld eine Demo-Version zu erwerben, bevor Sie mehrere tausend Mark in ein leistungsfähiges Programm stecken. Per Online-Dienst (z. B. Internet-Kursservice,

T-Online) können Sie inzwischen die neuesten Kurse auf Ihren Computer laden. Ein gut ausgestattetes Computerprogramm sollte folgende Serviceteile beinhalten:

- Online-Kursaktualisierung
- Depotverwaltung und Analyse
- Chartanalyse
- Indikatoren wie
  - gleitende Durchschnitte (200 bzw. 38 Tage)
  - Relative-Stärke-Index
  - Momentum
  - Umsatzstatistik (Anzahl gehandelter Aktien)
- Lexikon Börsenbegriffe
- Historische Kursdaten

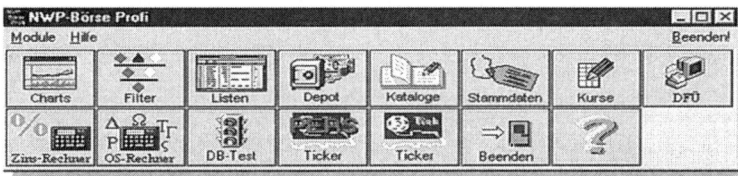

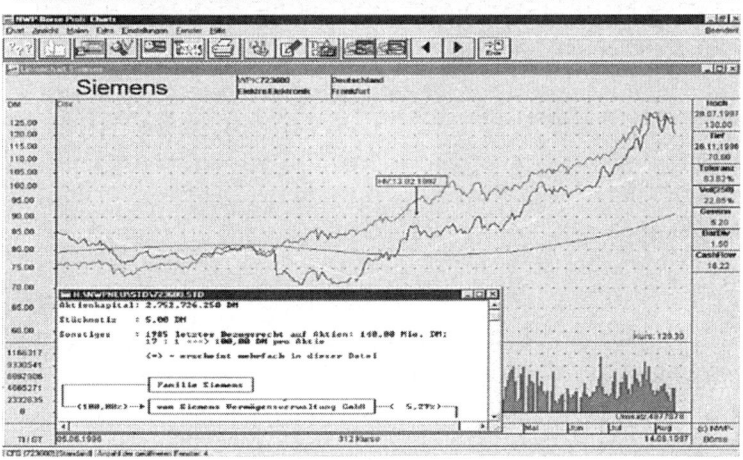

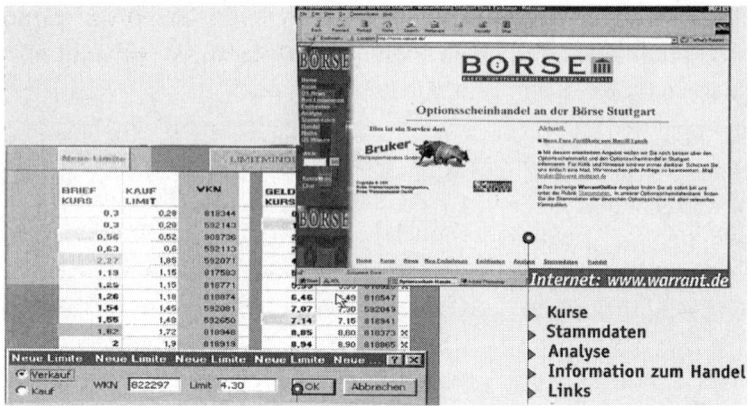

Können Ihnen die Computerprogramme eine zuverlässige Entscheidung für ein Börsengeschäft abnehmen? Das »Handelsblatt« und »Börse Online« haben Dauertests durchgeführt und kamen zu nur unterdurchschnittlichen Ergebnissen. Fazit: Der »Knecht Computer« ist nicht intelligenter als der Herr, der ihn bedient. Börsen-Feeling und persönliche Intuition kann man per Diskette oder CD-ROM nicht kaufen.

### 18.6  Eine nahezu unerschöpfliche Informationsquelle: das Internet

Wer hätte gedacht, daß aus der einstigen Computerverbindung des amerikanischen Geheimdienstes dereinst ein weltweites Netz von 40 000 Computern entstehen würde, in das sich jeder einklinken kann?

Genau das Richtige auch für Börsenfreaks, die früher die Kurse handschriftlich aus der Tageszeitung in ein Heftchen abschrieben und verglichen. Heutzutage können sie ihre Wertpapierkurse börsentäglich durch das Internet aktualisieren lassen.

Ein Modem ist das Zugangsstück Ihres Computers an das Telefonnetz. Es »dolmetscht« die digitalen Daten des Computers in analoge Daten des Telefonnetzes. Wer einen ISDN-Anschluß hat, spart Telefongebühren, weil die digitalen Signale regelrecht über den Datenhighway rasen.

Machen Sie sich sachkundig, und vergleichen Sie die Angebote der Online-Dienste, deren Sie sich bedienen wollen. Die Monatsgebühren schwanken beträchtlich. So kassiert beispielsweise T-Online der Telekom monatlich acht Mark, gewährt aber nur zwei Freistunden, während die Minutengebühr 2,9 Pfennige beträgt. Ohne Grundgebühr von acht Mark kostet die Minute 3,9 Pfennig. Andere Anbieter nehmen eine höhere Monatsgebühr und räumen dafür 10 bis 50 Freistunden im ersten Monat ein, die sich kontinuierlich in den Folgemonaten verringern. Ein Rechenexempel also für den Vielnutzer, wo er am günstigsten fährt. Wer bei der Telekom 79 Mark monatlich pauschal entrichtet, kann rund um die Uhr surfen. Die Pauschale lohnt sich ab 42 Surfstunden monatlich.

Hier nun einige Internet-Adressen. Genauso wie die Tafeln beim Videotext ändern sich auch die Internet-Adressen. Sie kommen nicht umhin, selbst zu recherchieren, sollten Sie unter einer Adresse nicht mehr fündig werden.

*Deutsche Börsen*
Deutsche Börse . . . . . . www.exchange.de
Düsseldorfer Börse . . www.rwb.de
Münchner Börse . . . . . www.bayerischeboerse.de
Stuttgarter Börse . . . . www.boerse-stuttgart.de
Berliner Börse . . . . . . . www.berlinerwertpapierboerse.de
Börse Hannover . . . . . www.boerse-hannover.de
Bremer Börse . . . . . . . www.boerse.bremen.de
Hamburger Börse . . . . www.boerse-hamburg.de

*Börsen in USA*

Amex .................. www.amex.com
Chicago ............... www.chicagostockex.com
Nasdaq New York ........ www.nasdaq.com
Nyse New York ......... www.nyse.com
Wallstreet Online ........ www.wso.com/wso/
Aktuelle Kurse .......... www.bigcharts.com

*Börsen in Europa*

Belgien ................ www.bourse.be
Dänemark .............. www.xcse.dk
Finnland ............... www.hse.fi
Frankreich ............. www.bourse-de-paris.fr
Großbritannien ......... www.londonstockex.co.uk
Italien ................. www.borsaitalia.it
Luxemburg ............. www.bourse.lu
Niederlande ............ www.aex.nl
Norwegen .............. www.nettvik.no/finansen
Österreich ............. www.vienna-stock-exchange.at
Polen .................. www.atm.com.pl/~gielda
Portugal ................ www.bvl.pt
Schweden .............. www.xssw.se
Schweiz ................ www.bourse.ch
Spanien ................ www.bolsamadrid.es
Tschechien ............. www.pse.cz
Ungarn ................ www.fornax.hu

*Deutsche Banken (Auswahl)*

Advance Bank .......... www.advance-bank.de
Bank 24 ................ www.bank24.de
Bank GiroTel ........... www.bank-girotel.de
Bankgesellschaft Berlin ... www.bankgesellschaft.de

```
Citibank .................... www.citibank.de
comdirect ................... www.comdirect.de
Commerzbank ................ www.commerzbank.de
ConSors .................... www.consors.de
Deutsche Bank .............. www.deutsche-bank.de
DG Bank .................... www.dgbank.de
Direkt Anlage Bank ........... www.diraba.de
Dresdner Bank .............. www.dresdner-bank.de
Sparda-Banken .............. www.sparda.de
Sparkassen .................. www.snet.de
Volksbanken Raiffeisenbanken  .. www.vrnet.de
```

## 18.7 Ein Internet-Ausflug zur Deutschen Börse

Sind Sie im Besitz eines Internet-Anschlusses, können Sie sich mit wenigen Mausklicks Informationen für Ihre täglichen Börsengeschäfte verschaffen.

Gehen Sie zunächst auf www.exchange.de. Nach kurzer Zeit erscheint in der oberen Leiste der Begriff »Market-Data«. Fahren Sie mit Ihren Mauszeiger dorthin, ohne zu klicken, so erscheint darunter unter anderem der Begriff »Kursüberblick«, den Sie einmal anklicken. Es erscheinen die 30 DAX-Werte im XETRA-System mit einer kleinen Verzögerung von 15 Minuten gegenüber der Echtzeit (vgl. Schema).

> www.exchange.de
> Market-Data
> Kursüberblick
> 30 DAX-Werte

Greifen wir uns eine Aktie heraus, zum Beispiel Deutsche Telekom. Der letzte Kurs beträgt 46,70 Euro. Außerdem verrät uns die vorhergehende Spalte, daß der Kurs im Tagesverlauf bis 14.57 Uhr einen Anstieg von 2,14 Prozent zustande gebracht hat. Ferner ersehen Sie aus der Umsatzspalte einen Tagesumsatz bis zu diesem Zeitpunkt von 135,63 Millionen, was immerhin den zweithöchsten Tagesumsatz bedeutet.

## 30 DAX Werte

Verschaffen Sie sich einen Überblick über Aktivitäten, Marktstellung und Geschäftsentwicklung der Unternehmen. Klicken Sie einfach auf das Icon neben dem Unternehmensnamen.

XETRA-PREISE 15 MINUTEN VERZÖGERT          **Xetra** Parkett

**Letzte Aktualisierung: 07.08.2000, 15:12:36**

| AKTIE<br><br>Sortiert | | | DIFFERENZ<br>VORTAG<br>Sortieren | LETZTER<br>PREIS | DATUM | ZEIT | # PREIS-<br>FIXINGS | UMSATZ<br>IN EURO<br>Sortieren | MID. AUCT.<br>PRICE |
|---|---|---|---|---|---|---|---|---|---|
| ADIDAS-SALOMON AG | ☑ | 🐂 | -0,91% | 54,50 | 07.08.2000 | 14:54 | 309 | 13,22 Mio. | 54,50 |
| ALLIANZ AG | ☑ | 🐂 | -0,56% | 380,55 | 07.08.2000 | 14:56 | 677 | 97,09 Mio. | 380,40 |
| BASF AG | ☑ | 🐻 | +0,56% | 45,05 | 07.08.2000 | 14:56 | 417 | 25,97 Mio. | 45,20 |
| BAYER AG | ☑ | 🐻 | +0,87% | 45,36 | 07.08.2000 | 14:55 | 556 | 37,57 Mio. | 45,76 |
| BAYER.HYPO- UND VEREINSBAN... | ☑ | ⬆ | +3,88% | 67,00 | 07.08.2000 | 14:56 | 692 | 85,47 Mio. | 66,30 |
| BAYERISCHE MOTOREN WERKE AG | ☑ | 🐂 | -0,69% | 36,15 | 07.08.2000 | 14:52 | 268 | 10,32 Mio. | 36,39 |
| COMMERZBANK AG | ☑ | 🐻 | +0,97% | 38,39 | 07.08.2000 | 14:51 | 259 | 14,45 Mio. | 38,36 |
| DAIMLERCHRYSLER AG | ☑ | ⬆ | +2,20% | 58,48 | 07.08.2000 | 14:56 | 938 | 77,60 Mio. | 58,40 |
| DEGUSSA-HUELS AG | ☑ | 🐂 | -0,50% | 30,05 | 07.08.2000 | 14:50 | 133 | 3,04 Mio. | 30,02 |
| DT. BANK AG | ☑ | ⬆ | +2,51% | 96,96 | 07.08.2000 | 14:57 | 821 | 131,71 Mio. | 96,96 |
| DT. LUFTHANSA AG | ☑ | ⬌ | +0,11% | 27,30 | 07.08.2000 | 14:53 | 222 | 6,87 Mio. | 27,28 |
| DT. TELEKOM AG | ☑ | ⬆ | +2,14% | 46,70 | 07.08.2000 | 14:57 | 1.587 | 135,63 Mio. | 46,55 |
| DRESDNER BANK AG | ☑ | ⬆ | +3,36% | 51,73 | 07.08.2000 | 14:56 | 914 | 89,97 Mio. | 51,00 |
| E.ON AG | ☑ | ⬇ | -1,44% | 58,90 | 07.08.2000 | 14:56 | 535 | 49,96 Mio. | 58,95 |
| EPCOS AG | ☑ | ⬆ | +4,16% | 94,79 | 07.08.2000 | 14:55 | 542 | 32,23 Mio. | 94,00 |
| FRESENIUS MEDICAL CARE AG | ☑ | ⬆ | +1,82% | 91,99 | 07.08.2000 | 14:52 | 115 | 3,96 Mio. | 91,60 |
| HENKEL KGAA | ☑ | ⬆ | +1,55% | 68,98 | 07.08.2000 | 14:52 | 151 | 4,11 Mio. | 68,75 |
| INFINEON TECHNOLOGIES AG | ☑ | 🐻 | +0,59% | 66,39 | 07.08.2000 | 14:57 | 881 | 69,28 Mio. | 66,54 |
| KARSTADT QUELLE AG | ☑ | ⬇ | -2,47% | 31,99 | 07.08.2000 | 14:51 | 146 | 3,34 Mio. | 32,05 |
| LINDE AG | ☑ | ⬆ | +0,56% | 46,58 | 07.08.2000 | 14:52 | 179 | 6,84 Mio. | 48,00 |
| MAN AG | ☑ | ⬆ | +2,17% | 32,90 | 07.08.2000 | 14:51 | 133 | 2,98 Mio. | 33,06 |
| METRO AG | ☑ | ⬆ | +2,47% | 43,20 | 07.08.2000 | 14:56 | 270 | 8,96 Mio. | 42,75 |
| MUENCHENER RUECKVERS.-GES.... | ☑ | ⬌ | -1,05% | 326,20 | 07.08.2000 | 14:56 | 446 | 52,71 Mio. | 329,00 |
| PREUSSAG AG | ☑ | ⬌ | +0,15% | 34,22 | 07.08.2000 | 14:56 | 278 | 10,24 Mio. | 34,82 |
| RWE AG | ☑ | 🐂 | -0,76% | 39,03 | 07.08.2000 | 14:52 | 303 | 14,75 Mio. | 39,15 |
| SAP AG | ☑ | ⬆ | +1,07% | 242,80 | 07.08.2000 | 14:55 | 477 | 48,85 Mio. | 244,00 |
| SCHERING AG | ☑ | ⬆ | +1,26% | 64,30 | 07.08.2000 | 14:52 | 188 | 13,36 Mio. | 64,00 |
| SIEMENS AG | ☑ | ⬆ | +2,91% | 162,40 | 07.08.2000 | 14:57 | 1.306 | 155,70 Mio. | 163,40 |
| THYSSENKRUPP AG | ☑ | ⬆ | +2,37% | 18,57 | 07.08.2000 | 14:55 | 444 | 11,43 Mio. | 18,53 |
| VOLKSWAGEN AG | ☑ | 🐻 | +0,97% | 47,66 | 07.08.2000 | 14:56 | 411 | 21,57 Mio. | 47,79 |

© Deutsche Börse AG

Aber Sie wollen noch mehr von der Telekom-Aktie wissen und klicken deshalb einmal auf das Wort »Dt. Telekom«. Ein Chart erscheint. Sie können ihn durch einfaches Anklicken für 3, 6 oder 12 Monate darstellen.

Ferner besteht die Möglichkeit, einen Tages-Chart (Intraday-Chart) darzustellen und auszudrucken. Der Intraday-Chart bietet Ihnen etwas Besonderes. Durch einen Klick unmittelbar auf den Chart (Kurskurve) können Sie sämtliche Umsätze des Tages in Stückzahlen mit den jeweiligen Kursen verfolgen. Dabei fällt

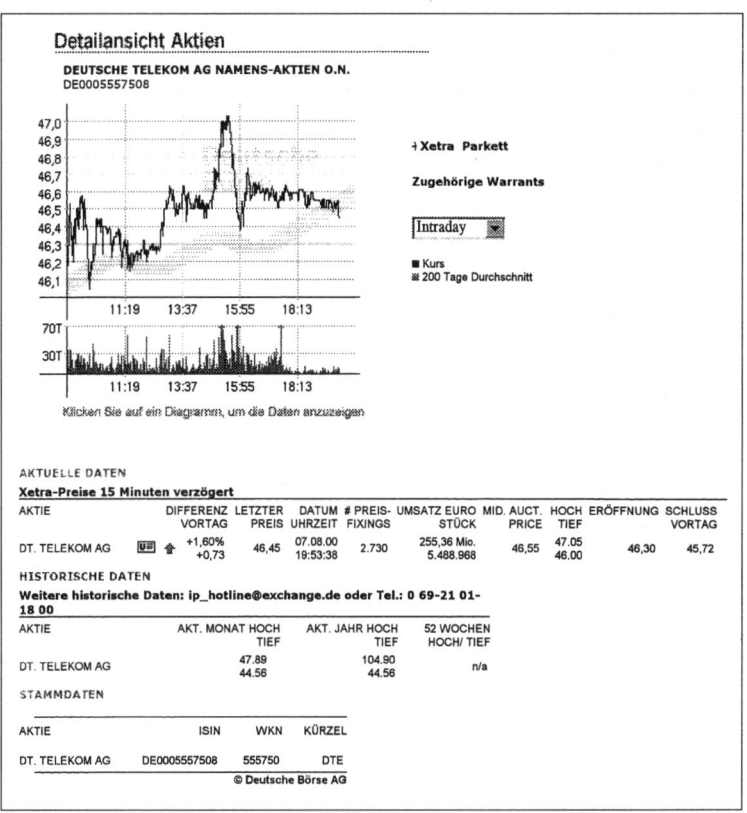

**Detailansicht Aktien**

**DEUTSCHE TELEKOM AG NAMENS-AKTIEN O.N.**
DE0005557508

```
47,0
46,9
46,8
46,7
46,6
46,5
46,4
46,3
46,2
46,1
      11:19   13:37   15:55   18:13
70T
30T
      11:19   13:37   15:55   18:13
```

Klicken Sie auf ein Diagramm, um die Daten anzuzeigen

+ Xetra  Parkett

Zugehörige Warrants

[Intraday ▼]

■ Kurs
✳ 200 Tage Durchschnitt

**AKTUELLE DATEN**
**Xetra-Preise 15 Minuten verzögert**

| AKTIE | | | DIFFERENZ VORTAG | LETZTER PREIS | DATUM UHRZEIT | # PREIS-FIXINGS | UMSATZ EURO STÜCK | MID. PRICE | AUCT. HOCH TIEF | HOCH ERÖFFNUNG | SCHLUSS VORTAG |
|---|---|---|---|---|---|---|---|---|---|---|---|
| DT. TELEKOM AG | U≣ | ⬆ | +1,60%<br>+0,73 | 46,45 | 07.08.00<br>19:53:38 | 2.730 | 255,36 Mio.<br>5.488.968 | 46,55 | 47.05<br>46.00 | 46,30 | 45,72 |

**HISTORISCHE DATEN**
**Weitere historische Daten: ip_hotline@exchange.de oder Tel.: 0 69-21 01-18 00**

| AKTIE | AKT. MONAT HOCH TIEF | AKT. JAHR HOCH TIEF | 52 WOCHEN HOCH/ TIEF |
|---|---|---|---|
| DT. TELEKOM AG | 47.89<br>44.56 | 104.90<br>44.56 | n/a |

**STAMMDATEN**

| AKTIE | ISIN | WKN | KÜRZEL |
|---|---|---|---|
| DT. TELEKOM AG | DE0005557508 | 555750 | DTE |

© Deutsche Börse AG

Ihnen auf, daß nur 100 Stück oder ein Vielfaches davon gehandelt worden sind. Sogleich erinnern Sie sich an Kapitel 3.3, in dem Sie gelesen haben, daß die DAX-Aktien im XETRA-System nur mit vollen 100 oder einem Vielfachen davon gehandelt werden.

Hätten Sie jedoch einen Intraday-Chart einer Aktie des Neuen Marktes angeklickt, würden Sie auch ungerade und x-beliebige Stückzahlen finden. Den Grund kennen Sie auch schon: Neue-Markt-Aktien werden, genauso wie ausländische Papiere, im XETRA-System in jeder beliebigen Stückzahl sofort gehandelt.

# Kursticker

DEUTSCHE TELEKOM AG NAMENSAKTIEN O.N. (XETRA)

| Zeit | Kurs | Kurszusatz | Kursart | Umsatz in Stück |
|------|------|------------|---------|-----------------|
| 09:01:53 | 46,20 | | F | 400 |
| 09:01:53 | 46,19 | | F | 2400 |
| 09:01:33 | 46,20 | | F | 100 |
| 09:01:16 | 46,20 | | F | 100 |
| 09:01:15 | 46,05 | | F | 2300 |
| 09:01:08 | 46,10 | | F | 2000 |
| 09:01:01 | 46,10 | | F | 1000 |
| 09:00:57 | 46,20 | | F | 400 |
| 09:00:33 | 46,30 | ⟶ | E | 32022 |
| 13:02:33 | 46,56 | | F | 200 |
| 13:02:33 | 46,55 | | F | 900 |
| 13:02:30 | 46,55 | | F | 100 |
| 13:02:29 | 46,55 | | F | 800 |
| 13:02:28 | 46,55 | | F | 1000 |
| 13:02:15 | 46,55 | ⟶ | A | 14085 |
| 12:59:51 | 46,50 | | F | 5000 |
| 12:58:57 | 46,55 | | F | 500 |
| 12:58:24 | 46,56 | | F | 500 |
| 12:57:57 | 46,55 | | F | 5100 |
| 17:34:29 | 46,56 | | F | 100 |
| 17:33:36 | 46,56 | | F | 2500 |
| 17:33:20 | 46,55 | | F | 1200 |
| 17:32:37 | 46,55 | | F | 600 |
| 17:32:27 | 46,56 | | F | 1500 |
| 17:32:17 | 46,55 | ⟶ | A | 71861 |
| 17:30:01 | 46,57 | | F | 2000 |
| 17:29:45 | 46,57 | | F | 1000 |
| 17:29:41 | 46,57 | | F | 1000 |
| 20:02:28 | 46,36 | ⟶ | S | 73741 |
| 19:59:53 | 46,45 | | F | 1000 |
| 19:59:40 | 46,45 | | F | 1000 |
| 19:59:34 | 46,50 | | F | 200 |
| 19:59:30 | 46,44 | | F | 200 |
| 19:59:30 | 46,45 | | F | 500 |
| 19:59:30 | 46,45 | | F | 500 |
| 19:56:35 | 46:49 | | F | 1100 |
| 19:56:30 | 46,49 | | F | 2000 |
| 19:56:17 | 46,45 | | F | 400 |

Dies liefert uns das nächste Stichwort. Was geschieht, wenn Sie beispielsweise keine 100, sondern nur 80 Telekom-Aktien kaufen wollen? Sie kommen mit dieser Stückzahl in eine Auktion, die es viermal am Tag gibt. Die Anfangsauktion um ungefähr 9.00 Uhr ist mit »E« (Eröffnungsauktion) gekennzeichnet, die beiden Untertagesauktionen um zirka 13.00 und 17.30 Uhr haben den Buchstaben »A« (Auktion) und die Schlußauktion um 20.00 Uhr trägt das Zeichen »S« (Schlußauktion). Alle übrigen Umsätze gehören zur Kursart »F« (Fortlaufender Handel).

Hätte Ihre Order beispielsweise über 130 Telekom-Aktien im XETRA-Handel gelautet, wären 100 Stück sofort ausgeführt worden und 30 Stück in die nächste Auktion gekommen.

Natürlich haben Sie längst gemerkt, daß Ihnen nicht nur die Kurse der 30 DAX-Werte zur Verfügung stehen. Aus der Leiste am linken Bildschirmrand ergeben sich die übrigen Marktsegmente. Wenn Sie diese anklicken, erscheint links auch ein Suchfenster. Hier geben Sie den Namen oder die Wertpapier-Kennnummer einer Aktie ein, deren aktuellen Kurs Sie erfragen wollen.

Natürlich können Sie außer den XETRA-Kursen auch die Kurse der Präsenzbörse per Computer erfragen. Klicken Sie neben »XETRA« ganz einfach auf »Parkett«.

# 19 Die nicht immer seriösen Finanzjongleure und ihre Masche

Sind Spekulanten asozial? Ganz sicher nicht, denn mit ihrem Geld sind Autofabriken, Eisenbahnlinien, Hüttenwerke, Werften und Computer gebaut worden. Es wurde nach Bodenschätzen geschürft, neue pharmazeutische Produkte entwickelt und weltweit Millionen von Arbeitsplätzen geschaffen.

Wo viel Geld bewegt wird, ist die Versuchung groß, ein Stück vom Kapitalkuchen abzuschneiden, das nicht rechtens ist. Sie haben im Kapitel über Insider (vgl. Kapitel 15.3) schon über Ivan Boesky gelesen, dessen Geschäftigkeit im illegalen Bereich ihm fünf Jahre Freiheitsstrafe einbrachte.

## 19.1 Der kleine Mann und die schönen Frauen – Bernie Cornfeld

In den sechziger Jahren gab es in Deutschland einen ungeheuren Aktienboom, aber in bezug auf Finanzinnovationen war unsere Republik eigentlich noch ein Entwicklungsland. Sogar Optionen waren noch nicht an der Aktienbörse zugelassen, und eine Deutsche Terminbörse gab es nicht. Man hortete sein Geld auf dem Sparbuch oder steckte es in den prächtig prosperierenden eigenen Betrieb. Aufbau war angesagt. Nur wenige, wie der Etzbacher Millionär Krages, hatten es verstanden, auf die spekulative Schnelle ein Vermögen zusammenzukratzen.

Da kam ein von Statur eher kleiner Mann aus dem gelobten Wirtschaftsland USA, der sich gern mit schönen Frauen umgab, und nannte die Deutschen »ziemlich dumm«, weil sie sich mit niedrigen Sparbuchzinsen zufriedengaben. »Reichtum für alle« war Bernie Cornfelds Devise, und manche Bauern verpfändeten die seit Jahrhunderten im Familienbesitz befindlichen Höfe, um

IOS-Anteile zu kaufen. IOS, Investors Overseas Service, war die Zauber-Investmentgesellschaft, die aus den finanziellen Kleinbürgern Deutschlands künftige Millionäre machen wollte, oder es zumindest versprach. Cornfeld, ursprünglich Seemann, dann Student der Psychologie mit dem niedrigsten akademischen Grad »Bachelor of Arts«, war Mitte der fünfziger Jahre nach Paris gefahren. Mit nur 400 Dollar in der Tasche versprach er in einer Anzeige in der »Herald Tribune« ein »garantiertes Mindesteinkommen von 10 000 Dollar pro Jahr« für Exilamerikaner, die an die im alten Europa stationierten amerikanischen Soldaten Investmentanteile verhökern sollten.

Aber wozu fremde Investmentanteile an den Mann und die Frau bringen! So gründete Cornfeld alsbald die IOS als eigene Verkaufsgesellschaft. Der Sitz war in Panama – und das hätte stutzig machen müssen. Dann hatte der »kleine Mann« eine blendende Idee. Er gründete den »Funds of Funds« (FOF), der nicht selbst in Wertpapieren investierte, sondern in andere Fonds. Als die amerikanische Börsenaufsicht (SEC) Unregelmäßigkeiten entdeckte, heuerte Cornfeld James Roosevelt, den Sohn des großen Franklin, genauso an, wie später in der Bundesrepublik einen namhaften Politiker. Die Aktien-Hausse 1969 spülte Gewinne in die Kassen von IOS und auch der Anleger. Der Absatzknick der Anteile kam 1970. Über 2000 IOS-Vertreter liefen davon und wurden zum großen Teil die »schwarzen Schafe« des späteren grauen Kapitalmarkts in Deutschland. Seither hat das Wort »Anlageberater« einen faden Beigeschmack. Schließlich kaufte der Sohn eines Detroiter Fließbandarbeiters namens Robert Vesco die IOS-Konkursmasse, bereicherte sich an den Kundengeldern und verschanzte sich auf einer kleinen Karibikinsel hinter Stacheldraht, Überwachungskameras und Maschinengewehrnestern.

Für Cornfeld, der später verhaftet wurde, schätzt man einen

Gewinn von einer halben Milliarde, Vesco soll zwischen 200 und 500 Millionen ergaunert haben. Die deutschen Anleger aber hatten alles verloren und nur eine neue Erfahrung gewonnen: Auch angebliche Finanzgenies kochen nur mit Wasser nach den Gesetzen des Kapitalmarkts. Geldjongleure, die mehr versprechen, sind Gauner.

Leider hat die bittere Lektion viele nicht davon abgehalten, später für angeblich steuersparende Millionenbeträge Golfhotels in den spanischen Sand zu setzen, unrentable Fabriken an der ehemaligen Zonengrenze zu finanzieren oder saures Farmland überteuert in Paraguay zu kaufen oder ... Der Gesetzgeber verschlief den Abschreibungsboom ohne Gegenmaßnahmen, bei dem fast 90 Prozent der Anleger Geld verloren.

### 19.2  Chorknaben sind sie nicht –
### Broker und Börsenhändler

Die Börsensonne scheint über Gerechte und Ungerechte. In Japan scheint sie auch noch etwas früher als in Frankfurt oder New York. Sprechen wir deshalb zuerst von merkwürdigen Praktiken an der Tokioter Börse. Das Brokerhaus »Nomura«, von dem schon einmal die Rede war (vgl. Kapital 11.8), meinte es gut mit Politikern. Auch einige andere bevorzugte Kunden, die nicht eben Kleinanleger waren, versorgte es mit Aktien der Recruit Cosmos. Kurze Zeit darauf machte das Papier gewaltige Kurssprünge, und man fragte sich, wer wohl an dem Ding gedreht hatte. Auch einige kleine Privatanleger waren aufgesprungen und wollten die Rallye mitmachen. Aber die Kleinen sind an der Börse immer die Letzten, die von den Hunden gebissen werden. Längst war Nomuras Elitekundschaft schon wieder ausgestiegen, und die Recruit-Aktie plumpste wie ein Stein von 6000 auf 2000 Yen. Einige Politiker wurden mitgerissen. Sie mußten sich von Parlament und Posten verabschieden.

Die Kleinen leckten noch ihre Blessuren, als eine andere Geschichte bekannt wurde. Einige Brokerhäuser hatten 300 Millionen Mark als Entschädigung für Kurseinbrüche an Großanleger gezahlt. Nicht übel für die Spekulanten! Letzten Endes ist es doch genauso, als wenn bei uns jemand mit einem Serienschein und Großeinsatz im Lotto spielt und verliert. Aber, oh Wunder, am Montagabend ruft der Lottodirektor an, bedauert den Verlust und schickt einen Scheck von 5000 Mark. Finanzeskapaden aus Fernost, die an deutschen Börsen noch nicht vorgekommen sind. Aber da war doch auch etwas …

### 19.3 Kundenabfischen, Ringgeschäfte und Frontrunning – keine sportlichen Übungen

Auch bei uns ist in den »Niederungen des täglichen Geldgeschäfts«, wie es die Zeitschrift »Finanzen« formulierte, schon einiges passiert. Die Aktienhändler an den Banken »zwischen Hausse und Hardware« tragen bekanntlich ihre alltägliche Last auf drei Schultern. Sie handeln im Kundenauftrag, dann mit sogenannten Nostrogeschäften für Rechnung und Nutzen der Bank, aber auch zum Nutzen des eigenen Kontos. Die Privatgeschäfte sind zwar Privatsache; vor einigen Jahren jedoch wurden sie Sache öffentlichen Interesses, als Staatsanwälte und Steuerfahnder gleich gegen 270 Bankangestellte ermittelten. Mehrere Vorwürfe standen im Raum. Einmal die Kursgewinne innerhalb der Sechsmonatsfrist auf den Privatkonten. Es hatten wohl nicht alle ihre Spekulationssteuer entrichtet. Schwerer wog in den Augen der Bankenoberen der Vorwurf der Untreue gegen das eigene Haus. Es war wohl einiges durcheinandergeraten, beispielsweise die attraktiven Geschäfte am Schluß der Börsensitzung auf das Privatkonto und die weniger guten auf das Konto der Arbeitgeberbank. So gab es denn bei einigen Großbanken eine Reihe von Demissionen jeweils »auf Veranlassung der Bank«.

»Kundenabfischen« nennt man übrigens die Übung, bei der während eines Börsentages zu unterschiedlichen Kursen gekauft wird, wobei dann die besten Fische auf dem eigenen Depot landen und die weniger guten auf dem Ertragskonto der Bank oder im Depot des Kunden.

»Ringgeschäfte« sind eine andere Disziplin, mit der man die Kurse marktenger Papiere, mit denen man sich vorher eingedeckt hat, in Absprache nach oben treibt und dann schnell abstößt. Solche »gezielten Informationen« findet man manchmal in der Flut der Börsen-Werbebriefe. Plötzlich taucht unter grundsoliden Werten eine vehement empfohlene Aktie auf, von der nur wenige hundert Stück im Umlauf sind, wie beispielsweise bei den Aktien der Bremer Straßenbahn. Schon eine geringe Anzahl kaufender Anleger reicht aus, um die Kurse steil nach oben zu treiben. Schnell verabschieden sich die Tipgeber mit Verkäufen, und die Kurse sinken ebenso schnell wieder dorthin, wo sie vor dem Tip herkamen. Die Hereingefallenen sind die gutgläubigen Kleinanleger.

»Frontrunning« ist ebenfalls keine sportliche Disziplin. Bei dieser Übung werden größere Kundenaufträge mit eigenen Wertpapiergeschäften unterlaufen. Soll ein Händler beispielsweise 50 000 DaimlerChrysler-Aktien als Großauftrag kaufen, könnte er sich vor dessen Ausführung zu den noch billigeren Kursen auf eigene Rechnung eindecken. Nunmehr steigen die DaimlerChrysler-Kurse durch die riesige Kauforder. Gibt der Händler die am gleichen Tag gekauften Papiere jetzt zu Tageshöchstkursen wieder in den Markt, kann er prächtige Gewinne einstecken. Keine feinen Gepflogenheiten, auf jeden Fall verboten, aber sie sollen vor der strengeren Börsenaufsicht durch das Bundesaufsichtsamt »ein unerlaubter Börsianersport« (Focus) gewesen sein. Erst das neue Insidergesetz stellte Frontrunning ab 1. August 1994 unter Strafe.

## 19.4 Strippen bringt Gewinn – auch an der Börse

Das Sterntalermädchen zog sein letztes Hemdchen aus und wurde, als es nackt dastand, mit Talern reichlich belohnt. Strippen brachte schon zu Kinderbuchzeiten märchenhafte Gewinne.

Vor einigen Jahren trat in Frankfurt eine Konkurrenz zum textilen Strippen in der Bahnhofsgegend auf den Plan. Sie hatte Aktien gestrippt. Schließlich bedeutet Strippen soviel wie Abstreifen. Strippen war aufgekommen, weil sich Ausländer die von den Aktiengesellschaften abgeführte Körperschaftssteuer (30 Prozent) nicht erstatten lassen können. Inländer jedoch sind fein heraus. 30 Prozent Erstattung sind ihnen sicher. Da lag es doch nahe, sich gegenseitig unter die Arme zu greifen. Man brauchte nur vor einem Dividendentermin Dividendenscheine oder Gewinnrechte von den Stammrechten loszustrippen und sie an einen unbeschränkt steuerpflichtigen Aktionär zu veräußern. Auch konnte man die Aktien zusammen mit den Dividendenscheinen verkaufen und nach der Ausschüttung ohne die Scheine wieder zurückkaufen.

So wechselten fast sechs Millionen Aktien mit über zwei Milliarden Mark Wert mal eben den Besitzer. Eine Börsenzeitschrift berichtete, 14 Freimakler und Banken seien involviert, und es sei die Bildung eines Pools angeregt worden, aus dem die Steuernachforderungen beglichen werden sollten. Der Gesetzgeber baute eine Sperre ein: Veräußerungserlöse für abgetrennte Dividendenscheine werden jetzt beim Inhaber des Stammrechts erfaßt. Außerdem greift eine Behaltefrist von mindestens 10 Tagen. Finanztüftler indessen waren dem Gesetzgeber schon immer um einiges voraus.

# 20 Die großen Crashs und ihre Ursachen

Über die Ursachen des »Schwarzen Freitags« 1929 und des Oktober-Crash von 1987 ist viel Papier beschrieben worden. Nehmen wir jedoch das Positive vorweg: Die auf den ersten Blick horrend erscheinenden Kursverluste sind alsbald wieder aufgeholt worden. Langfristig sind Aktien ohnehin unschlagbar, wie eine Modellberechnung ab dem Jahr 1871 beweist. Ein Dollar, damals in Aktien angelegt, hätte trotz der beiden Börsen-Crashs von 1929 und 1987 ein stattliches Wertpapierdepot von über 7000 Dollar ergeben. Bei kurzfristigen Anleihen wären es nur acht Dollar gewesen und bei Gold weniger als zwei Dollar.

## 20.1 Der schwärzeste Tag an der Wallstreet

Es war der 24. Oktober 1929, der berüchtigte »Schwarze Freitag«. In New York hat er in Wirklichkeit an einem Donnerstag stattgefunden, aber erst tags darauf, am Freitag, erlangten die europäischen Börsen Kenntnis davon. 9000 Banken crashten. Viele Börsianer und Spekulanten, die vorher einen Cadillac gefahren hatten, verkauften ihn und stiegen auf die Subway um.

Der Wallstreet-Crash löste die Weltwirtschaftskrise aus. Das ist das eigentlich Tragische daran, obwohl die Kursverluste des Dow-Jones-Aktienindexes am 28. Oktober »nur« 12,82 Prozent und am 29. Oktober 1929 11,73 Prozent betrugen. Das Desaster bei einzelnen Aktien war indessen erheblich größer. Wer kaufte schon noch Autos in einer solchen Krise? So waren 1932 Chrysler-Aktien für 5 Dollar zu haben. 1929 hatten sie noch 135 Dollar gekostet.

Die Ursachen für den großen Crash 1929 lagen in den maßlos überzogenen Kursen, die sich vom wirklichen Wert der Aktien meilenweit entfernt hatten. Es schien an der Börse nur eine Richtung zu geben, nämlich die nach oben. Straßenbahnschaffner,

Dienstmädchen, kleine Angestellte, jedermann hatte Aktien. Dann platzte die Seifenblase und jedermann verkaufte Aktien. Der Kursabsturz war nicht mehr zu bremsen.

## 20.2 Nur wenige Selbstmorde – der Oktober-Crash von 1987

Was den Kursrückgang betrifft, war der 19. Oktober 1987 ein größerer Crash als der »Schwarze Freitag« von 1929. Der Dow-Jones-Aktienindex verlor an diesem Tag 22,6 Prozent. Das war mit 508 Punkten der tiefste Fall in der langen Geschichte des ältesten Indexes der Welt. Einige Anleger erschossen ihre Anlageberater, aber die Zahl der Selbstmorde war gegenüber 1929 vergleichsweise gering.

Die europäischen Börsen beeilten sich, in altgewohnter Manier Wallstreet nachzueifern und sackten ebenfalls durch, allerdings in abgeschwächtem Tempo. Der »F.A.Z.«-Aktienindex ging am 19. Oktober nur um 7,1 Prozent zurück. Wenn Sie sich die DAX-Tabelle in Kapitel 4.1 anschauen, waren die Kursverluste am Jahresende 1987 mit dem auf 1000 Punkte umgewichteten Index gegenüber einem Indexstand von 942,50 am Jahresanfang schon mehr als wettgemacht.

Und die Gründe für den Crash von 1987? Die Initialzündung gab wohl der damalige US-Finanzminister Baker. Er ließ durchblicken, daß sich die USA wahrscheinlich nicht mehr an den Louvre-Akkord halten würden, ein in den ersten Monaten 1987 zwischen den großen Industrienationen geschlossenes Abkommen zur Stützung des Dollars. Als Baker die Lawine losgetreten hatte, gab es kein Halten mehr, und dafür sorgten die Computerprogramme. Die elektronisch gespeicherten Verkaufsorders durchbrachen eine Widerstandslinie, mit der automatisch Verkäufe ausgelöst wurden. Dies führte zu weiteren Kursrückgängen und zum Erreichen der nächsten Widerstandslinie, bei der sich die Anleger in noch größerer Zahl durch Stop-loss-Limits (vgl. Kapitel 5.10.1)

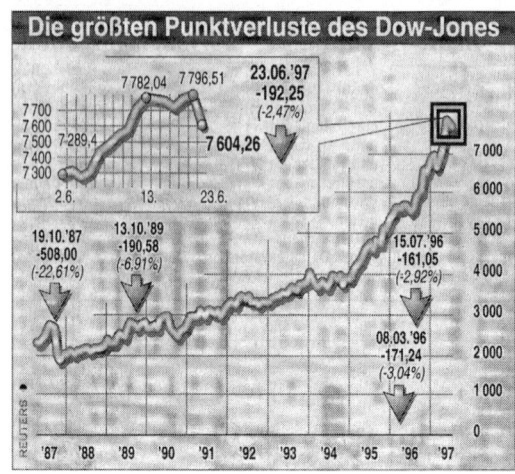

**Die größten Punktverluste des Dow-Jones**

7 782,04   7 796,51   23.06.'97
                      -192,25
7 700                 (-2,47%)
7 600
7 500   7-289,4              7 604,26
7 400
7 300
    2.6.        13.       23.6.

19.10.'87    13.10.'89              15.07.'96
-508,00      -190,58               -161,05
(-22,61%)    (-6,91%)              (-2,92%)

                            08.03.'96
                            -171,24
                            (-3,04%)

'87  '88  '89  '90  '91  '92  '93  '94  '95  '96  '97

7 000
6 000
5 000
4 000
3 000
2 000
1 000
0

Der Kursrückgang von 192 Punkten Ende Juni 1997 an der Wallstreet vermochte – obgleich damals größter Kurssturz seit dem Börsenkrach 1987 – Europas Börsen nur wenig zu beeindrucken. Frankfurt, London und Paris reagierten nicht nur gelassen, sondern legten sogar noch etwas zu. Auch beim Kursrückgang Mitte August 1997 behielt Frankfurt die Nerven und reagierte ziemlich moderat.

abgesichert hatten. So potenzierten sich regelrecht die Verkaufsaufträge und ließen die Kurse immer tiefer fallen.

Als man schließlich ein Fazit zog, merkte man schnell, daß die Computer automatisch bei der Hälfte aller Verkaufsorders reagiert hatten. Präsident Reagan setzte die Brady-Commission ein. Sie sollte Ursachenforschung für den großen Crash von 1987 betreiben. Der Bericht lag schnell vor und bestätigte die Vermutung, daß die Computerprogramme letztlich Ursache des Crash waren und nicht etwa viele Panikverkäufe von Kleinanlegern. Dies soll nicht ein zweites Mal passieren. Jetzt wird der Handel automatisch eine Zeitlang unterbrochen, wenn sich der Dow-Jones-Index für Industriewerte gegenüber dem Vortag um 250 Punkte verschlechtert hat.

### 20.3 Wenn der Tiger zu kurz springt ...

Der ostasiatische Tiger hatte sich übernommen. Nach jahrelangen Riesensprüngen, mit denen er neue Börsenrekorde aufstellte, sprang er Ende Oktober 1997 und dann im Sommer 1998 zu kurz und plumpste in die Baisse. Aber war es an jenem 28. Oktober 1997 wirklich schon ein Crash oder nur eine »Index-Bereinigung«? Der asiatische Tiger jedenfalls mußte herunter von seinem zu hohen Zirkuspodest auf den festen Boden der Realität. Auch Frankfurt, New York und die anderen Börsen hatten nach der Überhitze des Sommers gefälligst zu folgen und adjustierten ihre Kurse.

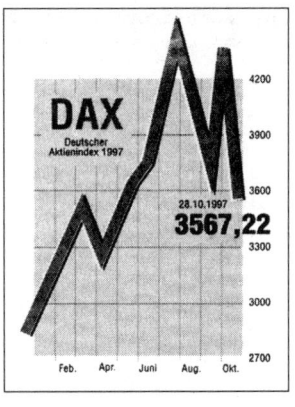

Quelle: Die Zeit

Letztlich platzte die Spekulationsblase in Südostasien durch Währungsunruhen. Es ging das Gerücht, der Hongkong-Dollar solle von der Bindung an den US-Dollar gelöst werden. Dies war die Ursache des Börsensturms. Am Montag, dem 27. Oktober, hatte der Dow Jones 7,18 Prozent verloren, und der Handel wurde ausgesetzt. Am Dienstag, den die Börsianer dann doch nicht »Schwarzer Dienstag«, sondern abgeschwächt nur »Grauer Dienstag« nannten, ging die Börse in Hongkong um 13,7 Prozent und in Frankfurt um 8,04 Prozent zurück.

Nicht etwa die Kleinanleger hatten panikartig verkauft, sondern die Großinvestoren. Die aber wollten es nachher nicht gewesen sein.

Nachdem Alan Greenspan, allgewaltiger Chef der amerikanischen Zentralbank, den Kurssturz als »heilsame Korrektur« bezeichnet hatte und Ökonomen gar die Prognose wagten, in einem halben Jahr werde man sich kaum noch an den Absturz erinnern, ging es alsbald wieder nach oben. Anfang Dezember 1997 folgte der DAX dem anziehenden Dollar und übersprang schon wieder die Hürde von 4000 Punkten.

## 20.4  Der »Crash scheibchenweise« im Herbst 1998

Wären die Kursrückgänge auf Raten in nur zwei Tagen passiert, kein Mensch hätte im Spätsommer und Herbst 1998 gezögert, von einem deutlichen Crash zu sprechen. Immerhin fiel der DAX nach seinem Höchststand von 6218 Punkten am 21. 7. 1998 bis zur Bundestagswahl am 27. 9. 1998 auf 4562 Punkte. Das sind markante 26,6 Prozent. Genug »Material«, um gleich zwei Crashs zu inszenieren.

Wie immer gab es mehrere Gründe für den rapiden Kursrückgang. Der wichtigste war die Finanzkrise in Südostasien, insbesondere die Bankenkrise in Japan. Auch Clintons Affäre mit Monica Lewinsky spielte eine Rolle, weil sie den Dollar drückte. Schon an dritter Stelle stand die politische Instabilität in Rußland und – last but not least – die Unsicherheiten der deutschen Bundestagswahl.

Anfang Oktober hatte die deutsche Börse schon Dreiviertel des Gesamtverlustes vom großen Crash 1987 verloren. Es waren 29 Prozent gegenüber damals 37 Prozent. Erstaunliche Gelassenheit bewahrten wieder einmal die Kleinanleger. So war es möglich, von unter 4000 bis zum Jahresende 1998 wieder einen DAX-Stand von knapp über 5000 (5002,39) Punkte zu erreichen.

Und der nächste Crash? Er kommt bestimmt, denn ein reinigendes Gewitter gehört nun einmal zur Börse. Den Neuen Markt erwischte es im Frühjahr 2000.

# Teil II
# Aktionär und neue Steuern

## 21 Aktionär und Einkommensteuer

»Nur soviel wie nötig und so wenig wie möglich [ausziehen]«, sagte die Masseurin zu dem Herrn, der eine Ganzkörpermassage erhofft hatte. – So wollen wir es auch bei den Steuern des Aktionärs halten.

### 21.1 Wovon das Finanzamt kassiert –
### die sieben Einkunftsarten

Die Sieben ist eine magische Zahl. Nicht nur in der Esoterik, auch beim Finanzamt. Schließlich gibt es sieben verschiedene Einkunftsarten. Nur was irgendwie darunter zu fassen ist – und darum bemühen sich Tausende von Finanzbeamten –, kann besteuert werden. Lottogewinne etwa passen absolut unter keine dieser Einkunftsarten. Sie sind deshalb vollkommen einkommensteuerfrei und kosten, im Gegensatz zu früher, auch keine Vermögensteuer mehr.

Genauso verhielt es sich bis 1998 mit Gewinnen aus sogenannten Differenzgeschäften, wenn ein Aktionär einen Index-Future gekauft hatte und mit Gewinn wieder veräußerte. Seit 1999 ist dies nicht mehr so.

Als privater Anleger machen Sie nur mit zwei Einkunftsarten Bekanntschaft. Es sind dies die Einkünfte aus Kapitalvermögen, wozu Zinsen und Dividenden gehören, und die Sonstigen Einkünfte, denen das Finanzamt Ihre Spekulationsgewinne zurechnet. Aber sehen wir uns zunächst einmal sämtliche Einkunftsarten im Überblick an:

| Einkünfte aus | Für den Kapitalanleger von Bedeutung |
|---|---|
| Land- und Forstwirtschaft | — |
| Gewerbebetrieb | — |
| selbständiger Arbeit | — |
| nichtselbständiger Arbeit | — |
| Kapitalvermögen | Dividenden, Zinsen usw. |
| Vermietung und Verpachtung | — |
| Sonstige Einkünfte | z. B. Spekulationsgewinne |

**21.2 Die Steuerreform 1999/2002–**

**die Halbierung des Sparerfreibetrages und anderes Ungemach**

Auf das Steuerrecht trifft der Ausspruch des schon einmal zitierten bayerischen Politikers in hohem Maße zu:»Wir leben in einer Zeit, in der einem das Wort im Munde veraltet.« So war es auch mit der groß angekündigten Steuerreform. Sie wurde zerredet, zerfleddert, im Wahlkampf gebraucht und zurückgestellt.

Wir haben sie bekommen und sind als Kapitalanleger nicht gerade glücklich damit. Schließlich wurde der Sparerfreibetrag ab dem Jahr 2000 auf die Hälfte gekürzt. Die Steuerreform hat uns ferner die Verlängerung der Spekulationsfrist von sechs Monaten auf ein Jahr gebracht, worüber gesondert zu berichten sein wird.

Kein Ungemach dagegen ist der Rücktrag und Vortrag von Spekulationsverlusten, dem wir uns auch noch in einem späteren Kapitel zuwenden werden. Hierzu ist kritisch anzumerken, daß die Politiker besser über eine andere Form der Besteuerung von Kapitalerträgen nachgedacht hätten. Als mögliche Alternative

| Sparerfreibeträge im Umbruch | 1999 | 2000/2001 |
|---|---|---|
| Alleinstehende*: | | |
|    Sparerfreibetrag | 6000 Mark | 3000 Mark |
| + Werbungskostenpauschale | 100 Mark | 100 Mark |
|    Gesamt | 6100 Mark | 3100 Mark |
| Verheiratete: | | |
|    Sparerfreibetrag | 12 000 Mark | 6000 Mark |
| + Werbungskostenpauschale | 200 Mark | 200 Mark |
|    Gesamt | 12 200 Mark | 6200 Mark |

* Alleinstehende im steuerlichen Sinne sind: Ledige, Verwitwete, Geschiedene und jene Verheirateten, die dauernd getrennt leben oder bei denen der Ehegatte keinen Wohnsitz in Deutschland hat.

käme eine – wenn schon europaweit nicht durchzusetzen – deutsche Abgeltungssteuer nach österreichischem Vorbild in Betracht.

Aber zurück zum noch in 1999 gültigen Sparerfreibetrag. Der Sparerfreibetrag von damals 6000/12 000 Mark beließ immerhin 80 Prozent der Kapitalanleger mit ihren Kapitaleinkünften steuerfrei. Nun darf man raten, wie viele nach der Halbierung noch steuerfrei sein werden.

Viele werden wieder die sogenannte Anlage KSO, das Beiblatt zur Einkommensteuererklärung für die Kapital- und Renteneinkünfte, ausfüllen müssen. Machen wir uns nichts vor: Mit dem Sparerfreibetrag ist es wie mit der Promillegrenze. Würde sie von 0,5 auf 1,8 heraufgesetzt, gäbe es zwangsläufig weniger Alkoholsünder beim Autofahren. Nun ist aber der Sparerfreibetrag ausgerechnet herabgesetzt worden.

Die Frage muß erlaubt sein, ob sich damit nicht automatisch – im Umkehrschluß zum Umgang mit der Promillegrenze – die Anzahl der Steuersünder erhöhen wird. Klar, daß die Halbierung des Freibetrags viele Kapitalanleger, die ihr sauer Verdientes auf der hohen Kante ja schon einmal versteuert haben, in die Niederungen der Versuchung führt.

### 21.2.1  Wie bekommen Sie den Sparerfreibetrag? – Freistellungsauftrag

Der Sparerfreibetrag ist ein Persilschein. Er verschont Sie vor dem 30prozentigen Zinsabschlag bei Zinsen bzw. der 25prozentigen Kapitalertragssteuer bei Dividenden. Außerdem winkt Ihnen bei Ihrem Aktienbesitz die Erstattung der Körperschaftssteuer. Doch darüber später mehr. Den Sparerfreibetrag gibt es nicht von Amts wegen. Sie müssen einen sogenannten Freistellungsauftrag ausfüllen. So heißt das amtlich vorgeschriebene Formular, das Sie bei Ihrem Kreditinstitut erhalten. Dort werden Sie es nach dem Ausfüllen auch wieder abgeben.

Wie machen Sie es richtig, wenn Sie Wertpapierdepots oder Sparkonten bei verschiedenen Kreditinstituten unterhalten? Es liegt in Ihrer Hand, die 3100/6200 Mark (Ledige/Verheiratete, ab 2000) Sparerfreibetrag, zuzüglich Werbungskostenpauschale, sozusagen nach eigenem Gusto den Konten bei den verschiedenen Sparkassen oder Banken zuzuordnen. Einfach ist es allemal, wenn Ihre Kapitalerträge bei einem einzigen Institut schon die 3100/6200 Mark übersteigen. Dann stellen Sie bei dieser Bank Ihren Freistellungsauftrag über den vollen Sparerfreibetrag. Ansonsten müssen Sie den Sparerfreibetrag verteilen, beispielsweise 2000 Mark auf die Bank in Frankfurt, weil Sie dort 2000 Mark Zinsen auf Ihrem Konto erwarten, 1000 Mark etwa auf eine Stuttgarter Bank und den Rest von 3200 Mark (als Verheirateter) vielleicht auf ein Kreditinstitut in München.

Der Freistellungsauftrag stellt übrigens nur Ihre Kapitaleinkünfte von Zinsabschlag, Kapitalertragssteuer und Körperschaftssteuer frei. Er ist kein »Sesam-öffne-dich« für die Steuerfreiheit anderer Einkunftsarten. Als Vermieter können Sie von einem Freistellungsauftrag nicht profitieren und leider auch nicht, wenn Sie durch einen Spekulationsgewinn »Sonstige Einkünfte« (§ 22 Einkommensteuergesetz) erzielt haben. Schum-

# Freistellungsauftrag für Kapitalerträge

(Gilt nicht für Betriebseinnahmen und Einnahmen aus Vermietung und Verpachtung)

| Name, abweichender Geburtsname, Vorname des Gläubigers der Kapitalerträge | Geburtsdatum |
|---|---|
| *Muster Martina* | *10.10.79* |
| ggf. Name, abweichender Geburtsname, Vorname des Ehegatten | Geburtsdatum des Ehegatten |
| | |

Straße, Haus-Nr., PLZ, Wohnort
*Domstr. 1        50996 Köln*

An Kreditinstitut, Bausparkasse, Lebensversicherungsunternehmen, Bundes-/Landesschuldenverwaltung

*Stadtsparkasse*
Straße, Haus-Nr.
*50996 Köln*
PLZ, Ort

Datum
*1.9.2000*

☒ Erstmaliger Auftrag

☐ Änderungsauftrag (früherer Auftrag wird damit ungültig)

Hiermit erteile ich/erteilen wir[1] Ihnen den Auftrag, meine/unsere[1] bei Ihrem Institut anfallenden Zinseinnahmen vom Steuerabzug freizustellen und/oder bei Dividenden und ähnlichen Kapitalerträgen die Erstattung von Kapitalertragsteuer und die Vergütung von Körperschaftsteuer beim Bundesamt für Finanzen zu beantragen, und zwar

☐ bis zu einem Betrag von _____ DM (bei Verteilung des Freibetrages auf mehrere Kreditinstitute).

☒ bis zur Höhe des für mich/uns[1] geltenden Sparer-Freibetrages und Werbungskosten-Pauschbetrages von insgesamt 3.100 DM/6.200 DM[1].

*3.100.-*

Dieser Auftrag gilt ab dem _____

☒ so lange, bis Sie einen anderen Auftrag von mir/uns[1] erhalten.

☐ bis zum _____

Dieser Auftrag steht den zuständigen Finanzbehörden zu Prüfungszwecken zur Verfügung.

Ich versichere/Wir versichern[1], daß mein/unser[1] Freistellungsauftrag zusammen mit Freistellungsaufträgen an andere Kreditinstitute, Bausparkassen, das Bundesamt für Finanzen usw. den für mich/uns[1] geltenden Höchstbetrag von insgesamt 6.100 DM/12.200 DM[1] nicht übersteigt. Ich versichere/Wir versichern[1] außerdem, daß ich/wir[1] mit allen für das Kalenderjahr erteilten Freistellungsaufträgen für keine höheren Kapitalerträge als insgesamt 6.100 DM/12.200 DM im Kalenderjahr die Freistellung oder Erstattung von Kapitalertragsteuer in Anspruch nehme(n)[1].
Die mit dem Freistellungsauftrag angeforderten Daten werden auf Grund von § 36 b Abs. 2, § 44 a Abs. 2, § 44 b Abs. 1 und § 45 d Abs. 1 EStG erhoben.

Unterschrift
*Martina Muster*

ggf. Unterschrift Ehegatte/gesetzliche(r) Vertreter

Der Höchstbetrag von 12.200 DM gilt nur bei Zusammenveranlagung. Der Freistellungsauftrag ist z. B. nach Auflösung der Ehe oder bei dauerndem Getrenntleben zu ändern.

meln bei den Freistellungsaufträgen ist gefährlich. Sie werden im Bad Godesberger Bundesamt für Finanzen abgeglichen. Dort müssen die Kreditinstitute ihre Datenträger über Freistellungsaufträge einreichen. Der Kollege Computer macht sodann einen Abgleich, und Sie könnten im Raster zappeln, wenn Sie beispielsweise bei fünf Kreditinstituten gleich fünfmal den vollen Sparerfreibetrag mit fünf Freistellungsaufträgen einheimsen wollen. Ihr Wohnsitzfinanzamt würde dies schlicht als Steuerhinterziehung bezeichnen, wenn es von dem Godesberger Bundesamt Mitteilung über Ihre Unterschleife erhält.

Obwohl der Sparerfreibetrag eine starre Größe ist, so gibt es doch mehrere Möglichkeiten, ihn optimal auszunutzen oder im Familienverband mehrfach davon zu profitieren. Dies gilt insbesondere nach der Halbierung ab dem Jahr 2000. Deshalb beschäftigt sich ein eigenes Kapitel mit all diesen Fragen.

### 21.3 Der absolute Hit – die Nichtveranlagungsbescheinigung

Ein begehrtes Papier ist die Nichtveranlagungsbescheinigung, die ich nachfolgend im Banken- und Finanzamtsdeutsch »NV-Bescheinigung« nennen werde. Sie bestätigt, daß Sie beim Finanzamt nicht zur Einkommensteuer veranlagt werden. Demzufolge ist für die NV-Bescheinigung auch nicht, wie für den Freistellungsauftrag, Ihr Kreditinstitut zuständig, sondern das Finanzamt. Wer eine NV-Bescheinigung hat, braucht weder Kapitalertragssteuer noch Zinsabschlag noch Körperschaftsteuerabzug zu fürchten. Bei Dividenden aus Aktien wird das Körperschaftsteuerguthaben sofort mit ausbezahlt.

Die NV-Bescheinigung ist wirklich der absolute Hit, denn sie stellt nicht nur die Kapitaleinkünfte bis zur Höhe des Sparerfreibetrags von 3100/6200 Mark (Ledige/Verheiratete) von Steuerabzügen frei, sondern sämtliche Kapitaleinkünfte. Sie ist mithin viel weitgehender als ein Freistellungsauftrag.

## 21.3.1 Wie erhalten Sie eine NV-Bescheinigung?

Bekanntlich werden Unverheiratete nach der sogenannten Einkommensteuer-Grundtabelle und Verheiratete nach der Einkommensteuer-Splittingtabelle besteuert. Wenn Sie einen Blick auf den nachfolgend abgedruckten Auszug aus diesen Tabellen werfen, stellen Sie fest, daß Sie als Ledige/Lediger bis zu einem »zu versteuernden Einkommen« von 13 499 Mark dem Finanzamt nicht eine einzige Steuer-Mark schulden. Sind Sie verheiratet, geht das Finanzamt bis zu einem »zu versteuernden Einkommen« von 26 999 Mark ebenfalls leer aus. Sie müßten also einmal Ihre Einkünfte zusammenrechnen, um zu prüfen, ob die genannten Grenzen überstiegen sind. Diese Einkommensgrenzen des Jahres 2000 gelten übrigens auch für 2001, es sei denn, dort wird bei der Reform im Sommer nachgebessert. Pläne in dieser Richtung gibt es.

Vergessen Sie nicht, den Sparerfreibetrag von Ihren Kapitaleinnahmen in Abzug zu bringen. In der Grundtabelle kommen Sie dann schon auf 16 599 Mark (13 499 + 3100) und in der Splittingtabelle auf 33 199 Mark (26 999 + 6200) als steuerfreie Eingangsstufe.

Nun gibt es aber noch eine Reihe anderer Tatbestände, die dazu führen können, daß Sie überhaupt nicht steuerlich veranlagt werden, obgleich das zu versteuernde Einkommen höher ist als die in der Tabelle aufgezeigten Grenzen. Wann überhaupt eine Veranlagung durchzuführen ist, finden Sie in § 46 Einkommensteuergesetz. Das ist eine der kompliziertesten Vorschriften des ganzen Gesetzes, die den Steuerlaien wahrscheinlich überfordert. Sie sollten deshalb aber nicht betrübt sein – auch die Fachleute beißen sich an ihr die Zähne aus. Kein Ruhmesblatt für die Gesetzesmacher! Eine Veranlagung zur Einkommensteuer wird beispielsweise auch dann nicht vorgenommen, wenn das Einkommen ganz oder teilweise aus Lohneinkünften besteht, und die

# Einkommensteuer-Grundtabelle 2000

| Zu versteuerndes Einkommen bis DM | Einkommen- steuer DM | Zu versteuerndes Einkommen bis DM | Einkommen- steuer DM | Zu versteuerndes Einkommen bis DM | Einkommen- steuer DM |
|---|---|---|---|---|---|
| 0–13 499 | 0 | 15 443 | 455 | 17 387 | 930 |
| 13 553 | 12 | 15 497 | 468 | 17 441 | 943 |
| 13 607 | 24 | 15 551 | 480 | 17 495 | 957 |
| 13 661 | 37 | 15 605 | 493 | 17 549 | 970 |
| 13 715 | 49 | 15 659 | 506 | 17 603 | 984 |
| 13 769 | 62 | 15 713 | 519 | 17 657 | 997 |
| 13 823 | 74 | 15 767 | 532 | 17 711 | 1011 |
| 13 877 | 86 | 15 821 | 545 | 17 765 | 1024 |
| 13 931 | 99 | 15 875 | 558 | 17 819 | 1038 |
| 13 985 | 111 | 15 929 | 571 | 17 873 | 1051 |
| 14 039 | 124 | 15 983 | 585 | 17 927 | 1065 |
| 14 093 | 136 | 16 037 | 598 | 17 981 | 1078 |
| 14 147 | 149 | 16 091 | 611 | 18 035 | 1092 |
| 14 201 | 162 | 16 145 | 624 | 18 089 | 1105 |
| 14 255 | 174 | 16 199 | 637 | 18 143 | 1119 |
| 14 309 | 187 | 16 253 | 650 | 18 197 | 1133 |
| 14 363 | 199 | 16 307 | 663 | 18 251 | 1146 |
| 14 417 | 212 | 16 361 | 676 | 18 305 | 1160 |
| 14 471 | 225 | 16 415 | 690 | 18 359 | 1173 |
| 14 525 | 237 | 16 469 | 703 | 18 413 | 1187 |
| 14 579 | 250 | 16 523 | 716 | 18 467 | 1201 |
| 14 633 | 263 | 16 577 | 729 | 18 521 | 1214 |
| 14 687 | 275 | 16 631 | 743 | 18 575 | 1228 |
| 14 741 | 288 | 16 685 | 756 | 18 629 | 1242 |
| 14 795 | 301 | 16 739 | 769 | 18 683 | 1255 |
| 14 849 | 313 | 16 793 | 782 | 18 737 | 1269 |
| 14 903 | 326 | 16 847 | 796 | 18 791 | 1283 |
| 14 957 | 339 | 16 901 | 809 | 18 845 | 1296 |
| 15 011 | 352 | 16 955 | 822 | 18 899 | 1310 |
| 15 065 | 365 | 17 009 | 836 | 18 953 | 1324 |
| 15 119 | 377 | 17 063 | 849 | 19 007 | 1338 |
| 15 173 | 390 | 17 117 | 862 | 19 061 | 1351 |
| 15 227 | 403 | 17 171 | 876 | 19 115 | 1365 |
| 15 281 | 416 | 17 225 | 889 | 19 169 | 1379 |
| 15 335 | 429 | 17 279 | 903 | 19 223 | 1392 |
| 15 389 | 442 | 17 333 | 916 | 19 277 | 1406 |

## Einkommensteuer-Splittingtabelle 2000

| Zu versteuerndes Einkommen bis DM | Einkommen-steuer DM | Zu versteuerndes Einkommen bis DM | Einkommen-steuer DM | Zu versteuerndes Einkommen bis DM | Einkommen-steuer DM |
|---|---|---|---|---|---|
| 0–26 999 | 0 | 30 887 | 910 | 34 775 | 1860 |
| 27 107 | 24 | 30 995 | 936 | 34 883 | 1886 |
| 27 215 | 48 | 31 103 | 960 | 34 991 | 1914 |
| 27 323 | 74 | 31 211 | 986 | 35 099 | 1940 |
| 27 431 | 98 | 31 319 | 1012 | 35 207 | 1968 |
| 27 539 | 124 | 31 427 | 1038 | 35 315 | 1994 |
| 27 647 | 148 | 31 535 | 1064 | 35 423 | 2022 |
| 27 755 | 172 | 31 643 | 1090 | 35 531 | 2048 |
| 27 863 | 198 | 31 751 | 1116 | 35 639 | 2076 |
| 27 971 | 222 | 31 859 | 1142 | 35 747 | 2102 |
| 28 079 | 248 | 31 967 | 1170 | 35 855 | 2130 |
| 28 187 | 272 | 32 075 | 1196 | 35 963 | 2156 |
| 28 295 | 298 | 32 183 | 1222 | 36 071 | 2184 |
| 28 403 | 324 | 32 291 | 1248 | 36 179 | 2210 |
| 28 511 | 348 | 32 399 | 1274 | 36 287 | 2238 |
| 28 619 | 374 | 32 507 | 1300 | 36 395 | 2266 |
| 28 727 | 398 | 32 615 | 1326 | 36 503 | 2292 |
| 28 835 | 424 | 32 723 | 1352 | 36 611 | 2320 |
| 28 943 | 450 | 32 831 | 1380 | 36 719 | 2346 |
| 29 051 | 474 | 32 939 | 1406 | 36 827 | 2374 |
| 29 159 | 500 | 33 047 | 1432 | 36 935 | 2402 |
| 29 267 | 526 | 33 155 | 1458 | 37 043 | 2428 |
| 29 375 | 550 | 33 263 | 1486 | 37 151 | 2456 |
| 29 483 | 576 | 33 371 | 1512 | 37 259 | 2484 |
| 29 591 | 602 | 33 479 | 1538 | 37 367 | 2510 |
| 29 699 | 626 | 33 587 | 1564 | 37 475 | 2538 |
| 29 807 | 652 | 33 695 | 1592 | 37 583 | 2566 |
| 29 915 | 678 | 33 803 | 1618 | 37 691 | 2592 |
| 30 023 | 704 | 33 911 | 1644 | 37 799 | 2620 |
| 30 131 | 730 | 34 019 | 1672 | 37 907 | 2648 |
| 30 239 | 754 | 34 127 | 1698 | 38 015 | 2676 |
| 30 347 | 780 | 34 235 | 1724 | 38 123 | 2702 |
| 30 455 | 806 | 34 343 | 1752 | 38 231 | 2730 |
| 30 563 | 832 | 34 451 | 1778 | 38 339 | 2758 |
| 30 671 | 858 | 34 559 | 1806 | 38 447 | 2784 |
| 30 779 | 884 | 34 667 | 1832 | 38 555 | 2812 |

sogenannten Nebeneinkünfte nicht mehr als 800 Mark betragen. Aber auch hier gibt es wieder Ausnahmen, wenn Sie etwa gleichzeitig von mehreren Arbeitgebern Lohn erhalten hätten oder beide Ehepartner Lohn beziehen und einer von ihnen nach Steuerklasse V oder VI besteuert wird. Sie sehen: Es bleibt schwierig, um es mit Walter Giller zu sagen.

Gehen Sie zu den Experten vor Ort, nämlich zum Finanzamt, um eine NV-Bescheinigung zu beantragen, könnte der Schuß nach hinten losgehen. Vielleicht müßten Sie eigentlich seit Jahr und Tag veranlagt werden, sind aber aus irgendwelchen Gründen nie erfaßt worden. Dann hätten Sie, falls die Voraussetzungen für eine NV-Bescheinigung nicht gegeben sind, selbst dafür gesorgt, daß Sie sich künftig in jedem Wonnemonat Mai mit einer Steuererklärung herumplagen müssen. Ich überlasse es deshalb Ihnen, ob Sie nicht den Gang zum Steuerberater vorziehen, der Ihnen nach einigen Rechnereien klipp und klar sagt, ob Sie das begehrte NV-Papier wirklich folgenlos beim Finanzamt beantragen können.

### 21.3.2 Rentner und Pensionär ist bei der NV-Bescheinigung nicht das gleiche

Als Rentner brauchen Sie Ihre Rente nicht voll zu versteuern. Sie profitieren vom sogenannten Ertragsanteil. Bei Rentenbeginn mit 65 Jahren beträgt dieser beispielsweise 27 Prozent; d. h. Sie brauchen nur 27 Prozent Ihrer Rente zu versteuern und profitieren außerdem noch von 100 Mark Werbungskostenpauschale jährlich. Für Rentner und Pensionäre winkt ferner der Altersentlastungsbetrag. Er beträgt höchstens 3720 Mark und wird mit 40 Prozent der Einkünfte, die nicht Rente oder Pension sind, gewährt. Als Aktionär und Sparbuchbesitzer ist dieser Freibetrag für Sie sehr nützlich, wie Sie im anschließenden Beispiel noch sehen werden. Nun wollen wir einmal rechnen, wobei wir einen Rentner und einen Pensionär gegenüberstellen.

**Rentner, verheiratet**

| | | |
|---|---|---|
| Einkünfte aus Kapitalvermögen | 19 000 Mark | |
| ./. Sparerfreibetrag | 6000 Mark | |
| ./. Werbungskosten-Pauschbetrag | 200 Mark | |
| | 12 800 Mark | 12 800 Mark |
| | | |
| + 27 Prozent Ertragsanteil | | |
| von 75 000 Mark Rente | 20 250 Mark | |
| ./. Werbungskosten-Pauschbetrag | 200 Mark | |
| | 20 050 Mark | + 20 050 Mark |
| | | 32 850 Mark |
| | | |
| ./. Altersentlastungsbetrag = 40 Prozent | | |
| von 12 800 Mark Kapitaleinkünften des | | |
| Ehemannes (höchstens 3720 Mark) | | ./. 3720 Mark |
| | | |
| ./. Sonderausgaben-Pauschale für | | |
| Nicht-Vorsorgeaufwendungen | | ./. 216 Mark |
| | | |
| ./. Vorsorgeaufwendungen geschätzt | | |
| (z. B. Krankenversicherung für Rentner) | | ./. 2000 Mark |
| | | |
| **zu versteuerndes Einkommen** | | **26 914 Mark** |
| | | |
| **Einkommensteuer nach Splittingtarif** | | **0 Mark** |

Der Ertragsanteil ist sozusagen das Zinselement einer Rente, und nur dieses ist steuerpflichtig. Bei Rentenbeginn mit 65 Jahren – ich erwähnte es schon – beträgt der Ertragsanteil nur 27 Prozent, d. h. 73 Prozent der Rente sind für den Fiskus absolut ohne Interesse. Nach einem noch in 2001 zu erwartenden Urteil des Bundesverfassungsgerichts zur Altersvorsorge und zur steuerlichen Ungleichheit bei Rentnern und Pensionären könnte sich etwas ändern.

Nehmen wir an, Sie sind verheiratet und haben Zinsen und Aktiendividenden, also Einkünfte aus Kapitalvermögen, in Höhe von 19 000 Mark. Außerdem dürfen Sie sich über eine jährliche

**Pensionär, verheiratet**

| | | |
|---|---|---|
| Einkünfte aus Kapitalvermögen | 17 000 Mark | |
| ./. Sparerfreibetrag | 6000 Mark | |
| ./. Werbungskosten-Pauschbetrag | 200 Mark | |
| | 10 800 Mark | 10 800 Mark |
| | | |
| Versorgungsbezüge | 29 000 Mark | |
| ./. Versorgungsfreibetrag = 40 Prozent | | |
| von 29 000 Mark = 12 400 Mark | | |
| (höchstens 6000 Mark) | 6000 Mark | |
| ./. Arbeitnehmer-Pauschbetrag | 2000 Mark | |
| | 21 000 Mark | + 21 000 Mark |
| | | 31 800 Mark |

| | |
|---|---|
| ./. Altersentlastungsbetrag = 40 Prozent von 10 800 Mark Kapitaleinkünften des Ehemannes (höchstens 3720 Mark) | ./. 3720 Mark |
| ./. Sonderausgaben-Pauschale für Nicht-Vorsorgeaufwendungen | ./. 216 Mark |
| ./. Vorsorgeaufwendungen geschätzt (z. B. Krankenversicherung für Rentner) | ./. 2000 Mark |
| **zu versteuerndes Einkommen** | **25 864 Mark** |
| **Einkommensteuer nach Splittingtarif** | **0 Mark** |

Rente von 75 000 Mark freuen. Und nun wollen wir das Ganze einmal so durchrechnen, wie es auch das Finanzamt macht.

Unsere Rechnung führt zu einem zu versteuernden Einkommen von 26 914 Mark, obgleich Ihre Einnahmen 94 000 (19 000 + 75 000) Mark betragen. Das ist ein wirklich frappierendes Ergebnis, das Sie möglicherweise überraschen wird. Werfen Sie nun einen schnellen Blick in die Einkommensteuer-Splittingtabelle. Erfreut stellen Sie fest, daß Ihr zu versteuerndes Einkommen von 26 914 Mark knapp unter der Eingangsstufe von 27 000 Mark verbleibt. Im Klartext: Trotz Ihrer Einnahmen von 94 000 Mark erhalten Sie eine Nichtveranlagungsbescheinigung. Ihr Rentnerstatus mit einem Ertragsanteil von nur 27 Prozent verhilft Ihnen dazu, ein klein bißchen auch die Rentner-Krankenversicherung und andere Versicherungen, die ich in unserem Beispiel einmal pauschal mit 2000 Mark angesetzt habe.

Belassen wir es bei Aktiendividenden und Zinsen von 20 000 Mark und rechnen wir das Ganze einmal für einen Pensionär durch, der in den Genuß des sogenannten Versorgungsfreibetrags kommt. Unsere Auswertung führt zu einem zu versteuernden Einkommen von 25 864 Mark. Auch der Pensionär wird seine NV-Bescheinigung erhalten, weil er mit dem zu versteuernden Einkommensbetrag unter der Grenze von 27 000 Mark bleibt. Das Beispiel zeigt aber eklatant, daß der vielgescholtene Beamten-Pensionär oder Pensionär einer Betriebskasse nur Bruttoeinnahmen von 46 000 (17 000 + 29 000) Mark erzielen darf, um die begehrte NV-Bescheinigung noch zu ergattern. Das Steuerrecht will es so. Es beschert dem Pensionär zwar einen Versorgungsfreibetrag von 40 Prozent (maximal 6000 Mark) und einen Arbeitnehmer-Pauschalbetrag von 2000 Mark, versagt ihm aber die sehr günstige Besteuerung mit dem Ertragsanteil, von der der Rentner profitiert. Darüber entscheidet demnächst das Bundesverfassungsgericht.

Nun bitte ich Sie, die jeweils genannten Bruttoeinnahmen nicht zum Maßstab der Dinge zu machen und als absolute Größe zu nehmen. Es muß in jedem Fall einzeln durchgerechnet werden. Verschiebungen durch höhere Renten oder Pensionen oder andere als die vorgegebenen Kapitaleinkünfte führen natürlich zu anderen Ergebnissen. Die beiden Beispiele jedoch können für Sie Leitfaden einer eigenen Berechnung sein.

Die Situation hat sich übrigens seit 2000 durch die Halbierung des Sparerfreibetrags zwar etwas verschlechtert, gibt aber immer noch genug Anreiz zum Durchrechnen.

An das Finanzamt

*Mainz*

Dieser Antrag ist nur erforderlich, wenn Ihre Kapitalerträge 6100 DM (bei Ehegatten 12 200 DM) jährlich übersteigen. Ansonsten reicht ein Freistellungsauftrag an Ihr Kreditinstitut aus.

# ANTRAG

## auf Ausstellung einer Nichtveranlagungs- (NV-) Bescheinigung
### (§ 36 b Abs.2, § 44 a Abs.2 Nr. 2 u. § 44 b Abs.1 des Einkommensteuergesetzes – EStG –)

Weiße Felder bitte ausfüllen od. ankreuzen ⊠
Bitte in Blockschrift oder mit Schreibmaschine ausfüllen.

| Zeile | | |
|---|---|---|
| 1 | Die NV-Bescheinigung soll erstmals für das Jahr 199___ gelten. | |

### A. Allgemeine Angaben ①
Antragstellende Person (bei Ehegatten: Ehemann)

| Zeile | | |
|---|---|---|
| 2 | Name *Müller* | Geburtsdatum *1.5.1927* |
| 3 | Vorname *Xaver* | Ausgeübter Beruf *Rentner* |
| 4 | Straße, Hausnummer *Alpenstr. 50* | Telefonisch tagsüber erreichbar unter Nr. |
| 5 | Postleitzahl *55122*  Wohnort *Mainz* | |
| 5 | Verheiratet seit dem *5.7.1950*  Verwitwet seit dem  Geschieden seit dem  Dauernd getrennt lebend seit dem | |

Ehefrau

| Zeile | | |
|---|---|---|
| 6 | Vorname *Klothilde* | Geburtsdatum *5.7.1929* |
| 7 | ggfs. abweichender Name | Ausgeübter Beruf *Hausfrau* |
| 8 | bei abweichendem Wohnsitz: Straße, Hausnummer | Telefonisch tagsüber erreichbar unter Nr. |
| | Postleitzahl  Wohnort | |

Steuerlich zu berücksichtigende Kinder

| Zeile | Vorname des Kindes (ggf. auch abweichender Familienname) | Geburtsdatum | Bei Kindern ab 18 Jahren: steuerlich zu berücksichtigen, weil |
|---|---|---|---|
| 9 | | | |
| 10 | | | |
| 11 | | | |

Die NV-Bescheinigung soll nicht mir/uns zugesandt werden, sondern:

| Zeile | | |
|---|---|---|
| 12 | Name | |
| 13 | Vorname | |
| 14 | Straße, Hausnummer | |
| | Postleitzahl  Wohnort | |

| Zeile | Wurden Sie bisher zur Einkommensteuer veranlagt? | Wurde (Wird) für das Vorjahr ein Antrag auf Veranlagung zur Einkommensteuer gestellt? |
|---|---|---|
| 15 | ☒ Nein | ☒ Nein |
| 16 | Ja, beim Finanzamt | Ja, beim Finanzamt |
| 17 | Steuernummer / Kenn-Nr. / Aktenzeichen | Steuernummer / Kenn-Nr. / Aktenzeichen |

Wurde bereits früher eine NV-Bescheinigung erteilt?

| Zeile | | Nein | Ja, vom Finanzamt | Ordnungsnummer | gültig bis |
|---|---|---|---|---|---|
| 18 | für die antragstellende Person / für den Ehemann | ☒ | | | 31. 12. 19___ |
| 19 | für die Ehefrau | ☒ | | | 31. 12. 19___ |
| 20 | für die Eheleute gemeinsam | ☒ | | | 31. 12. 19___ |

### B. Benötigte NV-Bescheinigungen für:

| Zeile | | Antragstell. Person/Ehemann | Ehefrau | Eheleute gemeinsam |
|---|---|---|---|---|
| 21 | Anzahl der benötigten Bescheinigungen | *2* | | |

Bitte unbedingt ausfüllen. Ihr Antrag kann sonst nicht bearbeitet werden!

| C. Voraussichtlich zu versteuerndes Einkommen 200 0 ① ② (für das in Zeile 1 genannte Jahr) | Antragstellende Person (bei Ehegatten: Ehemann) | Ehefrau |
|---|---|---|
| | Bitte nur volle DM-Beträge eintragen | |
| | DM | DM |
| 25 Einkünfte aus Land- und Forstwirtschaft | – | |
| 26 Einkünfte aus Gewerbebetrieb | – | |
| 27 Einkünfte aus selbständiger Arbeit | – | |

| Einkünfte aus nichtselbständiger Arbeit | Antragstellende Person/ Ehemann | Ehefrau | | |
|---|---|---|---|---|
| 28 Bruttoarbeitslohn a) aus dem ersten Dienstverhältnis | / | / | | |
| 29 b) aus allen weiteren Dienstverhältn. | | | | |
| 30 Darin enthaltene **Versorgungsbezüge** (Ruhegehälter, Pensionen) . . . . . . . . . | | | – | |
| 31 **Werbungskosten**, wenn mehr als 2000 DM (z.B. Aufwendg. für Fahrten zwischen Wohnung u. Arbeitsstätte) | | | – | |

| | Antragstellende Person | Ehefrau |
|---|---|---|
| **Einkünfte aus Kapitalvermögen** – Sparer-Freibetrag wird vom Finanzamt berücksichtigt – | | |
| 32 a) Dividenden ③ . . . . . . . . . . . . . . . . . . . . . . | 14.000,– | |
| 33 b) Zinsen aus Sparguthaben, Bausparguthaben, Erträge aus festverzinslichen Wertpapieren, Investmentanteilen, Lebensversicherungen, Stückzinsen . . . . . . . . . . . | 5.000,– | |
| 34 c) andere Kapitalerträge ③ . . . . . . . . . . . . . . . . . . . . | – | |
| 35 **Einkünfte aus Vermietung und Verpachtung** | – | |
| **Sonstige Einkünfte** | | |
| 36 a) Einnahmen aus **Leibrenten** . . . . . . . . . . . . . . . (z.B. Sozialversicherungsrenten und private Versorgungsrenten) | 75.000,– | |
| 37 Die Rente läuft seit . . . . . . . . . . . | 1.5.1992 | |
| 38 Sie erlischt mit dem Tod von . . . . . . . | Ehemann | / |
| 39 Sie erlischt spätestens . . . . . . . . . . | | |
| 40 b) Einnahmen aus anderen wiederkehrenden Bezügen . . . . . . . . . . | | |

**Weitere Angaben** (z.B. Sonderausgaben) – Voraussichtliche Änderungen in den beiden auf das o.a. Kalenderjahr folgenden Jahren.

Keine

Hinweis: Das Bundesamt für Finanzen ist berechtigt, die Höhe Ihrer Kapitalerträge dem für Sie zuständigen Finanzamt mitzuteilen.

Ich versichere, die Angaben in diesem Antrag wahrheitsgemäß nach bestem Wissen und Gewissen gemacht zu haben. Mir ist bekannt, daß ich verpflichtet bin, die ausgestellte NV-Bescheinigung an das Finanzamt zurückzugeben, wenn die Voraussetzungen für ihre Erteilung weggefallen sind.

Bei der Anfertigung dieses Antrags hat mitgewirkt:
(Name, Anschrift, Telefon)

Ort, Datum

*Mainz*     *1.8.2000*

*Xaver Müller*   *Klothilde Müller*

(Unterschrift der antragstellenden Person/ (Unterschrift der Ehefrau)
des Ehemanns; bei minderjährigen Kindern
Unterschrift des gesetzlichen Vertreters)

**Anträge bitte eigenhändig unterschreiben. Bei Ehegatten ist die Unterschrift von Ehemann und Ehefrau erforderlich.**

Hinweis nach den Datenschutzgesetzen: Die angeforderten Daten werden auf Grund der §§ 149 ff. Abgabenordnung in Verbindung mit § 36 b Abs. 2, § 44 a Abs. 2 Nr. 2 und § 44 b Abs. 1 EStG verlangt.

Sie werden grundsätzlich nicht zur Einkommensteuer veranlagt und haben damit Anspruch auf die Ausstellung der NV-Bescheinigung, wenn Ihr Einkommen im Kalenderjahr den Grundfreibetrag je Person nicht übersteigt. Die NV-Bescheinigung wird regelmäßig für drei Jahre ausgestellt.

① Für minderjährige Kinder mit eigenen Einnahmen aus Kapitalvermögen, für die eine NV-Bescheinigung ausgestellt werden soll, ist vom gesetzlichen Vertreter jeweils ein gesonderter Antragsvordruck auszufüllen.

② Auch Einkünfte, die voraussichtlich negativ sind, sind hier einzutragen.

③ Zu den Einnahmen aus Kapitalvermögen gehören außer Dividenden sowie den in Zeile 33 genannten Erträgen insbesondere auch Zinsen aus Darlehen und Anleihen sowie Einnahmen aus der Beteiligung an einem Handelsgewerbe als stiller Gesellschafter. Anzugeben sind die Bruttoeinnahmen aus Kapitalvermögen, also einschließlich einer etwa einbehaltenen Kapitalertragsteuer sowie der anzurechnenden oder zu vergütenden Körperschaftsteuer. Die anrechenbare Körperschaftsteuer beträgt ³/₇ der Einnahmen im Sinne des § 20 Abs.1 Nr.1 und/oder 2 sowie Abs.2 Nr.2 Buchstabe a EStG (vor Abzug der Kapitalertragsteuer).

FINANZAMT ˙ Mainz

Ordnungs-Nr.:     718/698/2342/6

# RheinlandPfalz

FINANZAMT  Mainz

TELEFON: 06131/123456

----------------------------------

Herrn
Xaver Müller
Alpenstr. 50

55122 M a i n z

Eintragungen des Kreditinstituts

_____

_____

Diese NV-Bescheinigung ist dem Finanzamt nach § 36 b Abs. 2 Satz 4, § 44 a
Abs. 2 Satz 2 EStG zurückzugeben,
1. wenn das Finanzamt sie zurückfordert,
2. wenn Sie erkennen, daß die Voraussetzungen für die Erteilung weggefallen
   sind (vgl. Erläuterung 1).

(1)      N V - B e s c h e i n i g u n g

(Nichtveranlagungs-Bescheinigung - NV 1 B)
gem. § 36 b Abs. 2, § 44 a Abs. 2 Nr. 2 und § 44 b Abs. 1 des
Einkommensteuergesetzes (EStG)

Diese Bescheinigung gilt für Kapitalerträge, die zufließen in der Zeit
vom 01. 01. 2000 bis 31. 12. 2002

Herrn
Xaver Müller
Alpenstr. 50

55122 M a i n z

wird hiermit bescheinigt, daß voraussichtlich in dem o. a. Zeitraum eine
Veranlagung zur Einkommensteuer nicht in Betracht kommt.
Der Widerruf dieser Bescheinigung bleibt vorbehalten.

Im Auftrag

Diese Bescheinigung ist maschinell erstellt und ohne Dienststempelaufdruck
gültig.
Erläuterungen
1. Die Voraussetzungen für die Erteilung der Bescheinigung entfallen,
   wenn Sie nicht mehr unbeschränkt steuerpflichtig sind oder Ihre
   Einkommensverhältnisse sich so ändern, daß Sie zur Einkommensteuer
   zu veranlagen sind. In diesem Fall sind Sie verpflichtet,
   die ausgestellte NV-Bescheinigung an das Finanzamt zurückzugeben.
   Die NV-Bescheinigung ist ferner zurückzugeben, wenn Sie während
   der Geltungsdauer der Bescheinigung heiraten. In diesem Fall
   prüft das Finanzamt, ob für Sie und Ihren Ehegatten auch nach der
   Eheschließung eine Veranlagung zur Einkommensteuer nicht in Betracht
   kommt, und ggf. eine neue Bescheinigung zu erteilen ist.
2. Sollten Sie Ihren Wohnsitz wechseln, so teilen Sie bitte dem Finanzamt, das diese Bescheinigung ausgestellt hat (vgl. oben links), Ihre
   neue Anschrift unter Angabe der Ordnungs-Nr. dieser Bescheinigung mit.
3. Das Bundesamt für Finanzen ist berechtigt, die Höhe Ihrer Kapitalerträge

## 21.4 Welche Werbungskosten können Sie als Aktionär abziehen?

Bisher haben wir uns der Einfachheit halber damit begnügt, bei den Kapitaleinkünften als Werbungskosten ganz einfach die Pauschale von 100 Mark (Eheleute: 200 Mark) in Abzug zu bringen. Wir werden jetzt überlegen, ob wir mit unseren tatsächlichen Werbungskosten nicht doch zu höheren abzugsfähigen Werbungskosten kommen.

Eingetragen werden sie übrigens in der Anlage KSO, die sich die Berliner Formulartüftler als Beiblatt zum Einkommensteuer-Mantelbogen für die Deklaration von Kapitaleinkünften und »Sonstigen Einkünften« ausgedacht haben.

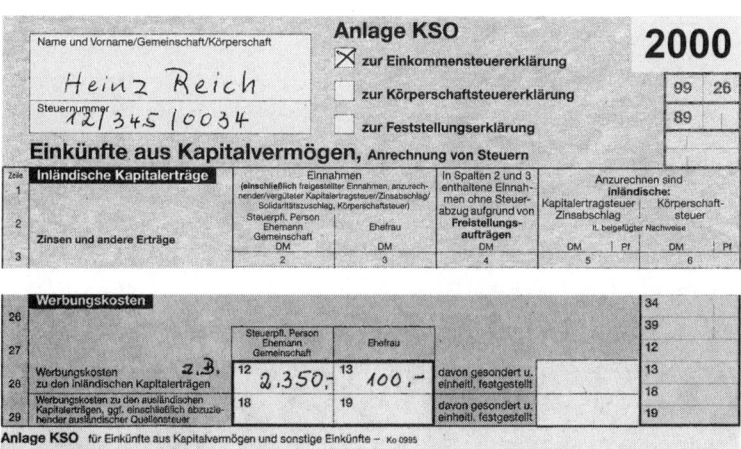

Welche Kosten dürfen Sie dem Finanzamt im Zusammenhang mit Ihrer Wertpapieranlage als Werbungskosten präsentieren?

• Kosten für die Depotverwaltung
• Safemiete
• Börsendienste
• Chartdienste

- Computerprogramme zur Wertpapierverwaltung
- Handelsblatt
- Börsenbücher (auch die Kosten dieses Buches)
- Telefon- und Portokosten (eigene Aufstellung erforderlich)
- Zinsen für die Anschaffung von Wertpapieren
- Kosten für den Besuch einer Hauptversammlung
- Prozeß- und Anwaltskosten im Zusammenhang mit Kapitalerträgen
- Kosten für Vermögensverwaltung und Anlageberatung
- Beiträge an Schutzverbände (Schutzvereinigung für Wertpapierbesitz oder Aktionärsvereine).

Sie sehen, die Palette der Werbungskosten ist umfangreich – ein leichtes für Sie, die knappen Pauschalbeträge zu übersteigen und die tatsächlichen Kosten abzuziehen. An- und Verkaufsspesen, wie zum Beispiel Bankspesen und Börsenmaklergebühren, sind keine Werbungskosten. Sie zählen zu den Anschaffungsnebenkosten von Wertpapieren. Natürlich wirken sie sich als solche mindernd bei der Berechnung der Spekulationsgewinne aus.

Im Gegensatz zum Abzug der Pauschalbeträge dürfen die nachgewiesenen Werbungskosten auch zu negativen Einkünften aus Kapitalvermögen führen. Dies hat bei Arbeitnehmern und Steuerbürgern mit noch anderen Einkunftsarten die angenehme Nebenwirkung, daß Steuern gespart werden. Doch Vorsicht! Wenn Sie dem Finanzamt auf Dauer negative Einkünfte aus Kapitalvermögen präsentieren – etwa, weil Sie viele Hauptversammlungen besuchen –, wird es nicht mehr mitspielen. Es klassifiziert Ihre Tätigkeit im Bereich des Kapitalvermögens dann als »Liebhaberei«. Dies ist ein ganz prosaischer steuerlicher Begriff, der schlicht bedeutet, daß Sie aus Lust und Laune Wertpapiere besitzen und es mit der Verrechnungsmöglichkeit Ihrer Verluste mit anderen Einkunftsarten vorbei ist.

Nehmen wir noch das andere Extrem: Sollten Sie sich regelmäßig und planmäßig wie ein Profi mit eigenem Büro und umfangreichen und häufigen Transaktionen an der Börse betätigen, könnten Sie vom Finanzamt als Gewerbetreibender eingestuft werden. Dies hätte eklatante Nachteile. Beispielsweise die Gewerbesteuerpflicht. Auch würde jeder Aktienverkauf zu gewerblichen Gewinnen oder Verlusten führen, genauso wie die Dividenden gewerbliche Einkünfte wären. Bei Privatanlegern tritt diese Situation jedoch eher selten ein. Die Finanzgerichte mußten sich indessen schon mehrfach damit beschäftigen, daß sich ein Bankangestellter durch die Ausweitung seiner zunächst nebenberuflichen Tätigkeit an der Börse allmählich zu einem selbständigen Händler entwickelte (vgl. BFH v. 31. 7. 1990, BStBl 1991 II, S. 66 und FG Rheinland-Pfalz v. 6. 9. 1996, 3 K 1265/94, Revision schwebt unter Az. X R 1/97, Deutsches Steuerrecht 12/97, S. VI usw.).

### 21.4.1 Beim Zinsabzug ist Taktik gefragt

Wie steht das Finanzamt zu Wertpapierkäufen, die mit Krediten finanziert werden? Eher etwas zwiespältig, denn es wird die Schuldzinsen nur dann als Werbungskosten anerkennen, wenn auf Dauer, also auf längere Sicht, ein Überschuß der Kapitalerträge über die Kreditzinsen zu erwarten ist. Es ist durchaus denkbar, daß einige Jahre ein Rotbetrag bei den Kapitaleinkünften akzeptiert wird.

Nicht selten erfolgt dann aber die Veranlagung vorläufig, das heißt vorbehaltlich einer späteren Nachprüfung. Im Grundsatz gelten immer noch die drei Bundesfinanzhofurteile vom 21. 7. 1981 (Bundessteuerblatt 1982 II S. 36f. und 40). Danach ist der Abzug von Schuldzinsen beim Kreditkauf von Wertpapieren nicht nur bis zur Höhe der Erträge möglich, sondern in vollem Maß. Allerdings muß früher oder später voraussichtlich mit

Überschüssen zu rechnen sein. Werden die mit Kredit gekauften Wertpapiere veräußert und bleibt der Kredit auch dann noch ganz oder teilweise bestehen, löst sich der Zusammenhang zwischen Kapitaleinkünften und Schuldzinsen. Die Zinsen sind dann entweder nicht mehr abzugsfähig oder, bei einem Teilverkauf der Wertpapiere, nur anteilig, nämlich im Verhältnis der veräußerten zu den nichtveräußerten Aktien (Bundesfinanzhof vom 8. 3. 1977, Bundessteuerblatt 1977 II, S. 465).

Noch ein Wort zu den sogenannten Spekulationsgeschäften, zu denen wir in einem besonderen Kapitel noch ausführlicher kommen werden: Schuldzinsen können nur bis zur Höhe des Spekulationsgewinns abgezogen werden. Eine Verrechnung mit anderen Einkünften ist nicht möglich (Bundesfinanzhof vom 19. 2. 1965, Bundessteuerblatt 1965 III, S. 194).

Es ist jetzt etwas juristisch geworden. Deshalb schnell ein praktisches Beispiel: Verkaufen Sie Ihre Aktien innerhalb der Jahresfrist und erzielen Sie dabei einen Spekulationsgewinn, so dürfen Sie die dazugehörigen Schuldzinsen als Werbungskosten am Spekulationsgewinn kürzen. Ist die Spekulationsfrist abgelaufen, stecken Sie den Kursgewinn in die private Tasche. Dann fällt aber auch der Schuldzinsenabzug ganz unter den Tisch. Waren die Schuldzinsen innerhalb der Spekulationsfrist höher als der Spekulationsgewinn, können sie nur mit anderen Spekulationsgewinnen des gleichen Jahres ausgeglichen werden. Seit 1999 ist auch ein Rücktrag in das Vorjahr oder ein Vortrag (unbegrenzt) in kommende Jahre möglich.

Mit der Schwierigkeit der Aufteilung von Schuldzinsen hat sich auch der Bundesminister der Finanzen in einem Erlaß beschäftigt, der durch die Oberfinanzdirektion Nürnberg am 27. 12. 1989 (S. 2252 – 152/St 21) mitgeteilt wurde. Ein Wertpapierdepot war so strukturiert, daß drei verschiedene Arten von Einnahmen zutage traten:

1. Einnahmen aus Kapitalvermögen
2. Einnahmen aus Spekulationsgewinnen
3. nichtsteuerbare Vermögensmehrungen (Veräußerung von Aktien außerhalb der Spekulationsfrist usw.).

Für die Zuordnung der Werbungskosten sind die einzelnen Einnahmequellen gesondert zu betrachten. Daraus ergibt sich, daß die den Einnahmen aus Kapitalvermögen zuzuordnenden Schuldzinsen abzugsfähig sind und die Schuldzinsen im Zusammenhang mit den Spekulationsgeschäften nur insoweit, als Spekulationsgewinne angefallen sind. Soweit die Zinsen auf nichtsteuerbare Vermögensmehrungen anfallen, wie die Veräußerung von Aktien außerhalb der Spekulationsfrist, ist die Abzugsfähigkeit zu versagen.

Betrachten wir auch noch den Fall, in dem ein Anleger Wertpapiere durch einen Kredit finanzierte (wozu ich prinzipiell nicht rate), der nach zwölf Jahren durch eine Lebensversicherung getilgt werden sollte. Hier hat der Bundesfinanzhof mit Urteil vom 5.3.1991 (VIII R 6/88; Finanz-Rundschau 16/91, S. 491) die Abzugsfähigkeit der Schuldzinsen versagt. Auch aus dem Bundesfinanzhofsurteil vom 24. März 1992 (Bundessteuerblatt 1993 II, S. 18) kann man, trotz gewisser Verständnisprobleme für den Steuerlaien, eine Dreiteilung herauslesen:

1. Schuldzinsen für einen Aktienkauf, der längerfristig rentabel ist, sind Werbungskosten bei den Kapitaleinkünften.
2. Schuldzinsen im Zusammenhang mit Spekulationsgewinnen sind dort als Werbungskosten abzugsfähig.
3. Schuldzinsen für nach Ablauf der Spekulationsfrist veräußerte Aktien sind nicht abzugsfähig.

Welche Taktik empfiehlt sich für Sie als Kleinanleger angesichts dieser umfangreichen Rechtsprechung? Sie vermeiden Schwierigkeiten mit Ihrem Finanzamt, wenn Sie für eine klare Aufteilung der Zinsen sorgen. Dies könnte durch Einrichtung mehrerer Depots geschehen. Nehmen Sie auf das erste Depot alle Aktien, die Sie für eine Daueranlage vorgesehen haben, sowie Ihre Anleihen. Dieses Depot, dessen Schuldzinsen abzugsfähig sind, finanzieren Sie mit Kredit. Auf einem zweiten Depot legen Sie Ihre Aktien an, die weniger für die Daueranlage, sondern eher für kurzfristige Spekulationen angeschafft sind. Hier setzen Sie vorwiegend oder ausschließlich Eigenkapital ein, denn Sie wissen jetzt, daß Sie eventuelle Schuldzinsen allenfalls innerhalb der Spekulationsfrist mit Spekulationsgewinnen gegenrechnen können.

### 21.4.2 Die Fahrt zur Hauptversammlung auf Kosten des Finanzamtes

Schicken wir hier die generelle Anmerkung voraus, daß Sie zwar mit dem Besitz von nur einer DaimlerChrysler-Aktie nach Stuttgart zur Hauptversammlung fahren können und auch eine einzige Bayer-Aktie Ihnen Zutritt in Leverkusen verschafft. Das Finanzamt wird in solchen Fällen Ihre Rotbeträge jedoch meist nicht akzeptieren, weil eine vernünftige Relation zwischen Erträgen und Aufwendungen bestehen muß. Hauptversammlungs-Tourismus, der nur zu Verlusten führt, wird dem Bereich der »Liebhaberei«, den Sie in einem vorangegangenen Abschnitt bereits kennengelernt haben, zugewiesen. Diese pauschale Auffassung der Finanzverwaltung ist nicht unumstritten. Es fragt sich aber, ob Sie als Kleinanleger die Risiken eines Steuerprozesses mit ungewissem Ausgang eingehen wollen.

Kommen wir also zu dem eindeutigen Sachverhalt, daß Sie als Aktionär mit umfangreichem Depot einige Hauptversammlungen im Laufe des Jahres besuchen. Was dürfen Sie alles absetzen? Zunächst einmal die Reisekosten. Es sind die Kosten öffentlicher Verkehrsmittel und bei Einsatz des eigenen Pkw 0,52 Mark pro

Fahrkilometer, also der Hin- und Rückfahrt. Dies ist bei der Steuer der für Dienstreisen gültige Kilometersatz und nicht etwa der niedrigere für Fahrten zwischen Wohnung und Arbeitsstätte. Bei weiten Reisen können Unterbringungskosten hinzukommen. Sie sind durch eine Hotelrechnung zu belegen. Für den Verpflegungsaufwand gibt es seit 1996 leider keinen Einzelnachweis mehr, mit dem Sie Hors d'Œuvres und Hauptmenü steuerlich geltend machen könnten. Sie müssen vielmehr, wie jeder Geschäftsreisende, mit billigen Pauschalen vorlieb nehmen. Diese sind nach der Dauer Ihrer Abwesenheit wie folgt gestaffelt:

- ab  8 Stunden = 10 Mark
- ab 14 Stunden = 20 Mark
- ab 24 Stunden = 46 Mark

Wird auf der Hauptversammlung ein Imbiß gereicht, sind die Pauschalen nicht mehr – wie vor 1997 – um 30 Prozent zu kürzen.

Der Besuch von Hauptversammlungen verursacht auch Nebenkosten, wie zum Beispiel die Kosten von Telefongesprächen oder, bei Anreise mit öffentlichen Verkehrsmitteln, Taxikosten. Sie sind ebenfalls als Werbungskosten steuerlich abzugsfähig.

Wichtig: Wenn Sie Ihre Werbungskosten einzeln nachweisen und diese übersteigen die Werbungskostenpauschale von 100 Mark (Verheiratete = 200 Mark) bei den Kapitaleinkünften, so ist die Werbungskostenpauschale natürlich aufgebraucht. Der Sparerfreibetrag wird jedoch nicht mit den Werbungskosten verrechnet und bleibt Ihnen in jedem Fall gesondert und ungekürzt erhalten.

### 21.5 »Ich sag's dir: ein Kerl, der spekuliert ...« – Spekulationsgewinne

Mephisto war also gegen das Spekulieren und wahrscheinlich auch sein Schöpfer, der Herr Geheimrat Goethe. Vielleicht hatte er vorausgeahnt, daß knapp hundert Jahre nach seinem Tod ein großer Börsenkrach das Sozialgefüge der zwanziger Jahre erschütterte. So etwas hatte Goethe, als er weiland noch Finanzminister in Weimar war, nicht erleben müssen.

### 21.5.1 Was sind Spekulationsgewinne?

Mit Aktien spekulieren kann gewinnbringend sein. Doch dabei hält auch der Fiskus seine Hand auf. Er hat eine eigene Definition für das Wort »Spekulationsgewinn« geschaffen und in § 23 Einkommensteuergesetz niedergelegt (private Veräußerungsgewinne). Spekulationsgewinne gehören zur Einkunftsart »Sonstige Einkünfte«. Spekulationsgewinne liegen seit 1999 dann vor, wenn zwischen An- und Verkauf Ihrer Aktien nicht mehr als ein Jahr liegt. Dann sind die Kursgewinne steuerpflichtig.

Spekulationsgewinne im steuerlichen Sinne können Sie nicht nur mit Aktien, sondern auch mit Investmentzertifikaten und seit 1994 sogar mit festverzinslichen Wertpapieren (Anleihen) erzielen. Früher waren Spekulationsgewinne mit festverzinslichen Wertpapieren inländischer Emittenden von der Steuer ausgenommen. Aber Sie haben es selbst miterlebt: Bei zurückgehenden Zinsen kann man mit Anleihen hohe Kursgewinne einfahren, und seit 1994 ist auch hier der Fiskus mit von der Partie. Behalten Sie Ihre Wertpapiere länger als ein Jahr, dürfen Sie Spekulationsgewinne in die steuerfreie Tasche stecken.

### 21.5.2 Eine erfreuliche, aber auch tückische Freigrenze

Das Finanzamt rechnet die Spekulationsgewinne eines Jahres zusammen. Dabei spielt keine Rolle, wann im Laufe des Jahres und mit welchen Papieren Sie Ihre Spekulationsgewinne erzielt haben.

Kauften Sie Telekom-Aktien am 6. Oktober 2000, begann die einjährige Spekulationsfrist am 7. Oktober 2000 und endet am 6. Oktober 2001. Ab dem 7. Oktober 2001 dürfen Sie vollkommen steuerfrei wieder verkaufen. Hätten Sie jedoch beispielsweise schon früher verkauft und einen Gewinn von 900 Mark erzielt, und ist dies Ihr einziges Spekulationsgeschäft im Jahr 2001 gewesen, dürfen Sie die 900 Mark ungeschmälert durch fiskalischen Zugriff behalten. Sie haben von der Spekulations-Freigrenze von 1000 Mark profitiert.

Freigrenze und Freibetrag sind zwei Paar Schuhe. Wenn die Freigrenze auch nur minimal überschritten ist, so wird alles steuerpflichtig, von der ersten Mark an. Bei einem Freibetrag dagegen behalten Sie immer diesen Freibetrag, gleichgültig, wie hoch Ihre Gewinne sind. Hätten Sie Ihre Telekom-Aktien innerhalb der Jahresfrist mit einem Gewinn von 1400 Mark verkauft, wäre der Gesamtgewinn von 1400 Mark steuerpflichtig gewesen. Angenommen, Sie unterliegen einem Steuersatz von 50 Prozent, was bei Einkommensteuer, Kirchensteuer und Solidaritätszuschlag ziemlich schnell passiert, wäre die Hälfte Ihres Gewinns von 1400 Mark in der Kasse des Finanzamts verschwunden. Dies aber nur, wenn Sie Ihrer Deklarationspflicht in der Steuererklärung, Abteilung »Sonstige Einkünfte«, Unterabteilung »Private Veräußerungsgeschäfte«, auch nachgekommen wären. Mit der sogenannten Spekulationssteuer ist es nämlich anders als beim Zinsabschlag oder der Kapitalertragssteuer. Diese beiden Steuern werden von Ihrem Kreditinstitut gleich einbehalten und an das Finanzamt abgeführt. Die Spekulationssteuer jedoch ist nicht Sache Ihrer Bank oder Sparkasse. Wie sollte es auch! Sie müßte alle Ihre Wertpapierkäufe und -verkäufe nachvollziehen, die Fristen kontrollieren und wüßte im übrigen nicht, bei welchen Banken Sie außerdem noch Aktiengeschäfte tätigten.

### 21.5.3 Die Nürnberger hängen keinen ... – Möglichkeiten der Entdeckung

Nun möchten Sie, wieder mal frei nach Goethe, doch gerne die Gretchenfrage stellen: »Wie hältst du es – nicht mit der Religion –

sondern mit der Steuerehrlichkeit?« Ich gestehe offen, daß ich während meiner langen Berufszeit sehr wenige Spekulationsgeschäfte aus Aktien in den Steuererklärungen gesehen habe. Bei Grundstücken ist dies schon immer etwas anders gewesen, da sich aufgrund der notariellen Verträge die hier geltende Zehnjahresfrist (früher war es eine Zweijahresfrist) leicht nachvollziehen läßt. Schließlich gehen Durchschriften der Verträge an die Grunderwerbssteuerstellen der Finanzämter.

Noch ist es bei Spekulationsgeschäften nicht so weit. Gleichwohl: Ein Finanzminister hält Durchschriften der Banken von Veräußerungsbelegen bei Wertpapiergeschäften als »obligatorische Maßnahme« für denkbar. Auch sind Fälle bekannt geworden, in denen bei Bankprüfungen Kontrollmitteilungen von Wertpapierverkäufen gefertigt wurden. Bei den Wertsteigerungen von Aktien des Neuen Marktes im Frühahr 2000 wird man schnell fündig.

Bei Gewerbetreibenden und Freiberuflern kommt bei Betriebsprüfungen, die sich auch auf private Konten erstrecken, manches ans Tageslicht, das man dem Sektor »Vergessene Spekulationsgewinne« zuordnen könnte. Auch die bis Ende 1996 noch erhobene Vermögensteuer bot Gelegenheit zu finanzamtlichen Recherchen, weil aus den der Vermögenserklärung beiliegenden Depotauszügen Rückschlüsse auf Spekulationsgewinne gezogen werden konnten.

Die Politiker, die 1999 die Spekulationsfrist auf ein Jahr angehoben haben, würden es wahrscheinlich nicht zugeben. Fakt aber ist, daß beim Deklarieren von Spekulationsgewinnen vieles im argen liegt und die meisten Aktionäre »mit leichter Hand« diesem Problem ausweichen. Das Steueraufkommen aus Wertpapier-Spekulationsgewinnen ist insgesamt verhältnismäßig gering. Dennoch ist eindeutig: Es handelt sich in der Regel um Steuerhinterziehung, zumindest um leichtfertige Steuerverkürzung, und

die Härte des Gesetzes in Form von Steuernachzahlung, Berechnung von Hinterziehungszinsen und – je nach Schwere des Falles –
Bußgeld oder Steuerstrafe trifft den, der in den Maschen eben-
dieses Gesetzes hängenbleibt. Der Vorsitzende der Steuerge-
werkschaft geht davon aus, daß 90 Prozent der Spekulationsgewinne nicht deklariert werden.

Bagatellsteuern verdienen jedoch keinen Verwaltungsaufwand.
Deshalb wäre es durchaus angemessen gewesen, die Freigrenze in
einen Freibetrag von jährlich 5000 Mark umzuwandeln. Die meisten Kleinanleger hätten davon profitiert, ohne sich in eine steuerstrafrechtliche Grauzone zu begeben, während bei Großanle-
gern ohnehin davon ausgegangen werden muß, daß sie die Steu-
ergesetze genau kennen und im »Falle eines Falles« die Bußgeld-
stellen oder Gerichte eher auf Hinterziehung als auf leichtfertige
Verkürzung erkennen werden. Dies ist keine Exkulpation für
Kleinanleger. Das Gesetz ist hier eindeutig. Spekulationsgewinne
sind in der Steuererklärung anzugeben, wenn sie in der vorgegebenen Frist anfallen und pro Jahr die Freigrenze von 1000 Mark
erreicht oder überstiegen wird. Um es ganz klar zu definieren: 999
Mark jährlich sind noch steuerfrei, aber 1000 Mark – nur eine
Mark mehr – sind bereits voll zu versteuern und können, je nach
persönlichem Steuersatz, bis zu 600 Mark Steuern ausmachen.

Mit einem Freibetrag von 5000 Mark ist es leider nichts geworden. Nach dem Steuersenkungsgesetz 2000 werden Spekulationsgewinne künftig jedoch nur noch zur Hälfte besteuert. Der Kölner Steuerrechtsprofessor Tipke hält Spekulationssteuer generell
für verfassungswidrig, weil sie nur von extrem wenigen gezahlt
wird. Er hat ein Verfahren vor dem Bundesfinanzhof angestrengt
(Az. IX 2 62/99). Es wird empfohlen, gegen Steuerbescheide mit
Spekulationssteuer Einspruch einzulegen und sich hierauf zu
berufen.

Doch noch kurz etwas zur Halbeinkünftebesteuerung der Spekulationsgewinne, die Sie in Kapitel 25 (Dividendenbesteuerung) noch ausführlich kennenlernen werden. Diese Halbeinkünftebesteuerung führt praktisch zu einer Verdoppelung der Freigrenze von 1000 Mark.

Beispiel: Sie haben 10 X-Aktien für 2600 Mark angeschafft und innerhalb der Jahresfrist für 4500 Mark verkauft. Der Spekulationsgewinn beträgt 1900 Mark und ist zur Zeit noch steuerpflichtig. Beim künftigen Halbeinkünfteverfahren werden die Anschaffungskosten halbiert (= 1300 Mark). Das Gleiche geschieht mit dem Veräußerungspreis (2250 Mark). Es bleibt ein Spekulationsgewinn von nur 950 Mark, und der ist steuerfrei, immer vorausgesetzt, es gibt keine weiteren Spekulationsgewinne im laufenden Jahr.

### 21.5.4 Wie berechnet sich der Spekulationsgewinn?

Um die Höhe des Spekulationsgewinns zu berechnen, stellen Sie ganz einfach den Unterschied zwischen Ihrer Verkaufsabrechnung und Ihrer Kaufabrechnung fest. Gewinnmindernd haben sich automatisch die Bankgebühren, Maklerprovisionen und Clearinggebühren beim An- und Verkauf ausgewirkt. Auch mögliche Zinsen für einen Wertpapierkredit – Sie haben schon davon gelesen – mindern Ihre Spekulationsgewinne, soweit sie in vollem Umfang oder anteilig auf die Spekulationsgeschäfte entfallen.

Mancher, dessen Spekulationsgrenze zum Jahresschluß mit vielleicht 1030 Mark leicht überschritten ist, kauft sich noch schnell ein Börsenbuch. Eine wahrhaft lohnende Investition, die ihm ein paar hundert Mark gesparte Spekulationssteuer einbringen kann, wenn er die Werbungskosten nicht den Kapitaleinkünften, sondern den »Sonstigen Einkünften« zuordnet, da er das Buch speziell zur Erzielung von Spekulationsgewinnen erworben hat.

Bei Wertpapieren, die in einem Sammeldepot verwahrt werden, ging die Finanzverwaltung früher davon aus, daß die zuletzt

gekauften Papiere zuerst verkauft wurden. Durch dieses sogenannte Lifo-Verfahren (»last in – first out«) wurde dies ganz einfach – fiktiv – unterstellt.

Doch diese Regelung, nach der jahrzehntelang Spekulationsgewinne berechnet wurden, hat der Bundesfinanzhof nicht mitge-
tragen. Mit seinem Urteil vom 24. 11. 1993 (Bundessteuerblatt
1994 II, S. 591) entschied er, daß nur noch solche Spekulationsgewinne steuerpflichtig sind, die zweifelsfrei aus Papieren mit höchstens damals noch sechsmonatiger und jetzt einjähriger Behaltedauer stammen. Ein zweiter Grundsatz ist dabei noch wichtig:
Bemessungsgrundlage für die Berechnung ist nunmehr der
durchschnittliche Einstandskurs. Er ersetzt die alte Lifo-Rege-
lung. Machen wir uns dies an einem einfachen Beispiel deutlich:

| Datum | Bestand/Kauf/ Verkauf | Kauf-/Verkaufs- kurs |
|---|---|---|
| 31. 12. (letztes Jahr) | Bestand 100 | 80 |
| 20. 01. (laufendes Jahr) | Kauf 40 | 68 |
| 15. 03. (laufendes Jahr) | Kauf 200 | 59 |
| 10. 01. (Folgejahr) | Verkauf 120 | 90 |

In unserem Beispiel hatte der Anleger am Silvestertag des letzten
Jahres von einer bestimmten Aktie 100 Stück in seinem Depot,
wobei als Einkaufspreis je 80 Euro unterstellt werden. Am
20. Januar kaufte er wegen des gefallenen Preises 40 Stück zu
einem Kurs von je 68 Euro hinzu. Da der Kurs weiter fiel, orderte
er am 15. März noch weitere 200 Stück zu einem Kurs von
59 Euro. Am 10. Januar des Folgejahres verkaufte er insgesamt
120 Stück zu 90 Euro. Wie rechnet das Finanzamt nach dem neu-
en BFH-Urteil?

Die 100 Aktien aus dem Bestand des Vorjahres bleiben vollkommen außer Betracht, denn hierfür ist die einjährige Spekula-

tionsfrist am 1. Januar des Folgejahres bereits abgelaufen. Es darf davon ausgegangen werden, daß von der Gesamtverkaufsmenge von 120 Stück mithin nur 20 Stück eindeutig auf die während der Spekulationsfrist erfolgten Zukäufe entfallen. Somit fällt auch nur der Teilverkauf von 20 Stück unter die Spekulationssteuer. Als Anschaffungskosten sind die durchschnittlichen Anschaffungskosten während der Spekulationsfrist anzusetzen. Hier sind dies:

| | |
|---|---|
| 40 Stück x 68 Euro = | 2720 Euro |
| 200 Stück x 59 Euro = | 11 800 Euro |
| 240 Stück | = 14 520 Euro |

Jede Aktie hatte einen durchschnittlichen Einkaufspreis von 60,50 Euro (14 520 Euro : 240 Stück).

Da der Verkauf für 90 Euro je Stück erfolgte, ergibt sich pro Aktie ein realisierter Kursgewinn von 29,50 Euro (90 Euro Verkaufskurs ./. 60,50 Euro durchschnittlicher Einkaufskurs). Nach neuer BFH-Rechtsprechung beträgt der Spekulationsgewinn: 20 Aktien x 29,50 Euro Kursgewinn = 590 Euro (= 1154 Mark).

Machen wir uns die Verbesserung durch die neue Rechtsprechung gegenüber der alten Regelung klar, indem wir das Beispiel einmal nach dem früheren Lifo-Verfahren durchrechnen. Hiernach hätte zwingend davon ausgegangen werden müssen, daß der Verkauf von 120 Stück aus den zuletzt gekauften 200 Aktien stammt. Schließlich bedeutete »Lifo« ja, daß die zuletzt gekauften Aktien als zuerst verkauft galten. Nach der alten Rechtslage gab es auch noch keinen durchschnittlichen Kursgewinn. Der Kursgewinn wäre vielmehr an den Anschaffungskosten des letzten Aktienpostens vom 15. März festzumachen. Sie betrugen pro Stück 59 Euro, so daß sich ein Kursgewinn von 31 Euro je Aktie ergab (90 ./. 59). Bei 120 Aktien errechnete sich früher ein steuerpflichtiger Spekulationsgewinn von 3720 Euro (120 x 31 Euro = 7276 Mark).

Bei diesem Beispiel stehen 590 Euro steuerfreier Spekulationsgewinn nach neuer Rechtsprechung einem Spekulationsgewinn von 3720 Euro nach früherer Verwaltungsauffassung gegenüber. Sie sehen, manchmal lohnt es, den obersten Steuer-Kadi in München anzurufen, der sich Bundesfinanzhof nennt. Der besseren Vergleichbarkeit wegen habe ich alles auf Euro bezogen, obgleich damals, zur Zeit des vorteilhaften BFH-Urteils, die Euro-Währung der Börse noch unbekannt war.

### 21.5.5 Wie Sie die Spekulationsgrenze legal unterlaufen

Beginnen wir mit den Spekulationsverlusten. Sie sind die Folge mißglückter Spekulationen, was jeder kundige Börsianer zwar als ärgerlich, aber auch als realistisch empfindet. Selbstverständlich dürfen Sie Spekulationsverluste mit Spekulationsgewinnen verrechnen. Zu beachten ist dabei aber, daß Spekulationsverluste im steuerlichen Sinn nur dann vorliegen, wenn sie innerhalb der Jahresfrist realisiert werden. Behalten Sie deshalb die Anschaffungszeitpunkte Ihrer Aktien immer im Auge. Ist ein »faules Ei« dabei, entfernen Sie es schleunigst noch vor Ablauf der genannten Frist. Spekulationsverluste nach Fristablauf sind nutzlos und wirklich vergeudetes Geld.

Profitieren Sie außerdem von einer weiteren Gestaltungsmöglichkeit: Die Freigrenze von 1000 Mark gilt für jeden Ehepartner. Es wäre doch töricht, wenn dieser nicht auch ein eigenes Depot anlegt und mit eigenem Geld der Spekulation frönt. Macht nichts, wenn Sie dabei ein klein wenig über die Schulter schauen und Nachhilfe geben. Jeder hat mal klein angefangen.

Eine dritte Möglichkeit sollten Sie nicht aus dem Auge verlieren. Spätestens Anfang Dezember peilen Sie die steuerliche Situation.

Haben Sie noch Spielraum bis zur Ausschöpfung der Freigrenzen auf Ihrem und dem Ehegatten-Depot, oder warten Sie besser bis zum neuen Jahr? Jedes Jahr hat nämlich seine eigene Freigrenze. Was im Dezember Spekulationssteuer wegen der überschrittenen Jahresgrenze kosten würde, geht im Januar oft steuerfrei, weil Sie wieder ganz unten anfangen dürfen mit dem »Auffüllen« bis zu einer neuen Spekulationsgrenze. Mir persönlich ist es schon oft so ergangen, daß ich einen guten Kursgewinn wegen der Spekulationsfrist nicht »mitnehmen« wollte. War die Frist erst abgelaufen, lag der Kurs deutlich tiefer. Dann muß man sich zähneknirschend fragen, ob es nicht doch besser gewesen wäre, den Kursgewinn zu kassieren und nota bene die Spekulationssteuer des Fiskus in Kauf zu nehmen.

Es gibt hier zwar eine Ausweichmöglichkeit, die aber ein wenig Kleingeld kostet, weil sie so eine Art Versicherungsprämie ist. Sichern Sie Ihre Kursgewinne durch eine Verkaufsoption (Put) ab. Sinkt der Aktienkurs, kassieren Sie dafür den Erlös aus dem Put als Entschädigung. Puts auf den Deutschen Aktienindex (DAX) sind eine Querbeet-Absicherung für die verschiedenen Aktien Ihres Depots. Zur Absicherung eignen sich sowohl Put-Optionen der Deutschen Terminbörse als auch Put-Optionsscheine der Präsenzbörsen, die von vielen Bankhäusern ausgegeben werden. Machen Sie sich vor solchen Absicherungsgeschäften aber grundsätzlich bei Ihrem Wertpapierberater über die verschiedenen Gebühren sachkundig.

### 21.5.6 Neue Möglichkeiten – der Rücktrag und Vortrag von Spekulationsverlusten

Das Steuerreformgesetz 1999/2002 hat über den schon bekannten Ausgleich von Spekulationsgewinnen und Spekulationsverlusten des gleichen Jahres zwei weitere Möglichkeiten der Verrechnung geschaffen:

1. Spekulationsverluste dürfen in das Vorjahr rückgetragen werden, also beispielsweise die Spekulationsverluste des Jahres 1999 nach 1998 und die Spekulationsverluste aus 2000 nach 1999. Beim Rücktrag dürfen Sie nicht etwa mit den übrigen Einkünften, sondern nur mit Spekulationsgewinnen verrechnet werden, die in den Rücktragsjahren angefallen sind. Der Rücktrag ist vom Gesetzgeber auf ein Jahr begrenzt worden. Es läuft jedoch ein Verfahren vor dem Bundesfinanzhof (Az. IX B 128/99) das einen Rücktrag auf weitere Vorjahre (beispielsweise von 1999 nach 1997) anstrebt. Dieses Verfahren stützt sich auf eine Entscheidung des Bundesverfassungsgerichts (Beschluß vom 30. 9. 1998) bei einem ähnlich gelagerten Sachverhalt.

Beachten Sie bitte folgendes beim Verlustrücktrag: Zunächst die Spekulationsgewinne des laufenden Jahres mit Spekula-

| Spekulationsverluste – Vortrag, Rücktrag | *zulässig* | *unzulässig* |
|---|:---:|:---:|
| • Verrechnung mit anderen Einkunftsarten 1999 | | X |
| • Verrechnung mit Spekulationsgewinnen 1999 | X | |
| • Rücktrag nach 1998 | X | |
| Verrechnung mit Spekulationsgewinnen 1998 (bis 2 Millionen) | X | |
| Verrechnung mit anderen Einkunftsarten 1998 (bis 2 Millionen) | | X |
| • Rücktrag nach 1997 | | X |
| • Vortrag nach 2000 | X | |
| • Vortrag nach 2001 usw. | X | |
| Für die Jahre nach 1999 gilt das gleiche Prinzip. | | |

**Anlage VA**

zur Einkommensteuererklärung

# 1999

## Verlustabzug

### Antrag auf Beschränkung des Verlustrücktrags nach 1998

Die nicht ausgeglichenen negativen Einkünfte 1999 sollen in folgender Höhe nach 1998 zurück getragen werden (ohne Einkünfte aus Verlustzuweisungsgesellschaften und ähnlichen Modellen i. S. d. § 2 b EStG):

| 99 | 32 |
|----|----|
| 89 |    |

| Zeile | | Steuerpfl. Person / Ehemann DM | Ehefrau DM |
|-------|---|---|---|
| 1 | Einkünfte aus Land- und Forstwirtschaft | 10 | 11 |
| 2 | Einkünfte aus Gewerbebetrieb (ohne gewerbliche Tierzucht / -haltung und gewerbliche Termingeschäfte) | 12 | 13 |
| 3 | Einkünfte aus selbständiger Arbeit | 14 | 15 |
| 4 | Einkünfte aus nichtselbständiger Arbeit | 16 | 17 |
| 5 | Einkünfte aus Kapitalvermögen | 18 | 19 |
| 6 | Einkünfte aus Vermietung und Verpachtung | 20 | 21 |
| 7 | Einkünfte aus sonstigen Einkünften (ohne private Veräußerungsgeschäfte und Leistungen) | 22 | 23 |
| 8 | | | |
| 9 | Einkünfte aus privaten Veräußerungsgeschäften *z. B.* | 24 *5.000* | 25 |
| 10 | Einkünfte aus Leistungen | 26 | 27 |
| 11 | | | |
| 12 | Einkünfte aus gewerblicher Tierzucht / -haltung | | |

tionsverlusten verrechnen. Dabei aber 999 Mark, die ohnehin steuerfrei sind, stehen lassen. Nur die restlichen Verluste werden ins Vorjahr übertragen.

2. Auch der Vortrag von Spekulationsverlusten in die Folgejahre ist möglich. Eine zeitliche Begrenzung gibt es hier nicht. So können beispielsweise Spekulationsverluste im Jahr 2000 nicht nur nach 2001, sondern auch nach 2002 und weitere Jahre, theoretisch also lebenslang, vorgetragen und in diesen Jahren mit anderen Spekulationsgewinnen verrechnet werden.

Bitte beachten Sie: Auch hier ist keine Verrechnung mit anderen Einkünften (Lohneinkünfte, gewerbliche Einkünfte usw.) zulässig.

**21.6 Besteuerung von Dividenden – was es mit den $^3/_7$ auf sich hat**

Vor gut zwanzig Jahren noch wurden Dividenden gleich doppelt besteuert: Erst mußte die Aktiengesellschaft Körperschaftssteuer zahlen, und dann kam auf den Aktionär für die ausbezahlte Dividende noch einmal Einkommensteuer zu. Verständlich, daß bei dieser Doppelbesteuerung die sogenannten Tafelgeschäfte gang und gäbe waren. Sie werden so genannt, weil hierbei der Aktionär die Aktien selbst verwaltete und zum Ausschüttungstermin den Dividendencoupon über den Banktresen (die Tafel) schob, um die Dividenden ohne Steuerabzug zu kassieren.

Im Jahr 1977 wurde die Besteuerung der Dividenden reformiert. Die Aktiengesellschaft führt zwar nach wie vor Körperschaftssteuer an das Finanzamt ab. Diese wird aber dem Aktionär bei seiner Einkommensteuerveranlagung angerechnet. Am Ende bezahlt er dann genau so viel Steuern auf die Dividenden, wie es seinem persönlichen Steuersatz aufgrund des Gesamteinkommens entspricht.

Die Dividende, die der Aktionär erhält, nennt man Bardividende. Die Steuergutschrift der Körperschaftssteuer beträgt im Normalfall $^3/_7$ der Bardividende. Bei ganz oder teilweise im Ausland erwirtschafteten Dividenden (z. B. MAN-AG) kann aber die Körperschaftssteuergutschrift auch ganz oder teilweise entfallen. Von der Bardividende behält das Kreditinstitut 25 Prozent Kapitalertragsteuer ein und führt sie an das Finanzamt ab. Auch die Kapitalertragsteuer wird, genauso wie die Körperschaftsteuer, bei der steuerlichen Veranlagung des Aktionärs angerechnet.

In Ihrer Steuererklärung setzen Sie in der Anlage KSO die Bardividende zuzüglich des $^3/_7$-Guthabens an Körperschaftssteuer als

**Bardividende und Einkommensteuer**

|  | Euro | Euro | Euro | Euro | Euro | Euro | Euro | Euro |
|---|---|---|---|---|---|---|---|---|
| Bardividende | 5,00 | 6,00 | 7,00 | 8,00 | 9,00 | 10,00 | 11,00 | 12,00 |
| ./. 25 Prozent Kapitalertragsteuer | 1,25 | 1,50 | 1,75 | 2,00 | 2,25 | 2,50 | 2,75 | 3,00 |
| Gutschrift auf Ihrem Konto | 3,75 | 4,50 | 5,25 | 6,00 | 6,75 | 7,50 | 8,25 | 9,00 |
| + Steuerguthaben ($^3/_7$ der Bardividende) | 2,14 | 2,57 | 3,00 | 3,43 | 3,86 | 4,29 | 4,71 | 5,14 |
| zu versteuern | 7,14 | 8,57 | 10,00 | 11,43 | 12,86 | 14.29 | 15.71 | 17,14 |
| anrechenbar auf Ihre Einkommensteuerschuld | 3,39 | 4,07 | 4,75 | 5,43 | 6,11 | 6,79 | 7,46 | 8,14 |

Einkünfte aus Kapitalvermögen an. Auf die individuell anfallende Einkommensteuer werden Körperschaftsteuer und Kapitalertragsteuer angerechnet.

Nehmen wir also mal an, Sie lesen in der Zeitung, daß Ihre Aktiengesellschaft 5 Euro Dividende ausschütten wird. Dann ist dies die Bardividende. Auf Ihrem Konto werden Sie zunächst aber nur eine Gutschrift von 3,75 Euro finden, weil von der Bardividende 25 Prozent Kapitalertragsteuer (= 1,25 Euro) in Abzug gebracht werden. Nur wenn Sie die bereits beschriebene NV-Bescheinigung Ihrem Kreditinstitut vorgelegt haben, darf es von der Einbehaltung der Kapitalertragsteuer absehen. Das gleiche gilt für Kapitalerträge bis zur Höhe der Sparerfreibeträge von 3100/6200 Mark (Ledige/ Verheiratete).

### 21.6.1 Der Weg der Steuern – zuerst ans Finanzamt und dann an Sie zurück

Eine Erläuterung zum Bild auf der nächsten Seite: Die Aktiengesellschaft, die den Schornstein rauchen läßt, macht einen schönen Gewinn und führt darauf dreißig Prozent Körperschaftssteuer an

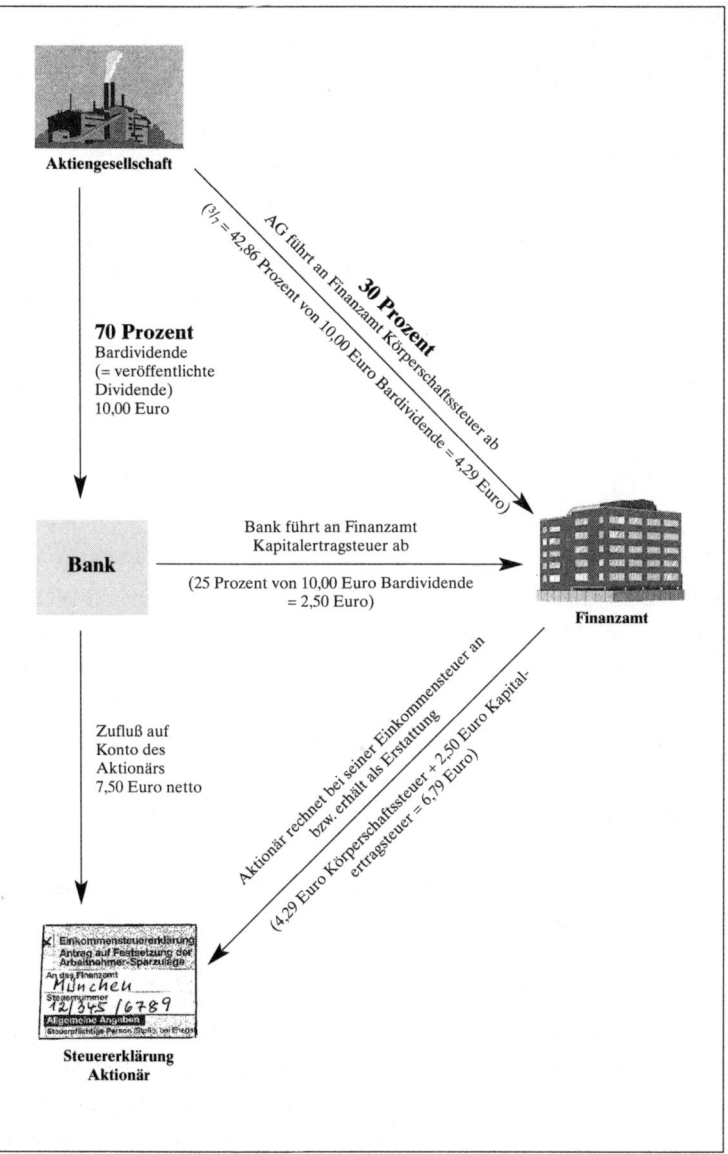

**Aktiengesellschaft**

**70 Prozent**
Bardividende
(= veröffentlichte
Dividende)
10,00 Euro

*(³/₇ = 42,86 Prozent von 10,00 Euro Bardividende = 4,29 Euro)*
*AG führt an Finanzamt Körperschaftssteuer ab*
**30 Prozent**

**Bank**

Bank führt an Finanzamt
Kapitalertragsteuer ab

(25 Prozent von 10,00 Euro Bardividende
= 2,50 Euro)

**Finanzamt**

Zufluß auf
Konto des
Aktionärs
7,50 Euro netto

*Aktionär rechnet bei seiner Einkommensteuer an*
*bzw. erhält als Erstattung*
*(4,29 Euro Körperschaftssteuer + 2,50 Euro Kapital-*
*ertragsteuer = 6,79 Euro)*

**Steuererklärung
Aktionär**

353

das Finanzamt ab. Wenn fürs erste dreißig Prozent in der Kasse des Finanzamts klingeln, bleiben Ihnen als Aktionär noch siebzig Prozent übrig. Nehmen wir an, dies wären exakt 10 Euro. Dies ist die Bardividende, die Sie jeweils in den Zeitungen angegeben finden. Bezogen auf Ihre Bardividende von 10 Euro beträgt die Körperschaftssteuer $^3/_7$ oder 42,86 Prozent. Dies sind aufgerundet 4,29 Euro, die wir als anrechenbare Körperschaftssteuer schon einmal gedanklich festhalten. Die Bardividende von 10 Euro kommt bei Ihrem Kreditinstitut an, und der Fiskus packt ein zweites Mal zu. 25 Prozent der Bardividende, nämlich 2,50 Euro, fließen als Kapitalertragsteuer an das Finanzamt ab. Auf Ihrem Konto werden 7,50 Euro gutgeschrieben (10 Euro Bardividende ./. 25 Prozent Kapitalertragsteuer).

Nun aber wird es interessant: In Ihrer Einkommensteuererklärung setzen Sie die Bardividende von 10 Euro zuzüglich des Körperschaftssteuerguthabens von 4,29 Euro, zusammen also 14,29 Euro, als Einkünfte aus Kapitalvermögen an. Natürlich rechnen Sie vorher auf Euro um (Faktor 1,95583). Der Finanzamts-Computer rechnet jetzt Ihre Steuerschuld aus, die im Jahr 2000 bis zu 51 Prozent betragen kann. Hinzu kommen noch Solidaritätszuschlag und ggf. Kirchensteuer. Auf diese Steuerschuld rechnen Sie je Ausschüttungsbetrag von 10 Euro Bardividende 4,29 Euro Körperschaftssteuer und 2,50 Euro Kapitalertragsteuer an. Ihre Anrechnungsbeträge belaufen sich insgesamt auf 6,79 Euro. Das sind 47,5 Prozent der entsprechenden Kapitaleinkünfte von 14,29 Euro (10 Euro + 4,29 Euro).

Nun dämmert Ihnen eine wichtige Erkenntnis: Glatt 47,5 Prozent der Kapitaleinkünfte aus Aktien fließen Ihnen über Steuererstattungen wieder zu. Beträgt Ihr persönlicher Steuersatz nur 30 Prozent, erhalten Sie nach Adam Riese eine Steuererstattung von 17,5 Prozent. Bei einem persönlichen Steuersatz von 40 Prozent wäre es noch eine Erstattung von 7,5 Prozent, immer bezogen auf die Aktiendividende. Erst wenn Ihr persönlicher Steuersatz bei mehr als 47,5 Prozent liegt, müßten Sie auf Ihre Dividendenerträge eine Steuernachzahlung leisten. Beim Höchststeuersatz von 53 Prozent wären dies beispielsweise 5,5 Prozent (53 Prozent ./. 47,5 Prozent).

Fazit: Wer einen persönlichen Steuersatz (Grenzsteuersatz) von weniger als 47,5 Prozent hat, würde sich durch das Verschweigen inländischer Dividenden in der Steuererklärung selbst schaden, weil er sich um die Steuererstattung bringt.

Was aber passiert, wenn Ihre Kapitaleinkünfte unterhalb des Sparerfreibetrages von 3100/6200 Mark (Ledige/Verheiratete) liegen oder Sie Ihrem Kreditinstitut sogar eine NV-Bescheinigung vorlegen können? Dann erhalten Sie zusätzlich zu der Bardividende, die wir im Beispiel mit 10 Euro angenommen haben, auch noch das Körperschaftsteuerguthaben von 4,29 Euro mitausbezahlt, und die Kapitalertragssteuer wird gar nicht erst einbehalten. Wir machen es uns an einer kleinen Gegenüberstellung klar:

---

Dividendengutschrift **ohne** Freistellungsauftrag
und ohne NV-Bescheinigung

| | |
|---|---|
| Bardividende .............................. | 10,00 Euro |
| ./. 25 Prozent Kapitalertragsteuer ................ | 2,50 Euro |
| Körperschaftsteuerguthaben für Veranlagung | |
| $^3/_7$ (= 42,86 Prozent) der Bardividende ........... | 4,29 Euro |
| Gutschrift auf Ihrem Konto (Nettodividende) ...... | 7,50 Euro |

Dividendengutschrift **mit** Freistellungsauftrag
oder NV-Bescheinigung

| | |
|---|---|
| Bardividende (wie oben) ...................... | 10,00 Euro |
| + Körperschaftsteuerguthaben | |
| $^3/_7$ (= 42,86 Prozent) der Bardividende ........... | 4,29 Euro |
| Gutschrift auf Ihrem Konto .................... | 14,29 Euro |

---

### 21.6.2 Halbeinkünfteverfahren löst Anrechnungsverfahren ab

Sie haben mittlerweile schon einiges über die Unternehmenssteuerreform gelesen und in den Medien gehört. Auch als Kleinanleger sind Sie hiervon berührt, denn der Körperschaftsteuersatz für Kapitalgesellschaften ist auf 25 Prozent reduziert worden. Dabei entfällt die bisherige Unterscheidung zwischen einbehaltenen und ausgeschütteten Gewinnen. Ein Grund für die Einführung des Halbeinkünfteverfahrens ist dessen »Europatauglichkeit«, weil Ausländer bisher nicht von der Anrechnung des Körperschaftsteuerguthabens profitieren konnten.

Für Sie als Anleger ist wichtig, daß auch das Anrechnungsverfahren ($3/_7$ der Bardividenden als Steuerguthaben) entfällt. Stattdessen werden die Dividenden nach dem Halbeinkünfteverfahren besteuert. In der Praxis bedeutet dies, daß die Dividenden um die Werbungskosten gekürzt und sodann nur zur Hälfte angesetzt werden. Von dieser Hälfte geht noch der seit 2000 gekürzte Sparerfreibetrag von 3000/6000 (Ledige/Verheiratete) ab.

Ein Alleinstehender, der eine Dividende von 6100 Mark im Jahr erhalten hat, würde also zunächst den Werbungskostenpauschbetrag von 100 Mark in Abzug bringen und dann die verbleibenden 6000 Mark nur mit der Hälfte von 3000 Mark ansetzen. Da hiervon noch der Sparerfreibetrag für Ledige von 3000 Mark abgezogen wird, wären im genannten Fall letzten Endes null Mark zu versteuern.

Bei dieser Gelegenheit: Gewinne aus der Veräußerung von Anteilen, die eine Kapitalgesellschaft an einer anderen Kapitalgesellschaft besitzt, bleiben ab 2002 gänzlich steuerfrei. Diese Ankündigung löste zu Beginn des Jahres 2000 ein Kursfeuerwerk aus, weil beispielsweise die Banken viele Industriebeteiligungen halten, die sie künftig steuerfrei und gewinnbringend veräußern könnten.

Einzelheiten über die neue Dividendenbesteuerung lesen Sie in unserem Special in Kapitel 25 (Seite 399 ff.)

## 21.7 Besteuerung von Investmenterträgen

In Kapitel 10 haben Sie Investmentfonds kennengelernt. Sie wissen bereits, daß es Wertpapierfonds, Beteiligungsfonds und Immobilienfonds gibt, daß die Fonds im Inland oder auch international agieren, daß sie ihren Sitz in Deutschland oder im Ausland haben können.

Verwenden wir nur wenig Zeit für die Immobilienfonds. Mit geschlossenen Immobilienfonds erzielen Sie Einkünfte aus Vermietung und Verpachtung, die Sie in Ihrer Steuererklärung in die Anlage V einsetzen. Offene Immobilienfonds dagegen führen zu Einkünften aus Kapitalvermögen, die in der Anlage KSO einzutragen sind.

Steuerliche Besonderheiten ergeben sich auch durch Investitionen im In- und Ausland. Bei Beteiligungen an ausländischen Aktien und anderen Sachwerten kann oft ausländische Quellensteuer in Abzug gebracht werden. Ganz wichtig ist jedoch, ob ein ausländischer Fonds (Sitz im Ausland) bei den deutschen Aufsichtsbehörden registriert ist und einen Steuerrepräsentanten im Inland bestellt hat. Ausländische Fonds, die diese »Sicherungen« bewußt ablehnen, sind aus gutem Grund vom deutschen Gesetzgeber steuerlich schlechter gestellt worden, weil sie nur bedingt zuverlässig sind.

### 21.7.1 Zinsabschlag und Zwischengewinne

Bis vor einiger Zeit gab es für Anleger in Investmentfonds eine phantastische Möglichkeit der Steuerersparnis. Sie hielten ihre Anteile jeweils nur bis nach Ablauf der damals noch geltenden Sechsmonatsfrist für die Spekulationssteuer und verkauften sie dann zu einem höheren als dem Einstandspreis. Die Differenz durften sie als steuerfreien Veräußerungsgewinn einsacken. Und auch der Wiedereinstieg in den gleichen Fonds oder einen anderen von der gleichen Gesellschaft (»switchen«) machte keine Pro-

Quelle: Handelsblatt

# INVESTMENTFONDS / SONSTIGE FONDS

| Name | Whrg. | Ausg. 3.2. | Rückn. 3.2. | Zwg.[2] 3.2. | Name | Whrg. | Ausg. 3.2. | Rückn. 3.2. | Zwg.[2] 3.2. |
|---|---|---|---|---|---|---|---|---|---|
| **Investmentfonds[1]** | | | | | Strategy Bal. | EUR | 119,40 | 119,30 | 0,05 |
| | | | | | Strategy Cons. | EUR | 112,10 | 112,00 | 0,14 |
| **Hansa-Nord-Lux** | | | | | Strategy Cons. | CHF | 108,20 | 108,10 | 0,05 |
| Euro-Bond | EUR | 54,96 | 53,10 | 0,68 | MI-Fonds 30 B | CHF | 160,70 | 159,80 | 0,27 |
| HNLux-Garant | EUR | | 72,74 | 0,82 | MI-Fonds 50 B | CHF | 186,80 | 185,70 | 0,16 |
| Interbond | EUR | 59,62 | 57,60 | 0,94 | MI-Fd Eco B | CHF | 105,10 | 104,40 | 0,08 |
| **HSBC Trinkaus Investment Managers SA*** | | | | | MI-Fonds E. 40 B | EUR | 118,70 | 118,10 | 0,18 |
| Aktien-Global | EUR | 123,42 | 117,54 | -0,19 | MI-Fd. InterS. B | CHF | 115,40 | 114,70 | 0,59 |
| Asien | EUR | 59,62 | 56,78 | -0,49 | MI-Fd. InterS. B | EUR | 152,30 | 151,50 | -0,02 |
| DM-Aktien | EUR | 131,98 | 128,14 | -0,11 | MI-Swiss-St.B | CHF | 108,50 | 107,90 | -0,01 |
| Euro high-yield | EUR | 51,93 | 50,41 | 1,90 | Sant. D-Aktien B | EUR | 105,63 | 105,63 | -0,01 |
| Euro-Wachstum | EUR | 50,72 | 49,73 | 1,64 | Advance I | EUR | 58,37 | 57,37 | 0,04 |
| Emerging-Fund | EUR | 78,43 | 74,69 | -0,45 | Advance II | EUR | 68,50 | 66,50 | |
| Euro-Konzept | EUR | 79,02 | 75,26 | 0,18 | Advance III | EUR | 66,07 | 66,07 | |
| Global Growth | EUR | 71,70 | 68,28 | -0,39 | Advance IV | EUR | 76,86 | 76,86 | -0,08 |
| Lux Glob.Re-Inv. | EUR | 88,96 | 86,37 | 2,35 | **Julius Bär** | | | | |
| Lux Med.care. | EUR | | | | JB Creativ Funds | EUR | 157,27 | 152,69 | |
| LUXRENT Europa | EUR | 55,75 | 54,12 | 0,60 | **Kapitalfonds L.K.** | | | | |
| Optima US Eq.A | USD | 176,73 | 174,98 | 0,14 | Asien | EUR | 96,64 | 92,04 | -0,14 |
| Optima US Eq.B | USD | 141,26 | 139,86 | 0,14 | Euro Anleihen | EUR | 57,42 | 54,69 | 1,09 |
| Dollar-Renten | USD | 127,15 | 123,44 | 5,53 | Deut. Aktienf. | EUR | 112,67 | 107,30 | -0,04 |
| Walser Aktien Int. | EUR | 187,06 | 178,15 | -0,08 | Deut. Nebenw. | EUR | 71,20 | 67,81 | |
| W.DM Akt.Spez. | EUR | 89,03 | 84,79 | -0,18 | Europe Strat. | EUR | 77,99 | 74,28 | -0,01 |
| W.Eu.Cash Wach. | EUR | 579,79 | 574,05 | 8,65 | Globaler Aktienf. | EUR | 66,69 | 63,51 | |
| W. Rent Dollar | EUR | 66,58 | 64,64 | 1,51 | Globaler Anleihen* | EUR | 59,89 | 57,04 | 1,85 |
| W. Rent Euro | EUR | 59,83 | 58,09 | 1,00 | Global Value | EUR | 75,40 | 71,81 | -0,09 |
| W. Rent Global | EUR | 67,70 | 65,73 | 1,11 | N.Growth Stocks | EUR | 165,13 | 157,27 | -0,72 |
| W. Rent h.y. | EUR | 103,79 | 100,77 | 1,53 | Schwellenlän. | EUR | 45,58 | 43,41 | -0,02 |
| W.USD Cash Wa. | USD | 1123,70 | 1112,57 | 14,67 | **KTL Kreditrust (Lux.)*** | | | | |
| W. Valor | EUR | 105,24 | 100,23 | 0,21 | Bonds-Europe cap. | USD | 129,82 | 129,82 | 0,82 |

Aus Platzgründen sind im Wirtschaftsteil der meisten Zeitungen Zwischengewinne der Investmentfonds nicht ausgewiesen. Der umfangreiche Kursteil des »Handelsblatts« macht hier eine Ausnahme.

bleme. Dafür hatten die Gesellschaften gesorgt. Dies alles war dem Bundesfinanzminister ein Dorn im steuerlichen Auge. Er brachte ein Gesetz ein, das auch diese Art der Zwischengewinne steuerlich erfaßt. Nicht nur die tatsächlich ausgeschütteten Fonds, sondern auch die Thesaurierungsfonds (Ansammlung der Erträge) sind davon betroffen. Fürwahr, ein schönes Stück Arbeit für die Fonds, da sie nun Zwischengewinne tagtäglich extra ausweisen und bei der Rücknahme auch noch Zinsabschlag darauf abführen müssen.

Eine Besonderheit gilt bei ausländischen thesaurierenden Fonds, da der Arm des deutschen Finanzministers so lang nun auch wieder nicht ist, daß er im Ausland Zinsabschlag kassieren könnte. Wenn jedoch die Fonds im Inland über eine deutsche Bank verkauft werden, greift der Fiskus zu und kassiert gleich einen erklecklichen Betrag von den während der Haltedauer im Ausland aufgelaufenen Erträgen.

Anders stellt sich die Situation dar, wenn ein deutscher Anleger seine ausländischen Investmentfonds auch gleich bei einer ausländischen Bank kauft und im Ausland verwahren läßt. Er profitiert dann davon, daß die Zwischengewinnbesteuerung in anderen EU-Staaten unbekannt ist. Freilich muß er in seiner Steuererklärung auch die auf diese Weise erzielten Investmenterträge deklarieren. Fahndungsprüfungen bei deutschen Kreditinstituten schenken Kapitalabflüssen ins Ausland große Aufmerksamkeit.

Ein kurzer Themenwechsel: Kann bei Investmentanteilen auch Spekulationssteuer anfallen? Beim Fonds selbst ist dies grundsätzlich nicht möglich. Er kann innerhalb der Spekulationsfrist beliebig viele Aktien kaufen und verkaufen und ist kraft Kapitalanlagegesetz von der Spekulationssteuer befreit. Dies ist entgegen ursprünglicher Absicht auch nach der Steuerreform so geblieben. Als Anleger in Investmentanteilen könnten Sie jedoch mit der Spekulationssteuer Bekanntschaft machen, wenn Sie innerhalb des Spekulationszeitraums mit gutem Gewinn Ihre gestiegenen Investmentanteile verkaufen und die gesamten Spekulationsgewinne im Jahr die Freigrenze von 1000 Mark übersteigen.

### 21.7.2. Privatvermögen oder Betriebsvermögen – inländische Investmentanteile

Das Bundesfinanzministerium gibt jeweils im Bundessteuerblatt veröffentlichte Tabellen für das Vorjahr heraus, aus denen Sie die Ausschüttungen und steuerpflichtigen Anteile des jeweiligen Ausschüttungsbetrags entnehmen können. Die Tabellen sind nach Zugehörigkeit der Investmentanteile zum Privatvermögen und Betriebsvermögen unterteilt. Für Sie als Kleinanleger ist nur der Betrag von Interesse, der in der Spalte »Privatvermögen« ausgewiesen ist.

### 21.7.3 Harte Steuerattacke –
### ausländische Investmentanteile

Bevor Sie in ausländischen Investmentanteilen investieren, sollten Sie sich bei Ihrem Kreditinstitut erkundigen, ob die ausländische Investmentgesellschaft jene Voraussetzungen erfüllt hat, die sie bei der Besteuerung der Ausschüttungen den deutschen Fonds gleichstellt. Damit wäre sie beim Bundesaufsichtsamt für Kreditwesen registriert, was die Voraussetzung für den öffentlichen Vertrieb im Bundesgebiet ist. Außerdem: Bestellung eines Vertreters mit Sitz oder Wohnsitz im Inland, Angaben und Nachweise für die Besteuerung in deutscher Sprache. Nur wenn die strengen Auflagen des Gesetzgebers erfüllt sind, dürfen auch bei ausländischen Fonds, genauso wie bei inländischen Investmentgesellschaften, die Gewinne aus dem Verkauf von Aktien und Bezugsrechten steuerfrei bleiben. Es gibt übrigens eine Aufstellung der zum öffentlichen Vertrieb in der Bundesrepublik zugelassenen ausländischen Gesellschaften, die Sie bei Ihrem Kreditinstitut einsehen können. Sie ist im Bundessteuerblatt veröffentlicht.

Damit haben Sie die registrierten, die sogenannten »weißen Fonds« schon kennengelernt. Steuerlich gibt es nämlich bei den ausländischen Fonds gleich drei Gruppen:

1. »registrierte«/»weiße« Fonds
2. »nichtregistrierte«/»graue« Fonds
3. »nichtregistrierte«/»schwarze« Fonds

»Graue« Fonds dürfen in Deutschland nicht öffentlich vertrieben werden und sind auch nicht an den deutschen Börsen zum Handel zugelassen. Sie haben jedoch einen Vertreter mit Sitz oder

Wohnsitz in Deutschland bestellt. Bei ihnen werden nicht nur Zinsen und Dividenden vollständig der Steuer unterworfen, sondern – anders als bei Inlandsfonds – auch Kursgewinne. Deshalb ist von solchen ausländischen Fonds auch aus steuerlichen Gründen abzuraten.

Kommen wir nun zu der dritten Gruppe, den sogenannten »schwarzen« Fonds. Hier hapert es gleich an dreierlei: Sie dürfen in Deutschland nicht vertrieben werden, werden nicht an einer Inlandsbörse notiert und haben auch keinen Vertreter im Inland bestellt. Als deutscher Anleger trifft Sie hier eine regelrecht harte Steuerattacke. Nicht nur der gesamte Ausschüttungsbetrag ist steuerpflichtig, sondern auch noch 90 Prozent des jährlichen Wertzuwachses Ihrer Investmentanteile. Sogar bei einem Wertverlust müßten Sie 10 Prozent des letzten Rücknahmepreises und, im Falle des Verkaufs, 20 Prozent des Rücknahmepreises der Steuer unterwerfen.

Sie sehen, der deutsche Gesetzgeber hat sich nach der IOS-Pleite und anderen ausländischen Kapitalvernichtern einiges einfallen lassen, das durch seine Kompliziertheit und rigorose Besteuerung deutsche Anleger von zweifelhaften ausländischen Fonds fernhalten soll.

### 21.8 Besteuerung von Optionsscheinen

Aus Kapitel 11 ist Ihnen noch in Erinnerung, daß Optionsscheine keine Dividenden oder andere Ausschüttungen bringen. Sie verbriefen ein spekulatives Recht zum Erwerb gewisser Basisobjekte, wie beispielsweise Aktien, Indizes, Währungen, Aktienkörbe, Anleihen, Edelmetalle oder sogar wiederum Optionsscheine. Dennoch bergen auch die ertraglosen Optionsscheine ihre steuerlichen Tücken.

### 21.8.1 Verkäufe als Spekulationsgeschäfte

Optionsscheine, die Sie an der Börse kaufen und wieder verkaufen, werden bei den Spekulationsgeschäften genau wie Aktien behandelt. Achten Sie also auf die Sperrfrist von einem Jahr und auf die Freigrenze von jährlich 1000 Mark.

Optionsscheine, die ursprünglich als Kaufanreiz einer Optionsanleihe mit niedrigem Zinssatz beigegeben waren, haben sich immer mehr zu »nackten Optionsscheinen« (naked warrants) gewandelt. Sie sind zu einem isolierten Wertpapier geworden. Hinzu kommt, daß der Käufer meist keinen Wert auf die Ausübung (siehe dazu Kapitel 21.8.2) des Scheines legt. Bei Aktien-Optionsscheinen könnte er beispielsweise innerhalb der Optionsfrist Aktien eines bestimmten Unternehmens erwerben. Dies geschieht extrem selten. Die Optionsscheine werden vielmehr als spekulative Anlage betrachtet, deren Ausübung nicht vorgesehen ist.

Deshalb sind die Banken durchweg dazu übergegangen, in den Optionsbedingungen die effektive Lieferung überhaupt auszuschließen und nur einen Barausgleich vorzunehmen.

Kommt es ausnahmsweise einmal zur Ausübung der Lieferung (»Stock Delivery«), bleibt das Geschäft auf den Optionsschein zunächst steuerfrei. Werden die durch den Optionsschein erworbenen Aktien jedoch innerhalb der Spekulationsfrist mit Gewinn veräußert, tritt ein steuerpflichtiges Spekulationsgeschäft zutage. Sie dürfen dann nicht nur die Nebenkosten, wie Bankspesen und Maklercourtage beim Kauf der Aktien, sondern auch die Kosten des Optionsscheins (Optionsprämie) mit allen Nebenkosten dem Verkaufserlös aus den Aktien gegenüberstellen. Die Differenz ist der Spekulationsgewinn. Verkaufen Sie die auf der Basis eines Optionsscheins erworbenen Aktien nach Ablauf der Spekulationsfrist, handelt es sich um ein ganz normales steuerfreies Geschäft im privaten Bereich.

## 21.8.2 Bei »Ausübung« sind Differenzgeschäfte auch steuerpflichtig

Nach der vor 1999 herrschenden Auffassung und Rechtslage gab es die Möglichkeit, sich noch während der Spekulationsfrist von Optionsscheinen nicht steuerpflichtig zu trennen. Dies geschah durch »Ausübung« (»Cash Settlement«). Sie erhalten dann eine Barzahlung von der Emissionsbank, die sich als Differenz zwischen Aktienpreis und Ausübungspreis oder bei einem Index-Optionsschein als Preisdifferenz darstellt, die durch die Änderung des Aktienindexes veranlaßt ist.

Früher waren Differenzgeschäfte steuerfrei. Das hat sich ab 1999 geändert, so daß auch »Cash Settlement« heute keine Chance mehr ist, an der Spekulationssteuer vorbeizukommen.

## 21.9 Besteuerung von Optionen – kein steuerfreier DAX mehr

Optionsgeschäfte an der Deutschen Terminbörse (Eurex) sind das heiße Spielzeug für Profis und für Privatanleger weniger geeignet. Die verschiedenen Optionen sind in Kapitel 12.6 erläutert. Auf die steuerliche Beurteilung möchte ich nur knapp eingehen. Wer sich weitergehend informieren will, sei auf den Erlaß des Bundesministeriums der Finanzen vom 10. 11. 1994 (Bundessteuerblatt I, S. 816) verwiesen. Er gilt im Text auch nach Inkrafttreten des Steuerentlastungsgesetzes 1999/2002 (OFD Frankfurt vom 28. 3. 2000, S. 2256 A-2-StII 27; Deutsches Steuerrecht 2000, S. 1008). Ergänzend ist lediglich vermerkt, daß seit 1999 alle Termingeschäfte mit Differenzausgleich als private Veräußerungsgeschäfte zu versteuern sind (Jahresfrist!) und daß auch Optionsscheine und Zertifikate, die Aktien vertreten, als Termingeschäfte gelten.

Nach dem zitierten Erlaß ist auch die Ausübung einer Kaufoption und die anschließende Veräußerung der erworbenen Aktien ein Spekulationsgeschäft, falls sie in der Spekulationsfrist erfolgt. Dabei werden jedoch nicht nur die Anschaffungskosten der

Aktien, sondern auch die gezahlten Optionsprämien und sämtliche Nebenkosten dem Veräußerungspreis gegenübergestellt. Alle diese Posten mindern den Spekulationsgewinn. Alles über Ausübung oder Verfall von Kaufoptionen und Verkaufsoptionen finden Sie in dem genannten mehrseitigen Erlaß. Lassen Sie sich bei einer Bibliothek, Ihrem Finanzamt oder einem Steuerberater im Bedarfsfall den Text fotokopieren.

Eines jedoch sei vorweggenommen: Den DAX, dessen eingetragenes Warenzeichen ein leibhaftiger Dachs ist, durften Sie bis einschließlich 1998 steuerfrei »fangen«. Bei Ausübung einer Option auf den DAX wird nämlich nur ein Anspruch auf Barausgleich (Cash Settlement) gewährt, und dieser war, wie Sie schon bei Optionsscheinen gelesen haben, vor 1999 kein steuerpflichtiges Spekulationsgeschäft (privates Veräußerungsgeschäft). Die Steuerreform 1999 aber hat auch diese Geschäfte aufs Korn genommen. Es kam wie vorhergesagt: Sämtliche Differenzgeschäfte sind jetzt steuerpflichtig.

### 21.10 Im Ausland bezahlt, im Inland zurückholen – Quellensteuer

Auch bei Dividenden aus ausländischen Aktien hält der deutsche Fiskus seine Hand auf. Wenn Sie jedoch im Ausland bereits eine sogenannte Quellensteuer hinterlassen mußten, dürfen Sie diese unter bestimmten Voraussetzungen bei Ihrer Einkommensteuerveranlagung anrechnen.

Doppelbesteuerungsabkommen (DBA) sorgen dafür, daß keine doppelte Besteuerung im Quellenland und in Deutschland stattfindet. Befinden sich in Ihrem Depot beispielsweise amerikanische Papiere, wie Coca-Cola, Microsoft oder DuPont, sind grundsätzlich 30 Prozent Quellensteuer fällig, die bei der in den USA üblichen Quartalsabrechnung der Dividenden in Abzug gebracht werden. Doch Sie stellen fest: Es sind Ihnen in Wirklichkeit nur 15 Prozent abgezogen worden. Ein Doppelbesteuerungsabkommen mit den USA hat für die Ermäßigung gesorgt. Noch nicht einmal einen Antrag mußten Sie dabei stellen. Es genügt, daß Sie Deutscher, aus amerikanischer Sicht also Ausländer, sind.

Und was passiert mit den 15 Prozent Quellensteuer? Sie werden auf Ihre deutsche Einkommensteuerschuld angerechnet. Dies ist ein recht kompliziertes Verfahren, wobei die ausländischen Einkünfte und die Quellensteuer in Relation zu Ihrem Steuersatz gebracht werden. Sorgen Sie sich nicht darum. Der Finanzamts-Computer erledigt es für Sie.

Sorge tragen sollten Sie jedoch dafür, daß Sie bei ausländischen Dividenden ein Formular ausfüllen, das Ihnen erst zur Ermäßigung der Quellensteuer verhilft. Nur in den USA und Japan funktioniert es auch ohne dieses Formular. Bei Dividenden aus anderen Ländern müssen Sie schon zum Kugelschreiber greifen und den Vordruck ausfüllen, den Ihre Bank für Sie bereithält.

Wie wichtig dies ist, sehen Sie, wenn Sie beispielsweise Aktien des Schweizer Konzerns Nestle in Ihrem Depot verwahren. Sie müssen glatt 35 Prozent Schweizer Quellensteuer hinterlassen, wenn Sie kein Formular ausgefüllt haben. Die rechtzeitig erledigte Schreibarbeit jedoch führt dazu, daß es nur 15 Prozent sind, die dann auf Ihre deutsche Einkommensteuer angerechnet werden. Fristversäumnis wird teuer, denn der Bundesfinanzhof (Urteil vom 15. 3. 1995, Bundessteuerblatt II, S. 580) hat entschieden, daß nur der ermäßigte Quellensteuersatz (Schweiz = 15 Prozent) angerechnet werden darf und dies auch dann, wenn die volle Quellensteuer (Schweiz: 35 Prozent) im Quellenland einbehalten ist. Besorgen Sie sich deshalb zugleich mit dem Kauf ausländischer Aktien bei Ihrem Kreditinstitut auch den Erstattungsantrag. Falls zufällig nicht vorhanden, erhalten Sie ihn im Bad Godesberger Bundesamt für Finanzen. Für die Schweiz brauchen Sie beispielsweise »Formblatt 85«.

| Vertragsstaaten | Dividenden | | | Zinsen aus festverzinsl. Papieren | | |
|---|---|---|---|---|---|---|
| | Quellensteuer-Satz in %[1] | Ermäßigungs- bzw. Erstattungsanspruch gem. DBA in %[2] | Im Ausland verbleibende Steuer in % | Quellensteuer-Satz in %[1] | Ermäßigungs- bzw. Erstattungsanspruch gem. DBA in %[2] | im Ausland verbleibende Steuer in % |
| Australien[3] | 0 | 0 | 0 | 10 | 0 | 10 |
| Belgien[4] | 25 | 10 | 15 | 25 (10) | 10 (0) | 15 (10) |
| Dänemark | 30 | 15 | 15 | 0 | 0 | 0 |
| Finnland | 25 | 10 | 15 | 0 | 0 | 0 |
| Frankreich | 25 | 25 | 0 | 25 | 25 | 0 |
| Griechenland | 42–50 | 17–25 | 25 | 18–50[5] | 8–40 | 10 |
| Großbritannien | 0 | 0 | 0 | 25 | 25 | 0 |
| Irland | 0 | 0 | 0 | 32 | 32 | 0 |
| Italien | 32,4 | 0 | 32,4 | 30 | 0 | 30 |
| Japan | 20 | 5 | 15 | 15 | 5 | 10 |
| Kanada | 25 | 10 | 15 | 25 | 10 | 15 |
| Luxemburg | | | | | | |
| – Allgemein | 15 | 0 | 15 | 0 | 0 | 0 |
| – Gewinnobligationen | 15 | 15 | 0 | – | – | – |
| Neuseeland | 33 | 18 | 15 | 24 | 14 | 10 |
| Niederlande[6] | | | | | | |
| – Allgemein | 25 | 10 | 15 | 0 | 0 | 0 |
| – Gewinnobligationen | 25 | 10 | 15 | – | – | – |
| Norwegen | 25 | 10 | 15 | 0 | 0 | 0 |
| Österreich | | | | | | |
| – Allgemein | 15[7] | 0 | 15 | 10 | 10 | 0 |
| – Wandel- und Gewinn-Schuldverschr. | – | – | – | 10 | 0 | 10 |
| Portugal | 25 | 10 | 15 | 25 | 10 | 15 |
| Schweden | 30 | 15 | 15 | 0 | 0 | 0 |
| Schweiz | | | | | | |
| – Allgemein | 35 | 20 | 15 | 35 | 35 | 0 |
| – Wandelobligationen | – | – | – | 35 | 35 | 0 |
| – Gewinnobligationen, Beteiligungen als stiller Gesellschafter oder partiarische Darlehen | 35 | 5 | 30 | – | – | – |
| Spanien | 25 | 10 | 15 | 25 | 15 | 10 |
| USA | 30 | 15 | 15 | 30 | 30 | 0 |

1 Regelsteuersatz; niedrigere Quellensteueransätze können im Einzelfall aufgrund innerstaatlicher Regelungen Anwendung finden.
2 DBA = Doppelbesteuerungsabkommen.
3 Bei einer Dividendenausschüttung aus unversteuerten Gewinnen der australischen Gesellschaft gilt wie früher ein Quellensteuerabzug von 30%. Diese Steuer kann auf Antrag auf 15% herabgesetzt werden.
4 Der reduzierte Steuersatz von 10% gilt für bestimmte nach dem 28. 2. 1990 emittierte Wertpapiere.
5 Hinzu kommt eine Ergänzungsabgabe von 3%.
6 Hypothekarisch gesicherte Zinsen (in den Niederlanden steuerfrei) können in Deutschland besteuert werden.
7 Bei Schachtelbeteiligungen (Mindestbeteiligung 10%) auf 5%.
Quelle: Commerzbank, mit Ergänzungen des Autors

Ausländische Quellensteuern und ihre Ermäßigung durch Doppelbesteuerungsabkommen.

Eine wichtige Besonderheit für Aktionäre, deren Kapitalerträge den Sparerfreibetrag nicht überschreiten: Eine Anrechnung ausländischer Quellensteuer ist ausgeschlossen, wenn überhaupt keine deutsche Steuer auf die Kapitaleinkünfte anfällt. Gehören Sie zu dieser Personengruppe, ist der Kauf ausländischer Aktien unter Renditegesichtspunkten nur bedingt anzuraten. Das spekulative Element sollte im Vordergrund stehen.

### 21.11  Eine schmackhafte Beigabe – fiktive Quellensteuer

Portugal ist EU-Mitglied und Nato-Partner. Das sagt noch nicht unbedingt etwas über die Zahlungsmoral des Atlantik-Anrainers. Dennoch: Hätten Sie Bedenken, eine von Portugal ausgegebene Anleihe zu zeichnen? Doch wohl kaum, wenn Sie wüßten, daß es sich um eine D-Mark-Auslandsanleihe handelt. Ein Währungsrisiko besteht also nicht. Und respektable 7,125 Prozent Zinsen können sich sehen lassen. Ich spreche von der unter Wertpapier-Kennnummer 410910 1993 ausgegebenen Portugal-Anleihe, die bis zum Jahr 2003 läuft. In meiner Börsenkolumne habe ich sie seinerzeit, als sie einen Kurs von 95,35 hatte, zum Kauf empfohlen. Aus Leserbriefen weiß ich, daß viele gezeichnet haben. Nicht nur der damals niedrige Kurs verlockte, sondern auch ein Schmankerl aus der Bonner Steuerkonditorei, das sich »fiktive Quellensteuer« nennt. Sie beträgt exakt 15 Prozent.

Und warum heißt sie wohl »fiktiv«? Einfach deshalb, weil Sie sie in Portugal überhaupt nicht zu hinterlassen brauchen. Sie erhalten also die Dividende brutto für netto, und Ihr deutsches Finanzamt muß so tun, als seien tatsächlich 15 Prozent Quellensteuer am fernen Atlantikstrand bezahlt. Es kommt nicht drumherum, 15 Prozent Quellensteuer auf Ihre deutsche Einkommensteuer anzurechnen. So will es jedenfalls ein Doppelbesteuerungsabkommen von 1982. Ei der Daus! So etwas läßt man sich auf der Zunge zergehen. Bedeutet es doch schlichtweg, daß jemand, der beispielsweise 100 000 Mark (oder auch 10 000) der besagten Anleihe kauft, sich zunächst einmal über 7125 Mark (712,50) Zinsen im Jahr freuen darf. 15 Prozent fiktive Quellensteuer davon machen exakt 1069 Mark (106,90) aus. Der Staat Portugal und sein gesetzlicher Zwangsverbündeter, Ihr deutsches Finanzamt, sind Ihnen für 8194 Mark (819,40) gut.

Ich konnte damals aus gutem Grund auch auf den absehbaren Kursgewinn hinweisen, wenn man die Anleihe bis zum Auslaufen hält. Schließlich notierte die Anleihe damals bei 95,36 Prozent. Sie wird aber bei Endfälligkeit im Jahr 2003 zu 100 Prozent eingelöst. Machte damals noch einmal steuerfreie 4,65 Prozent. Als ich dieses Manuskript abschloß, stand die von mir empfohlene Portugal-Anleihe wegen der mehrfach erhöhten Zinsen bei einem Kurs von 104. Ein Bombengeschäft für alle Besitzer, die nicht nur unter Renditegesichtspunkten, sondern auch aus Sicht des beachtlichen steuerfreien Kursgewinns rechtzeitig diese Anleihe zeichneten.

Die fiktive Quellensteuer ist eine Art Entwicklungshilfe. Wenn Sie sich die Länder, mit denen solche Doppelbesteuerungsabkommen abgeschlossen sind, anschauen, werden Sie oft feststellen, daß die Zahlungsmoral nicht die beste ist und ein gewisses Bonitätsrisiko besteht. Das Land Portugal habe ich deshalb bewußt in den Vordergrund gestellt, ohne Sie jedoch verleiten zu wollen, die beschriebene Portugal-Anleihe jetzt zu kaufen. Sie steht über pari im Kurs und wird bekanntlich im Jahr 2003 zu 100 Prozent eingelöst. Ein Kursverlust ist also vorprogrammiert. Trotzdem beträgt die Rendite zur Zeit noch 5,58 Prozent. Und noch eines: Wer wegen des Sparerfreibetrages keine Einkommensteuer auf seine Kapitaleinkünfte zahlen muß, kann auch nicht von der fiktiven Quellensteuer profitieren.

# 22 Aktionär und Vermögensteuer

## 22.1 Grabrede für eine Steuer

Zu Silvester 1996 gab es ein Begräbnis erster Klasse: Die alte Vermögensteuer war verblichen. Ingrid Matthäus-Maier hatte im Bundestag schon die Trauerrede gehalten und für ihren Tod die damalige CDU/CSU/FDP-Koalition verantwortlich gemacht. Aber die Infektion war nicht von Bonn, sondern von Karlsruhe ausgegangen, vom Bundesverfassungsgericht.

Die Finanzpolitikerin hielt eine sehr populistische Rede, konnte sie doch darauf hinweisen, daß nun Gloria von Thurn und Taxis jährlich einige Millionen Mark Vermögensteuer sparen würde. Dabei mußte die Fürstin schon einen Teil ihres Tafelsilbers unter den Hammer bringen, um die Erbschaftsteuer bezahlen zu können.

Das Bundesverfassungsgericht also hatte die alte Vermögensteuer aus den Angeln gehoben und es dem Gesetzgeber überlassen, eine neue, verfassungskonforme Art der Vermögensteuer einzuführen oder es ganz einfach bleibenzulassen. Der Steuersenat unter Federführung von Richter Kirchhof war nämlich der Meinung, daß jedem, der arbeitet, die Hälfte seiner Erträge auch bleiben sollte. (Natürlich war das alles juristisch perfekt formuliert. Ich sage es nur mit meinen eigenen, schlichten Worten.) Nun gab es aber damals schon im Höchstfall 53 Prozent Einkommensteuer – heute sind es auch noch 51 Prozent –, dazu so einige andere Steuern als Appendix und auch noch die Vermögensteuer als »Obendrauf«. Das machte Karlsruhe nicht mit.

Die Vermögensteuer ist jedoch nur scheintot. Formal hat das verfassungswidrige Vermögensteuergesetz das Jahresende 1996 überdauert, aber Sie brauchten schon seit dem 15. Februar 1997, dem danach nächsten Fälligkeitstermin, keine Vermögensteuer mehr zu zahlen. Dies entsprach den Zielen der früheren Koalition aus CDU, CSU und FDP, während die damalige rotgrüne Opposition mit einer neuen (verfassungskonformen) Vermögensteuer liebäugelte.

In der Fachliteratur gab es übrigens die später von vielen Kommentatoren und auch vom Bonner Finanzminister heftig befehdete Meinung, daß 1997 und in den Folgejahren keine Vermögensteuerbescheide, welche die Jahre vor 1997 betreffen, mehr zugestellt und beigetrieben werden konnten. Mittlerweile ist durch die Rechtsprechung klar, daß dies dennoch geschehen darf. Und das ist auch der Grund, weshalb wir uns noch mit der »scheintoten« Vermögensteuer beschäftigen müssen.

## 22.2 Auch jetzt noch »alte« Steuerbescheide im Briefkasten?

Gehen Sie davon aus, daß dies durchaus passieren kann. Auch jetzt noch kann Ihnen das Finanzamt einen Steuerbescheid mit Stichtag 1. 1. 1995 (Hauptveranlagung) oder 1. 1. 1996 (Nachveranlagung) oder auch für noch frühere Jahre ins Haus schicken, denn diese Bescheide betreffen Zeiträume vor dem Stichtag 31. 12. 1996, den das Bundesverfassungsgericht gesetzt hat. Malen wir den Teufel nicht an die Wand! Doch denkbar sind bei Steuerhinterziehung mit der Verjährungsfrist von zehn Jahren sogar nachträgliche Steuerbescheide auf weiter zurückliegende Vermögensteuer-Stichtage.

Es lohnt sich also durchaus, noch ein klein wenig über die »Tote« zu reden. Und wie das bei Beerdigungen so ist, nur im guten Sinne: So kleinlich war die alte Vermögensteuer gar nicht. Schließlich gab es bei der Vermögensteuer persönliche Freibeträge von je 120 000 Mark. Eine Vier-Personen-Familie hatte also 480 000 Mark. Dazu kamen Freibeträge von je 1000 Mark bei den Zahlungsmitteln – macht bei einer vierköpfigen Familie nochmals 4000 Mark. Und schließlich ergaben sich beim sogenannten Sonstigen Vermögen noch mal je 10 000 Mark vermögensteuerfrei, was sich wiederum auf 40 000 Mark für den Familienhaushalt summiert.

Haben Sie mitgerechnet? Sie durften auch bei der alten Vermögensteuer Aktien im Kurswert von 524 000 Mark besitzen und mußten nicht eine Mark Vermögensteuer zahlen. Ihnen gehört ein Eigenheim mit einem Einheitswert von 70 000 Mark? Sehr erfreulich für Sie und für die Vermögensteuer alter Prägung kein Beinbruch. Nur 140 Prozent des Einheitswerts, also 98 000 Mark, waren anzusetzen. Noch genug Raum für über 400 000 Mark vermögensteuerfreie Mark im Aktiendepot!

Was aber machen Sie, wenn Sie einen Steuerbescheid, der Zeiträume vor 1997 betrifft, in Ihrem Briefkasten finden? Ich mache es ganz kurz: Es bleibt Ihnen nur übrig, mit den Zähnen zu knirschen. Noch in der letzten Auflage konnte ich Ihnen empfehlen, Einspruch einzulegen. Schließlich gab es mehrere, sich widersprechende Finanzgerichtsurteile.

Die Sache kam vor das Bundesverfassungsgericht, und dieses hat mit Beschluß vom 30. 3. 1998 (1BvR 1831/97) entschieden, daß die Nacherhebung der Vermögenssteuer verfassungskonform ist.

### 22.3 Kommt die Vermögensteuer wieder?

Die rotgrüne Koalition entfaltete beim Regierungsantritt im Herbst 1998 eine hektische gesetzgeberische Betriebsamkeit. Es gab Pläne über Pläne, die bei näherem Hinsehen und heftigen Protesten der Betroffenen abgemildert wurden.

Wenigstens bei der Vermögensteuer zögerte man mit ihrer sofortigen Wiedereinführung und verständigte sich darauf, einen Ausschuß einzusetzen, der das Für und Wider unter verfassungsrechtlichen Vorgaben überprüfen sollte.

Die Bündnisgrüne Christine Scheel als Vorsitzende des Finanz-ausschusses bemerkte alsbald, daß das, was das Bundesverfas-sungsgericht bei der Vermögensteuer vorgegeben hatte, so leicht nicht auszuheben war. Deshalb gab es Pläne, eventuell doch auf die Vermögensteuer ganz zu verzichten, sich dafür aber durch eine verschärfte Besteuerung bei der Erbschaftsteuer zu Gunsten der öffentlichen Kassen schadlos zu halten. Der Verlust der rot-grünen Mehrheit im Bundesrat macht eine Wiedereinführung der Vermögensteuer obsolet, denn ein entsprechendes Gesetzesvor-haben bedarf der Länderzustimmung.

Der neueste juristische Stand ist, daß der Bundesfinanzhof die Meinung vertreten hat, einem Steuerbürger dürfe doch mehr als die Hälfte weggesteuert werden. Das Bundesverfassungsgericht habe seinerzeit eher beiläufig (obiter dictum) den Halbteilungs-grundsatz aufgestellt.

Gegen diese BFH-Entscheidung wurde wiederum Beschwerde beim Bundesverfassungsgericht eingelegt. Man darf gespannt sein, wie die Verfassungsrichter, denen der früher in dieser Sache federführende Richter Kirchhof nicht mehr angehört, entschei-den werden.

Eine unter Steuerjuristen diskutierte Frage: Kann ein Steuer-zahler wegen Hinterziehung von Vermögensteuer 1991 bzw. 1993/1994 verurteilt werden? Die Richter des LG München haben dies mit Beschluß vom 11.11.1999 – 50s 12/99 – verneint und einem Wiederaufnahmeantrag stattgegeben. Sofern Sie betroffen sind, findet Ihr Steuerberater Einzelheiten in »Der Betriebsberater«, Heft 6 vom 10.2.2000 auf Seite 290.

# 23 Aktionär und Erbschaftsteuer

Nicht nur die Vermögensteuer, auch die Erbschaftsteuer, was dasselbe ist wie die Schenkungsteuer, fand nicht die Billigung des Karlsruher Bundesverfassungsgerichts. Im Erbfall wurden Aktien und Barvermögen für die Steuerveranlagung jeweils mit dem vollen Wert angesetzt. Grundvermögen dagegen wurde nur mit 140 Prozent des niedrigen Einheitswerts veranschlagt, wobei der reale Wert manchmal mehr als fünfmal so hoch war. Bonn hat sich nach der Aufforderung des Bundesverfassungsgerichts lange Zeit gelassen, dann aber rückwirkend zum 1. Januar 1996 ein neues Erbschaftsteuer-/Schenkungsteuergesetz präsentiert.

## 23.1 Höhere Freibeträge für Erben

Wird ein Aktiendepot von Eltern auf Kinder vererbt oder noch zu Lebzeiten verschenkt, bleiben nun je Kind 400 000 Mark erbschaftssteuerfrei. Vor 1996 waren es nur 90 000 Mark. Mit drei Kindern kann also ein Wertpapier- und Barvermögen von 1,2 Millionen Mark vollkommen steuerfrei vererbt werden, immer vorausgesetzt, es kommt kein weiteres Vermögen hinzu.

Weniger bekannt ist, daß jeder Elternteil mit eigenem Vermögen per Schenkung oder Erbschaft bis zu 400 000 Mark steuerfrei auf die nächste Generation übertragen kann. In unserem Beispiel mit drei Kindern wären es also steuerfreie 2,4 Millionen Mark, wenn Vater und Mutter aus eigenem Vermögen eine solch hohe Summe auf die nächste Generation transferieren könnten. Maßgebend für die Festsetzung des Vermögens ist bei Aktien und anderen Wertpapieren der Kurswert am Todestag oder am Tag der Schenkung.

Das neue Erbschaftsteuergesetz ist wegen der deutlich erhöhten Freibeträge günstig für Aktionäre. Es hat sich im neuen

Gesetz nichts daran geändert, daß bei Schenkungen alle 10 Jahre die Freibeträge erneut genutzt werden können, so daß selbst ein Aktiendepot im Millionenwert durch mehrere Schenkungen steuerfrei übertragen werden kann.

Der Wert von Grundvermögen wird künftig nicht mehr mit dem Einheitswert angesetzt, sondern mit einem Wert, der durch eine sogenannte Bedarfsbewertung für die Erbschaftsteuer oder Schenkungsteuer durch die Finanzämter festgestellt ist. Dies ist ein Wert, der zumindest dem tatsächlichen Verkehrswert angenähert ist, ihn aber immer noch nicht erreicht. Deshalb kursieren in Berlin Pläne für eine Erhöhung (vgl. Kapitel 23.3).

Eine optimale Ausnutzung der neuen Freibeträge ergibt sich beispielsweise, wenn Eltern ein Vermögen von 800 000 Mark an zwei Kinder vererben. Nehmen wir an, es handelt sich um ein Barvermögen und Wertpapiervermögen in dieser Höhe oder, was der häufigere Fall ist, um ein Einfamilienhaus mit einem Steuerwert von 300 000 Mark und ein Wertpapier- und Barvermögen von 500 000 Mark, das die Eltern zeitlebens zusammengespart haben. Besteht ein »Berliner Testament« auf den Längstlebenden und gehört das Vermögen jedem der Elternteile zur Hälfte, fallen dem Überlebenden beim Tod des Erstverstorbenen 400 000 Mark steuerfrei zu. Damit übersteigt das Vermögen nicht den für Ehegatten maßgebenden persönlichen Freibetrag von 600 000 Mark, den Sie der nachfolgenden Tabelle entnehmen können. Unterstellen wir, daß beim Tod des Längstlebenden das Vermögen von 800 000 Mark noch unverändert vorhanden ist, so würde jedes der beiden Kinder 400 000 Mark erben. Die Tabelle der Freibeträge zeigt, daß auch jetzt noch keine Erbschaftsteuer anfällt. Es ist also möglich, ein Gesamtvermögen von 800 000 Mark vollkommen ungeschoren durch den Fiskus zweimal zu vererben. Sage bloß einer, das deutsche Steuerrecht – richtig gehandhabt – sei »kleinlich«!

**Wieviel bleibt steuerfrei? – Persönliche Freibeträge**

| Steuer-klasse | Erwerber | Freibetrag |
|---|---|---|
| I | Ehegatte | 600 000 Mark |
| | Kinder, Stiefkinder und Kinder verstorbener Kinder und Stiefkinder | 400 000 Mark |
| | Enkel, Urenkel, Eltern und Voreltern beim Erwerb von Todes wegen | 100 000 Mark |
| II | Eltern und Voreltern bei Schenkungen, Geschister, Geschwisterkinder, Schwiegerkinder, Stiefeltern, Schwiegereltern, geschiedener Ehegatte | 20 000 Mark |
| III | alle übrigen Erwerber, auch die nichtehelichen Lebenspartner | 10 000 Mark |

Zusätzlich zu den persönlichen Freibeträgen können Ehegatten und Kinder noch einen besonderen Versorgungsfreibetrag erhalten. Er wird jedoch nur im Todesfall, also nicht bei Schenkungen unter Lebenden gewährt. Außerdem wird dieser Freibetrag noch um die Höhe des Kapitalwerts von Versorgungsbezügen gekürzt

**Wer bekommt zusätzlich einen Versorgungsfreibetrag?**

| Personenkreis | Höhe des Versorgungsfreibetrags |
|---|---|
| Ehegatte | 500 000 Mark |
| Kinder bis 5 Jahre | 100 000 Mark |
| Kinder im Alter von mehr als 5 bis 10 Jahre | 80 000 Mark |
| Kinder im Alter von mehr als 10 bis 15 Jahre | 60 000 Mark |
| Kinder im Alter von mehr als 15 bis 20 Jahre | 40 000 Mark |
| Kinder im Alter von mehr als 20 bis 27 Jahre | 20 000 Mark |

(gesetzliche Renten, Pensionen, berufsständige Pflichtversicherungen), wenn Ehegatte oder Kinder solche Versorgungsbezüge erhalten.

Die Höhe der Erbschaftsteuer auf das zu versteuernde Vermögen richtet sich nach Abzug der Freibeträge nunmehr nach nur noch drei Steuerklassen (früher vier). In der neuen Steuerklasse I sind die bisherigen Steuerklassen I und II aufgegangen. Auch die Abstufungen in der Vermögenshöhe haben sich von bisher 25 auf nur noch 7 verringert.

Beachten Sie bitte, daß jeweils der höchste Steuersatz gilt. In Steuerklasse I bei einem steuerpflichtigen Vermögen von 500 000 Mark sind also nicht etwa 7 Prozent von 100 000 Mark und 11 Prozent von 400 000 Mark, sondern 11 Prozent von 500 000 Mark zu zahlen.

---

**Wieviel Erbschaftsteuer fällt an?**

| Wert des steuerpflichtigen Erwerbs bis einschließlich | Steuerklasse I | Steuerklasse II | Steuerklasse III |
| --- | --- | --- | --- |
| 100 000 Mark | 7 Prozent | 12 Prozent | 17 Prozent |
| 500 000 Mark | 11 Prozent | 17 Prozent | 23 Prozent |
| 1 000 000 Mark | 15 Prozent | 22 Prozent | 29 Prozent |
| 10 000 000 Mark | 19 Prozent | 27 Prozent | 35 Prozent |
| 25 000 000 Mark | 23 Prozent | 32 Prozent | 41 Prozent |
| 50 000 000 Mark | 27 Prozent | 37 Prozent | 47 Prozent |
| über 50 000 000 Mark | 30 Prozent | 40 Prozent | 50 Prozent |

Erläuterungen:
Steuerklasse I = Ehegatte, Kinder, Enkel, Urenkel und weitere Abkömmlinge in gerader Linie sowie Eltern und Voreltern bei Erwerben von Todes wegen
Steuerklasse II = Eltern und Voreltern bei Zuwendung unter Lebenden, Geschwister, Neffen und Nichten, Stiefeltern, Schwiegereltern und -kinder, geschiedener Ehegatte
Steuerklasse III = übrige Erwerber

## 23.2 Was sonst noch auf die Erben zukommen kann

Ein Erbfall kann für die Erben auch seine Tücken haben. Sie haften nämlich für die Steuerschulden des Erblassers und müssen nicht selten für Nachzahlungen von Einkommensteuer und – soweit die Zeit vor 1997 betroffen ist – Vermögensteuer aufkommen. So manches wird bei einem Erbfall aufgedeckt, weil Notare, Versicherungen und vor allem Kreditinstitute den Erbschaftsteuerstellen der Finanzämter Mitteilungen über Geldbestände und Wertpapierdepots machen müssen. Setzen Sie nicht darauf, daß ein Ihnen gut bekannter Bankmitarbeiter diese Mitteilung als Freundschaftsdienst unterläßt. Er würde sich strafbar machen.

Der Weg von den Erbschaftsteuerstellen zu den Veranlagungsstellen des Finanzamts ist nicht weit. So ist leicht zu überprüfen, ob der Erblasser auch seine Kapitaleinkünfte in zutreffender Höhe angegeben hat. Sofern nicht geschehen, muß der Erbende hierfür einstehen. Natürlich kann er nicht für das Vergehen des Erblasser bestraft werden, wenn er sich keiner Beihilfe schuldig gemacht hat. Aber schon bei leichtfertiger Steuerverkürzung müßte er die Steuern der letzten 5 Jahre nachzahlen. Bei Steuerhinterziehung werden sogar 10 Jahre wieder aufgerollt. Da jährlich 6 Prozent Hinterziehungszinsen hinzukommen, wird das Erbe durch derartige Nachzahlungen nicht selten beträchtlich gemindert.

Die Mitteilungsfreude der Erbschaftsteuerstellen für die Kollegen von den Veranlagungsstellen wird durch einen neuen Erlaß des Bundesfinanzministers vom 25. 3. 1998 (Bundessteuerblatt 1998 I, S. 357) reglementiert. Ab einem Reinwert von mehr als 500 000 Mark oder einem Kapitalvermögen von mehr als 100 000 Mark sind die Kontrollmitteilungen zwingend vorgeschrieben. Bei mehreren Erben ist es immer empfehlenswert, daß der »Schriftführer« einen Teil des Erbes zunächst zurückbehält, um eventuelle Nachforderungen des Finanzamts befriedigen zu können. Es gibt genug Fälle, in denen die Verteilung bereits abgeschlossen war und beim späteren Bescheid des Finanzamts ein Erbe, meist der, der auch noch die ganze Schreibarbeit machte, als selbstschuldnerisch Haftender für die fällige Steuernachzahlung aufkommen mußte. Treffen Sie deshalb rechtzeitig mit den Miterben Absprachen, wie eventuelle Nachforderungen des Finanzamts beglichen werden sollen.

Die Überprüfungsmöglichkeiten der Finanzämter sind übrigens verbessert. Seit Ende 1998 müssen die Banken ihre Buchungsbelege zehn Jahre lang aufbewahren. Früher betrug die Aufbewahrungsfrist nur sechs Jahre. Eine weitere Verschärfung ist hinzugekommen: Die Banken sind jetzt verpflichtet, auch die Zinsen im Jahr des Erbfalls den Finanzämtern mitzuteilen. Hierdurch sind Rückschlüsse auf die Höhe der vererbten Kapitalien möglich, falls noch kurz vor dem Todestag Beträge schnell abgehoben wurden.

Wann dürfen Sie geerbte Aktien verkaufen, wie dies häufig bei Auseinandersetzungen geschieht, ohne mit der Spekulationssteuer Bekanntschaft zu machen? Die Jahresfrist beginnt nicht mit dem Tag des Erbanfalls neu. Vielmehr ist der Anschaffungstag des Erblassers maßgeblich. Sie können also alle Aktien, die der Erblasser mindestens ein Jahr in Besitz hatte, steuerfrei verkaufen. Ist diese Behaltefrist noch nicht abgelaufen, müßten Sie gegebenenfalls etwas warten.

### 23.3 Pläne für eine verschärfte Erbschaftsteuer

Im vorigen Kapitel über die Vermögensteuer haben Sie gelesen, daß die erst zum 1. Januar 1996 eingeführte neue Erbschaftsteuer unter Umständen schon wieder geändert wird – angesichts öffentlicher Finanznöte selbstverständlich zum Nachteil der Erben. Berlin denkt daran, eventuelle Vermögensteuerausfälle – sollte diese Steuerart denn endgültig wegfallen – durch eine erhöhte Erbschaftsteuer (Schenkungsteuer) wettzumachen.

378

Bei Manuskriptschluß war das »steuerliche Großreinemachen« der neuen Koalition noch nicht in eine Gesetzesform gegossen. Auf dem Tisch war aber schon der familienfreundliche Richterspruch aus Karlsruhe, der ein weiteres Loch von geschätzten 20 Milliarden Mark in die öffentlichen Haushalte reißen wird.

Mit allem Vorbehalt sage ich, daß man versuchen wird, bei der Erbschaftsteuer neue Steuerquellen zu erschließen. Allerdings müßte die Opposition dies mittragen.

## 24  Ein Special – Strategien gegen die Halbierung des Sparerfreibetrags

Da hilft kein Schönreden: Die Halbierung des Sparerfreibetrags seit dem Jahre 2000 ist eine erhebliche Verschlechterung für Aktionäre und Sparer. Der Spitzensteuersatz von 53 Prozent wurde zwar für das Jahr 2000 auf 51 Prozent abgesenkt; dennoch kommt unter Einbeziehung von Solidaritätszuschlag (5,5 Prozent) und Kirchensteuer (in der Regel 9 Prozent) eine Spitzenbelastung von mehr als 58 Prozent zustande.

Verheiratete zahlen durch den Wegfall von 6000 Mark Sparerfreibetrag in der höchsten Belastungsstufe rund 3500 Mark mehr Einkommensteuer auf ihre Kapitaleinkünfte. Bei Unverheirateten beträgt die wegfallende Hälfte des Sparerfreibetrags 3000 Mark und die Mehrbelastung beläuft sich in der Spitze auf rund 1750 Mark.

Auch ein Durchschnittsverdiener mit 50 000 Mark zu versteuerndem Einkommen muß schon allein an Einkommensteuer (ohne die oben genannten Nebenabgaben) über 30 Prozent der weggefallenen Hälfte des Sparerfreibetrags aufbringen (Grenzsteuersatz).

Viel Geld wird weiter nach Luxemburg, Österreich und in die Schweiz fließen, was an und für sich legal ist. Wer aber die Zinsen des Auslandskapitals in seiner Steuererklärung nicht deklariert, handelt illegal. Bußgelder, Geldstrafen und Freiheitsstrafen – so die ansteigende Härteskala staatlicher Strafmaßnahmen. Hinzu kommen bei Steuerhinterziehung Zinsen von 6 Prozent jährlich (Hinterziehungszinsen), die sich bei rückwirkendem Aufgriff von 10 Jahren bis zur Hälfte der eigentlichen Steuerschuld summieren können.

Lassen Sie uns deshalb nach legalen Auswegen suchen.

## 24.1 Rentenwerte umschichten auf niedrige Nominalzinsen

Frau A. ist alleinstehend. Sie hat 1992, als es noch 8 Prozent Zinsen gab, eine zehnjährige Anleihe der Bundesbahn gekauft, die im Jahr 2002 ausläuft. Ihr Kurs beträgt zur Zeit 107,35 und die Rendite 4,67 Prozent.

Frau A. weiß, daß sie nicht etwa die Rendite von 4,67 Prozent, sondern den Nominalzins von 8 Prozent in ihrer Steuererklärung einsetzen muß. 1999 ging's ja noch, denn die Zinsen betrugen 6122 Mark und waren durch den damals geltenden Sparerfreibetrag von 6000 Mark und die Werbungskostenpauschale von 100 Mark so gut wie abgedeckt, da sie keine weiteren Kapitaleinkünfte hatte. Im Jahr 2000 bittet das Finanzamt sie jedoch harsch zur Kasse. Ihre Zinsen übersteigen nämlich um 3000 Mark den jetzt gültigen Sparerfreibetrag von nur noch 3100 Mark. Ein Anleihebetrag von 38 760 Mark dürfte allenfalls in ihrem Depot liegen, wenn die Zinsen den Sparerfreibetrag nicht übersteigen sollen.

Frau B., ebenfalls unverheiratet, ist besser dran. Sie hat sich seinerzeit für eine Bundesschatzanweisung mit einem Nominalzins von nur 3 Prozent entschieden. Die Rendite ist mit 3,98 Prozent wegen der etwas kürzeren Laufzeit gegenüber der Bundesbahnanleihe ein klein wenig geringer. Dies fällt nicht ins Gewicht, wohl aber die Zinsbesteuerung.

Immerhin durfte Frau B. 1999 einen Betrag von 203 333 Mark einer mit 3 Prozent verzinslichen Schatzanweisung oder Anleihe in ihrem Depot gehabt haben, und es wäre keine Steuer angefallen. Selbst bei dem im Jahr 2000 auf 3100 Mark halbierten Sparerfreibetrag dürfen es noch 103 333 Mark sein.

Die beiden Damen werden ihre Anleihe bzw. Schatzanweisung übrigens im Jahr 2002 bzw. 2001 zum Nennbetrag von 100 Prozent zurückerhalten. Der Kurs ist dann von 107,35 bzw. 98,94 auf 100 zurückgefallen, ohne daß dies sich steuerlich auswirken könnte.

Auch für Verheiratete habe ich Ihnen ein Schema erstellt. Da

## *Disposition 1:* UMSCHICHTEN

### Alleinstehende

*Anlagevolumen*

| 1999 | 2000 | 1999 | 2000 |
|---|---|---|---|

| 8 % | 8 % | 3 % | 3 % |
|---|---|---|---|

|  |  | 203 333 | 103 333 |
|---|---|---|---|
| 76 520 | 38 760 |  |  |

| 8 Prozent von | 8 Prozent von | 3 Prozent von | 3 Prozent von |
|---|---|---|---|
| 76 520 Mark | 38 760 Mark | 203 333 Mark | 103 333 Mark |
| = 6122 Mark | = 3100 Mark | = 6100 Mark | = 3100 Mark |

### Verheiratete

*Anlagevolumen*

| 1999 | 2000 | 1999 | 2000 |
|---|---|---|---|

| 8 % | 8 % | 3 % | 3 % |
|---|---|---|---|

|  |  | 406 666 | 203 666 |
|---|---|---|---|
| 152 500 | 77 500 |  |  |

| 8 Prozent von | 8 Prozent von | 3 Prozent von | 3 Prozent von |
|---|---|---|---|
| 152 500 Mark | 77 500 Mark | 406 666 Mark | 203 666 Mark |
| = 12 200 Mark | = 6200 Mark | = 12 200 Mark | = 6200 Mark |

8 Prozent:  z. B. Anleihe Bundesbahn, 1992/2002, WKN 115082,
Kurs ca. 107,35, Rendite ca. 4,67 Prozent
3 Prozent:  z. B. Bundesschatzanweisung, 1999/2001, WKN 113685,
Kurs ca. 98,94, Rendite ca. 3,98 Prozent

das Prinzip jetzt klar ist, darf ich mich darauf beschränken, daß eine Anleihe oder Schuldverschreibung – immer vorausgesetzt, es sind keine weiteren Kapitaleinkünfte vorhanden – bis zum Nennwert von 203 666 Mark auch nach der Halbierung noch keine Zinsabschlagsteuer bzw. Einkommensteuer kostet.

*Fazit:* Sie können einen höheren Nominalbetrag steuerfrei anlegen, wenn Sie sich für niedrigverzinsliche Rentenwerte entscheiden. Von Langläufern ist abzuraten, weil weitere Zinssteigerungen wahrscheinlich sind, die bei Rentenwerten zu rückläufigen Kursen führen.

### 24.2 Jetzt kaufen, später versteuern – abgezinste Papiere

Die Eheleute E. haben glücklicherweise einiges auf der hohen Kante. Unvorteilhaft ist nur, daß der halbierte Sparerfreibetrag die Anleger, die beide berufstätig und deshalb in ziemlicher Steuerprogression sind, besonders hart trifft.

Die Eheleute E. wollen in einigen Jahren bauen. Gerade deshalb gibt es für sie einen speziellen Ausweg aus der Steuermisere. Sie legen ihr Kapital in Wertpapieren an, deren Zinsertrag erst bei Endfälligkeit oder Verkauf zu versteuern ist. Dazu gehören beispielsweise Zero-Bonds. Wie der Name schon sagt, sind sie nicht mit einem Zinscoupon für laufende Zinsen ausgestattet. Vielmehr werden die Zinsen in einem Betrag gezahlt, und zwar als Differenz zwischen dem Emissionskurs und dem Rückzahlungskurs bzw. dem Verkaufskurs. Infolge dieser Gestaltung werden Zerobonds mit einem hohen Disagio, also einem Abschlag weit unter 100 Prozent, herausgebracht und zum Tilgungszeitpunkt zu 100 Prozent zurückgezahlt bzw. bei vorzeitigem Verkauf zu dem dann gültigen Kurs.

Kaufen die Eheleute E. nach Beratung mit ihrem Kreditinstitut beispielsweise den Zero-Bond der DG-Bank (vgl. Kurszettel),

## ZERO-BONDS

| Amtl. / Gereg. Markt | Laufzeit | | 3.2.2000 | Rendite |
|---|---|---|---|---|
| B.-Württ.L-Fin. | (F) | 92/02 | 90,90b | 4,766 |
| B.-Württ.L-Fin. | (F) | 92/12 | 46,00b | 6,429 |
| Bay. LfA Fin. | (M) | 92/00 | 98,65G | 3,816 |
| Bay. LfA S.171 | (M) | 92/02 | 87,90G | 4,963 |
| Co.Bk.Overs.Fin. | (F) | 85/00 | 98,00b | 4,063 |
| Co.Bk.Overs.Fin. | (F) | 91/01 | 91,70G | 4,776 |
| Conti-G.Fin.B.V. | (F) | 85/00 | 97,90b | 4,882 |
| Cr. Suisse F. | (F) | 92/02 | 87,35T | 5,093 |
| Dt. Bk. Invest. | (F) | 97/01 | 94,60G | 5,082 |
| DG-Bank R.259 | (F) | 92/05 | 75,20G | 5,498 |
| *DG-Bank Em.212* | *(F)* | *92/00* | *98,50G* | *3,656* |
| Dt.-Fin. | (F) | 96/26 | 17,20G | 6,804 |
| *Dt.Hyp.Fft.S.78* | *(F)* | *92/02* | *88,80G* | *4,843* |
| Dresdner Fin. | (F) | 97/01 | 99,70G | |
| Euro DM Securities Ltd. | | | | |
| Serie 2016 | (F) | 86/16 | 36,50bB | 6,450 |
| dgl. Serie 2011 | (F) | 86/11 | 51,50G | 6,148 |
| dgl. Serie 2006 | (F) | 86/06 | 71,30G | 5,682 |
| dgl. Serie 2001 | (F) | 86/01 | 95,10G | 4,592 |
| Euro DM Securit.Ltd.B | | | | |
| Serie 2001 | (F) | 86/01 | 95,00G | 4,473 |
| dgl. Serie 2006 | (F) | 86/06 | 71,25G | 5,643 |

| Amtl. / Gereg. Markt | Laufzeit | | 3.2.2000 | Rendite |
|---|---|---|---|---|
| dgl. Serie 2016 | (F) | 86/16 | 36,60bB | 6,411 |
| Euro DM Securit.Ltd.C | | | | |
| dgl. Serie 2006 | (F) | 86/06 | 70,45b | 5,817 |
| dgl. Serie 2016 | (F) | 86/16 | 36,50b | 6,420 |
| Euro DM Securit.Ltd.D | | | | |
| Serie 2006 | (F) | 86/06 | 70,75G | 5,750 |
| dgl. Serie 2011 | (F) | 86/11 | 50,75b | 6,249 |
| dgl. Serie 2021 | (F) | 86/21 | 26,80b | 6,411 |
| dgl. Serie 2026 | (F) | 86/26 | 19,75bB | 6,389 |
| Europ. Inv. Bk. | (F) | 96/26 | 18,40G | 6,530 |
| Europ. Inv. Bk. | (F) | 97/17 | 34,50G | 6,442 |
| Fed.Sec.Ltd. | (F) | 86/07 | 67,50-T | 5,848 |
| Haindl Fin. | (F) | 85/00 | 95,05G | 6,223 |
| Hess.Laba EM.246 | (F) | 85/00 | 98,90G | 3,391 |
| dgl. EM.248 | (F) | 85/05 | 75,15G | 5,413 |
| dgl. EM.251 | (F) | 85/05 | 73,60G | 5,478 |
| dgl. EM.255 | (F) | 86/06 | 71,70G | 5,533 |
| dgl. EM.256 | (F) | 86/26 | 37,65b | 6,223 |
| dgl. EM.320 | (F) | 91/01 | 94,20G | 4,308 |
| dgl. EM.331 | (F) | 92/02 | 90,65G | 4,634 |
| KfW | (F) | 92/02 | 91,20G | 4,690 |
| KfW Int. Fin. | (F) | 97/02 | 91,25G | 4,702 |

würden sie am 3. 2. 2000 75,20 gezahlt haben und 100 Prozent im Jahr 2005 zurückerhalten. Sie verwenden das Geld für den Hausbau, haben sich dann ohnehin zur Ruhe gesetzt, zahlen also weniger Steuern und werden erst bei Rückzahlung des Zero-Bonds dessen Zinsen versteuern müssen. Natürlich werden die Eheleute ihren Sparerfreibetrag von je 6200 Mark nicht verschenken, sondern in den einzelnen Jahren durch andere Kapitaleinkünfte ausnutzen.

Aber einige Worte der Warnung: Der Schuldner von Zero-Bonds sollte eine hohe Bonität, wie beispielsweise die Großbanken, haben. Schließlich werden Zinsen gestundet und erst bei der Endfälligkeit oder dem vorzeitigen Verkauf zusammen mit dem Kapital zurückgezahlt.

Ein auch nicht gering zu schätzendes Risiko stellen steigende Zinsen dar. Bekanntlich sinken Anleihekurse mit den ansteigenden Marktzinsen. Dieser Fakt ist bei Zero-Bonds wegen der Hebelwirkung auf den Kurs noch ausgeprägter. Bei anziehenden

Zinsen könnten Teilverkäufe mit Vorab-Versteuerung angesagt sein. Der Rat von Bankkaufmann und Steuerberater ist gefragt. Wann im Einzelfall die Emissionsrendite oder die Marktrendite die vorteilhaftere Besteuerungsgrundlage ist, können Sie auch meinem Taschenbuch »Das andere Börsenlexikon« entnehmen.

Weniger Risiko gehen die Eheleute ein, wenn sie Bundesschatzbriefe des Typs B kaufen. Auch hier werden Zins und Zinseszinsen angesammelt und nach 7 Jahren zusammen mit dem Kapital ausgeschüttet. Die Versteuerung erfolgt ebenfalls erst bei Einlösung oder vorherigem Verkauf. Spesen fallen übrigens nicht an und auch keine Depotgebühr, wenn die Bundesschatzbriefe bei der Bundesschuldenverwaltung in Bad Homburg verwahrt werden. Ein Hinweis auf diese Möglichkeit genügt meist bei der Hausbank, es ebenfalls gebührenfrei zu tun. Im Gegensatz zu den Zero-Bonds besteht kein Kursrisiko.

Auch die Finanzierungs-Schätze des Bundes sind Abzinsungspapiere, die erst bei Einlösung versteuert werden. Diese erfolgt jedoch schon nach einem bzw. nach zwei Jahren.

*Fazit:* Die Versteuerung von Kapitaleinkünften, soweit sie den Sparerfreibetrag übersteigen, kann durch Kauf von Abzinsungspapieren wie Zero-Bonds und Bundesschatzbriefe Typ B usw. in spätere Jahre hinausgeschoben werden. Dies lohnt sich insbesondere, wenn das Kapitalvermögen sich im Jahr der Endfälligkeit oder der Einlösung durch Investitionen verringert hat (Hausbau, teure Wohnungseinrichtung usw.) oder die Steuerprogression ohnehin niedriger ist (Geschäftsaufgabe, Praxiseinstellung, Eintritt ins Rentenalter).

### 24.3 Steuern sparen mit Disagio-Anleihen

Die Frage, wie der halbierte Sparerfreibetrag legal unterlaufen werden kann, beschäftigt zur Zeit Millionen von Aktionären und Anlegern. Ein probates Mittel sind Disagio-Anleihen oder

Schuldverschreibungen. Der Erfindungsreichtum von Banken und Sparkassen ist groß.

Um was geht es? Sie kaufen beispielsweise eine »steuergünstige« Anlage im Nominalwert von 100 000 Mark. Nehmen wir diesen Betrag des einfacheren Rechnens wegen. Natürlich dürfen es auch nur 5000 Mark sein. Für die 100 000 Mark, die Ihnen beispielsweise im Jahr 2004 voll zurückgezahlt werden, brauchen Sie jetzt aber nur 97 000 Mark auf die Banktresen zu blättern. Der Steuereffekt: Das Disagio von 3000 Mark ist vollkommen steuerfrei. Nur beim Nominalzins, der zur Zeit so ungefähr um die vier Prozent liegen kann, darf das Finanzamt zupacken. Natürlich ist der Nominalzins bei einem Kurs deutlich unter 100 entsprechend niedriger und mithin marktgerecht. Die Großzügigkeit des Fiskus ist durch eine Verordnung aus dem Jahr 1986 sanktioniert. Sie behandelt die sogenannte Disagio-Staffel.

Läuft eine Anleihe unter zwei Jahren, ist ein Disagio von einem Prozent unschädlich. Bei zwei bis vier Jahren sind es zwei Prozent und bei vier bis sechs Jahren, wie in unserem Fall, drei Prozent. Diese Disagio-Staffel gilt nur bei Neuemissionen. Sie wurde im Herbst 1999 (vgl. WestLB vom 11. 10. 1999) dahingehend präzisiert, daß bereits umlaufende Emissionen innerhalb eines Jahres aufgestockt werden dürfen, so daß sich der steuerunschädliche Zeitraum nochmals verkürzen kann.

Selbstverständlich ist es Ihr gutes Recht, bereits auf dem Markt befindliche Finanzprodukte zu noch niedrigeren Kursen zu kaufen. Die Bundesobligation Serie 131, die am 19. 5. 2004 eingelöst wird, hatte bei Manuskriptschluß beispielsweise einen Kurs von 93,55 Prozent und eine Rendite von 4,95 Prozent. Wird sie in vier Jahren eingelöst, fließen Ihnen 6,45 Prozent Kursgewinn steuerfrei zu, weil die Einlösung immer zu 100 Prozent erfolgt.

Die genannte Anleihe hat ein sogenanntes Rating AAA (triple A). Das bedeutet: Sie ist von einem erstklassigen Schuldner, nämlich der Bundesrepublik, begeben. Von Anleihen der Stadt Moskau, Rußlands oder der Ukraine und auch unsicheren Industrieanleihen ist abzuraten, obgleich sie meist hochverzinslich sind und zu einem sehr niedrigen Kurs notieren. Beides sind Indizien für nicht eben solvente Schuldner, die überhaupt nur über günstige Konditionen einen Anreiz zum Kauf schaffen können.

### 24.4 Den Sparerfreibetrag für Kinder gibt es extra

6200 Mark für Verheiratete sind ein ganz schönes Sümmchen, obwohl es nur noch der halbe Sparerfreibetrag ist. Vielleicht sind Sie jedoch in der glücklichen Lage, daß die Dividenden und Zinsen, die jährlich auf Ihre Konten fließen, diesen Betrag übersteigen. Dann sind Erfindungsreichtum und Steuersparrecherche im legalen Bereich angesagt. Schauen wir uns in Ihrer Familie um. Sie haben zwei Kinder und vernehmen erfreut, daß auch diese eigene Freibeträge beanspruchen können – je Kind also noch mal 3100 Mark, macht zusammen mit dem Sparerfreibetrag der Eltern schon 12 400 Mark steuerfreie Dividenden und Zinsen pro Jahr. Der Pferdefuß dabei oder, wenn Sie so wollen, auch der legale »Sesam-öffne-dich«: Sie müssen das Kapital in entsprechender Höhe auf eigene Konten der Kinder übertragen und dies nicht nur vorübergehend.

Nun könnte ich Sie gleich mit einer Kaskade von Urteilen der Finanzgerichte und des Bundesfinanzhofs überschütten, wann eine Übertragung auch vom Finanzamt als »rechtswirksam erfolgt« anerkannt wird. Damit möchte ich Sie natürlich verschonen und das Wichtigste daraus wie folgt zusammenfassen: Die Schenkung des Kapitals an die Kinder muß endgültig sein; die Konten und die Depots müssen auf die Namen der Kinder lauten; bei einer Rückübertragung, von der das Finanzamt erfährt, gibt es mit ziemlicher Sicherheit Probleme. Eltern sollten sich außerdem darüber bewußt sein, daß sie nicht für minderjährige Kinder bis zu deren Volljährigkeit Konten einrichten und sie dann recht problemlos wieder auf den eigenen Namen übernehmen können. Es soll selbst in gutbürgerlichen Familien schon öfters Probleme gegeben haben, wenn sich der Filius, wohlwissend um seine Depoteinlage, dafür flugs das eigene Auto oder die Tochter die eigene Einrichtung kaufen wollte.

Sie kennen nun die steuerliche, die bürgerlich-rechtliche und die familiäre Problematik. Aber vielleicht sind Sie so reichlich mit Barem ausgestattet, daß Sie Ihren Kindern schon im Säuglingsalter Aktien und Sparguthaben schenken können. 400 000 Mark je Kind und von jedem Elternteil sind schenkungsteuerfrei, was das gleiche ist wie erbschaftsteuerfrei. Mehr darüber – auch, wie oft Sie steuerfreie Schenkungen wiederholen können – lesen Sie im Kapitel über die Erbschaftsteuer.

Die Vorteile einer Vermögensübertragung auf die eigenen Kinder sind sogar noch größer, weil Kinder bei der Einkommensteuer auch von einem eigenen Grundfreibetrag profitieren. Mehr darüber lesen Sie im folgenden Kapitel. Sie können deshalb für Ihre Kinder ggf. eine Nichtveranlagungsbescheinigung beantragen und brauchen gar nicht erst einen Freistellungsauftrag zu stellen. Die Einzelheiten können Sie in einem gesonderten Kapitel über die Nichtveranlagungsbescheinigungen nachlesen. Haben die Kinder jedoch noch andere eigene Einkünfte, wie zum Beispiel Einkünfte als Gesellschafter einer Familiengesellschaft oder aus vermietetem Immobilienvermögen, wird es meist nicht möglich sein, die Nichtveranlagungsbescheinigung zu ergattern. In jedem Fall jedoch und gleichgültig, wie hoch das Einkommen der Kinder ist, profitieren sie von dem Sparerfreibetrag, den es unabhängig von dem übrigen Einkommen gibt – immer vorausgesetzt, Sie reichen die entsprechenden Freistellungsaufträge bei Ihrem Kreditinstitut ein oder beantragen ggf. auch die Nichtveranlagungsbescheinigung beim Finanzamt.

## 24.5 Vermögensübertragungen an Kinder – der Sparerfreibetrag ist nicht der einzige Vorteil

In Kapitel 24.4 konnten Sie lesen, daß jedes Ihrer Kinder ein Recht auf den eigenen Sparerfreibetrag von 3100 Mark hat. Dieser Freibetrag wird aber manchmal nicht ausgeschöpft, obwohl dies durch endgültige Vermögensübertragung auf Kinder leicht machbar ist. Sehen wir uns im einzelnen an, wieviel Steuern auf Aktienerträge und Zinsgutschriften Sie durch Übertragung auf die nächste Generation sparen können. Ausgangspunkt ist unser Tarifgrundfreibetrag der Steuertabelle.

Die Steuerreform 1999 und das Steuersenkungsgesetz 2000 sehen folgende Freibeträge vor:

|  | 2000 | 2001 |
|---|---|---|
| Grundfreibetrag | 13 499 Mark | 14 093 Mark |
| + Sparerfreibetrag | 3000 Mark | 3000 Mark |
| + Werbungskostenpauschale | 100 Mark | 100 Mark |
| + Sonderausgabenpauschale | 108 Mark | 108 Mark |
| Steuerfrei bei jedem Kind | 16 707 Mark | 17 301 Mark |

Ich sagte schon einmal, daß ein Steuersatz von fünfzig Prozent bei den Eltern-Einkommen sehr leicht erreicht ist, wenn beide Elternteile arbeiten oder ein mittelprächtig laufendes Geschäft die Existenzgrundlage ist. Einkommensteuer, Kirchensteuer und Solidaritätszuschlag summieren sich schnell auf fünfzig Prozent. Bei ungefähr 160 000 Mark zu versteuerndem Einkommen ist es soweit. Ist die Situation bei Ihnen so, würden Sie mit jedem Kind, dem Sie durch Schenkung von Wertpapieren eine Existenzgrundlage geben, gut 8000 Mark eigene Einkommensteuer sparen. Ein verlockender Gedanke für Aktionäre mit genügend Kleingeld! Aber auch ein Pferdefuß: Bis zu 18 Jahren spielt das Einkommen der Kinder für den Kindergeldbezug keine Rolle. Sind die Kinder jedoch über 18 Jahre alt und noch in Berufsausbildung, können Sie als Eltern nur dann Kindergeld bzw. den Kinderfreibetrag und ein paar weitere Vergünstigungen erhalten, wenn die Einkünfte eines Kindes 13 500 Mark jährlich nicht übersteigen. Sie sehen: Auch auf legalen Umwegen um die Steuer herum kann man leicht vom rechten Pfad abkommen und sich im Steuerdickicht verirren. Dies gilt auch für die Krankenkassen. Erkundigen Sie sich dort nach den Grenzen für eine Mitversicherung der Kinder bei den Eltern.

Eine weitere Besonderheit haben die erst im Frühjahr 1997 mit der üblichen Verspätung herausgebrachten Einkommensteuer-Richtlinien 1996 gebracht. Glücklicherweise nicht schon rückwirkend ab 1996, aber doch schon seit 1997 sind die anzurechnenden »eigenen Einkünfte und Bezüge« eines Kindes neu definiert worden. Der Sparerfreibetrag von 3000 Mark, der bisher an den Einnahmen gekürzt wurde, darf nun seit 1997 nicht mehr abgezogen werden. Die durch ihn freigestellten Zinsen und Dividenden werden zu den sogenannten »anrechenbaren Bezügen« gerechnet. Die auf Kinder übertragenen Aktien und Sparguthaben dürften also maximal Zinsen und Dividenden von rund 13 500 Mark abwerfen, wenn das Kindergeld bzw. der Kinderfreibetrag bei über 18 Jahre alten Kindern nicht verlorengehen soll. Sind noch andere Einkünfte eines Kindes gegeben, wären auch diese bei der Berechnung der Grenze einzubeziehen.

Es liegt in Ihrer Hand, gegebenenfalls noch 2000 zu hohe Kindeseinkünfte zu vermeiden. Dies kann durch Umschichtung in Zerobonds oder Bundesschatzbriefen vom Typ B geschehen, deren Zinsen erst bei Verkauf oder Endfälligkeit zu versteuern sind. Eine Verschiebung von einem Jahr in das nächste ist auch durch Kauf von Anleihen mit hohen Stückzinsen möglich, weil diese bei den Kapitaleinkünften gekürzt werden. Vorsicht ist bei Kreditkauf geboten. Die Erträge müssen im Endergebnis den Zinsaufwand übersteigen. Falls nicht, könnte Ihre Disposition als »Umgehung« vom Finanzamt klassifiziert werden.

Eine rechtzeitige Kontrolle des Kindeseinkommens ab 18 Jahre ist auch wegen weitergehender steuerlicher Vorteile empfehlenswert, die an die Zahlung von Kindergeld geknüpft sind. So könnten beispielsweise bei überstiegener Einkommensgrenze das Baukindergeld, sowie der Haushalts- und Ausbildungsfreibetrag verlorengehen. Des weiteren würde sich der Prozentsatz der zumutbaren Eigenbelastung bei den außergewöhnlichen Belastungen der Eltern erhöhen.

### 24.6 Sparerfreibetrag überstiegen?
### Vielleicht klappt es mit Stückzinsen

Im Herbst werden die Schäfchen gezählt. Sie müssen erfreut, aber auch etwas steuerbetrübt im Oktober feststellen, daß Ihre Dividenden und Zinsen den herabgesetzten Sparerfreibetrag um 2000 Mark überschreiten werden. Nun ist Eile angesagt. Sie profitieren von einer steuerlichen Vorschrift, nach der Stückzinsen wie negative Kapitaleinkünfte behandelt werden dürfen.

Stückzinsen? Das sind jene Zinsbeträge, die Sie beim Kauf einer Anleihe zwischen zwei Ausschüttungsterminen an den Vorbesitzer zahlen müssen. Sie erhalten beim nächsten Ausschüttungstermin den vollen Zinsbetrag und werden so für die gezahlten Stückzinsen entschädigt. Besuchen Sie Ihren Wertpapierberater. Aus einer langen Liste wird er Ihnen eine Anleihe herausfischen, die beispielsweise erst im Januar oder Februar des nächsten Jahres ausschüttet. Dies wäre besonders günstig, weil dann schon für acht oder neun Monate Stückzinsen angefallen sind. Sie können auch noch bis Dezember warten, denn dann ist der aufgelaufene Stückzinsbetrag noch höher. Schnell sind 2000 Mark an abzugsfähigen Stückzinsen zusammen, die Ihre Kapitaleinkünfte wieder unter die Grenze des Sparerfreibetrags drücken.

Nun haben Sie aber das Problem, im nächsten Jahr den vollen Zinsertrag aus Ihrer Anleihe – einschließlich der im Vorjahr abgezogenen Stückzinsen – versteuern zu müssen. Dies macht nichts, wenn ohnehin im nächsten Jahr höhere Beträge von Ihrem Depot oder Sparkonto für größere Anschaffungen abgehen und sich damit automatisch die Zinseinkünfte wieder im Rahmen des Sparerfreibetrags bewegen werden. Vielleicht haben Sie auch im letzten Jahr Ihr Geschäft aufgegeben und verkauft und wurden wegen des Veräußerungsgewinns von besonders hoher Steuer gezwickt. Da ist es allemal gut, ein Stück von der Progression wegzubrechen, indem Einnahmen aus dem hochbesteuerten Veräußerungsjahr in das folgende Ruhestandsjahr mit niedrigerer Besteuerung verlagert werden.

Beim Operieren mit Stückzinsen ist das Stückzinsurteil des BFH vom 27.7.1999 (VIII R 79/98) zu beachten. Der BFH erkannte auf einen Gestaltungsmißbrauch, weil der Anleger eine Anleihe kurz vor Fälligkeit über 100 Prozent gekauft und natürlich nur zu 100 Prozent zurückgezahlt erhalten hatte. Zweitens war der Anleihekauf nur mit Kredit finanziert, so daß per Saldo ein Verlust anfiel. Drittens blieben die ausgeschütteten Zinsen im Folgejahr wegen des Sparerfreibetrags steuerfrei.

Drei Komponenten führten also zu dem negativen Urteil, die es in ihrer Gesamtheit zu vermeiden gilt. Kommt außerdem noch ein plausibler wirtschaftlicher Grund für die Gestaltung hinzu, neige ich dazu, daß das Steuersparmodell mit Stückzinsen funktioniert.

### 24.7 Genußscheine – Steuerfreie Kursgewinne
### statt steuerpflichtiger Zinsen

Aktiendividenden sind steuerpflichtig. Sogar die Dividenden ausländischer Aktien. Auch die Dividenden der festverzinslichen Wertpapiere unterliegen der Steuer. Nicht allein das, selbst auf den Stückzinsen der Anleihen liegt schwer die Hand des Fiskus. Auch Investmentanteile, die Wertpapiere des »kleinen Mannes«,

# GENUSSSCHEINE

| Titel | Aussch. | | 3.2.00 | 2.2.00 | 52 H | 52 T |
|---|---|---|---|---|---|---|
| Allianz Hold. *) | 5,28 | F | 111,00 b | 107,50 b | 121 | 89 |
| Allg.Hypobk.98/08 | 4,212 | F | 103,10 G | 103,10 G | 103 | 96 |
| Allg.Hypobk. 99/08 | 3,319 | F | 101,85 G | 101,85 G | 103 | 100 |
| Autania *u) | | F | 0,60 -T | 0,60 -T | 1 | 0 |
| Bad.-Württ.Bk.91 | 9 | S | 115,85 G | 115,90 G | 126 | 114 |
| Bad.-Württ.Bk.92 | 9 | S | 117,15 G | 117,20 G | 129 | 116 |
| Bad.-Württ.Bk.93 | 7,125 | S | 107,30 b | 107,45 G | 121 | 106 |
| Bad.-Württ.Bk.93II | 6,5 | S | 104,35 b | 104,35 -G | 117 | 103 |
| Bk. Ges. Berl. 89/99 | 11,577 | B | 109,30 b | 109,30 b | 115 | 107 |
| Bkh. Neelmeyer 91/01 | 9,22 | Br | 116,45 G | 116,45 G | 126 | 115 |
| Bay.Hypo-Vbk.89/99 o.o. | 7,75 | F | 109,24 G | 109,21 b | 114 | 107 |
| Bay.Hypo-Vbk.91/01 | 9,25 | F | 115,48 -T | 115,48 -T | 307 | 115 |
| Bay.Hypo-Vbk.97/07 | 6,75 | F | 104,60 G | 104,85 b | 119 | 103 |
| Bay.Hypo-Vbk.90/00 o.o | 9,5 | F | 114,95 b | 114,94 b | 124 | 113 |
| Bay.Laba S.4 90/00 | 9,5 | M | 115,15 G | 115,15 G | 124 | 113 |
| Bay.Laba S.5 91/02 | 8,75 | M | 116,50 G | 116,50 G | 128 | 115 |
| Bay.Laba S.6 91/03 | 9,2 | M | 119,70 G | 119,80 G | 133 | 118 |
| Bay.Laba S.7 92/04 | 8,75 | M | 118,50 G | 118,60 G | 133 | 117 |
| Bay.Laba S.8 93/04 | 6,5 | M | 106,40 b | 106,60 b | 119 | 105 |
| Bay.Laba S.10 99/08 | | M | 92,90 G | 93,05 G | 104 | 92 |
| Bay.Raiffeis.Bet. 87/05 | 7 | M | 102,00 -T | 102,00 -T | 112 | 102 |
| Bertelsmann 91 | 15 | D | 190,00 b | 188,50 b | 235 | 184 |
| BfG Hypobk.93/03 | 7 | F | 107,25 G | 107,25 G | 119 | 105 |
| BHF-Bk.92/02(97)o.0. | 7 | F | 119,00 T | 119,00 rG | 119 | 107 |
| BHF-Bk.93/05 | 6,625 | F | 104,80 b | 104,90 T | 116 | 104 |
| BHW Bank 93/04 | 7,25 | Hn | 110,00 -T | 110,00 -T | 117 | 107 |
| Bonifat.Hosp.Wdl. *) | 3,75 | M | 93,00 b | 92,80 b | 103 | 93 |
| Cobk. 89/99 | 8 | B | 109,70 b | 109,65 b | 115 | 107 |
| Cobk. 90/00 | 10,5 | F | 114,00 T | 113,75 rG | 120 | 112 |
| Cobk. 91/03 o.o. | 9,5 | F | 119,40 b | 119,60 b | 134 | 117 |
| Cobk. 92/01(97) | 9,25 | B | 116,50 G | 116,60 T | 127 | 115 |
| Cobk. 92/04(98) | 9,15 | F | 119,40 b | 119,60 b | 134 | 117 |
| Cobk. 93/06 o.o. | 7,25 | F | 108,80 b | 108,80 b | 123 | 106 |
| Cobk. 94/06 o.o. | 4,537 | F | 96,80 b | 97,10 b | 102 | 96 |
| Cobk. 96/08 | 7,9 | F | 112,00 b | 112,25 b | 129 | 109 |
| Dt.Apothek.Bank Tr.I | 7,8 | D | 107,80 G | 107,70 b | 116 | 106 |
| Dt.Apothek.Bank Tr.II | 9,25 | D | 115,90 G | 116,00 G | 126 | 114 |
| Dt.Apothek.Bank Tr.III | 8,75 | D | 115,10 G | 115,10 G | 127 | 113 |
| Dt.Apothek.Bank Tr.IV | 8,75 | D | 115,10 G | 115,10 G | 127 | 113 |
| Dt.Apothek.Bank Tr.V | 6,75 | D | 103,60 G | 103,40 b | 117 | 103 |
| Dt.Bk.91/02(96)o.O. | 9 | F | 117,30 b | 117,45 b | 129 | 116 |
| DG Bank 84 | 8,5 | F | 113,00 b | 113,50 b | 132 | 112 |
| DG Bank 87 | 7,25 | F | 106,20 b | 106,20 b | 121 | 106 |
| DG Bank 89/09 | 7,5 | F | 107,25 T | 107,25 rG | 122 | 105 |
| DG Bank 92/02 | 8,25 | F | 111,75 G | 111,75 G | 122 | 110 |
| DG Bank 94/06 | 6,75 | F | 104,50 b | 105,50 T | 117 | 103 |
| DG Bank 97/04 | 6,5 | F | 105,00 G | 105,50 G | 116 | 104 |
| DG Bank 99/09 | 2,32 | F | 103,00 G | 103,00 G | 104 | 101 |
| DG-Hyp.Bk. A1 | 7,25 | H | 105,75 G | 105,75 G | 122 | 104 |
| Fr.Spark.A.4 93/05 | 7 | F | 106,15 G | 105,75 b | 120 | 105 |
| Fr.Spark.A.1 94/01 | 6,25 | F | 106,50 b | 106,50 G | 113 | 105 |
| Fr.Spark.A.2 94/03 | 6,5 | F | 106,15 T | 106,15 b | 118 | 105 |
| Fr.Volksbk.S.8 94/04 | 6,5 | F | 102,70 -T | 102,70 -T | 112 | 101 |
| Fuchs Petrolub 98/07 | 2,814 | F | 100,20 b | 100,00 G | 106 | 99 |
| Gen. Zentralbk. | 11 | S | 114,40 b | 114,40 G | 131 | 114 |
| Gen. Zentralbk.Em.94I | 6,25 | S | 102,20 G | 102,70 b | 115 | 101 |
| Gerling Allg. Vers. | 7,5 | F | 109,50 bG | 110,25 -T | 120 | 105 |
| Grundkreditbk.91/00 | 9,5 | B | 114,55 G | 114,55 G | 123 | 112 |
| Grundkreditbk.93/03 | 7,75 | B | 110,35 b | 110,35 G | 122 | 105 |
| Grundkreditbk.93/05 | 7 | B | 104,70 G | 104,70 G | 117 | 104 |
| Hb. Laba Em.2 | 7,5 | H | 110,55 G | 110,50 G | 117 | 105 |
| Hb. Laba Em.3 | 6,25 | H | 104,25 G | 104,50 G | 117 | 103 |
| Hb. Laba Em.4 | 6,25 | H | 104,25 b | 104,40 b | 117 | 103 |
| Hb. Laba Em.5 | 6,15 | H | 104,75 b | 104,80 G | 117 | 103 |
| Hb. Laba Em.6 | 6,25 | H | 101,80 b | 101,95 G | 117 | 101 |
| Hann.Rück 93/03 *) | 7,55 | Hn | 110,60 B | 110,60 B | 126 | 110 |
| HSBC T&B 91/03 | | D | 117,00 G | 117,00 G | 133 | 116 |
| HSBC T&B 93/08 | 7 | D | 101,00 G | 101,00 G | 117 | 100 |
| Hypobk. Essen 93/05 | 7 | D | 106,20 G | 105,50 b | 119 | 104 |
| IKB 91/03 | 9,1 | D | 115,00 G | 115,00 G | 126 | 113 |
| IKB 93/05 | 7,3 | D | 105,00 G | 105,00 b | 119 | 105 |
| IKB 94/06 | 6,45 | D | 102,00 T | 101,50 b | 114 | 100 |
| IKB 95/07 | 8,4 | D | 112,10 b | 112,20 G | 129 | 111 |
| KSK Böblingen 1/94 | 6,375 | S | 107,10 G | 107,10 G | 115 | 104 |
| KSK Lauenb. Tr.1/90 | 9 | H | 112,55 G | 112,55 G | 120 | 110 |
| KSK Siegburg91/04 | 9,2 | D | 121,30 G | 121,30 G | 134 | 115 |
| Laba Rh.-Pfalz92/04 | 8,62 | F | 118,15 G | 118,15 G | 131 | 115 |
| LB Sachsen S.1 | 7,1 | S | 109,45 G | 109,45 G | 120 | 106 |
| L-Bank 94/09 | 6,75 | F | 104,00 G | 104,00 G | 119 | 105 |
| Ldw. Rentbk. 85 | 7,75 | F | 106,50 b | 107,00 G | 115 | 104 |
| LGK Stuttg. 1/93 | 6,5 | S | 105,45 G | 105,90 b | 118 | 104 |
| LGK Stuttg. 1/94 | 6,5 | S | 104,50 G | 104,75 G | 118 | 105 |
| M.A.X. Hold. 97/04 | 8 | M | 94,50 b | 95,90 b | 119 | 92 |
| Magnum 99/09 *) | 6 | M | 100,50 b | 100,40 b | 106 | 100 |
| Münch. Hypo A.1 | 6,5 | M | 101,00 -G | 100,50 -G | 118 | 96 |
| Norddt. Hypo 94/03 | 7,375 | H | 110,20 G | 110,40 G | 122 | 105 |
| Rheinboden Hyp.97/10 | 7,25 | D | 105,00 G | 105,00 G | 124 | 105 |
| Rheinhyp 89/99 | 8 | F | 109,50 G | 109,50 b | 115 | 107 |
| Rheinhyp 92/04(97) | 9 | F | 118,20 G | 118,20 G | 133 | 117 |
| Roche Holding *) | 87sfr | M | 11550,00 B | 11620,00 b | 12150 | 10000 |
| S.-Holst.Ld.Em.1 93/03 | 7,25 | H | 109,30 G | 109,50 G | 120 | 106 |
| Service Bank 93/03 S.1 | | D | 106,80 G | 107,00 G | 112 | 107 |
| SGZ-Bank Em.A 93/03 | 6,75 | F | 108,70 G | 108,70 G | 117 | 105 |
| SGZ-Bank Em.B 93/08 | 7 | F | 103,50 -T | 103,50 T | 119 | 102 |
| Sixt 90/00 o.0. | 10 | F | 111,50 b | 111,50 b | 121 | 111 |
| SK Bremen A.1 91/99 | 9 | Br | 110,00 G | 110,00 G | 116 | 107 |
| SK Cham S.1 91/00 | 9 | M | 111,50 b | 111,50 G | 119 | 111 |
| SK Kiel Tr. 1 91/01 | 9 | H | 107,60 G | 107,60 G | 117 | 107 |
| SKSK Pforzh. S7 93/05 | 6,75 | S | 104,80 b | 104,80 G | 117 | 105 |

393

werden nicht verschont. Es mußte wohl sein, daß hier ein weiteres Schlupfloch dichtgemacht wurde, weil zu viele es genutzt hatten: Auch die Zwischengewinne (Tagesgewinne) werden versteuert, wenn Sie nach Ablauf der Spekulationsfrist aus Ihrem Aktienfonds aussteigen. Die Spekulationssteuer vermeiden Sie dann, müssen aber seit einigen Jahren die Zwischengewinne versteuern. Daß Aktien und Investmentanteile trotzdem die optimale Kapitalanlage auf längere Sicht sind, lesen Sie im nächsten Kapitel.

Die Banken sannen schon vor der Halbierung des Sparerfreibetrages auf legale Ausweichmöglichkeiten. Sie erfanden Kombizinsanleihen, Gleitzinsanleihen, GROIs und wie dieser moderne Finanz-Schnickschnack mit seinen exotischen Namen hieß. Die Bonner Reaktion erfolgte, wie gewöhnlich, jeweils mit ziemlicher (oder ungeziemlicher?) Verzögerung, aber dann gründlich. Alle Erträge, welchen abenteuerlichen Namen Sie auch immer tragen, aus solchen Finanzkonstruktionen sind steuerpflichtig.

Ist also alles dicht? Mitnichten! Es gibt noch ein Anlagemedium, das sich »Genußscheine« nennt. Diese haben die steuerlich erfreuliche Eigenart, keine steuerpflichtigen Stückzinsen, wie Anleihen, abzuwerfen. Vielmehr blähen sie sich vor dem Ausschüttungstermin regelrecht auf, um dann nach der Ausschüttung – wenn die Dividenden heraus sind – kursmäßig deutlich zurückzufallen. Wenn Sie Ihre Genußscheine vor dem Ausschüttungstermin veräußern, erzielen Sie deshalb steuerfreie Kursgewinne.

Machen wir uns dies an den Genußscheinen der deutschen Banken, die die fleißigsten Emittenten sind, augenfällig. Meist erfolgt die Ausschüttung zum 30. Juni. Dieser Stichtag ist gleichzeitig der Knick in der Kurskurve. Wer vorher verkauft und sich nachher zu niedrigerem Kurs wieder einkauft, macht ein steuerfreies Geschäft. Doch halt! Machen Sie dieses Steuersparspielchen mehrfach, wird das Finanzamt die Karte »§ 42 Abgabeordnung« ziehen, der etwas über den »Mißbrauch von Formen und Gestal-

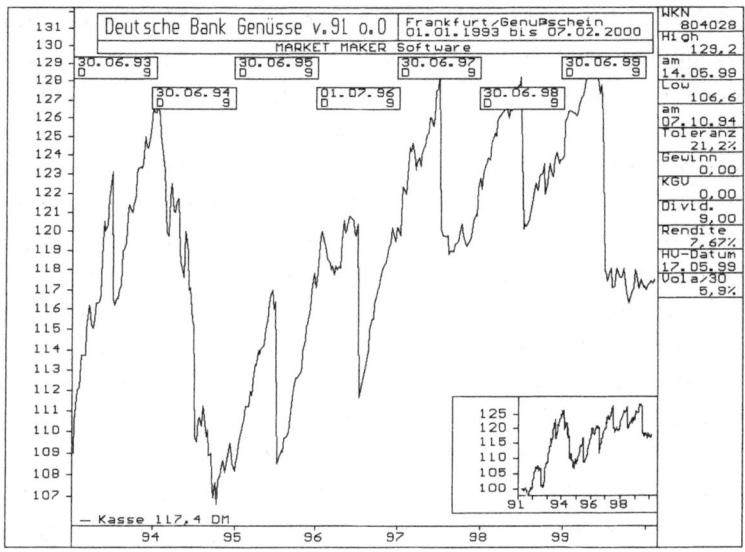

tungsmöglichkeiten« parat hat. Sie müßten also schon aus gutem
wirtschaftlichen Grund auf einen anderen Genußschein umstei-
gen. Etwa, weil er länger läuft. Oder kürzer läuft, da Sie Ihr ange-
legtes Kapital für einen anderen Zweck benötigen.

Wie ein Stein fallen die Kurse der Genußscheine am Tag der
Ausschüttung. Die Grafik der Deutsche Bank Genüsse 1991/2002
zeigt es Ihnen. Nun heißt es schnell zupacken, um zu einem günstigen Einstiegskurs das Steuersparspielchen neu zu beginnen.

Indessen: Die Spekulationsfrist wurde von sechs Monaten auf
ein Jahr verlängert. Trotzdem können Sie das Steuersparspielchen
bei gegebenen Voraussetzungen weiterführen. Nur: Ihre Genußscheine dürfen praktisch knapp zwei Jahre lang nicht veräußert
werden. Wer aber jedes Jahr kurz nach der Ausschüttung kauft, hat
– begonnen mit dem Ausschüttungstermin in zwei Jahren – auch
jedes Jahr etwas steuerfrei zu verkaufen. Trotzdem aufgepaßt: Bei
steigenden Zinsen fallen Genußscheine meist schnell im Wert.

Die Grafik zeigt Ihnen deutlich, daß der vorgestellte Genuß-schein nach dem 30. 6. 1999 nicht so recht nach oben wollte, während er es zur Jahresmitte der vergangenen Jahre in seinem Aufwärtsdrang immer recht eilig hatte. Es waren die Jahre mit konstanten (niedrigen) Zinsen. Wieviel steuerfreien Ertrag Ihnen der genannte Genußschein in den letzten 5 Jahren gebracht hätte, zeigt die folgende Tabelle. Die Gewinne sind enorm. Aber es zeigt sich auch deutlich, daß diese nach gestiegenen Zinsen geringer ausfallen.

### Genußschein Deutsche Bank 1991/2001

| Kauf/Verkauf | | | nom. 100 000 | steuerfreier Gewinn |
|---|---|---|---|---|
| 29. 06. 94 | | 116,75 | | |
| 30. 06. 94 | ex | 109,25 | 109 250,00 | |
| 26. 06. 95 | | 116,00 | 116 000,00 | 6750,00 |
| 10. 07. 95 | ex | 108,70 | 108 700,00 | |
| 25. 06. 96 | | 119,55 | 119 550,00 | 10 850,00 |
| 05. 07. 96 | ex | 111,60 | 111 600,00 | |
| 27. 06. 97 | | 128,70 | 128 700,00 | 17 100,00 |
| 30. 06. 97 | ex | 119,50 | 119 500,00 | |
| 25. 06. 98 | | 128,10 | 128 100,00 | 8600,00 |
| 30. 06. 98 | ex | 119,95 | 119 950,00 | |
| 29. 06. 99 | | 124,50 | 124 500,00 | 4550,00 |
| 30. 06. 99 | ex | 116,00 | 116 000,00 | |
| 29. 06. 00 | | 118,55 | 118 550,00 | 2550,00 |

Die Investition in Genußscheinen ist jedoch nicht unproblematisch. Die Ausgabebedingungen können sehr unterschiedlich sein. Deshalb der deutliche Hinweis, daß die Kurse zurückgehen, wenn das allgemeine Zinsniveau steigt. Es kann daher empfehlenswert sein, sich für Genußscheine mit kurzer Restlaufzeit oder mit variabler Zinsanpassung zu entscheiden. Sprechen Sie mit Ihrem Wertpapierberater die aktuelle Situation durch. Dabei sollten auch das Kündigungsrecht, enge Märkte, das Verlustrisiko und die Bonität des Emittenten angesprochen werden.

Ein steuerlicher Hinweis: Wer immer den gleichen Genußschein kauft und verkauft, könnte Probleme beim Finanzamt wegen des sogenannten Gestaltungsmißbrauchs bekommen. Er ist gut beraten, einen wirtschaftlichen Grund für seine Entscheidung zum Kauf und Verkauf parat zu haben. Als da sind: Geänderte Bonität des Emittenten, Auslaufen eines Scheins, Zinstendenzen, Wechsel zu variabler Ausschüttung und umgekehrt.

## 24.8 Last but not least: Wertzuwachs bei Aktien und Investmentanteilen zu 80 Prozent steuerfrei

Prognosen auf kurzfristige Aktiengewinne haben oft auch kurze Beine. Das mußte schon mancher Anleger erfahren, der über Nacht reich werden wollte. Daß Aktien und Aktienfonds längerfristig die optimale Anlage sind, haben Sie bereits eingangs dieses Buches gelesen.

Im Zeichen des halbierten Sparerfreibetrages ist jedoch von besonderem Interesse, daß bei Aktien nur die Dividenden versteuert werden, während die Kursgewinne nach Ablauf der einjährigen Spekulationsfrist steuerfrei bleiben. Wer Aktien ohnehin über einen empfehlenswerten Mindestzeitraum von drei bis fünf Jahren behält oder sogar als Alterssicherung über Jahrzehnte, wird nie Probleme mit der Spekulationssteuer bekommen. Es ist im übrigen vorgesehen, nach dem sogenannten Halbeinkünfteverfahren Spekulationsgewinne ab 2001 nur noch zur Hälfte bei der Ermittlung des steuerpflichtigen Einkommens anzusetzen.

Experten haben Berechnungen über einen längeren Zeitraum angestellt und sind beim Wertzuwachs von Aktienfonds zu ebenso überraschenden wie erfreulichen Ergebnissen gekommen. Im

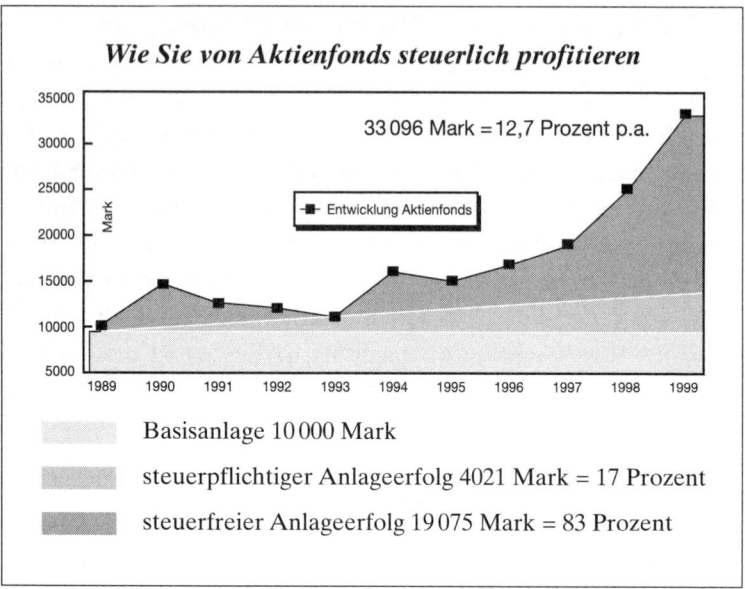

**Wie Sie von Aktienfonds steuerlich profitieren**

33 096 Mark = 12,7 Prozent p.a.

Entwicklung Aktienfonds

Basisanlage 10 000 Mark

steuerpflichtiger Anlageerfolg 4021 Mark = 17 Prozent

steuerfreier Anlageerfolg 19 075 Mark = 83 Prozent

Durchschnitt bleiben 80 Prozent des Wertzuwachses von Aktienfonds von der Steuer verschont, während bei offenen Immobilienfonds die steuerfreie Marge nur 50 Prozent beträgt. Es gibt dazu eine Modellrechnung: 10 000 Mark, im Jahr 1989 für den Kauf eines Aktienfonds aufgewendet, waren nach 10 Jahren, also 1999, auf 33 096 Mark angewachsen, Von dem Zuwachs von 23 096 Mark waren nur 4021 Mark steuerpflichtig und 19 075 Mark steuerfrei.

Wenn das kein Plädoyer für Aktien und Aktienfonds ist! Es ist nicht nur dies, sondern auch ein Weg, trotz halbiertem Sparerfreibetrag mit einer nur minimalen Steuerbelastung davonzukommen.

# 25 Ein Special – die neue Dividendenbesteuerung

Ein neuer Begriff tauchte bei den Beratungen über das Steuersenkungsgesetz auf: das Halbeinkünfteverfahren. Nomen est omen. Nur die Hälfte wird versteuert, die andere ist steuerfrei.

Nicht nur Dividenden werden nach 2001 nach dem neuen Steuersenkungsgesetz nur noch zur Hälfte besteuert, sondern auch Spekulationsgewinne. Der Pferdefuß des auf den ersten Blick günstig erscheinenden Halbeinkünfteverfahrens ist der Wegfall der anrechenbaren Körperschaftsteuer von 30 Prozent. Dies wirkt sich so gravierend aus, daß erst bei einem Grenzsteuersatz von 40 Prozent sich das neue Verfahren als vorteilhafter erweist als das alte Anrechnungsverfahren.

Zwar beginnt das Halbeinkünfteverfahren schon am 1.1.2002, dennoch wird bei abweichenden Wirtschaftsjahren manchmal erst die Hauptversammlungssaison des Jahres 2003 mit den nachfolgenden Ausschüttungen der Gesellschaften das erste Mal vom Halbeinkünfteverfahren betroffen sein. Bei mit dem Kalenderjahr übereinstimmenden Wirtschaftsjahren bleibt das Anrechnungsverfahren bis Ende 2001.

In der Grafik auf der folgenden Seite sind die beiden Verfahren sowohl von der Seite der Aktiengesellschaften als auch des Aktionärs dargestellt.

## 25.1 Erläuterungen zur Grafik

In Kapitel 21.6.1 haben Sie anhand eines Schaubildes verfolgen können, welchen Weg die Körperschaftsteuer der Aktiengesellschaften nimmt, um schließlich als anrechenbarer Betrag doch zum Aktionär zu gelangen. Es ist deshalb leicht für Sie, das Anrechnungsverfahren noch einmal, und diesmal im Vergleich zum neuen Halbeinkünfteverfahren, nachzuvollziehen.

# Vergleichende Darstellung der alten und neuen Dividendenbesteuerung

| | *Anrechnungsverfahren* | | *Halbeinkünfteverfahren* | |
|---|---|---|---|---|
| **AKTIENGESELLSCHAFT** | Unternehmensgewinn | 100,00 Mark | Unternehmensgewinn | 100,00 Mark |
| | minus 30 Prozent Körperschaftsteuer | 30,00 Mark | minus 25 Prozent Körperschaftsteuer | 25,00 Mark |
| | minus 5,5 Prozent Solidaritätszuschlag auf die Körperschaftsteuer | 1,65 Mark | minus 5,5 Prozent Solidaritätszuschlag auf die Körperschaftsteuer | 1,40 Mark |
| **AKTIONÄR** | Bruttodividende (Bardividende) | 68,35 Mark | Bruttodividende (Bardividende) | 73,60 Mark |
| | plus Körperschaftsteuergutschrift ($3/7$ der Bardividende) | 29,29 Mark | Körperschaftsteuergutschrift | 0,00 Mark |
| | zu versteuernde Dividende | 97,64 Mark | zu versteuernde Dividende ($1/2$ von 73,60 Mark Bardividende) | 36,80 Mark |
| | minus 35 Prozent Einkommensteuer | 34,17 Mark | minus 35 Prozent Einkommensteuer | 12,88 Mark |
| | minus 5,5 Prozent Solidaritätszuschlag auf die Einkommensteuer | 1,88 Mark | minus 5,5 Prozent Solidaritätszuschlag auf die Einkommensteuer | 0,71 Mark |
| | **Nettodividende** bei 35 Prozent persönlichem Steuersatz | **61,59 Mark** | **Nettodividende** bei 35 Prozent persönlichem Steuersatz (73,60 minus 12,88 minus 0,71 Mark) | **60,01 Mark** |

(Auf Einkommensteuer anrechenbar sind Körperschaftsteuer-Gutschrift und 25 Prozent bei der Bank einbehaltene Kapitalertragsteuer.)

(Die Anrechnung der Körperschaftsteuer-Gutschrift entfällt. Anrechenbar sind 20 Prozent bei der Bank einbehaltene Kapitalertragsteuer.)

**Auswertung:** Selbst bei einem persönlichen Grenzsteuersatz von 35 Prozent ist das bisherige Anrechnungsverfahren noch knapp vorteilhafter.

Vom Gewinn der Aktiengesellschaft, der hier mit 100 Mark – sagen Sie am besten gedanklich gleich 100 Millionen – ausgewiesen ist, bleibt nach Abzug von Körperschaftsteuer und Solidaritätszuschlag eine Bruttodividende von 68,35 Mark. Sie als Aktionär rechnen in Ihrer Steuererklärung dieser in den Zeitungen und Zeitschriften veröffentlichten Bruttodividende beim Anrechnungsverfahren die Körperschaftsteuer-Gutschrift hinzu ($3/7$ von 68,35 = 29,29 Mark). Mithin haben Sie 97,64 Mark zu versteuern. Unterstellen wir, Ihr persönlicher Steuersatz läge bei 35 Prozent, so verbleibt Ihnen eine Nettodividende von 61,59 Mark.

Natürlich haben Sie bemerkt, daß ich das Beispiel ganz ohne Kapitalertragsteuer durchgezogen habe, weil Ihnen diese ohnehin nach dem Abzug bei Ihrer Bank nachher bei der Veranlagung wieder gutgebracht wird. Für die Berechnung der Nettodividende können wir die Kapitalertragsteuer daher außen vor lassen.

Was ändert sich nun bei der Aktiengesellschaft in den Wirtschaftsjahren, die nach dem 1.1.2001 beginnen?

Der Körperschaftsteuersatz sinkt für ausgeschüttete Gewinne von bisher 30 Prozent auf 25 Prozent. Dieser Satz gilt nach der Neuregelung übrigens auch für einbehaltene Gewinne, die bei dem Anrechnungsverfahren noch mit 40 Prozent Körperschaftsteuer belegt waren.

Fakt ist jedoch, daß die Gewinne der Aktiengesellschaft nach der Neuregelung zweimal besteuert werden, einmal bei der Gesellschaft selbst und zum zweiten bei der Einkommensbesteuerung des Aktionärs. Ausgerechnet die Beseitigung der früheren Doppelbesteuerung hatte man seinerzeit bei Einführung des Anrechnungsverfahrens als großen Erfolg bejubelt. Nun? So geht es wieder rückwärts, obgleich sich die Opposition vehement für die Beibehaltung des alten Anrechnungsverfahrens eingesetzt hatte und sich dabei des Beistands von 70 Professoren als Befürworter sicher war.

Aber es kam im Juli 2000 zu jener denkwürdigen Abstimmung im Bundesrat, deren Zeuge Sie wurden. Eine Mehrheit entschied sich für das sogenannte Steuersenkungsgesetz und damit war auch das Halbeinkünfteverfahren parlamentarisch durch.

Wie geht es nun weiter in unserem Schema? Bei Ihnen als Aktionär kommt eine Bardividende von 73,60 Mark an. Wegen der geringeren Belastung mit Körperschaftsteuer ist sie im Vergleich zur Bardividende nach dem alten Verfahren noch erheblich höher. Aber das ändert sich bald, denn die Körperschaftsteuer-Gutschrift entfällt. Obgleich nur die Hälfte der Dividende, nämlich 36,80 Mark, versteuert werden, verbleibt Ihnen bei dem wieder unterstellten Steuersatz von 35 Prozent Einkommensteuer eine Nettodividende von nur 60,01 Mark.

Der guten Ordnung halber: Die Kapitalertragsteuer, die übrigens durch das Steuersenkungsgesetz von 25 auf 20 Prozent gesenkt worden ist, habe ich hier außer Betracht gelassen, weil sie Ihnen, wie gesagt, wieder erstattet wird.

Zugegeben: Bei einem Grenzsteuersatz von 35 Prozent ist der Unterschied zwischen dem alten Anrechnungsverfahren und dem neuen Halbeinkünfteverfahren nicht gravierend. Wenn Sie jedoch anhand des vorgegebenen Schemas ein Beispiel mit einem Steuersatz von nur 20 Prozent durchrechnen, werden Sie alsbald feststellen, daß das Halbeinkünfteverfahren in der Tat den Kleinverdiener benachteiligt. Erst ab einem Steuersatz von 40 Prozent ist das neue Halbeinkünfteverfahren für den Anleger vorteilhafter. Bei Verheirateten wird dieser Grenzsteuersatz in der Splittingtabelle bei ungefähr 150 000 und bei Ledigen bei 75 000 Mark zu versteuerndem Einkommen erreicht.

## 25.2 Ist der Kleinaktionär der Dumme?

Dem ersten Anschein nach möchte man diese Frage bejahen, denn die meisten Kleinanleger werden wohl mit einem Grenzsteuersatz von weniger als 40 Prozent belastet sein. Hinzu kommt, daß der hälftige Ansatz von Dividenden sich bei der Inanspruchnahme von Sozialleistungen nicht auswirken soll. Bei diesen Leistungsgesetzen sind Dividendeneinkünfte in voller Höhe zu berücksichtigen, um einer Ausweitung des Kreises der Leistungsberechtigten und einer Erhöhung der Leistungen vorzubeugen.

Auch werden Kleinanleger nicht unbedingt von einer Verdoppelung des Sparerfreibetrages profitieren können, weil ihnen nicht die entsprechenden Dividendeneinkünfte zufließen. Faktisch wird tatsächlich der erst im Jahr 2000 auf 6000 Mark (Verheiratete) bzw. 3000 Mark (Ledige) halbierte Sparerfreibetrag durch den nur hälftigen Ansatz von Dividenden verdoppelt. Sollte Ihnen als Verheiratetem 12 000 Mark Dividenen zufließen, werden diese mit 6000 Mark angesetzt und bleiben wegen des Sparerfreibetrags von ebenfalls 6000 Mark de facto steuerfrei.

Weiteres Ungemach, das den Aktionären in Form des sogenannten Progressionsvorbehalts drohte, wurde übrigens schon vor dem Termin des Vermittlungsausschusses aus der Gesetzesvorlage herausgenommen. Der ursprünglich geplante Progressionsvorbehalt hätte die steuerfreie Hälfte der Dividenden nur für die Berechnung des Steuersatzes dem zu versteuernden Einkommen zuaddiert und durch diese Handhabung den persönlichen Steuersatz nicht nur für die Dividendeneinkünfte, sondern für sämtliche Einkünfte nach oben getrieben. Dies war zusätzlich zur Verschlechterung für Kleinaktionäre politisch schon im Vorfeld nicht durchsetzbar.

Bleibt also überhaupt kein Vorteil für Kleinaktionäre? Die Experten sehen dennoch einige. So werden Aktiengesellschaften, die künftig auch die einbehaltenen nicht ausgeschütteten Gewinne nur noch mit 25 Prozent versteuern müssen, regelrecht ermuntert, eigene Aktien zurückzukaufen, statt Dividenden an Aktionäre zu zahlen. Dies wird sich vorteilhaft auf die Aktienkurse auswirken, denn die Dividenden sind angesichts der rasanten Kurssteigerungen der letzten Jahre gegenüber den Kursgewinnen eine zu vernachlässigende Größe geworden.

Andererseits geht der Bundesverband Deutscher Banken davon aus, daß Kleinaktionäre mit einem Grenzsteuersatz unter 40 Prozent von höheren Ausschüttungen profitieren können, so daß ihre Nachteile aus dem Halbeinkünfteverfahren überkompensiert würden.

Sie sehen, daß die Meinungen über die Auswirkungen aus dem Halbeinkünfteverfahren durchaus konträr sind.

Noch eines ist zu bedenken: Nicht alle deutschen Aktiengesellschaften konnten ihren Aktionären bisher zur einer Körperschaftsteuer-Gutschrift verhelfen. Für die Gewinne der ausländischen Töchter deutscher Gesellschaften gibt es diese Gutschrift nicht. Manchmal reichen die Inlandsgewinne überhaupt nicht aus, um eine Gutschrift voll daraus zu finanzieren. Wegen der hohen Verlustvorträge im Inland konnten die Aktionäre von MAN und Thyssen Krupp schon bisher nicht von der $3/_7$-Körperschaftsteuer-Gutschrift profitieren. So gesehen, muß ein Teil der Aktionäre ohnehin nicht dem $3/_7$-Verlust nachtrauern. Er kann sich vielmehr freuen, weil er künftig nur noch die Hälfte seiner Dividenden versteuern muß.

# Seien Sie mehr Stratege als Spekulant – ein Schlußwort

Ich habe versucht, Sie für eine Vermögensanlage in Aktien zu gewinnen, vielleicht sogar ein bißchen für Aktien zu begeistern. Schön wäre es, wenn es Ihnen auf Anhieb gelänge, die »schnelle Mark« zu machen. Es wäre aber auch fatal. Sie würden dann wahrscheinlich leichtsinnig, riskierten garantiert zuviel und würden mit ziemlicher Sicherheit auf die Nase fallen. Börsengewinne im Abonnement gibt es nämlich nicht.

Denken Sie besser langfristig. Lassen Sie sich dabei nicht von Baissen ins Bockshorn jagen, und sitzen Sie Flauten streßfrei aus. Baissen gehen vorüber. Die Vergangenheit zeigt, daß schnell wieder aufgeholt ist, was unwiederbringlich verloren schien. Langfristig gewinnen Sie selbst dann, wenn Sie auf ziemlich hohem Level eingestiegen sind.

Seien Sie mehr Stratege beim Aufbau Ihres langfristigen Vermögens und weniger Spekulant beim kurzfristigen Trading. Mischen Sie Ihr Vermögen nach alter Väter Sitte. Nicht jeder will und kann sich Grundbesitz leisten. Vielleicht sind es statt dessen offene Immobilienfonds oder Bausparverträge. Oder ganz einfach sichere Bundesanleihen mit variablem Zins. Oder auch Kurzläufer, Festgeld, Sparbriefe. Fürs Sammlerherz auch ein paar Goldmünzen mit niedrigem Aufgeld. Nicht zu vergessen das Sparbuch für den kurzfristigen Geldbedarf. Für die zusätzliche Altersvorsorge die neuen AS-Fonds oder andere Fonds und eine Lebensversicherung zur Abfederung. Was dann noch übrigbleibt, ist Ihr Spielgeld für Aktien oder gar Optionsscheine und Optionen.

Vergessen Sie nie, daß hohe Rendite mit hohem Risiko erkauft wird und der Grat zwischen Profit und Pleite schmal ist.

# Stichwortverzeichnis